역사 선생님도 믿고 보는 ——

이인석 한국사

일러두기

• 인명과 지명은 국립국어원 표준국어대사전과 외래어 표기법을 따르되 이미 굳어진 고유 명사의 경우 관례에 따라 표기했습니다.

• 잡지, 신문 등의 간행물과 단행본은 『 』로 묶고, 기사, 논문, 권 등은 「 」로, 기타 문헌 외 그림 등 예술 작품은 〈 〉로 묶었습니다.

• 중국어와 일본어 지명·인명 등은 원어의 발음대로 표기했습니다. 다만 이미 우리말 표기로 굳어진 중국어 고유 명사의 경우 한자 표기를 따랐습니다.

역사 선생님도 믿고 보는
이인석 한국사 3

ⓒ 이인석, 2020

초판 1쇄 발행일 2020년 5월 25일

지은이 이인석
책임편집 박혜리·신준수   **디자인** 디자인수·정현주   **지도·일러스트** 홍지연
펴낸이 김혜선   **펴낸곳** 서유재   **등록** 제2015-000217호
주소 (우)04034 서울 마포구 잔다리로7길 18(서교동 377-20) 501호
전화 070-5135-1866   **팩스** 0505-116-1866   **대표메일** outdoorlamp@hanmail.net
종이 엔페이퍼   **인쇄** 성광인쇄

ISBN 3권 979-11-89034-29-0 04910
       979-11-89034-26-9(세트)

이 도서의 국립중앙도서관 출판예정도서목록(CIP)은 서지정보유통지원시스템 홈페이지(http://seoji.nl.go.kr)와
국가자료종합목록 구축시스템(http://kolis-net.nl.go.kr)에서 이용하실 수 있습니다.
(CIP제어번호: CIP2020018323)

역사 선생님도 믿고 보는

이인석 한국사

3

임시 정부
수립부터
오늘날까지

이인석 지음

서유재

역사의 '주인공'이 되어
만나는 한국사

역사를 다룬 드라마나 영화, 소설은 끊임없이 나옵니다. 역사적인 사건이 주는 감동을 사람들과 함께 느끼기 위해서이기도 하고, 애국심을 심어 주기 위해, 때로는 정치적 의도에서 역사를 소재로 한 다양한 작품이 만들어져 오고 있지요.

그러나 가장 큰 이유는 역시 '역사가 재미있는 이야기'이기 때문일 것입니다. 역사에서 재미를 느낄 수 없었다면, 사람들이 흥미를 가지고 보지 않았다면 그 많은 작품이 나올 수가 없었겠지요.

왜 사람들은 역사를 재미있어 할까요?

사람들이 살아온 삶이 그대로 녹아 있기 때문이 아닐까 생각해 봅니다. 역사는 나와 내 이웃이 살아왔고 살아갈 모습을 볼 수 있는 이야기, 바로 여러분이 주인공인 이야기입니다.

그런데 성적을 올리기 위해, 합격을 위해 읽은 역사 교재도 재미가 나요? 역사 교과서를 읽으면 졸음이 달아난다는 학생이 과연 있을까요?

이유가 뭘까요? TV 사극에도, 역사 소설에도 사람이 있는데 교재와 교과서에는 사람은 없고 사실만 늘어놓고 있기 때문은 아닐까요?

그래서 저는 독자들이 이 책에서 사람이 살아 있음을 느꼈으면 합니다. 한 발짝 뒤에서 역사를 바라보는 구경꾼이 아니라 함께 부딪치고 뒹구는 주인공으로서 이 책을 보면 정말 기쁘겠습니다.

내가 지구에 처음 나타난 인류라면 거친 자연 환경을 어떻게 견뎌 냈을지, 내가 정도전이라면 권문세족에 맞서 새로운 나라를 만드는 꿈을 어떻게 이뤄 냈을지, 안중근이라면 이토 히로부미를 죽이기 위해 얼마나 고민했을지, 여운형이었다면 목숨을 아끼지 않고 새 나라를 만들기 위해 얼마나 노력했을지를 주인공의 마음으로 함께 슬퍼하고 기뻐했으면 합니다.

외우고 배우는 역사에서
흥미를 살리며 읽어 나가는 역사로!

분명 한국사를 배웠는데, 그렇게 달달 외웠는데, 왜 아직도 모르는 것이 있을까요? 흥미를 갖고 스스로 찾아서 공부한 것이 아니라 점수를 받기 위해 무조건 외웠기 때문은 아닐까요? 한국사를 배우며 왜 이 사건이 일어났고, 왜 이 사람은 그 순간에 이런 선택을 하였는지 생각해 본 적이 없기 때문은 아닐까요?

이 책은 여러분이 무조건 외웠던 그 많은 한국사 지식을 그저 되짚기보다는 흥미를 살리며 스스로 읽어 나가도록 초점을 맞추었습니다.

그동안 교과서를 만들면서 가장 아쉬웠던 것은 교과서 한 권으로는 혼자 읽고 이해하기 힘들다는 점이었습니다. 검정 교과서는 국정 교과서에 비해 본문 서술은 물론 다양한 사진과 자료 등을 이용하여 수준을 한 단계 높였습니다. 그렇지만 검정이라는 한계 때문에 여전히 어렵습니다.

그래서 저에게는 한국사 교과서를 마음껏 쓰고 싶은 꿈이 있었습니다. 검정을 의식하지 않고, 그렇다고 교과서라는 틀을 완전히 부수지는 말고, 교사가 설명을 하지 않아도 아이들이 읽고 이해할 수 있는 교과서. 의무가 아니라 재미로 읽고 싶은 교과서. 스스로 생각하고 자기만의 눈을 가지는 데 도움이 되는 교과서. 꿈 같지만 이런 교과서를 만들고 싶었습니다. 이런 꿈을 얼마나 이루었는지는 여러분이 책을 읽고 평가해 주시기 바랍니다.

다양한 사료로 여러 관점을 조명하는 역사 프리즘

이 책에는 '정답'이 없습니다. 사람에 따라서 삼국 통일을 보는 관점이 다른데, 태종에 대한 평가가 같을 수 없는데…… 어떻게 '정답'이 있을 수 있나요? 다른 것이 잘못된 것일까요? 다름이 더 자연스러운 것이 아닐까요? 저는 이 책을 읽는 독자들이 '정답'을 찾으려 하지 말고 저 사람은 '왜 저렇게 생각하고 주장하지?'라고 생각해 볼 수 있게 되길 바랍니다.

이 책에는 자료와 사진은 물론 다양한 코너와 칼럼이 있습니다. 본문을 이해하고 스스로 공부할 수 있게 하기 위함입니다.

이를 통해 '내가 알고 있는 역사'가 아니라 다른 주장, 다른 생각도 있을 수도 있음을 알게 되기를 바랍니다.

이 책을 내기까지 많은 사람들로부터 도움을 받았습니다.

제일 먼저 전국역사교사모임 선생님들께 깊은 감사를 드립니다. 그분들이 없었다면 이 책은 나오지 못했을 것입니다. 함께 고민하며 조언을 아끼지 않은 역사넷 신준수 선생께도 깊은 감사를 드립니다. 끝으로 재미없는 남편과 아빠를 늘 곁에서 응원해 준 우리 가족에게 고맙다는 이야기를 하고 싶습니다.

2020년 봄,

이인석

냉전 시대부터 오늘날까지

2장

**냉전 체제를
넘　　　어
민 주 화 와
산 업 화 로**

2·8독립선언, 3·1운동, 임시 정부 수립, 의열단 조직	봉오동·청산리 전투, 간도 참변	자유시 참변
1919년	1920년	1921년

1941년	1940년	1938년
대한민국 건국 강령 발표, 대일 선전 포고	일제 창씨 개명, 한국 광복군 창설	일제 지원병제 실시, 조선 의용대 창설

1942년	1944년	1945년
조선 독립 동맹 결성, 조선 어학회 사건	일제 징병제 실시, 조선 건국 동맹 결성	해방

1

일제의 탄압과 독립 투쟁

통합 임시 정부 수립부터 해방까지

❶ 통합 임시 정부를 만들다 ❷ 조선 총독부, 민족 분열 통치를 실시하다 ❸ 독립하려면 실력을 길러야 한다 ❹ 조선 총독부, 농촌 진흥 운동과 병참 기지화 정책을 펴다 ❺ 농민과 노동자 들이 일어나다 ❻ 청년과 학생, 민족 운동을 이끌다 ❼ 신간회를 만들다 ❽ 무장 독립 전쟁을 전개하다 ❾ 의열 투쟁을 전개하다 ❿ 한국인과 중국인, 손을 잡고 일본에 맞서다 ⓫ 민족 통일 전선을 만들다 ⓬ 건국을 준비하다 ⓭ 일제 강점기, 사회가 달라지다 ⓮ 대중문화가 유행하다 ⓯ 한국어와 한국사를 지켜라 ⓰ 여성, 사회 주체로 나서다

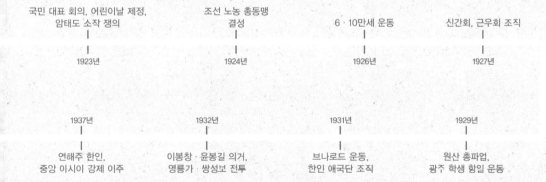

국민 대표 회의, 어린이날 제정, 암태도 소작 쟁의 | 조선 노농 총동맹 결성 | 6 · 10만세 운동 | 신간회, 근우회 조직

1923년 | 1924년 | 1926년 | 1927년

1937년 | 1932년 | 1931년 | 1929년

연해주 한인, 중앙 아시아 강제 이주 | 이봉창 · 윤봉길 의거, 영릉가 · 쌍성보 전투 | 브나로드 운동, 한인 애국단 조직 | 원산 총파업, 광주 학생 항일 운동

통합 임시 정부를
만들다

임시 정부를 세우자

3·1운동이 일어날 무렵 임시 정부를 세워야 한다는 움직임이 본격적으로 일어났다. 그동안 일제와 맞서 싸우면서 조직적이고 체계적인 독립운동 조직이 있어야 한다는 공감대가 만들어졌기 때문이다. 3·1운동은 이런 필요성을 더욱 절실하게 느끼도록 만들었다. 제1차 세계 대전이 끝나고 새로운 국제 질서를 만들어야 한다는 세계적 흐름도 한몫하였다.

임시 정부는 그동안 고종을 수반으로 세우려고 한 망명 정부와 달랐다. 먼저 대한 제국과 관계를 끊었다. 황실을 우대한다고 했지만 계승한 것은 아니었다. 정부 형태도 왕정이나 입헌 군주제가 아닌 공화정이었다. 비록 임시 정부이지만 우리 역사에서 처음으로 왕이 아닌 국민이 주인인 정부를 목표로 한 것이다. 여기에는 중국에서 수천 년 이어진 왕정을 무너뜨린 신해혁명도 적지 않은 영향을 미쳤다.

가장 먼저 임시 정부를 세운 곳은 연해주였다. 1919년 2월 25일 전로한족회중앙총회는 우수리스크에서 만주 및 국내 민족 운동 지도자들과 함께 전로국내조선인회의를 개최했다. 러시아, 만주, 국내 지도자들이 모여 제1차 세계 대전이 끝난 뒤 국제 정세와 파리 강화 회의에 대한 대책을 논의하기 위함이었다. 3월 초 참가자들은 전체 한인을 대표하는 임시 중앙 기관으로 대한 국민 의회를 만들기로 결의하였다.

국민 의회는 소비에트제를 채택하여 입법과 사법, 행정 세 기능을 모두 갖고 있었다. 의원은 30명을 두었는데, 연해주와 만주를 비롯하여 평안도와 황해도 출신 5명, 서울·경기 출신 5명으로 구성하였다. 의장 문창범이 대통령 역할을 하였고, 외교부장에는 최재형, 선전부장에는 이동휘가 선출되었다. 선전부는 독립 전쟁을 수행하기 위한 부서였다. 이어 4월 중국 상하이에서 독립운동가들이 대한민국 임시 의정원^{의장 이동녕}과 정부를 세우고 국무총리에 이승만, 내무총장에 안창호를 선출하였다. 서울에서도 13도 국민 대표자들의 이름으로 한성 정부 수립을 선포하였다. 한성 정부 집정관 총재는 이승만, 국무총리는 이동휘였다. 이 밖에도 평양, 지린, 톈진 등 여러 곳에서 임시 정부가 세워졌다. 이들은 하나같이 모든 인민이 주인이 되는 평등한 민주 공화국을 만들려고 하였다.

임시 정부가 여러 곳에서 세워지자 곧 통합하자는 움직임이 일었다. 관건은 임시 정부를 어디에 두느냐 하는 것이었다. 위치 문제는 독립운동 방향과 관련된 문제였기 때문이었다. 무장 독립 투쟁을 주장하는 사람들은 동포들이 많이 살고 있고 국내와 가까운 간도나 연해주에 두자고 주장하였다. 상하이를 주장하는 사람들은 간도와 연해주는 일본군의 공격을 받기 쉬운 반면 상하이는 교통이 편리하고 열강의 조계가 있어 외교 활동에 유리하다는 점을 내세웠다.

조계
영국, 미국, 일본 등 8개국이 상하이, 톈진 등에 설치하여 중국을 침략하는 근거지로 삼았던 곳. 열강들이 행정권과 경찰권은 물론 치외 법권도 갖고 있었다. 제2차 세계 대전 이후 폐지되었다.

통합 임시 정부를 세우다

여러 차례 논의한 끝에 7월 통합 정부를 만들기로 합의하였다. 물론 모두가 찬성한 것은 아니었다. 문창범, 최재형 등 무장 투쟁을 주장한 사람들 가운데 반대한 사람이 적지 않았다. 하지만 하나로 뭉쳐 독립 국가를 만들어야 한다는 바람이 워낙 강하여 통합 열망을 거스를 수 없었다.

통합 정부는 상하이에 두고 이름은 대한민국 임시 정부로 결정하였다. 9월에는 상하이 임시 의정원이 만든 임시 헌장을 바탕으로 헌법을 만들었다. 공화주의와 삼권 분립의 원칙에 따른 헌법은 기미 독립 선언서로 시작하였다. 이는 통합 임시 정부가 3·1운동을 계승하여 세워졌음을 분명히 한 것이다. 11월에는 이승만을 대통령, 이동휘를 국무총리로 하는 정부가 출범하였다. 그런데 이승만은 1918년 말 국제 연맹에 한국을 위임 통치해 달라는 청원서를 보냈다. 이 때문에 신채호, 박용만 등은 이승만이 임시 정부 대통령 자격이 없다고 강력하게 비판하였다. 이승만과 이동휘 사이에 노선을 둘러싼 갈등도 심각하였다.

임시 정부는 임시 의정원, 국무원, 법원으로 구성되었다. 국무원^{행정부}은 대통령제로 운영되었고, 국무총리 아래 내무, 외무, 재무, 군무, 법무, 학무, 교통, 노동부를 두었다. 내각은 한성 정부를 계승한 만큼 한성 정부 내각대로 구성하였다. 다만 집정관 총재를 대통령으로 바꾸었고, 교통부 장관에 선임된 문창범은 취임하지 않았다. 군무부는 군사 업무를 담당하였지만 직접 군대를 거느리지는 않았다. 그렇지만 무장 투쟁에 손을 놓은 것은 아니었다. 만주에서 활동하는 독립군 단체와 연결을 갖고 이들을 지원하였다.

임시 의정원^{입법부}은 출신 지역별로 의원을 뽑았고, 독립운동의 방향과 방법을 결정하는 등 임시 정부를 운영하는 구심체 구실을 하였다. 의정원은 법률안 의결, 예산·결산 의결, 선전·강화 조약 체결에 대한 동의, 인민 청원 수리, 국무원 출석 답변 요구, 대통령과 국무원 탄핵 등을 할 수 있었다.

임시 정부, 연통제와 교통국를 운영하다

임시 정부는 수립 초기부터 국내와 행정 사무 및 통신 연락을 하는 데

• 통합 임시 정부 헌법과 임시 정부 통합 과정

아대한인민은 아국이 독립국임과 아민족이 자유민임을 선언하도다. 차로써 세계만방에 고하야 인류 평등의 대의를 극명하였으며 차로써 자손만대에 고하야 민족자존의 정권을 영유케 하였도다. 반만년 역사의 권위를 대하야 2천만 민족의 성충을 합하야 민족의 항구여일한 자유 발전을 위하야 조직된 대한민국의 인민을 대표한 임시 의정원은 민의를 체하야 원년(1919) 4월 11일에 발포한 10개조의 임시 헌장을 기본 삼아 본 임시 헌법을 제정하야써 공리를 창명하여 공익을 증진하며 국방급 내치를 주비하며 정부의 기초를 견고하는 보장이 되게 하노라.

제1조 대한민국은 대한 인민을 조직함.
제2조 대한민국의 주권은 대한 인민 전체에 있음.
제3조 대한민국의 강토를 구한국의 판도로 함.
제4조 대한민국의 인민은 일체 평등함.
제5조 대한민국의 입법권은 의정원이, 행정권은 국무원이, 사법권은 법원이 행사함.
제7조 대한민국은 구 황실을 우대한다.
제8조 대한민국의 인민은 법률 범위 내에서 각 조항의 자유를 누림.

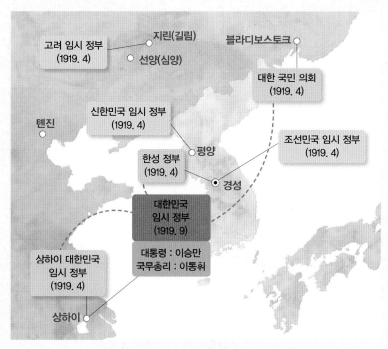

임시 정부 통합 과정

힘을 쏟았다. 나라 밖에 있지만 독립을 이루려면 국내와 연결이 반드시 필요하였기 때문이다. 이를 위해 안창호가 주도하여 국무원령 1호로 연통제를 공포하였다. 비밀 지방 행정 조직이라 할 수 있는 연통제는 서울과 간도에 총판을 두고 국내 각 도에 독판을 임명하여 운영하였다.

이들은 임시 정부가 내린 법령이나 공문을 알리고 독립운동을 준비하고 지도하였다. 정보 전달과 독립운동 자금 모금 등도 중요한 임무였다. 연통제는 안창호가 신민회를 조직하고 운영한 경험에서 많은 도움을 받았다. 물론 삼엄한 감시망을 뚫고 연통제를 전국적으로 조직하기는 힘들었다. 연통제 활동이 활발히 이루어진 곳은 서만주, 북간도 및 평안도, 함경도 등이었다. 황해도와 경기와 충청 일부 지방에도 조직되었다.

또한 국내와 비밀 연락 업무를 맡을 교통국을 설치하였다. 교통국은 만주 단둥에 교통 지부를 두고 국내 각 군과 면에 교통국과 교통소를 두었다. 정보와 군자금, 무기 등이 이 조직을 통해 임시 정부에 전해졌다. 특히 아일랜드 출신 쇼가 운영하던 이륭양행 2층에 설치한 단둥 교통 지부가 큰 활약을 하였다. 연통제와 교통국은 1919년 후반 일본 경찰에 발

미국독립공채(왼쪽), 중국독립공채(오른쪽)
대한민국 정부는 1983년에야 특별 조치법을 만들어 정한 기간에 신고한 독립 공채에 대해 원리금을 갚기 시작하였다. 하지만 신고 건수는 1차(1984~1987) 33건, 2차(1994~1997) 1건, 3차(1998~2000) 23건 등 57건에 지나지 않았다. 액면 총액도 달러 채권 2,150달러, 원화 채권 10,610원으로 상환 총액이 3억 4천여만 원이었다. 전체 발행 액수의 1/100도 되지 않았다.

각되어 1920년 후반에는 조직이 거의 무너지고 말았다.

연통제와 교통국은 독립 공채를 모집하는 통로이기도 하였다. 독립 공채는 임시 정부가 독립운동에 필요한 자금을 마련하기 위해 발행한 채권이다. 상하이에 살던 동포에게서 거둔 세금과 국내외에서 보낸 지원금만으로는 자금이 모자랐기 때문이다. 공채를 발행하면서 임시 정부는 독립하면 원금에 5% 이자를 붙여 갚겠다고 약속하였다. 독립 공채는 국내보다는 대부분 미주 지역 동포들이 구입하였다. 미주 동포들은 어려운 생활에도 독립 공채를 매입하여 임시 정부 활동에 큰 도움을 주었다.

• 아일랜드인 쇼, 독립운동을 돕다

교통부 지부가 있던 단둥은 신의주 맞은편에 있다. 아일랜드 출신 영국인 조지 쇼(Show G. L.)는 이곳에 이륭양행이라는 무역 선박 회사를 설립하였다. 단둥 지부는 바로 이 건물 2층에 있었다. 그는 단순히 장소만 빌려준 것이 아니었다. 이륭양행에서 운영하는 무역선을 이용하여 독립운동에 필요한 무기 운반, 군자금 전달 등을 도왔다. 또한 국내와 임시 정부의 연락은 물론 독립운동가들이 중국으로 망명할 때도 큰 도움을 주었다. 1919년 봄, 김구가 동료 15명과 함께 상하이로 망명할 때 이용한 배가 이륭양행 소속이었다. 11월 고종의 다섯째 아들인 의친왕을 망명시키려는 계획도 이곳에서 진행되었다. 의열단이 국내외에서 활발하게 활동할 수 있었던 것도 그의 지원에 힘입은 바가 컸다. 당연히 일본 경찰은 쇼를 감시하였고 체포하기도 하였다. 하지만 이륭양행은 치외 법권 지역에 있었고, 쇼가 영국인이어서 일본 경찰도 함부로 할 수 없었다.

쇼가 이렇게 열심히 독립운동을 도운 까닭은 무엇이었을까? 그는 아일랜드 출신이었다. 이때 아일랜드는 영국의 식민 통치를 받고 있었다. 하지만 아일랜드 사람들은 끊임없이 독립을 쟁취하기 위해 영국에 저항하고 있었다. 쇼도 아일랜드 독립을 열망하고 있었다. 이 때문에 쇼는 우리 민족 운동에 깊이 동감하였고, 여러모로 우리 독립운동가들을 도왔다. 『아리랑』을 쓴 김산은 쇼가 일본인을 영국인만큼 미워했다고 하였다. 1963년 건국훈장 독립장이 수여되었다. 훈장은 2012년에야 손녀와 증손녀에게 전달되었다.

이륭양행(왼쪽)과
쇼 투옥 기사(오른쪽)

한편 임시 정부는 『독립신문』을 발간하여 독립운동과 국내외 소식을 전하였고, 한일 관계 사료집을 발간하였다. 일제 침략의 부당함과 자주 독립 요구의 정당성을 알리기 위함이었다.

외교 활동에 힘을 쏟다

임시 정부는 상하이에 자리를 잡은 만큼 외교 활동에 힘을 쏟았다. 외교로 열강의 지원을 받아 독립을 이루려고 한 것이다. 우선 신한 청년당원으로 파리 강화 회의에 파견된 김규식을 전권 대사로 임명하여 독립 청원서를 제출하게 하였다. 그 뒤에도 미국과 프랑스에 구미 위원부와 파리 위원부를 두어 국제 연맹과 여러 국제 회의에 우리 민족의 독립 의지를 알리게 하였다. 특히 구미 위원부는 대통령 이승만이 중심이 되어 미국 정부를 상대로 외교 활동을 벌였고, 1921년 워싱턴 회의가 열리자 독립 요구서를 제출하였다. 그 성과로 미국, 영국, 프랑스 등에 한국 독립을 후원하는 단체가 만들어졌다.

또한 임시 정부는 신규식을 쑨원이 이끄는 광둥 정부에 보내 임시 정부를 승인하고 독립군 양성을 지원하겠다는 약속을 받아냈다. 이 무렵 중국은 베이징 정부가 있었지만 사실상 군벌들이 전국을 쪼개서 지배하고 있었다. 1917년 위안스카이가 죽은 뒤 이런 상황은 더욱 심해졌다. 1919년 정권을 잡은 돤치루이는 일본의 21개조 요구를 들어주면서 권력 기반을 강화하려 하였다. 여기에 반발하여 중국 민중들은 전국에서 5·4운동을 일으켰다. 이에 자극을 받은 쑨원은 베이징 정부에 대항하여 광둥에 새로운 정부를 세웠다. 중화민국의 정통을 이은 이 정부를 광둥 정부라 불렀다.

한편, 1922년 모스크바에서 극동 인민 대표 대회가 열리자 이동휘, 김규식 등 50여 명이 참가하였다. 각국에서 참가한 전체 대표단 가운데 약 1/3 정도가 한국 대표단이었다. 그만큼 독립운동가들은 이 대회에 큰 기대를 갖고 있었다. 한국 대표단은 소련 지도자 레닌을 만나 독립운동을 지원하겠다는 약속을 받았다.

국민 대표 회의를 열다

하지만 임시 정부가 심혈을 기울인 외교 활동은 별다른 성과를 거두지 못하였다. 파리 강화 회의 및 각종 국제 회의에서 열강은 한국 문제에 관심을 보이지 않았다. 승전국 일본의 식민지였기 때문이다. 여기에 연통제와 교통국 조직이 무너져 국내와 연락이 어렵게 되면서 독립운동을 하겠다는 사람도, 지원금도 크게 줄어들었다.

외교 활동이 벽에 부딪히자 독립운동 방향에 대한 논의가 다시 불붙었다. 무장 독립 투쟁을 주장하는 세력들은 외교 노선을 포기해야 한다고 목소리를 높였다. 사회주의와 민족주의 사이에 갈등도 불거졌고, 평안·함경도와 기호 지역 출신들 사이에 빚어진 대립도 심각한 문제였다.

이 무렵 독립운동 노선은 크게 독립 전쟁론, 외교론, 준비론 등 셋으로 갈라져 있었다. 이들은 서로를 비판하면서 의견을 모으지 못하였다. 1920년 12월 이승만이 거듭된 요청을 받고 상하이에 왔지만 혼란은 수습되지 않았다. 오히려 1921년 4월 신채호, 박용만 등이 이승만의 위임 통치 청원을 다시 비판하면서 갈등은 더욱 커졌다. 이들은 임시 정부를 해산하고 독립운동의 방향을 다시 세우기 위해 국민 대표 회의를 소집해야 한다고 주장하였다.

임시 정부에 대한 불신과 불만은 국무총리 이동휘가 사임하고 이승만이 5월 미국으로 돌아가면서 더욱 커졌다. 그럴수록 국민 대표 회의를 열어야 한다는 주장에 힘이 실려 마침내 1923년 1월 상하이에서

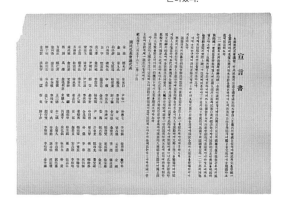

국민 대표 회의 선언서
국민적 대화합으로 국민의 완전한 통일을 견고히 하여 광복의 근본 방침을 수립하자고 선언하였다.

국민 대표 회의가 열렸다. 이승만과 그를 지지하는 세력들은 반대하였지만 대세를 꺾을 수 없었다.

국민 대표 회의에는 이념과 노선을 떠나 국내외 각 지역에서 활동하고 있던 단체 대표 125명이 참가하였다. 독립운동 역사에서 가장 규모가 큰 회의가 열린 것이다. 약 4개월 동안 이어진 회의에서 참가자들은 그동안의 독립운동을 평가하고 새로운 방향에 대해 토론하였다. 그 결과 노선과 이념을 떠나 자기를 희생하여 독립을 이룰 때까지 모두 힘을 합치자고 결의하였다. 정부 형태를 공화정으로 하고, 독립 국가에서 의무 교육을 제도적으로 보장한다는 데 합의하였다. 국호와 헌법 및 위임 통치 청원 사건, 자유시 참변 등 과거 문제도 논의하였다.

하지만 회의는 임시 정부 개편을 두고 끝내 결렬되고 말았다. 참가자들이 창조파와 개조파로 나뉘어 팽팽하게 맞섰기 때문이었다. 창조파는

| | 주요 참가 세력 | | 주요 인물 | 주의 | 주요 입장 | | |
					임정에 대한 태도	지향	운동 노선
창조파	북경 창조파	북경 군사 통일 회의	박용만, 신숙, 신채호	진보적 민족주의	불신임	신조직 건설 (위원제 정부)	무장 투쟁
	상해 노령 창조파	이르쿠츠크 고려공산당	김만겸	공산주의	불신임	민족 혁명단 건설	무장 투쟁
		대한 국민 의회파	문창범	공산주의	불신임	신조직 건설 (위원제 정부)	무장 투쟁
개조파	상해 개조파	임정내 개조파	안창호	민족주의	인정	정부 개조 · 대독립당 건설	실력 양성
		상해파 고려 공산당	윤자영, 김철수	공산주의	인정	정부 개조 · 민족 혁명당 건설	무장 독립
	서간도 개조파	서로 군정서 한족회	김동삼, 이진산	민족주의	인정	정부 개조	무장 독립

창조파와 개조파 비교표

조철행, 「국민 대표 회의(1921~1923) 연구」(『사총』 44, 고려대, 1955)의 내용을 표로 정리한 윤대원, 「임시 정부와 국민 대표 회의」(『한국사』 48, 국사편찬위원회, 2006)를 옮겨 왔다.

임시 정부를 완전히 해체하고 새로운 정부를 수립하자고 주장하였다. 개조파는 임시 정부의 문제점을 개선하자고 주장하였다. 회의는 개조파가 대회 참여를 거부하면서 사실상 결렬되고 말았다. 창조파는 회의를 계속하여 블라디보스토크에 새 정부를 세우기로 결의하였다. 그렇지만 지원을 기대하였던 소련이 일본과 관계를 고려하여 이를 인정하지 않아 실패하고 말았다.

임시 정부, 하나의 독립 단체가 되다

국민 대표 회의가 결론을 내리지 못하고 끝나자 수많은 독립운동가들이 임시 정부를 떠났다. 내각을 구성하지 못할 정도였다.

이런 어려움을 타개하기 위해 임시 정부는 대통령 대리 제도를 두려 하였다. 여기에 반발하여 이승만은 미주 동포에게 거둔 독립 자금을 보내지 않았다. 결국 1925년 임시 의정원은 이승만 대통령을 탄핵하고 구미 위원부를 폐지하였다. 파면 사유는 대통령 직무를 제대로 하지 않고 미주 지역 독립 자금을 멋대로 처리한 것이었다. 위임 통치 청원도 중요한 이유였다.

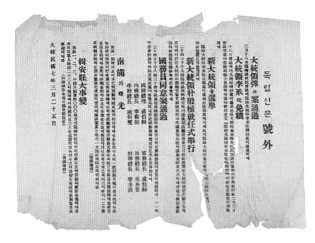

'이승만 탄핵' 『독립신문』 호외
『독립신문』은 '1925년 3월 18일 임시 의정원이 임시 대통령 이승만 탄핵안을 통과시켰다'는 호외를 발행하였다. 호외에는 대통령 이승만 면직, 신(新) 대통령 박은식 선출과 취임 등이 실려 있다.

이어 박은식을 2대 대통령에 추대하고 헌법을 개정하여 내각 중심의 국무령제로 바꾸었다. 박은식은 서로 군정서 총재였던 이상룡을 국무령으로 추천하고 사임하였다. 하지만 이상룡에 이어 양기탁도 내각 구성에 실패하였고, 1926년 김구가 국무령이 되었다. 김구는 이듬해 국무 위원이 주석을 차례로 맡는 집단 지도 체제로 바꾸었다. 그럼에도 1930년대 중반까지 내각을 구성하기 어려울 정도의 상황은 계속되었다.

김구는 1931년 말 한인 애국단을 조직하여 명맥만 유지하고 있는 임시 정부의 활로를 뚫으려 하였다. 1932년 한인 애국단원 이봉창은 일본 도쿄에서 히로히토 일본 국왕을 저격하였다. 윤봉길은 상하이에서 벌어진 일본군 승전 축하 식장에 폭탄을 던져 일본군 장성들과 고관들을 살상하였다. 이 사건을 계기로 중국 국민당 정부는 대한민국 임시 정부를 승인하고 지원하기 시작하였다.

독립운동가들이 남긴 말들

"나는 우리나라가 세계에서 가장 아름다운 나라가 되기를 원한다. 가장 부강한 나라가 되기를 원하는 것은 아니다. (중략) 오직 한없이 가지고 싶은 것은 높은 문화의 힘이다. 문화의 힘은 우리 자신을 행복하게 하고, 나아가선 남에게 행복을 주기 때문이다." -김구(1876~1949)

"우리나라가 망한 것은 사람의 마음이 죽음으로써이다. 우리들의 마음이 아직 죽어 버리지 않았다면 비록 지도가 그 색깔을 달리하고 역사가 그 칭호를 바꾸어 우리 대한이 망하였다 하더라도 우리들의 마음속에는 스스로 하나의 대한이 있는 것이니 우리들의 마음은 곧 대한의 혼이다." -신규식(1880~1922)

"자신의 나라를 사랑하거든 역사를 읽을 것이며 다른 사람에게 나라를 사랑하게 하려거든 역사를 읽게 할 것이다. 영토를 잃은 민족은 재생할 수 있어도 역사를 잃은 민족은 재생할 수 없다." -신채호(1880~1936)

"내가 죽은 뒤에 나의 뼈를 하얼빈 공원 옆에 묻어두었다가 나라를 되찾거든 고국으로 옮겨다오. 나는 천국에 가서도 마땅히 우리나라 독립을 위해 힘쓸 것이다. 대한 독립의 소리가 천국에 들려오면 나는 마땅히 춤추며 만세를 부를 것이다." -안중근(1879~1910)

"나는 밥을 먹는 것도 대한의 독립을 위하여, 잠을 자는 것도 대한의 독립을 위하여서 해 왔다. 이것은 나의 몸이 없어질 때까지 변함이 없을 것이다. 적어도 동포끼리는 서로 다투지 말자. 때리면 맞고 욕하면 먹자. 동포끼리 악을 악으로써 대하지 말자. 오직 사랑하자." -안창호(1878~1938)

"내 손톱이 빠져나가고 내 귀와 코가 잘리고 내 다리가 부러져도 그 고통은 이길 수 있으나 나라를 잃어버린 그 고통만은 견딜 수가 없습니다. 나라에 바칠 목숨이 오직 하나밖에 없는 것만이 이 소녀의 유일한 슬픔입니다." -유관순(1902~1920)

"고향에 계신 부모 형제 동포여. 더 살고 싶은 것은 인정합니다. 그러나 죽음을 택해야 할 오직 한 번의 가장 좋은 기회를 포착하였습니다. 백 년을 살기보다 조국의 영광을 지키는 이 기회를 택했습니다. 안녕히, 안녕히들 계십시오." -윤봉길(1908~1932)

"제 나이 이제 서른하나입니다. 앞으로 서른한 해를 더 산다 해도 지금보다 더 나은 재미가 없을 것입니다. 인생의 목적이 쾌락이라면 지난 31년 동안 쾌락이란 것을 모두 맛보았습니다. 이제부터 영원한 쾌락을 위해 목숨을 바칠 각오로 상하이로 온 것입니다. -이봉창(1900~1932)

조선 총독부,
민족 분열 통치를 실시하다

변화하는 세계 정세

제1차 세계 대전이 끝날 무렵 전 세계에는 개조의 바람이 불었다. 엄청난 피해를 가져온 전쟁으로 제국주의에 대한 반성이 크게 일어났기 때문이다. '약육강식', '생존경쟁'이 아닌 '상호부조'의 세계를 만들자는 생각이 1920년대 초반 사상계를 휩쓸었다. 민주주의가 확산되고 민족 자결주의 열풍이 분 것도 이런 흐름과 관련이 깊었다. 러시아 혁명이 성공하면서 차별 없는 세상을 꿈꾸는 사회주의 사상이 널리 퍼진 것도 이런 변화에 한몫을 단단히 하였다.

일본도 이런 흐름에서 벗어나지 않았다. 민주주의가 발전하면서 군부의 힘이 약화되고 정당 정치가 발전하였다. 사회주의에 대한 관심도 점점 커졌다. 여기에 3·1운동이 일어나자 무단 통치에 대한 비난 여론이 일본 안팎에서 크게 일어났다. 그 여파로 제2대 총독 하세가와는 3년을 채우지 못하고 해임되었다. 식민 통치 방법도 바꿀 수밖에 없었다.

사이토 신임 총독, '문화 통치'를 선언하다

1919년 9월 해군 대장 사이토 마코토가 총독으로 왔다. 새로 부임하는 총독이 서울역에 내리자 강우규 의사가 폭탄을 던졌다. 3·1운동으로 높아진 한국인의 저항 의지를 눈으로 본 사이토 총독은 '문화 통치'를 하겠다고 선언하였다. 무단 통치가 아닌 '조선의 문화와 관습을 인정하고 조선인의 행복과 이익을 높이겠다'는 명목이었다.

먼저 현역 대장이 아닌 문관도 총독에 임용될 수 있게 바꾸었다. 헌병 경찰 제도도 보통 경찰제로 바꾸고, 태형령을 폐지하였다. 관리나 교원의 제복을 없애고, 부분적이지만 언론·출판·집회·결사의 자유를 허용하였다. 교육도 한국인과 일본인을 차별하지 않겠다고 선언하였다.

일제는 국내외에 '문화 통치'로 식민 통치 정책을 크게 바꾼 듯이 널리 선전하였다. 하지만 실상은 전혀 달랐다. 문관 출신 총독 임명은 말뿐이었고 실제로 임명된 적은 없었다. 헌병 경찰이 사라졌다고 바뀐 것은 없었다. 오히려 경찰 관서와 경찰관을 무려 3배 이상 늘려 1군 1경찰서

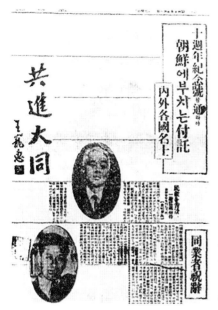

검열로 기사가 삭제된 신문
신문사는 그날 신문 조판이 끝나면 검열 당국에 제출하고 인쇄를 진행하였다. 만약 삭제 지시가 내려오면 다시 조판할 시간 여유가 없었다. 이 때문에 단행본과 달리 그 부분 글자를 깎아 내거나 빈 공간으로 남겨두고 인쇄해서 배포하였다.

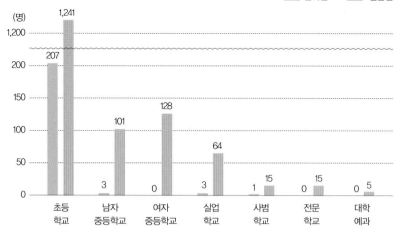

(명)

한국인과 일본인 진학률

	초등학교	남자 중등학교	여자 중등학교	실업학교	사범학교	전문학교	대학예과
한국인	207	3	0	3	1	0	0
일본인	1,241	101	128	64	15	15	5

(「조선 총독부 통계 연보」, 1925)

1면 1주재소 제도를 확립하였다. 여기에 고등 경찰 조직을 확대 강화하고, 1925년에는 치안 유지법을 시행하여 항일 독립운동에 대한 감시를 강화하였다. 고등 경찰은 정치 집회, 사상 활동 등 식민 통치에 저항하는 행위를 감시하고 단속하는 임무를 맡은 특별 경찰이었다.

치안 유지법은 1925년 일본이 천황제를 유지하고 사회주의 사상을 억누르기 위해 만든 것이다. 조선 총독부는 이 법을 식민지에 적용하여 사회주의자뿐만 아니라 사회 운동과 농민 노동자 운동을 탄압하였다.

'문화 통치'에 따라 한글 신문과 잡지가 나오고 많은 단체들이 만들어져 활동하였다. 그렇지만 식민 통치 질서에 도전하지 않은 선에서 허용됐을 뿐이었다. 만약 이를 어기면 사전 검열로 기사를 삭제하거나 발행을 금지하였다. 집회나 단체 활동도 마찬가지였다. 집회는 미리 허가를 받아야 하였고, 신고 내용과 다르면 해산당하였다.

교육도 다를 바 없었다. 1922년 개정한 2차 조선 교육령으로 보통학교 수업 연한은 6년으로 늘어났고 대학 설립도 가능하게 되었다. 보통학교를 비롯하여 고등 보통학교, 실업학교 등 각급 학교 숫자도 늘어났다.

하지만 학교는 여전히 모자라 1920년대 말까지 보통학교 취학률은 약 20%밖에 되지 않았다. 일본인과 달리 한국인에게는 보통학교 의무 교육을 실시하지 않았고 학비도 비쌌기 때문이었다. 상급 학교로 갈수록 취학률은 더욱 떨어졌고, 남학생보다 여학생이 더 심했다. 한편 고등 교육에 대한 바람이 커지면서 민립 대학 설립 운동이 일어났다. 조선 총독부는 이를 막고 경성 제국 대학을 설립하였다. 그렇지만 재학생 가운데 한국인은 1/3에 지나지 않았다.

조선 총독부, 도 평의회, 부면 협의회를 설치하다

제1차 세계 대전 뒤 열강들은 식민지에 제한적으로나마 참정권을 인정하였다. 일제도 이런 추세에 부응할 필요가 있었다. 물론 조선에 자치를 준다거나 한국인에게 일본 의회에 참여시킬 생각은 없었다. 내부적으로도 3·1운동으로 큰 타격을 입은 친일파들을 다시 일으켜 세우기 위한 조치가 필요하였다. 이를 위해 조선 총독부는 중추원을 확대하고, 지방에 도 평의회와 부면 협의회, 학교 평의회 등을 만들었다. 이 기구에 친일파를 기용하여 식민 지배 체제를 튼튼히 하는 울타리로 삼으려 한 것이다.

조선 총독부는 이를 한국인에게 참정권을 주어 마치 자치제를 실시하는 것처럼 선전하였다. 여기에는 민족 지도자들을 독립운동이 아니라 자치 운동으로 끌어들이려는 속셈도 깔려 있었다. 하지만 이 기구는 의결권이 없는 자문 기구에 지나지 않아 정책 결정을 할 수 없었다. 그나마 조선인이 많이 살고 있는 대부분의 면에서는 선거를 하지 않고 임명하였다. 당연히 의원이 되는 사람들은 일본인이거나 친일 조선인이었다.

1931년 이 기구들을 의결 기관으로 바꾸고 모든 의원을 선거로 뽑았다. 하지만 상황은 바뀌지 않았다. 선거권을 일정한 세금을 내는 사람으로 철저히 제한하였기 때문이다. 예를 들어 1935년 목포부 유권자 수는 일본인이 883명, 조선인이 551명이었다. 이들이 뽑은 의원은 일본인도 한국인도 대부분 목포부에서 내로라하는 상공인, 지주, 자본가일 수밖에 없었다. 그들만의 선거로 그들만의 자치를 한 것이다.

조선인을 분열시켜라

'문화 통치'로 일제 식민지 지배 정책이 바뀐 것은 아무것도 없었다. 조선 총독부가 노린 것은 한국인을 분열시켜 3·1운동과 같은 독립운동이 일어나지 않게 하는 것이었다. 이를 위해 조선 총독부는 조선인을 식민지 지배에 협조하는 사람과 아닌 사람으로 나누었다. 협조하지 않는 '과격 분자'는 준엄한 형벌로, 친일파에게는 각종 지원을 아끼지 않았다. 특

• 식민 통치를 성공하려면 친일파를 길러야 한다

1. 핵심적 친일 인물을 골라 이들을 귀족, 양반, 유생, 부호, 교육가, 종교가에 침투시켜 계급과 사정을 참작하여 각종 친일 단체를 조직하게 한다.
2. 각종 종교 단체도 중앙 집권화해서 그 최고 지도자에 친일파를 앉히고 고문을 붙여 어용화시킨다.
3. 조선 문제 해결의 성공 여부는 친일 인물을 많이 얻는 데 있으므로 친일 민간인에게 편의와 원조를 주어 수재 교육의 이름 아래 많은 친일 지식인을 긴 안목으로 키운다.
4. 양반 유생 가운데 직업이 없는 자에게 생활 방도를 주는 대가로 이들을 온갖 선전과 민정 염탐에 이용한다. 조선인 부호 자본가에게 일·선 자본가의 연계를 추진한다.
5. 농민들을 통제 조정하기 위해 민간 유지가 이끄는 친일 단체인 교풍회, 진흥회를 두게 하고, 이들에게 국유림의 일부를 불하해 주고 입회권을 주어 회유·이용한다.

　　　　　　　　　　　　　　　　　　－ 사이토 마코토 총독, 「조선 민족 운동에 대한 대책」(1920)

1920년 사이토 신임 총독이 내놓은 조선 민족 운동에 대한 대책이다. 문화 통치가 노리는 것이 무엇인지 잘 보여 주는 자료이다. 사실 문화 통치는 '문화'적으로 통치하겠다는 것이 아니다. 문화와 교육으로 조선인을 교화시켜 일본인으로 만들겠다는 '문치교화' 정책이었다. 1920년부터 많은 친일 단체와 친일파가 생겨난 이유는 이런 정책과 관련이 깊다. 이들은 식민지 통치에 적극 협력하면서 민족 운동과 사회 운동을 누르는 데 앞장섰다.

어용　자기 이익만 좇아 권력에 영합해 행동하는 것을 이르는 말.

히 민족 지도자와 지방 유지를 포섭하는 데 힘을 쏟았다.

여기에 넘어가 일제 식민지 통치에 협력하는 한국인들이 갈수록 많아졌다. 일부에서는 독립이 아니라 식민 지배 틀 안에서 자치를 얻어 내자는 운동을 벌이기도 하였다. 결국 '문화 통치'는 한국인이 하나가 되지 못하게 막으려는 방책이었고, 그동안 다져 놓은 식민지 지배 기반을 더욱 튼튼하게 하기 위한 술책일 뿐이었다.

조선을 식량 공급 기지로 만들라

일본은 제1차 세계 대전을 계기로 공업화와 도시화가 빠르게 진행되었다. 농민들이 일자리를 찾아 도시로 몰려오면서 생긴 여러 문제 가운데 하나가 식량 문제였다. 특히 쌀값이 크게 올라 전국적으로 쌀 폭동이 일어날 정도로 심각하였다. 이 문제를 해결하기 위해 일제는 조선을 식량 공급 기지로 만들려 하였다.

이에 조선 총독부는 1920년 산미 증식 계획을 세웠다. 계획에 따라 저

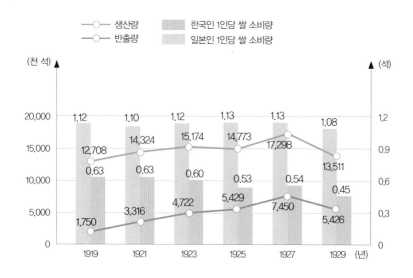

(조선 총독부, 「조선 미곡 요람」, 1937)

부평 수리 조합이 만든 양수댐. 1929년에 완공됐다. 당시 양수 댐을 비롯한 관개 시설로 만든 논 면적은 무려 3,600정보가 넘었다. 당시 전국 5위의 규모였다.

수지 등 수리 시설을 확충하고 개간과 간척 사업을 실시하였다. 또한 종자를 개량하고 비료와 농약 공급을 확대하였다. 이 가운데 핵심 사업은 논에 물을 대는 관개 시설을 개선하는 것이었다. 이를 위해 전국적으로 수리 조합이 만들어졌다.

관개 시설은 농사에 큰 도움이 되었지만 건설비와 유지비가 많이 들었다. 이 때문에 대지주들은 적극 찬성하였지만 소지주나 자작농 들은 반대하는 사람이 많았다. 이들은 보를 이용해도 충분하였기 때문에 대규모 관개 사업에 큰 관심이 없었다. 그렇지만 조선 총독부를 등에 업은 대지주들은 어떻게 하든 조합을 만들어 사업을 밀어붙였다. 수리 조합이 만들어지면 수리 조합비를 비롯하여 비료 대금, 토지 개량비 등을 부담해야 했다.

산미 증식 계획은 그렇지 않아도 지세, 공과금 등에 시달리던 농민들을 더욱 힘들게 만들었다. 게다가 소작료는 갈수록 높아지고 지주들의 횡포도 심해져 농민들은 갈수록 어려워졌다. 흉년이라도 들면 적지 않은 자작농들이 소작농으로 떨어질 수밖에 없었다. 반면 토지 회사나 대지주들은 이를 이용하여 농장 규모를 더욱 키웠고, 국내와 일본에 쌀을 팔아 큰돈을 벌었다. 일부 악덕 지주들은 자신들이 내야 할 조합비를 소작농에게 떠넘기기도 하였다.

산미 증식 계획으로 쌀 생산량은 계획만큼은 아니지만 크게 늘어났다. 문제는 일본으로 가져가는 쌀이 늘어난 양보다 훨씬 많다는 것이었다. 당연히 조선의 식량 사정은 나빠질 수밖에 없었고, 조선인 1인당 먹는 쌀 소비량은 점점 줄어들었다. 대신 만주에서 들어온 조, 수수, 콩 등 잡곡으로 모자란 부분을 메웠다.

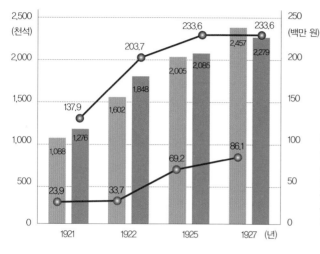

한국인 공장 수
일본인 공장 수
한국인 공장 생산액
일본인 공장 생산액

한국인과 일본인의 공장수와 생산액

1920년대 한국인과 일본인이 운영하는 공장 숫자는 비슷하였다. 하지만 생산액을 보면 큰 차이가 난다. 이는 한국인 기업은 소규모로 운수업, 양조업, 정미업 등에 몰려 있었고, 규모가 큰 회사는 대부분 일본인 소유였음을 보여 준다. 한국이 값싼 노동력을 노린 일본 기업의 투자처이자 소비 시장이 되어 버린 것이다.

(『조선 경제 도표』, 1940)

회사령을 폐지하다

제1차 세계 대전으로 일본은 자본주의가 크게 발전하여 독점 자본주의 단계에 들어섰다. 이제 일본 경제가 국내 산업 보호를 위해 자본 유출을 걱정할 단계를 넘어선 것이다. 선진 제국주의 열강처럼 넘치는 자본을 투자할 곳을 찾아야 할 상황이 되자 일제는 식민지 경제 정책을 바꾸었다.

이에 조선 총독부는 일본 자본과 상품이 조선에 쉽게 들어올 수 있도록 정책을 바꾸었다. 민저 1920년 회사령을 폐지하여 신고만 하면 회사를 세울 수 있게 하였다. 자본을 투자할 곳을 찾던 일본 기업에 숨통을 틔워 준 것이다. 처음에는 중소기업들이 값싼 노동력과 자원을 찾아 쏟아져 들어왔고, 1920년대 후반에는 미쓰이, 미쓰비시, 스미토모, 야스다 등 일본 재벌들이 진출하였다.

회사령 폐지로 한국인들도 기업을 마음대로 세울 수 있었다. 공장 숫자만 보면 1920년 중반부터 한국인이 세운 기업이 일본인 기업보다 많아졌다. 그 가운데 호남 지주 김성수가 세운 경성 방직은 일본 기업 못지않게 규모가 컸다. 하지만 대부분은 소규모로 상업, 운수업과 양조업, 정미업 같은 분야에 진출하였다. 이 때문에 자본 규모와 총독부 지원 등에서 일본 기업에 밀릴 수밖에 없었다. 특히 일본 대기업이 본격적으로 들어온 1920년대 후반에는 자본 규모에서 격차가 더욱 벌어졌다. 자본 규모의 차이는 생산액 차이로 이어졌고, 한국인 기업 활동은 갈수록 힘들어졌다.

여기에 조선 총독부는 1923년 일본 상품에 대한 관세를 없앴다. 일본 상품이 다른 나라 상품보다 더 싸게 들어오면서 가뜩이나 힘든 한국인 기업은 큰 타격을 받았다. 한국인 기업가들은 이에 맞서 물산 장려 운동

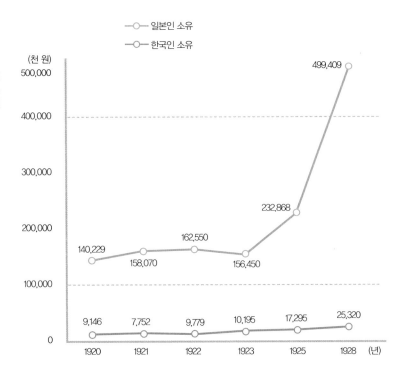

조선 내 본점을 둔 회사의 자본금
일본인 자본은 1910년대부터 한국인 자본보다 우위에 있었다. 이 차이는 1920년 회사령 폐지와 1923년 관세 철폐로 더욱 커졌다.

을 벌였지만 기대한 만큼 효과를 얻지는 못하였다. 1928년에 일본은 신
은행령을 발표하여 한국인 소유 은행을 강제로 합병했다. 산업 전반에
걸친 일본 자본의 지배력이 강화되면서 한국 경제는 일본 경제에 묶여
있는 식민지 공업 구조 속에 들어가고 말았다.

3

독립하려면
실력을 길러야 한다

투쟁에 앞서 실력을 기르자

3·1운동이 실패하자 일부 지식인들은 가까운 장래에 독립은 힘들겠다고 판단하였다. 이들은 '개조의 시대'에 접어든 국제 정세와 '문화 통치'에 기대를 걸면서 실력 양성 운동을 전개하였다. 사회 진화론의 입장에서 독립을 하려면 먼저 사회를 '개조'하고 신문화를 건설해서 민족의 실력을 키워야 한다는 것이었다. 이를 위해 이들은 교육 진흥 운동, 민립 대학 설립 운동, 물산 장려 운동, 문맹 퇴치 운동을 적극적으로 벌여 나갔다.

그러나 실력 양성 운동은 일제가 허용하는 범위 안에서 전개될 수밖에 없었다. 이 때문에 '선 실력 양성, 후 독립'을 내세웠지만 결국 실력 양성을 강조하는 방향으로 흘러갔다. 일부 지식인들은 독립이 아닌 자치 운동을 전개하기도 하였다. 이광수는 '조급한 독립 투쟁보다 그릇된 민족성을 고치는 도덕성 개조가 더 중요하다', '현재로서는 독립이 불가능하므로 독립의 기회에 대비할 준비가 필요하다'며 자치 운동을 주장하였다. 이 제안에 『동아일보』의 김성수, 송진우, 천도교 신파의 최린 등이 호응하였다. 이들은 자치권 획득을 목표로 연정회라는 정치 결사를 조직하려

하였다.

 '문화 통치'를 선언하면서 자치제를 연구 검토하겠다고 한 조선 총독부도 금방이라도 자치제를 실시할 것처럼 하였다. 자치 운동이 일어나면 민족 운동을 분열시킬 수 있다고 보고 이들을 지원한 것이다. 하지만 임시 정부를 비롯하여 조선 노농 총동맹 등이 국내외에서 독립운동을 분열

• 이광수의 '민족 개조론'과 '민족적 경륜'

근래에 전 세계에 개조라는 말이 많이 유행됩니다. 일찍이 구주 대전(제1차 세계 대전)이 끝나고 파리에 평화 회의가 열렸을 때에 우리는 이를 세계를 개조하는 회의라 하였습니다. 그리하여 국제 연맹이 조직되매 더욱 열광하는 열정을 가지고 이는 세계를 개조하는 기관이라 하였습니다. 그래서 큰일에나 작은 일에나 개조라는 말이 많이 유행되게 되었습니다.

이 시대 사조는 우리 땅에도 들어와 각 방면으로 개조의 부르짖음이 들립니다. 그러나 오늘날 조선 사람으로서 시급히 하여야 할 개조는 실로 조선 민족의 개조외다.

– 「민족 개조론」, 『개벽』(1922. 5)

지금까지 하여 온 정치적 운동은 전부 일본을 적대시하는 운동뿐이었다. 그러나 우리는 무슨 방법으로나 조선 내에서 전 민족적인 정치 활동을 하도록 새로운 국면을 타개할 필요가 있다. 우리는 조선 내에서 허락되는 범위 안에서 일대 정치적 결사를 조직해야 한다는 것이 우리의 주장이다. 그 이유는 어디에 있는가. 우리는 두 가지를 들려고 한다. 첫째, 우리 당면의 민족적 권리와 이익을 옹호하기 위하여, 둘째, 조선인을 정치적으로 훈련하고 단결하여 민족의 정치적 중심 세력을 만들어 이로써 장래 멀고 먼 정치 운동의 기초를 이루기 위하여 (하략).

– 「민족적 경륜」, 『동아일보』(1924. 1)

「민족 개조론」은 이광수가 1922년 5월 『개벽』에 쓴 글이다. 여기서 그는 우리 민족이 식민지가 된 이유를 민족 내부의 책임으로 돌려 민족성을 개조해야 한다고 주장해 많은 논란을 불러일으켰다.

「민족적 경륜」은 이광수가 1924년 1월 2일부터 6일까지 5일간에 걸쳐 『동아일보』에 연재한 글이다. 여기서 그는 '정치적 결사, 산업적 결사, 교육적 결사'를 조직할 것을 주장하였다. 산업과 교육적 결사는 다른 민족주의자와 다를 바 없는 주장이었다. 물산 장려 운동, 민립 대학 설립 운동이 바로 그것이다. 문제는 이광수가 이른바 합법적 정치 활동을 주장한 것이다. 이 주장은 일제의 식민 통치를 인정하는 것으로 받아들여져 맹렬한 공격을 받았다.

시키는 행위라며 거세게 반발하자 무산되고 말았다. 자치 운동은 그 뒤에도 조선 총독부의 후원으로 계속되었고, 민족주의 세력을 분열시키는 결과를 낳았다.

교육열이 높아지다

1910년대 보통학교 취학률은 5%를 넘지 않았다. 대략 5~6개 면에 보통학교가 1개씩 있었고, 학생 수는 7만 명이 되지 않았다. 당연히 대부분 민중들은 한글을 쓸 줄 모르는 문맹이었다. 사립 학교도 확 줄어들어 학교에 가고 싶어도 갈 수 없었다. 그렇지만 조선 총독부 교육 정책에 대한 거부감으로 입학 지원자가 많지 않아 큰 문제가 되지 않았다.

그런데 3·1운동 뒤 교육열이 크게 높아졌다. 1920년에는 학교에 진학하려는 학생이 많아져 입학 경쟁이 일어날 정도였다. 이런 열기는 3·1운동에 참여하면서 자신과 민족의 역량을 기르기 위해 신학문과 신교육이 필요함을 절실하게 느꼈기 때문이다. 많은 농민, 노동자 들은 인간답게 살기 위해 적어도 문맹에서 벗어나야 된다는 생각을 갖게 되었고, 먹고 살기 힘들어도 자식들은 교육을 시켜야겠다는 생각을 하게 되었다. 보수 양반층들도 근대 교육에 대한 생각을 바꾸었고 여성들도 더 많은 배울 기회를 요구하게 되었다.

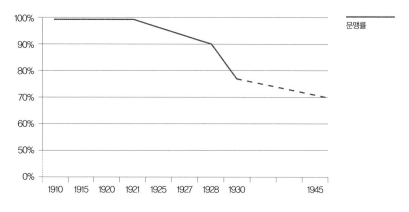

문맹률은 1920년대 후반까지 90%를 넘었다. 해방까지 70% 아래로 내려가지 않았다.

문제는 학교가 턱없이 모자란다는 점이었다. '문화 통치'를 내세운 조선 총독부가 학교를 늘렸지만 상황은 그다지 나아지지 않았다. 1922년 3면 1교 정책으로 보통학교 숫자는 2배로 늘었다. 그렇지만 취학률은 10%도 되지 않았다. 여기에 비싼 수업료 때문에 가고 싶어도 가지 못하는 학생이 많았다. 1923년 전라남도 농가 자녀 가운데 소작농 자녀는 98%, 자작농 자녀는 90% 정도가 학교를 가지 못하였다. 반면 지주층 자녀는 70%가 학교에 갔다. 당연히 수업료를 내지 못해 졸업을 하지 못하고 자퇴나 퇴학을 당하는 학생이 상당히 많았다.

이에 따라 전국적으로 사립 학교를 세우자는 움직임이 활발하게 일어났다. 하지만 설립 비용이 많이 들고 까다로운 인가 조건들 때문에 대부분 허가를 받지 못하였다. 대신 서당 개량 운동, 강습소와 야학 설립 운동이 활발하게 일어났다. 개량 서당은 전통 서당을 한문만 아니라 한글, 일본어, 산수 등을 배우는 곳으로 바꾼 서당이다. 강습소는 보통학교에 가지 못한 학생을 위한 간이 학교이다. 야학 운동은 학생과 청년 들을 중심으로 전개되었다. 야학은 정규 학교에 가지 못한 노동자, 농민에게 문맹에서 벗어날 기회를 주고 사회 생활에 필요한 능력을 길러 주었다. 그렇다고 개량 서당, 강습소, 야학을 마음대로 세울 수 있었던 것은 아니었다. 서당 규칙 등 조선 총독부가 정한 규정을 지켜야 했고, 그렇지 못하면 문을 닫아야 하였다.

배우자! 가르치자! 다함께 브나로드!

문맹 퇴치 운동은 1920년대 후반 언론과 학회들이 본격적으로 뛰어들면서 더욱 활기를 띠게 되었다. 문맹을 퇴치하지 않으면 사회를 개혁할 수도 독립을 기약하기도 어렵다고 보았기 때문이다. 『조선일보』는 '아는 것이 힘, 배워야 산다'라는 표어를 내걸고 여름 방학을 이용하여 학생들과 함께 문자 보급 운동을 펼쳤다. 『동아일보』는 학생 계몽대 등을 조직

브나로드
'민중 속으로'라는 의미이다. 1870년대에 러시아 지식인과 학생 들이 펼친 '농촌 계몽 운동'이며 우리나라에서는 당시 『동아일보』가 주축이 되어 일으킨 민족 문화 운동을 뜻한다.

한글교재

46.5cm×31.8cm 갱지 한 장으로 된 '한글 원본'은 1929년 문자 보급 운동이 시작된 뒤 발행한 최초의 교재이다. 한글의 자음과 모음, 음절 구성, 받침 등을 설명하고 있다. 왼쪽 상단에 '아는 것이 힘, 배워야 산다'가 인쇄돼 있다. 조선일보사는 소책자 『한글원본』, 『문자보급교재』 등을 수만 부에서 수십만 부씩 만들어 전국에 무료로 배포했다.

하여 브나로드 운동을 펼쳤다. 조선어 학회는 문맹 퇴치 운동을 지원하기 위해 한글 교재를 만들고 강습회를 열었다.

학생들은 방학이 되면 먹고 자는 것을 스스로 해결하면서 온 힘을 다하여 농촌 계몽 활동을 하였다. 마을마다 야학을 열어 한글을 가르치고, 위생 개선, 구습 타파, 근검 절약 등을 강조하였다. 음악이나 연극 공연 등 문화 활동도 펼쳤다.

농촌 계몽 활동은 문맹 퇴치와 농민 계몽에 상당한 성과를 거두었다. 하지만 농촌 계몽 활동이 민족 의식을 높일 조짐을 보이자 조선 총독부는 1935년 이를 금지하였다.

우리 힘으로 대학을 세우자

한편 3·1운동 뒤 지식인들은 교육에 큰 관심을 가졌다. 민족의 실력을 기르기 위해 교육만큼 중요한 것이 없다고 보았기 때문이다.

1920년 6월 한규설, 이상재 등 지식인들은 조선 교육 협회를 만들었다. 이들은 조선 총독부에 학교를 늘리고 조선인 차별 교육을 폐지할 것을 요구하였다. 강연회를 열고 기관지도 간행하여 신교육 및 신문화가 필요하다는 계몽 활동을 하였다. 또한 이들은 민족의 실력을 기르기 위해 고등 교육 기관이 꼭 있어야 한다고 주장하였다.

1922년 조선 총독부는 교육 정책을 바꿔 금지되었던 대학 설립을 가능하게 하였다. 물론 조선 총독부는 여전히 보통 실업 교육을 중심에 두었고, 조선 교육 협회가 대학 설립을 요청했을 때도 들어주지 않았다. 조선 교육 협회는 조선 총독부가 대학 설립을 거부하자 우리 힘으로 대학을 세우기로 하였다. 이를 위해 조선 민립 대학 기성회를 조직하였다.

민립 대학 기성회는 '한민족 1천만 한 사람이 일 원씩'이라는 구호를 내걸고 천만 원 모금 운동을 시작하였다. 모금은 언론사의 적극 지원에 힘입어 전국적으로 순조롭게 진행되었다. 만주와 미주에서도 참여하였다.

• 민립 대학 설립 취지서

우리들의 운명을 어떻게 개척할까? 정치냐, 외교냐, 산업이냐? 물론 이러한 사업들이 모두 다 필요하도다. 그러나 그 기초가 되고 요건이 되며 가장 급무가 되고 가장 선결의 필요가 있으며 가장 힘 있고 가장 필요한 수단은 교육이 아니면 불능하도다. (중략)

그러므로 이제 우리 조선인도 세계 속에서 문화 민족의 일원으로 다른 나라 사람과 어깨를 나란히 하여 우리들의 생존을 유지하며 문화의 창조와 향상을 기도하려면 대학의 설립을 빼고는 다시 다른 길이 없도다.

-「민립 대학 설립 취지서」(1923. 3)

민립 대학 총회 소식을 보도한 『동아일보』 1922년 11월 30일자 기사(왼쪽)와 1923년 3월에 열린 조선 민립 대학기성회 발기인 총회 기념 사진. 『동아일보』는 기성 준비회 활동을 사설과 광고로 적극 도왔다. 기성회에서 중앙집행위원회 위원장에 이상재, 상무 위원에 한용운, 이승훈 등을 선출했다.

물론 반대하는 사람도 있었다. 주로 노동자, 농민, 사회주의자 계층이었다. 1923년 전 조선 청년당 대회에서는 민립 대학 설립 반대 결의가 이뤄지기도 했다. 그들은 대부분의 민중이 문맹 상태에 있는 현실에서 필요한 것은 대학이 아니라고 주장했다. 민립이든 관립이든 대학 교육은 친일파를 기를 가능성이 크니 야학, 강습소, 간이 학교 등 대중 교육 시설을 늘려야 한다는 이유에서였다.

모금 운동이 큰 호응을 얻자 조선 총독부는 기성회 임원을 미행하고 강연을 하지 못하게 하였다. 이와 함께 서둘러 대학 설립 계획을 발표하고 1924년 경성 제국 대학을 세웠다. 한국인의 고등 교육 열망을 무마하고 총독부에 필요한 관리와 의사 등을 길러야 했기 때문이었다. 여기에 거듭된 가뭄과 수해로 모금이 어려워지면서 민립 대학 설립 운동은 중단되고 말았다.

조선 사람이 만든 것을 입고 먹자

3·1운동 뒤 토착 민족 기업을 길러 경제적 자립을 이루려는 움직임이 일어났다. 기업 설립 운동은 1920년 4월 회사령 폐지와 함께 한층 높아져 전국에 수많은 기업들이 세워졌다. 그렇지만 기업 활동은 쉽지 않았다. 일본인들도 기업을 마음대로 만들 수 있었고, 기술과 자본 면에서 그

1922년 평양 조선 물산 장려회 선전대가 〈물산 장려가〉를 부르며 평양 시가지를 행진하고 있다. 오른쪽은 1922년 조선 물산 장려회의 근검절약 및 토산품 애용 포스터.

들과 경쟁하기가 쉽지 않았기 때문이다. 여기에 국권 강탈 뒤 열강을 배려해 10년을 유보했던 관세 철폐 기한이 다가왔다.

이에 1920년 8월 조만식을 비롯한 평안도의 경제 교육계 인사들이 조선 물산 장려회를 조직하였다. 이들은 '조선 사람이 만든 것을 입고 먹자'며 토착 기업을 지키고 기르자고 주장하였다. 토산품 애용 운동은 1922년부터 전국적으로 퍼져 나갔다. 일본이 이듬해 4월에 관세를 철폐하기로 하였기 때문이다. 이해 초 『동아일보』는 총독부에 한국인 공업 보호 정책을 촉구하고, 조선인 경제 단체 조직과 금융 기관 설립을 주장하였다. 12월에는 서울의 조선 청년회 연합회가 조선 물산 장려 표어를

• 조선 물산 장려회 설립 취지서

우리가 입은 옷, 우리가 먹는 음식, 우리가 사용하는 모든 물건을 보면 알 수 있다. 그중 어느 것이 우리 손으로 지은 것이며 우리의 힘으로 만들어 낸 것인가. 그 전부가 남이 만들어 놓은 것을 우리가 우리 몸뚱이를 팔아서 사놓은 것이 아니며, 사다 쓰는 것이 아닌가. 이처럼 우리가 우리의 쓰는 모든 물건을 집과 땅과 몸뚱이까지 팔아서 타인으로부터 공급받으면서도, 우리가 여전히 우리 강산에 몸을 붙이고 집을 지키며 살아갈 수 있을까. 산업의 기초가 파괴되면 그 생활, 생명, 인격이 따라서 파괴되는 것은 필연적인 사실이다. (중략)

부유한 자와 가난한 자 모두, 우리가 우리의 손에 산업의 권리, 생활의 제1 조건을 장악하지 않으면 우리는 도저히 우리의 생명, 인격, 사회의 발전을 기대하지 못할 것이다. 우리는 이와 같은 견지에서 우리 조선 사람의 물산을 장려하기 위해 조선 사람은 조선 사람 지은 것을 사 쓰도록 하고, 조선 사람은 단결하여 그 쓰는 물건을 스스로 제작하여 공급하는 것을 목적으로 한다. 이와 같은 각오와 노력이 없이 어찌 조선 사람이 그 생활을 유지하고 그 사회를 발전시킬 수 있겠는가.

－ 『산업계』(1923. 11)

이 사료는 1923년 1월 서울 낙원동 협성 학교 강당에서 탄생한 조선 물산 장려회 설립 취지서이다. 만약 산업적 기초를 잃는다면 부유층과 빈곤층을 가리지 않고 민족은 모두 망할 수밖에 없다고 강조하면서, 민중들에게 다음 3가지를 실천하자고 당부했다. '1)의복은 남자는 두루마기, 여자는 치마를, 1924년 1월 1일부터 조선인 생산품 또는 가공품을 염색해 착용할 것, 2)음식물에 대해서는 소금 · 설탕 · 과일 · 청량음료 등을 제외하고는 전부 조선 물산을 사용할 것, 3)일용품은 조선인 제품으로 대용 가능한 것은 이를 사용할 것.'

현상 공모하였다. 연합회는 '내 살림은 내 것으로', '조선 사람 조선 것', '우리 것으로만 살기' 등 당선작을 발표하고, 지방 순회 강연으로 분위기를 띄웠다. 마침내 1923년 1월 서울에서 전국적인 조선 물산 장려회가 창립되었다.

물산 장려 운동은 강연회와 전시회, 가두 행진 등으로 민중들에게 폭넓은 지지와 공감을 얻었다. 경찰이 때에 따라 가두 행진을 금지하고 집회를 해산시키기도 하였지만 완전히 금지하지는 않았다. 학생들은 자작회를 만들어 토산품 애용 운동을 전개하였고, 여성들은 토산 애용 부인회를 만들어 적극적으로 참여하였다. 청년들은 근검 저축, 생활 개선, 금주, 단연 운동을 추진하였다. 이에 힘입어 토산품 소비가 늘어나고, 경제 자립의 중요성과 민족 의식이 높아졌다. 하지만 자립 경제의 토대가 마련되지 않은 상황에서 모든 물품을 토산품으로 쓰자는 것은 불가능하였다. 토산품이 있다고 해도 한국인 기업들은 늘어난 수요를 감당할 만한 생산 능력을 갖추지 못하였다. 그렇다고 새로운 회사나 공장을 하루아침에 만들 수 있는 것도 아니었다. 일부 상인들은 토산품 수요가 늘자 물건 값을 올렸다. 게다가 일부 자본가와 지도부마저 조선 총독부에 보호와 지원을 요청하였다. 이에 반발하여 청년 단체 등은 사회주의 운동으로 방향을 바꾸었고 물산 장려 운동은 흐지부지되고 말았다.

물산 장려 운동 그후……

한때 뜨겁게 달아올랐던 물산 장려 운동은 1923년 후반 무렵에는 열기가 식어 사실상 막을 내렸다. 기대한 성과를 거두지 못하자 토착 자본가들은 두 길로 나눠졌다. 하나는 총독부와 거리를 두고 자립하는 길이었고, 다른 하나는 총독부에 본격적으로 접근하여 보호를 받는 길이었다.

토착 자본가 가운데 비교적 규모가 작은 자본가와 뜻을 함께한 민족주의자들은 전자의 길을 걸었다. 이들은 조선 물산 장려회를 지키면서

1930년대 후반까지 물산 장려 운동을 계속하였다. 반면 규모가 큰 자본가와 그들을 후원하던 민족주의자들은 후자를 선택하였다. 김성수가 만든 『동아일보』는 1923년 말 총독부에 보호 관세 설치, 보조금 지급, 기술 인력 양성 등을 요구하였다. 총독부는 이런 건의를 들어주지 않았지만 김성수가 세운 경성 방직에 거액의 보조금을 지급하였다. 결국 후자를 선택한 사람들은 정치적으로 일제에 더 가까워졌다. 1924년 1월 초 『동아일보』에 이광수의 「민족적 경륜」이라는 글이 실린 것은 이를 잘 보여 준다.

• 사회주의자가 본 물산 장려 운동

자, 보라. 현재 물산 장려 운동의 사상적 도화수가 된 것이 누구인가. 저들의 사회적 지위나 계급적 의식은 아무리 하여도 중산 계급을 벗어나지 아니하며 적어도 중산 계급의 이익에 충실한 대변인인 지식 계급이 아닌가. 또 솔선하여 물산 장려 운동의 실행적 선봉이 된 것도 중산 계급이 아닌가.

실상을 말하면 노동자에게는 이제 새삼스럽게 물산 장려를 말할 필요가 없는 것이다. 그네는 벌써 오랜 옛날부터 훌륭한 물산 장려 계급이다. 자본가 중산 계급이 양복이나 비단옷을 입는 대신 무명과 베옷을 입었고, 저들 자본가가 위스키나 브랜디나 정종을 마시는 대신에 그들은 소주나 막걸리를 마시지 않았는가? (중략)

실상 저들 자본가 중산 계급이 외래의 자본주의적 침략에 위협을 당하고 착취당하고 있는 경제적 복종관계의 엄연한 사실이, 저들로 하여금 어쩔 수 없이 민족적이라는 좋은 말로 동족 안에 있는 착취, 피착취의 서로 반대되는 양극단의 계급적 의식을 엄폐해 버리고, 겉으로는 애국적이라는 의미에서 외화 배척을 말하는 것이며 속으로는 외래의 경제적 정복 계급을 축출하고 자기들이 새로운 착취계급으로서 그들을 대신하려 하는 것이다.

이 글을 『동아일보』에 투고한 이성태(1901~?)는 제주도 출신으로 휘문 고등 보통학교를 다녔다. 1920년 10월 상하이로 가서 『독립신문』 기자를 했고, 귀국해 『신생활』 기자로 활동하였다. 민중사를 조직하고 조선 공산당 설립에 참여하였다. 이성태는 이 글에서 물산 장려 운동은 자본가와 중산 계급이 자신의 계급적 이익을 지키기 위해 노동 계급을 이용하려는 시도에 불과하다고 주장하고 있다. 대체로 중산 계급은 '쁘띠-부르주아'라는 의미로 부르주아지와 노동 계급 사이 계급을 뜻한다. 소기업가, 예술가, 교수, 자영농 및 성직자, 전문 경영인, 교사, 정부 관료 등이 여기에 포함된다. 물산 장려 운동을 주도한 『동아일보』는 이 투고를 '물산 장려 운동을 각 방면으로 고찰하기 위해 게재했다'고 밝힌 후, 31일에는 물산 장려 운동을 옹호하고 이성태의 글을 비판하는 기사를 실었다.

장준하의 '브나로드 운동' 경험담

장준하는 14살 되던 해인 1932년 봄에 평양 숭실 중학교에 입학했는데, 그해 여름 방학을 한 달쯤 앞둔 어느 날 학교 게시판에 『동아일보』의 제호와 마크가 새겨진 한 장의 포스터가 나붙어 있었다. 브나로드 운동에 참가하라는 내용이었다. 참가 신청서가 따로 있어 거기에 학년 성명을 기재하고 계몽 희망 지구를 기입하여 학생회에 내면 학생회에서 모아 신문사에 보내기로 되어 있었다. 그러면 신문사에서 그 희망 지구에 교재를 보내주었다. 장준하는 참가 신청서를 제출했다. 마침내 방학이 다가와 평양 공회당에서 열린 3일간의 강습을 마치고 계몽 희망 지구인 그의 고향으로 돌아갔다.

-정진석, 『언론과 한국현대사』(커뮤니케이션북스, 2001)

고향에 이르니까 고향에는 아주 반가운 것과 반갑지 않은 것이 동시에 나의 귀향을 기다리고 있었다. 하나는 신문사에서 보내온 교재 꾸러미였고 하나는 경찰서에서 온 순사였다. 채 여장도 풀어놓기 전에 그 순사는 수첩을 꺼내어 들고, '다니는 학교는?', '학년은?', '성명은?' 들로부터 시작하여 앞으로의 방학 동안 할 일에 이르기까지 일련의 소위 심문을 하는 것이었다. 내가 처음으로 일제에 대해서 반감의 싹이 트게 된 것은 실로 이때부터였으며 이때 나는 갑자기 어른이라도 된 것같이 그들에 대한 적개심과 반항심이 굳어져 버렸다.

-장준하, 「일시민이 읽은 30년간의 신문」, 『민족과 자유와 언론』
(고재욱선생회갑기념논총편찬위원회 편, 일조각, 1963)

브나로드 운동 포스터
1923년 『동아일보』에 실린 브나로드 운동 선전 포스터이다.

장준하가 말한 문맹 퇴치 운동 경험담에는 당시 학생들의 열의가 고스란히 담겨 있다.

문맹 퇴치 운동에는 고등 보통학교 4학년 이상과 전문학교 학생들이 참가하여 한글과 산술을 가르쳤다.

『조선일보』 문자 보급 운동에 참가한 학생은 1929년에 400명이 조금 넘었지만 1934년에는 5,000명이 넘었다. 수강자도 처음에는 3,000명이 되지 않았지만 나중에는 20,000명이 넘었다.

『동아일보』 학생 계몽대에 참가한 학생들도 1931년에는 420명 정도였지만 1932년에는 2,700명이 넘었다. 이들은 조선어 학회 이윤재와 백남규가 엮은 『조선말대본』, 『숫자대본』을 교재로 사용하였다. 발행한 부수가 1931년에 30만 부, 1932~1934년에는 각각 60만 부씩이었다.

일제 강점기 유일한 대학-경성 제국 대학

경성 제국 대학은 일제 강점기 유일한 대학교였다. 처음에는 법문학부와 의학부만 있었다. 1938년 이공학부가 설치되었다. 법문학부에는 법학과, 문학과, 사학과, 철학과가 있었다. 이공학부가 뒤늦게 설치된 것은 한국인에게 과학과 고등기술에 관한 이론적인 교육을 실시하지 않으려는 정책 때문이었다.

총독부가 경성 제대를 설치한 목적은 크게 두 가지였다. 하나는 식민지 지배를 굳건히 하기 위해 조선의 언어와 역사, 문화에 대한 연구가 필요했기 때문이다. 마찬가지로 만주와 중국에 대한 연구도 필요했는데, 경성 제대가 거점 구실을 했다. 또 하나는 조선 총독부가 필요한 관료를 비롯한 인력을 기르는 것이었다.

경성 제대 졸업장은 출세를 보장했다. 졸업생들은 관공서와 학교 등에 진출해 식민지 엘리트로 성장했다. 해방 뒤에도 정계와 관계, 학계 등에서 지배 엘리트로 군림했다. 물론 모두가 출세를 지향한 것은 아니었다. 민족 운동에 참여한 학생들도 있었고, 1931년에는 비밀리에 '경성 제대 반제 동맹'을 조직하여 활동하였다.

> 나는 대학 예과 문과A 2학년을 수료하고 1930년 4월 1일부터 경성 제국 대학 법문학부 법학과에 진학하여 어엿한 대학생으로서 '세루(serge)' 학생복에 사방모자를 쓰고 책과 노오트를 넣은 가방을 옆에 끼고 다니는 반 신사는 되었다. (중략) 당시 서울에는 대학이라고는 경성 제국 대학 하나만이 있었고 전문학교로는 관립으로 경성 법학 전문학교, 경성 고등 상업학교, 경성 고등 공업학교, 경성 의학 전문학교가 있었고 수원에 고등 농림학교, 평양에 의학 전문학교가 있었던 외에 사립으로 서울에 연희 전문학교, 세브란스 의학 전문학교와 보성 전문학교가 있었고 평양에 숭실 전문학교가 있었을 뿐이었다. (중략) 그때의 제도로 대학 예과를 수료하면 그대로 무시험으로 학부에 진학하게 되어 있어 매년 대학에 입학하는 학생의 수는 법학과가 40명 문과계통이 40명, 의학부가 80명이었는데 법문학부는 3년제이고 의학부는 4년제이어서 제국대학의 전 학생수라야 법문학부가 240명, 의학부가 320명으로 서울 시내에 흩어져 있는 대학생 수는 모두 560명 정도로서 그중 조선 사람이 그 4분의 1인 140명 정도밖에 아니 되었다. 이때 서울의 인구라야 4대문안과 용산에 주로 살고 있었는데 3~40만밖에 안 되는 형편에다가 종로통을 경계로 하여 북쪽에 주로 살고 있던 조선인의 생활구역 안에서 사방모자를 쓴 대학생 보기란 힘들 정도로 희귀한 존재였다. 따라서 시민들은 대학생을 관심을 가지고 선망의 눈으로 쳐다보기가 일쑤였다.
>
> -『금혼의 회상』(이홍배, 발행자불명, 1983)

> 당시의 대학생은 일종의 특권계급이었다. 지금은 일반인이 해서 괜찮은 일도 대학생이 해선 안 된다고 하는 세상이 되었지만, 그때는 일반인은 해서 안 되는 일도 대학생이라면 눈감아 주는 것이 일반의 풍조였다. (중략) 대학 예과 학생의 '음주난동'을 과장 보도한 『경성일보』를 학생들이 습격해서 돌을 던져 유리창을 부수고 했지만 학생부국은 제발 그런 행동 하지 말아달라고 간청했을 뿐 단 한 명의 처벌도 내지 않는 형편이었다. 경찰이나 검찰은 일언반구도 물론 하지 않았다.
>
> -『젊은 날의 자화상』(유진오, 박영사, 1976)

4

조선 총독부, 농촌 진흥 운동과
병참 기지화 정책을 펴다

조선 총독부, 농촌 진흥 운동을 벌이다

1930년에 들어 농촌 경제는 심각한 위기에 빠졌다. 많은 농가는 가을 걷이를 해도 소작료와 농사 비용을 빼면 남는 게 별로 없어 겨울을 넘기기 힘들었다. 보릿고개를 넘기기 위해 농민들은 농한기에 공사장이나 광산 등에 가서 날품을 팔았다. 하지만 일자리를 얻기 힘들었고 몇 푼 안 되는 노임은 큰 도움이 되지 못하였다.

봄이면 식량이 떨어지는 집이 갈수록 늘어나 1930년에는 50% 가까이 되었다. 여기에 1929년에 시작된 경제 대공황으로 농촌은 더욱 큰 타격을 입었다. 소비가 크게 줄면서 농산물 가격이 뚝 떨어졌기 때문이다.

당연히 농민들이 가지는 불만은 높아질 수밖에 없었다. 소작농들은 농사를 대충대충 짓는 태업을 하기에 이르렀다. 고향을 등지고 간도와 일본으로 떠나는 농민들도 갈수록 늘어났다. 여기에 혁명적 농민 운동이 확산되자 조선 총독부는 1932년 농촌을 살리기 위한 농촌 진흥 운동을 시작하였다. 농촌이 무너지면 식민 통치 체제가 흔들릴 수 있었기 때문이다. 이듬해에는 농가 갱생 계획을 세우고 1947년까지 농가 부채와 보릿고개를 완전히 해결하겠다고 장담하였다. 1934년에는 농지령을 발표하여 지주들이 마음대로 소작권을 빼앗지 못하게 하였다.

총독부는 경성을 정점으로 도·군·읍면은 물론 촌락까지 농촌 진흥 위원회를 설치하였다. 면마다 갱생 지도 부락을 하나씩 뽑아 '농가 경제 갱생 계획'을 실행하였다. 선발된 촌락에 보조금을 지급하여 진흥 정책이 농민들에게 파고들게 하겠다는 것이었다. 하지만 재정은 물론 인력 지원을 제대로 하지 않아 농민들에게 실질적인 도움을 줄 수 없었다.

잇달아 펼친 농촌 경제 안정 정책은 별다른 효과를 거두지 못하였다. 토지 제도 개혁 같은 근본적 대책 없이 빈궁 퇴치, 부채 근절 등을 이루기는 애초에 불가능하였기 때문이다. 갱생 계획이 한계에 부딪치자 총독부는 의식 개혁 운동으로 방향을 바꾸었다. 농촌 경제가 이 지경이 된 것은 식민지 경제 정책 때문이 아니라 농민들이 게으르고 어리석기 때문이니 의식을 고쳐야 한다는 것이었다.

총독부는 색깔 있는 옷을 입고 미신을 타파해야 잘살 수 있다며 농민들을 다그쳤다. 또한 근면, 절약, 저축, 금주, 금연, 부업 장려 등을 적극 권장하였다. 가난의 책임을 농민에게 돌려 '열심히 일하고 절약하면 누구나 잘살 수 있다'며 농민들을 몰아세웠다. 결국 농촌 진흥 운동은 농민의 불만을 무마하여 혁명적 농민 운동을 견제하고, 대륙 침략을 위해 농민을 더욱 옥죄려는 정책일 뿐이었다.

조선을 병참 기지로

제1차 세계 대전으로 호황을 누렸던 일본 경제는 전쟁이 끝나고 수출이 줄어들면서 점점 어려워졌다. 여기에 경제 대공황으로 선진 자본주의 국가들이 블록 경제 체제를 만들자 상황은 더욱 나빠졌다. 이를 타개하려고 일본은 만주를 손에 넣어 일본-조선-만주를 잇는 경제 블록을 만들었다. 블록 안에서 만주는 농업과 원료 공급 지대로, 한반도는 기초 공

블록 경제
1929년 대공황으로 '자유 무역 질서'가 무너지자 영국, 프랑스 등이 본국과 식민지를 배타적 경제 블록으로 만들어 경쟁력을 높인 경제 체제.

업 지대로, 일본은 정밀 공업 지대로 자리매김하였다.

이에 발맞추어 조선 총독부는 1930년대 초반부터 식민지 경제 정책을 농업 중심에서 농공 병진 정책으로 바꾸었다. 만주와 가깝고 석탄과 철 등 지하 자원이 풍부한 북부 지방에는 발전소를 만들고 화학, 금속 등 중화학 공업을 집중 육성하였다. 소비 시장이 발달한 경성 등 중부 지방에는 경공업을 배치하였다.

이를 위해 조선 총독부는 일본 기업들이 손쉽게 투자할 수 있게 여러 조처를 취하였다. 먼저 공장법과 중요 산업 통제법 시행을 유보하였다. 일본은 이미 1911년에 공장법을 만들어 유년 노동 제한, 산재 보상 등을 규정하였다. 1931년에는 중요 산업 통제법을 시행하여 기업을 새로 만들거나 규모를 키울 때 허가를 받게 하였다. 노동 쟁의도 경찰력을 동원하여 강력하게 탄압하였다. 은행 대부, 보조금 지급 등은 물론 각종 법령도 정비하여 인력과 자원을 강제로 동원하거나 일방적으로 배정하였다.

이런 특혜에 미쓰이, 미쓰비시, 노구치 등 일본 대기업들은 앞다투어

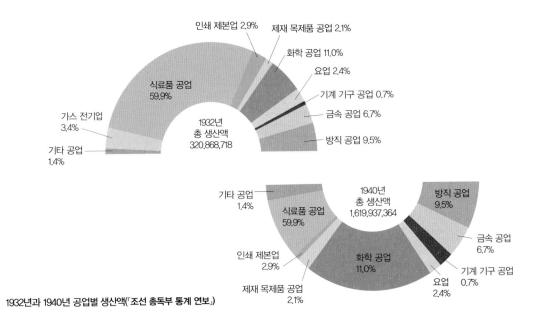

1932년과 1940년 공업별 생산액(「조선 총독부 통계 연보」)

조선에 진출하였다. 함경도 지방을 비롯한 북부 지방에는 이들이 세운 금속, 기계, 화학 공장들이 즐비하게 들어섰다.

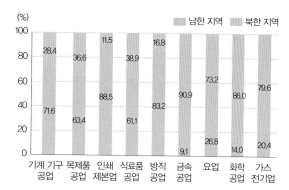

(「조선 총독부 통계 연보」, 1911~1942)

남북한 산업 비교
북한에는 금속, 화학, 가스, 전기업 등이, 남한에는 기계, 방직 공업 등이 몰려 있었다. 이런 경제 불균형은 지역적 경제 격차를 가져왔고, 이후 분단이 되면서 더욱 큰 문제가 되었다.

공업화 정책은 1937년 중국 본토를 침략하면서 더욱 속도를 냈다. 일본군에게 막대한 군수 물자와 인력을 보급할 필요성이 커졌기 때문이다. 이를 해결하기 위해 일본은 조선을 병참 기지로 만들어 나갔다. 섬나라 일본에서 물자 공급을 제때 하지 못할 경우를 대비한 것이기도 하였다.

병참 기지화 정책에 따라 공업 생산액은 크게 늘어났다. 1940년 전체 공업 생산액은 1932년보다 약 5배 정도 많아졌다. 특히 군수 산업과 관련이 있는 금속, 기계, 화학 등 중화학 공업이 차지하는 비중이 갈수록 커졌다. 1940년이 되면 전체 생산액에서 중화학 공업과 경공업이 차지하는 비중이 비슷해질 정도에 이르렀다.

물론 조선인이 세운 공장도 늘었다. 서울과 평양 등에는 면방직, 제사, 고무 공장들이 새로 들어섰다. 탁주, 간장, 과자 등 조선인이 운영하는 가내 공업 생산액도 늘어났다. 경성 방직은 영등포 공장을 비롯하여 남천, 은률, 평양과 만주에 공장을 세워 종합 면방직 회사로 성장하였다.

하지만 대부분 조선인 회사는 중소 규모로 대자본이라 할 수 있는 곳은 손에 꼽을 정도였다. 규모가 큰 공장은 대부분 일본인 소유였고, 이익은 고스란히 그들에게 돌아갔다. 게다가 공업화가 중국을 침략하는 데 편리하도록 신행되었기 때문에 균형 발전이라는 측면은 애초에 무시되었다.

또한 조선 총독부는 군수 물자와 일본 기업이 필요로 하는 원료를 확보하기 위해 광산을 개발하고 '남면북양' 정책을 실시하였다. 남쪽 지방 농민에게는 강제로 면화를 재배하게 하고, 북부 지방 농민에게는 가구당 양 5마리를 기르도록 한 것이다. 주요 수출품이던 면직물 원료를 싼 값에 확보하고, 영국에서 수입이 어렵게 된 양모를 원활하게 공급하기 위해서였다.

면양은 일반 옷은 물로 군복에도 필요하였다. 이런 점에서 남면북양 정책은 산업계와 군부의 요구를 반영한 것이라 할 수 있다. 한마디로 병참 기지화 정책은 한국을 위한 것이 아니었다. 중국 침략을 위해 값싼 노동력과 자원을 효율적으로 수탈하려는 것에 다름 아니었다.

일본 경찰, 조선인을 옥죄다

동시에 조선 총독부는 치안 유지법을 확대 강화하였다. 1936년에는 조선 사상범 보호 관찰령을 공포하였다. 사회주의 운동가를 비롯하여 민족 독립운동가들을 감시하고 탄압하기 위해서였다. 1930년에서 1935년

• 남면북양 정책

일본은 면화와 양모를 수입하여 면직물과 모직물 제품을 만들어 수출하였다. 섬유 산업이 발전하자 면화 수입량도 해마다 늘어나 원료 수입에 따른 부담이 커졌다. 주로 영국에서 수입하던 양모는 1930년 대 영국이 경제 블록화를 추진하면서 수입이 힘들어졌다. 이를 타개하기 위해 일본은 한반도 남쪽은 면화를 재배하고 북쪽은 양을 기르는 '남면북양' 정책을 실시하였다. 면화와 양모를 안정적으로 공급하여 섬유 산업을 발전시키기 위함이었다.
나아가 일본 독점 섬유 자본은 한반도 각지에 직물 공장을 세워 값싸게 조선 노동자들을 부려 큰 이익을 올렸다.
사진은 농촌부녀자들이 면화에서 씨를 빼고 고르는 모습(위)과 한국 영상자료원이 공개한 일제 선전 기록 영화 〈북선의 양을 말한다〉의 한 장면(아래)이다. 1934년에 만든 기록영화로 오스트레일리아에서 양을 수입하여 동척 농장으로 이동하는 과정을 상세히 보여 준다.

사이 이른바 사상 사건으로 체포된 사람만 약 2만 명이었다.

일본 경찰은 이들이 풀려난 뒤에도 사상범이라는 딱지를 붙이고 감시를 계속하면서 사상 전향을 강요하였다. 전향자들은 시국 대응 전선 사상 보국 연맹에 가입시켜 감시하고 통제하였다. 전향을 거부한 사람들은 조선 사상범 예방 구금령으로 필요하면 언제든지 재판도 없이 바로 구금하였다.

사상범은 갈수록 많아져 감방이 모자랄 지경이 되었다. 일본 경찰은 1명이 들어갈 감방에 4명씩 집어넣었다. 감방은 열기를 견디기 어려울 만큼 좁았고 음식도 형편없었다. 간수들은 툭하면 폭력을 행사하였다.

필요한 인력 자원을 모조리 동원하다

중국을 침략한 일본 정부는 1937년 10월 국민 정신 총동원 중앙 연맹을 만들었다. 치안을 강화하고 국민을 조직적 전쟁에 동원하기 위함이었다. 1938년에는 국가 총동원법을 선포하여, 전쟁에 필요한 인력과 물자를 천황이 명령만 내리면 언제든지 마음대로 동원할 수 있게 하였다. 조선 총독부는 이를 식민지 조선에도 그대로 적용하였다. 1938년 7월에 국민 정신 총동원 조선 연맹을 만들고, 국가 총동원법도 실시하였다.

우선 모자란 전투 병력을 보충하기 위해 지원병제와 학도 지원병제를 실시하였다. 이어 1942년에는 징병제 실시를 결정하고 1944년부터 만 20세 청년에 대한 징병 검사를 실시하였다. 징병으로 끌고 간 청년이 패전할 때까지 20만 명이 넘었다.

1939년에는 국민 징용령을 내려 청장년 남자들을 일본, 중국, 사할린, 동남아시아 등에 강제로 보냈다. 이들은 탄광, 군수 공장, 토목 공사장 등에서 노예나 다름없이 혹사당했다. 끌려간 사람은 무려 70만 명이 넘었다. 전쟁 막바지에는 여자 정신 근로령을 만들어 수십만 명을 군수 공장에 보냈다. 심지어 20만 명이 넘는 젊은 여성들을 '일본군 위안부'로 끌고 가 성노예로 삼았다.

　남은 사람들도 지역, 직업, 학교 단위로 근로 보국대를 조직하여 철도, 도로 공사장이나 전쟁 물자 조달에 동원하였다. 여기에는 어린 초등학교 학생들도 예외가 아니었다.

이용할 수 있는 자원은 모두 동원하라

　조선 총독부는 인적 자원과 함께 물적 자원 수탈도 강화하였다. 군량을 확보하려고 산미 증식 계획을 다시 시작하였고, 공출과 식량 배급제를 실시하여 곡물 유통을 통제하였다. 공출은 농민에게 생산한 곡물을 강제로 바치게 한 것이다. 1940년부터 쌀에서 시작된 공출은 보리, 감자, 고구마, 면화까지 품목이 갈수록 늘었다. 배급은 처음에는 도시민과 노동자를 대상으로 실시하였다. 하지만 상황이 나빠지면서 배급량이 점점 줄어들었다. 끝내는 농민들도 생산한 농작물을 헐값에 공출하고 배급받은 식량으로 끼니를 이어 나갔다. 식량만이 아니었다. 무기를 만들기 위해 금속 제품은 종류를 가리지 않고 모조리 빼앗아 갔다. 학교 철문과 쇠 난간, 농기구와 가마솥, 놋그릇, 수저, 제기 및 절과 교회 종까지 공출하였다. 또한 새로운 세금을 만들고 위문 금품과 국방 헌금을 거둬 그렇지 않아도 어려운 민중을 더욱 힘들게 하였다.

송진 캔 소나무
송진을 채취하기 위해 V 자로 상처를 낸 흔적이 남은 소나무. 일본은 석유 수입이 어려워지자 관솔과 송진으로 '송탄유'를 만들어 자동차와 선박, 공업용으로 사용하였다. 초등학생들은 수업 대신 관솔을 따고, 농민들은 할당량을 채우기 위해 농사 대신 송탄유 생산에 매달렸다.

1940년에 발행된 식량 배급 통장(왼쪽)과 각 가정에서 사용하고 있는 놋그릇을 빼앗아 공출하기 전 일본군 헌병대원들이 찍은 사진(오른쪽)이다. 식량 배급 통장은 돈을 주고 살 수 있는 식량의 양을 제한하는 용도로 쓰였다.

조선 총독부, 조선인을 황국 신민으로 만들다

이와 함께 조선 총독부는 조선인을 천황에 충성하는 신민으로 만들어 나갔다. 민족 정신을 없애고 '일본과 조선은 하나'라는 생각을 심어 자원 수탈을 더욱 효과적으로 하기 위해서였다.

민족 말살 통치 시기 조선인들은 황국 신민으로서 충성을 다하겠다는 맹세를 외워야 했다. 행사가 열리면 참석자들은 큰 소리로 황국 신민 서

•일본식 성명을 쓰지 않으면 일상생활을 할 수 없다!

- •창씨 하지 않은 사람의 자녀에 대해서는 각급 학교의 입학과 전학을 거부한다.
- •창씨 하지 않은 아동에 대해서는 교사가 이유 없이 질책, 구타할 수 있다.
- •창씨 하지 않은 사람은 공사 기관을 불문하고 일절 채용하지 않는다. 또한 현직자도 점차 면직 조치를 취한다.
- •창씨 하지 않은 사람은 비국민 또는 불령선인으로 단정하여 경찰 수첩에 등록, 사찰과 미행을 철저히 함과 동시에 우선적으로 노무 징용의 대상자로 한다. 또한 식료 및 기타 물자 보급 대상에서 제외한다.
- •창씨 하지 않은 이름이 붙어 있는 화물은 철도국 및 운송 기관에서 취급하지 않는다.

조선 총독부는 민족 간 차별을 없앤다는 명분으로 1939년 창씨 개명 방안을 발표하였다. 1940년 2월부터 6개월 동안 창씨 개명 정책을 시행하면서 이광수 등 친일파를 앞세워 대대적으로 선전하였다. 그러나 예상과 달리 자발적으로 호응하는 한국인이 그다지 없자 강압적인 방법을 동원하였다

신사 참배
여러 학교에서 모인 학생들이 단체로 신사참배를 하고 있다.

애국 조회
강당이나 운동에서 열린 애국 조회에서 학생들은 〈교육칙어〉와 〈황국 신민 서사〉를 큰 소리로 외치며 천황에게 충성을 다짐해야 했다.

궁성요배
1939년 출간된 교과서 『초등조선어독본』에 실린 삽화. 부부가 자녀 4명과 함께 허리를 굽혀 일왕이 있는 동쪽 궁전을 향해 절하고 있다.

〈황국 신민 서사〉
학생들은 〈교육칙어〉와 〈황국 신민 서사〉를 애국 조회에서 외워야 했다.

사를 외쳤다. 또한 학교 통지표와 출판물에 실어 늘 맹세문을 보게 만들었다. 날마다 일본 천황이 사는 궁성을 향해 허리를 깊숙이 굽혀 인사를 하였다. 경성 조선 신궁을 비롯하여 전국 모든 읍면에 신사를 세우고 강제로 참배하게 하였다. 신사 참배를 거부하면 처벌하였고 학교는 문을 닫게 하였다. 학교에서 조선어와 조선사 시간을 실질적으로 없애고, 학교와 관공서에서는 조선어 사용을 금지하였다. 소학교를 '황국 신민의 학교'라는 뜻으로 국민 학교로 바꾸었고, 황국 신민의 가치관을 강요하는 수신 교육을 강화하였다.

1940년부터는 성과 이름을 일본식 성명으로 바꾸게 하였다. 이를 거부하면 자녀를 학교에 보낼 수 없었고 우편물과 식량 배급도 받지 못하였다. 한글 연구를 막고 이미 친일 언론이 되어 버린 『조선일보』와 『동아일보』 등 한글 신문과 잡지도 폐간시켰다. 집회 결사도 철저히 통제하였다.

국민 총동원 조선 연맹은 이런 조선 총독부의 정책을 효과적으로 뒷받침하였다. 회사, 학교 및 마을 단위로 촘촘히 조직된 각종 연맹 말단에는 10호 정도로 이뤄진 애국반이 있었다. 한 달에 한 번 정도 열린 애국반 모임은 궁성요배로 시작하여 〈황국 신민 서사〉 제창으로 끝났다. 여기서 조선 총독부의 주요 정책을 전달하고 군국주의를 찬양하는 영화도 보여주었다. 조선인의 일상을 감시하고 일본에 충성을 강요한 애국반 활동은 식량 배급제가 실시되면서 더욱 강화되었다. 참석하지 않으면 배급표를 받을 수 없었기 때문이다.

이런 아픔 속에서 일부 지식인들은 민족의 양심을 저버리고 일제의 침략 전쟁에 적극 협조하는 친일 행위를 서슴지 않았다.

아무나 지원병으로 갈 수 없었다

구분	지원병 지원자 수	훈련소 입소자 수	일본군 입대자 수			비고
			현역	제1보충역	계	
1938	2,946	406	300	100	400	
1939	12,348	613	250	350	600	
1940	84,443	3,060	900	2,100	3,000	4, 8, 12월 입소
1941	144,743	3,208	1,000	2,000	3,000	
1942	254,273	4,077	2,250	2,250	4,500	제2훈련소 증설
1943	303,294	6,300	3,200	2,130	5,330	
계	802,047	17,664	7,900	8,930	16,830	

(표영수, 「일제 강점기 조선인 지원병 제도 연구」, 숭실대학교 대학원, 2008)

일본군은 중국을 침략하면서 전선이 확대되자 병력 보급이 절실해졌다. 하지만 일본인으로 필요한 병력을 모두 충원할 수 없었다. 영국이나 프랑스처럼 식민지 청년들을 동원하면 어느 정도 해결할 수 있었다. 그러나 이들에게 군사 기술과 무기를 제공하는 것은 위험한 일이었다. 자칫 총부리가 자신들에게 돌아올 수 있었기 때문이다.

이에 조선 총독부는 1938년 징병제가 아닌 지원병제를 먼저 실시하였다. 지원병 기준은 대단히 엄격하였다. 첫째, 만 17세 이상 남자. 둘째, 민족주의와 공산주의 운동에 가담하지 않고 신체 및 정신에 이상이 없는 자. 셋째, 6년제 소학교를 졸업하거나 동등한 학력자. 넷째, 입소 및 복역 중 일가의 생계와 가사에 지장이 없는 자.

전형 과정에서도 학과 시험과 일본어 구두 시험을 보았다. 그래도 만일의 경우를 대비하여 지원병 숫자를 400명으로 제한하였다. 하지만 사정이 급박해지자 지원병 숫자는 크게 늘어나 1940년에는 3,000여 명으로 늘렸다. 1943년에는 육군 6,300명에 해군도 3,000명을 뽑았다.

처음 지원병제를 실시하였을 때 지원자는 많지 않았다. 민족 감정도 있었고 위험 부담도 있었기 때문이다. 하지만 지원자는 해마다 늘어나 1943년에는 무려 30만 명이 넘었다. 그 까닭은 무엇보다 지원자 및 가족에 대한 우대책 때문이었다. 병역을 마치면 희망에 따라 경찰관이나 소방서원 등에 채용되거나 가족들에게 필요한 자금을 빌려주는 혜택을 주었다. 굶주림에서 벗어나기 위한 목적도 있었다. 군대에 가면 적어도 굶지는 않을 것으로 생각하였다. 이 때문에 소작농 등 빈농 출신들이 많이 지원하였다. 여기에 조선 총독부가 지역별로 지원자 수를 할당하고, 친일 지식인을 강연회에 동원해 부추긴 것도 영향을 미쳤다.

5

농민과 노동자 들이
일어나다

소작인이여 단결하라

1920년대 농민들은 살기가 더욱 팍팍해졌다. 1916년 전체 농가 가운데 자소작농은 40% 정도였다. 그런데 1928년이 되자 32%로 줄었다. 대신 1916년에 37%던 소작농이 46%로 늘었다. 토지 조사 사업과 산미 증식 계획으로 그나마 자기 땅을 가진 농민들이 견디다 못해 땅을 내다 판 것이다.

소작농이 늘면서 소작 조건은 갈수록 나빠졌다. 소작료는 보통 50%였다. 게다가 이른바 근대적 소유권 제도가 확립되면서 소작농들은 시한부로 재계약을 해야 했다. 소작 계약을 할 때마다 소작료가 올라 일부 지방에서는 무려 80%가 되었다. 여기에 종자, 비료, 농약 대금이 들어가고 수리 조합비, 세금 등을 떠맡아야 했다.

농민들은 3·1운동을 겪은 뒤 청년회, 소작인 조합, 농민 조합 등을 만들어 생존권 지키기에 나섰다. 이들은 하나로 뭉쳐 추수를 하지 않거나 소작료 납부를 거부하며 지주와 조선 총독부에 맞섰다. 소작 쟁의는 상대적으로 지주제가 발달한 전라도와 경상도에서 많이 발생하였다. 특히 동양 척식 주식회사와 일본인 농장에서 대규모 쟁의가 잇달았다.

이들이 내건 요구는 대부분 소작료를 내리고 세금과 공과금 등을 규정대로 지주가 부담하라는 것이었다. 지주들은 쟁의에 참여한 소작인에게서 소작권을 빼앗아 다른 소작농에게 넘기겠다고 위협하였다. 소작권을 잃게 되면 당장 먹고살기 힘들어지기 때문에 소작권을 넘기겠다는 위협은 큰 압박 수단이었다. 이 때문에 쟁의 원인에서 소작권 이동 반대가 차지하는 비중이 점점 높아졌다. 1930년에 들어서면서 무려 50%가 넘었다. 이 밖에 조선 총독부의 반농민적 농업 정책 폐지, 동양 척식 주식회사의 이민 사업 반대 등도 주요한 요구 조건이었다.

1920년대 후반 농민 운동은 사회주의의 영향으로 더욱 활기를 띠어 갔다. 소작인 조합은 일반 농민도 참여하는 농민 조합으로 개편되었다. 1927년에는 조선 농민 총동맹이 결성되면서 더욱 조직적인 농민 운동을 전개하였다. 소작 쟁의 횟수는 물론 참여하는 농민도 크게 늘어났다.

소작 쟁의가 일어나자 조선 총독부는 지주 편을 들면서 경찰력으로 쟁의에 참여한 농민들을 억눌렀다. 특히 수리 조합 반대 투쟁으로 산미 증식 계획이 큰 타격을 입자 탄압은 더욱 심해졌다.

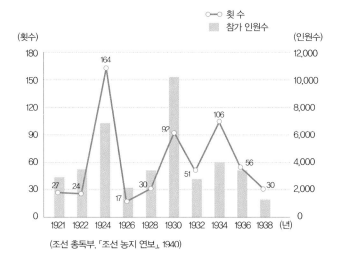

(조선 총독부, 「조선 농지 연보」, 1940)

소작쟁의 전개 양상
1924년 정점에 이른 쟁의 건수는 1925년 치안유지법이 만들어지면서 확 줄었다. 하지만 1927년 조선 농민 총동맹이 만들어지면서 다시 활기를 띠기 시작하여 1930년이 되면 쟁의에 참여하는 사람이 최고조에 달하였다.

• 소작인이여 단결하라

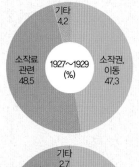

소작료 관련 48.5
소작권, 이동 47.3
기타 4.2
1927~1929 (%)

소작료 관련 18.5
소작권, 소작지 관련 쟁의 78.8
기타 2.7
1933~1936 (%)

소작쟁의 원인별 발생 건수
(조선 총독부, 「조선 소작 연보」, 1938)

식민지 경제 정책으로 소작농들은 갈수록 늘어났다. 소작권을 얻기가 어려워지자 소작료는 올라갈 수밖에 없었다. 게다가 지주들이 이런 상황을 이용하여 소작권을 빼앗겠다고 압박하였다. 소작권 이동은 소작인에게 생존이 걸린 문제였다. 따라서 소작 쟁의 요구 조건에서 소작권 이동 반대 비율이 갈수록 높아진 것은 그만큼 소작농의 처지가 나빠졌음을 보여 주고 있다.

"소작 문제는 소작인 자체의 자각이 아니면 안 될 것이오. 소작인의 자각을 지금 상태와 같이 산산이 개개의 행동으로 보아 아무 조직적 단체가 없으면 문제의 이해를 연구할 기회는 없을 것이다. 따라서 아무 힘도 생각지 아니할지며, 아무 일도 되지 아니할 것이다. 그러므로 소작 문제 해결은 반드시 소작인의 단결이 공고하여야 할 것을 굳세게 신념하고 이를 선언하노니. 조선의 소작인은 단결하라. 단결하여야 살 것이다."

1922년 조선 노동 공제회에서 발표한 「소작인은 단결하라」는 선언은 당시 농민 운동에 큰 영향을 미쳤다. 이 선언에는 농민들의 어려움이 소작에 있다는 것을 깨닫고 이 문제를 해결하기 위해서는 조직적인 단결만이 해결책이라는 것이 잘 나타나 있다.

- 소작 조건을 보장하고 소작료는 실제로 수확하는 양의 40%를 한도로 할 것.
- 지세, 공과금은 지주가 부담할 것.
- 지주나 마름의 선물 및 부역 강요는 거절할 것.
- 머슴 및 일용 노동자들과의 단결을 도모할 것.
- 동양척식주식회사의 일본인 이민을 반대할 것.

1924년 경상남도 노동 운동자 협의회에서 소작인 조합을 결성하면서 요구한 사항이다. 소작농들이 어떤 처지에 있었는지를 보여 준다. 이런 요구는 특정 지역에만 해당하는 것이 아니었다. 물론 옆 도표에서 보듯 소작농이 갈수록 늘어 가는 상황에서 받아들여질 리 없었다.

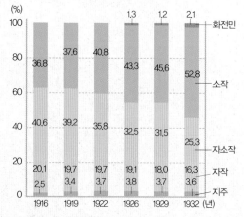

농가의 경작 형태 비율 변화
(조선 총독부 농림국, 「조선 소작 연보」, 1938)

노동자여 일어나라

1920년대 식민지 공업화가 진행되면서 공장이 늘어나고 노동자들도 많아졌다. 그러나 많은 노동자를 고용한 방직, 식품, 화학 공업 분야 공장은 대부분 일본인 소유였고 노동 환경도 그다지 좋지 않았다. 우선 노동 시간이 일본인에 비해 훨씬 길었다. 12시간을 넘는 일본인 노동자는 10%도 되지 않았지만 한국인은 50%가 넘었다. 임금도 같은 일을 하는 일본인의 절반 정도였다. 여성 노동자는 훨씬 적은 임금을 받았다. 여기에 관리직에 있는 일본인들은 한국인 노동자를 깔보고 함부로 대하였다.

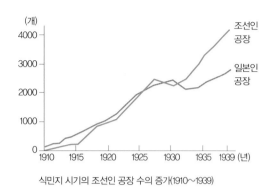

식민지 시기의 조선인 공장 수의 증가(1910~1939)

이런 상황에서 사회주의 운동이 확산되면서 노동자들은 노동 조합을 만들고 자신의 목소리를 내기 시작하였다. 이들은 임금 인상을 요구하고 임금 인하 반대, 노동 시간 단축, 비인간적 대우 및 작업 환경 개선 등을 주장하며 자본가와 이들을 감싸는 경찰에 맞서 싸웠다. 여기서 눈여겨

한국인·일본인 노동 시간과 임금 비교
공장이 늘어난 만큼 노동자도 늘었다. 하지만 노동 시간과 환경은 그다지 좋지 않았다. 특히 조선인들은 일본인에 비해 긴 시간 노동을 하고 임금은 훨씬 적었다.

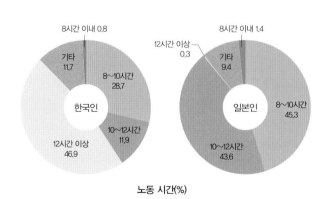

노동 시간(%)

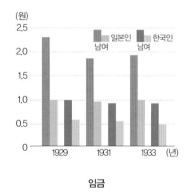

임금

연도	건수	참가 인원				원인			결과		
		한국인	일본인	중국인	계	임금	대우	기타	성공	실패	타협
1924	45	6,150	30	571	6,751	35	4	6	14	13	18
1925	55	5,390	49	261	5,700	31	8	16	24	22	9
1926	81	5,648	203	133	5,984	44	6	31	27	24	30
1927	94	9,761	16	746	10,523	68	7	19	32	31	31
1928	119	7,212	112	435	7,759	49	23	47	33	39	47
1929	102	7,412	49	832	8,293	57	10	35	24	44	34
합계	496	41,573	459	2,978	45,010	284	58	154	154	173	169

1924~1929년 노동 쟁의 양상
(조선 총독부 경무국, 『조선의 치안 상황』, 1936)

봐야 할 점은 임금 인하 반대가 적지 않았다는 것이다. 노동 환경이 어느 정도 좋지 않았는지를 잘 보여 주기 때문이다.

노동자들은 1920년 조선 노동 공제회를 시작으로 여러 노동 운동 단체를 조직하였다. 공제회는 노동 강습소, 노동 야학 등을 열어 노동자를 일깨웠다. 노동 강연회도 개최하고 기관지 『공제』를 발간하였다. 처음으로 소비 조합 상점을 만들고 1922년 7월에는 「소작인은 단결하라」는 선언문을 발표하였다.

1924년에는 전국에 있는 노동자와 농민 단체를 이끄는 조선 노농 총동맹을 결성하였다. 총동맹은 계몽 단체 성격이 강한 공제회와 달리 그야말로 노동 운동 단체라 할 수 있다. 총동맹이 내건 노동 계급 해방, 8시간 노동제 실시, 최저 임금제 쟁취 등이 이를 보여 준다. 총동맹은 농민 운동과 노동자 운동이 성장함에 따라 둘로 나눠야 한다는 주장이 커졌다. 성격이 다른 두 조직을 함께 묶는 것이 비효율적이라는 판단을 한 것이다. 마침내 1927년 조선 노동 총동맹과 조선 농민 총동맹으로 나눠졌다.

이와 함께 여러 직종이 함께하는 합동 노동 조합에서 직업별 노동 조합으로, 산업별 노동 조합으로 바뀌어 갔다. 이해 관계를 함께하는 조합으로 바뀌면서 결속 강도는 더 강해졌다. 지역별 연맹체를 만들어 산업별 노동 조합과 연결하기도 하였다. 조직이 정비됨에 따라 1920년 중반을 지나면서 쟁의가 점점 늘어났다. 참가 인원도 늘고 기간도 길어졌으며 장소도 전국으로 퍼졌다. 1926년 목포 제유 공장과 1927년 영흥 흑연 광산 파업은 수 개월 동안 이어졌다.

노동 쟁의는 일본인 소유 공장에서 많이 일어났다. 경찰은 파업이 일어나면 자본가 편을 들어 노동자들을 탄압하였다. 자연히 노동 쟁의는 항일 투쟁과 민족 해방 투쟁으로 이어졌다. 1929년에 일어난 원산 총파업이 이를 잘 보여 준다. 총파업은 원산 지역 한 석유 회사에서 일본인 감독이 한국인 노동자를 구타한 사건에서 시작하였다. 자본가들은 이 사건을 무마하면서 노동 운동을 억누르고 노조를 무너뜨리려 하였다.

원산 지방 노동자들은 일찍이 원산 노동 연합회를 만들어 20여 차례 파업 투쟁에서 승리하였다. 여기에 위협을 느끼고 있던 자본가들은 이 사건을 기회로 노동자의 기세를 꺾으려 하였다. 갈수록 심해지는 노동 쟁의와 소작 쟁의로 식민 통치에 큰 부담을 느끼고 있던 조선 총독부도

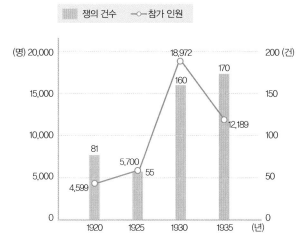

노동 쟁의 발생 건수
노동 쟁의는 1925년 치안 유지법으로 잠시 주춤하였지만 다시 늘어났다.

원산 노동자 총파업 보도 신문
원산 상업회의소가 때마침 원산에 정박한 일본 선원들에게 대체 노동을 제안하였다. 하지만 이들은 '우리도 같은 노동자'라며 취업을 거절하였다는 기사이다. 나아가 이들은 연대 파업을 벌였다. 원산시에 있던 일본인 노동자들도 원산 노동 연합회를 응원하였다. 노동자의 단결력은 인천에서 데려온 노동자들마저 파업에 동참하면서 절정에 이르렀다.

적극적으로 지원하였다.

이에 원산 지역 전체 노동자들이 1929년 1월 총파업을 단행하였다. 일반 사무직과 시민들도 힘을 보탰다. 자본가들은 파업 참가 노동자를 해고하고, 어용 노조를 만들었다. 경찰도 노동 단체 간부를 구속하고 파업 참여 노동자 집을 방문하여 겁을 주었다. 2월 말에는 조선 총독부가 파업을 단호히 처리하겠다고 발표하였다.

파업 기간 전국 각지에서 성금과 식량을 보냈고 신간회 등 사회 단체도 지지를 보냈다. 일본, 중국, 프랑스, 소련 등에서 동조 파업을 하고 격려 전문을 보내왔다. 이에 힘입어 노동자들은 단결하여 당당하게 맞섰지만 결국 4개월 만에 손을 들고 말았다. 자본가와 경찰, 심지어 군대를 동원한 엄청난 탄압에 견딜 수 없었던 것이다. 하지만 원산 총파업은 규모와 강도, 연대 등으로 노동 운동의 새 장을 열었다.

혁명적 노동 조합과 농민 조합, 조선 총독부에 맞서다

원산 총파업에서 보듯이 조선 총독부는 노동 운동과 농민 운동을 강력하게 탄압하였다. 1931년 만주 침략 이후 탄압 강도가 더 심해져 합법적

인 쟁의가 사실상 불가능해졌다. 그렇다고 여기에 굴복하여 쟁의를 그만
둔 것은 아니었다. 노동자와 농민 들은 비합법적인 방법으로 더 세차게
맞섰다. 바로 사회주의 세력과 힘을 합쳐 혁명적 농민 조합, 혁명적 노동
조합을 만들어 투쟁에 나선 것이다.

혁명적 노동 조합은 어용 노조는 물론 조선 총독부와 타협 노선으로
돌아선 노동 조합을 비판하면서 강력한 투쟁을 전개하였다. 대도시와 흥
남, 진남포 등 북부 공업 지대를 중심으로 전개한 파업은 1934년에 최고
조에 이르렀다. 파업 참가 인원도 1930년에 정점을 찍었지만 1935년까
지 만 명 아래로 내려가지 않았다.

혁명적 농민 조합이 주도한 소작 쟁의도 1934년 100건을 넘어 1923년
이후 가장 많았다. 참가 인원도 1930년에는 만 명이 넘어 역대 최대 인원
이 참가하였다.

조선 총독부 경무국 비밀 보고서에 따르면 1933년 무렵부터 소작 쟁

연도	건수	참가 인원				원인			결과			
		한국인	일본인	중국인	계	임금	대우	기타	성공	실패	타협	미해결
1930	160	17,192	172	1,608	18,972	89	26	45	41	63	56	
1931	205	16,854	131	129	17,114	141	16	48	34	100	71	
1932	152	14,170	591	63	14,824	99	14	39	30	69	53	
1933	176	13,599	213	23	13,835	118	26	32	37	74	65	
1934	199	12,941	86	71	13,098	134	16	49	57	86	56	
1935	170	12,062	101	24	12,187	107	25	38	47	72	51	
1936	138	8,100	145	1	8,246	86	13	39	34	32	72	
1937	99	8,706	291	90	9,148	55	7	37	25	36	37	1
합계	1,299	103,624	1,730	2,009	107,424	829	143	327	305	532	461	1

1930~1937년 동맹 파업의 추이
(조선 총독부 경무국, 『조선의 치안 상황』, 1938)

의 형태가 차츰 전투적으로 바뀌었다. 단순히 경작권만을 지키기 위한 형태가 아니라 농민 야학, 강습소 등을 만들어 교육을 실시했다. 조합 조직도 크게 달라져 청년부, 부인부, 유년부 같은 단체를 조직해 지주에 대한 투쟁이 점차 정치적인 투쟁으로 바뀌는 경향도 보였다.

투쟁 목표도 달라졌다. '토지를 농민에게', '일본 제국주의를 타도하자', '노동자 농민의 정부를 수립하자' 등의 구호에서 보듯 생존권 투쟁이 아니었다. 계급 해방을 위한 사회주의 혁명이자 반제국주의 항일 투쟁으로 바뀐 것이다. 투쟁 방법도 시위나 단순 파업이 아니라 경찰서 습격, 공장 점거 등 폭력으로 맞서기도 하였다.

혁명적 노동 운동과 농민 운동은 중일 전쟁 뒤 더욱 심해진 탄압으로 발생 건수와 참여 인원이 점차 줄어들었다. 여기에는 일자리가 모자란 것도 영향을 미쳤다.

권리를 쟁취하기 위해 싸운 노동자들

• 부산 부두 노동자 총파업

제1차 세계 대전 뒤 일본 경제가 나빠지면서 식민지 조선에도 영향을 미치게 되었다. 1921년 1월 부산항 하역업 회사들이 예고도 없이 하역 노동자 임금을 30%나 깎았다. 가뜩이나 어려운 처지에 있던 노동자들이 거세게 항의하였지만 소용이 없었다. 그런데 9월 초 회사가 다시 임금을 내리려 하였다. 더 이상 참을 수 없게 된 노동자들은 25일 임금 인상을 요구하면서 총파업을 결정하였다.

파업이 시작되자 경찰은 비상 경계망을 펴 주도자를 체포하였다. 회사들도 경찰을 믿고 강경한 태도를 취하였다. 하지만 파업 며칠 만에 부산항 화물 수송이 마비되었다. 산업에 큰 타격을 주자 결국 회사들은 10%~15% 정도 임금을 올려주기로 하였다. 그러나 파업이 끝나자 경찰은 약속을 어기고 배후로 지목한 노동 야학 교사 손명표, 김경직, 최태열 등을 처벌하였다.

부산 부두 총파업은 동일 부문 노동자들이 전체 고용주를 상대로 전개한 대규모 항쟁이다. 경찰의 탄압과 회사의 회유와 방해에도 단결된 힘으로 큰 성과를 거두어 1920년대 노동 운동에 큰 영향을 주었다.

• 최초로 고공 농성을 벌인 여성 노동 운동가 강주룡

> 우리는 49명 파업단의 임금 감하를 크게 여기지 않습니다. 이것이 결국은 평양의 2,300명 고무 직공의 임금 감하의 원인이 될 것임으로 우리는 죽기로써 반대하려는 것입니다. 나는 평원 고무 공장 사장이 이 앞에 와서 임금 감하의 선언을 취소하기까지는 결코 내려가지 않겠습니다. 나는 근로 대중을 대표하여 죽음을 명예로 알 뿐입니다. 여러분, 구태여 나를 여기서 강제로 끌어내릴 생각은 마십시오. 누구든지 이 지붕 위에 사닥다리를 대놓기만 하면 나는 곧 떨어져 죽을 뿐입니다.
>
> – 『동광』(1931. 7)

강주룡(1901~1931)은 평북 강계에서 태어나 서간도에 가서 살다가 20살에 결혼했다. 함께 독립단에서 활동하던 남편이 병으로 죽자 귀국하였다. 1925년 평양 평원 고무 공장에 취업하여 부모와 어린 동생을 먹여 살렸다. 1931년 회사가 일방적으로 임금을 깎자 강주룡은 여성 노동자 48명과 함께 아사 동맹을 조직하고 파업 투쟁을 하였다. 경찰이 농성 중인 여성 노동자들을 강제로 끌어내자, 그녀는 약 11m 높이의 을밀대 지붕 위로 올라가 공장주의 횡포를 고발하였다. 9시간 30분 동안 지붕 위에서 버텼지만 결국 경찰에 체포되어 구속되었다. 옥중에서도 단식 투쟁을 벌이다 건강 악화로 풀려났다. 얼마 뒤 숨을 거두고 말았지만 그녀의 고공 농성은 뜨거운 관심을 이끌어 내 끝내 임금 인하를 막아 냈다.

을밀대 지붕 위에 오른 강주룡

부조리에 저항한 농민들

• 암태도 소작 쟁의와 서태식

1920년대 전반기를 대표하는 농민 운동은 전라남도 무안군 암태도에서 일어난 소작 쟁의였다. 1923년 9월 소작농들은 지주 문재철에게 70%가 넘는 소작료를 40%로 내려줄 것을 요구하였다. 문재철이 이를 거부하며 소작인을 개별적으로 회유하려 하였다. 소작농들은 여기에 넘어가지 않고 똘똘 뭉쳐 소작료 납부를 거부하며 소작 쟁의를 시작하였다.

양측이 갈등을 빚자 경찰은 지주 편을 들어 서태석을 비롯한 소작회 간부들을 구속하였다. 하지만 소작농들은 여기에 굴하지 않고 이들이 끌려간 목포로 가서 석방을 요구하였다. 목포의 노동, 청년 단체들은 이들을 적극적으로 도와주었다. 전국에 있는 노동 사회 단체들도 지원을 아끼지 않았다. 『동아일보』를 비롯한 언론도 쟁의 과정을 생생하게 보도하여 전국적으로 관심을 불러일으켰다.

암태도 소작 쟁의가 사회 문제로 전국적인 관심을 끌자, 경찰은 쟁의가 확산되는 것을 막기 위해 중재에 나섰다. 그 결과 8월 30일 목포 경찰 서장실에서 전라남도 경찰부 고등 과장의 중재로 문재철과 소작인을 대표한 박복영이 소작료를 40%로 하기로 합의하였다.

암태도 소작 쟁의를 이끈 사람은 서태석(1885~1943)이다. 1913년부터 7년간 암태 면장을 지낸 그는 3 · 1운

암태도 소작 쟁의에 참가한 농민.

가묘 서태석의 고향 오산마을 입구에 세워진 추모비 및 가묘와 암태도 농민 항쟁 사적비.

동을 계기로 독립운동의 길로 나섰다. 3·1운동 1주기 때에는 유인물을 나눠주다 1년간 수감 생활을 했고 그 뒤 사회주의 사상을 알게 되었다. 1923년 암태소작인회를 만들어 소작 쟁의를 이끌었다. 이후에는 부근에서 일어난 소작 쟁의도 도왔다.

서태석은 1926년 말 조선공산당에 들어가 전라도 대표 및 선전부 위원으로 활동하였다. 1927년 9월에는 조선 농민 총동맹 중앙집행위원으로 활동하였다. 이 과정에서 수차례 투옥됐고, 고문 후유증으로 정신분열증을 앓다 죽었다. 해방이 되었어도 사회주의자라는 이유로 제대로 대우받지 못했다. 일가친척들도 감시와 탄압 속에서 힘들게 살았다.

1981년 송기숙이 쓴 소설 『암태도』가 나오면서 암태도 소작 쟁의가 알려지기 시작했고, 1998년 암태도 소작인 항쟁 기념탑이 세워졌다. 서태석은 2003년 비로소 독립 유공자 훈장을 받았다. 1930년대 후반 그의 아들이 광주 학생 운동의 도화선으로 알려진 박기옥과 결혼하였다.

• 동양 척식 주식회사에 맞선 북율 동척 농장 소작 농민들

황해도 재령군 북율 동양 척식 주식회사 농장은 원래 궁방전이었다. 조선 시대 이곳 농민들은 궁방에 수확량의 약 1/3을 도조로 바치고 조상 대대로 농사를 짓고 있었다. 그런데 일제가 이 땅을 국유지로 만들고 동척에 넘겨주면서 기한부 소작농이 되었다. 소작기간 3년에 소작료는 수확량의 절반이었지만 실제 70~80% 정도 되었다. 궁방전 시절에 비해 비교가 되지 않는 열악한 조건이었다.

게다가 동척은 1924년 봄부터 북율 농장을 일본인 농업이민자들을 위한 이상촌으로 만들려 하였다. 이를 위해 소작농민을 내쫓고 그 땅을 일본인 이주민에게 주었다. 그리고 어용 단체인 척식 청년단이나 소작인 향상회를 만들어 소작농에 대한 통제를 강화하였다.

분노한 소작농들은 1924년 11월 동척 사리원 지점에 몰려가 소작료을 내려 달라고 요구하였다. 시위와 농성에도 사리원 지점이 요구를 받아들이지 않자 소작인들은 동척 서울 지사와 조선 총독부에 진정서를 제출하였다. 또한 불납동맹에 이어 북율소작조합을 만들어 소작료 감액, 소작권 보장, 이상촌이나 척식 청년단 설치 연기 등을 요구하였다. 사태가 커지자 1925년 1월 소작조합 대표 이몽서와 동척은 일단 합의하였다.

하지만 북율 농장은 3월부터 시작된 소작계약 때 합의를 무시하고 북율소작조합에 가입한 소작농은 소작 계약을 하지 않겠다고 하였다. 여기에 맞서 소작농들은 똘똘 뭉쳐 모두 소작 계약을 거부하기로 결의하고, 동척 서울 지사에 다시 올라가 소작권 보장을 요구하였다.

북율 농장 소작쟁의가 사회문제로 크게 부각되면서 동척을 비난하는 목소리가 사회 각계각층에서 쏟아졌다. 이를 모면하기 위해 동척은 재령 경찰서장이 지켜보는 앞에서 북율주재소에 소작농을 모아 놓고 타협안을 제시하였다. 그러나 타협안은 임시방편에 지나지 않았다. 사태가 가라앉자 동척은 미납 소작료를 이유로 소작농들과 소작계약을 거부하였고 양곡 대부도 거절하는 본색을 드러냈다.

결국 370호가 넘는 소작농은 고향을 떠나야 했다.

6

청년과 학생,
민족 운동을 이끌다

청년, 일어나다

1920년대의 '문화 통치'로 제한적이지만 집회·결사의 자유가 허용되었다. 이를 이용하여 사회 각계각층은 수많은 사회 운동 단체를 조직하였다. 이 가운데 가장 많은 단체가 청년 운동 단체였다. 청년들은 국내외에서 신학문을 배웠고 1910년대 비밀 결사에서 중요한 구실을 하였다. 특히 3·1운동에 적극 참여하면서 항일 투쟁과 민족의 미래를 짊어진 주체로 자부심을 갖게 되었다. 이들은 전국 곳곳에서 청년회를 조직하여 토론회, 강연회, 야학 등으로 민중을 깨우쳐 새로운 사회를 만들고자 하였다. 1921년 전국에 만들어진 청년회가 무려 400개가 넘었다.

청년 운동이 활기를 띠면서 전국적 조직을 갖추려는 움직임도 커져 갔다. 1920년 12월 조선 청년회 연합회가 결성되었다. 청년회 연합회는 정치적 요구보다 인격을 수양하고 풍속을 바꾸며 농촌을 개량하는 활동에 초점을 맞추었다. 사회주의가 유행하면서 이런 현실 인식과 운동 방향에 대해 반발하는 청년회가 많아졌다. 결국 갈등 끝에 1922년 사회주의를 지향하는 청년회들이 탈퇴하였다. 그 뒤 연합회는 '선 실력 양성'을 강조

(단위 : 개)

연도	부문별 운동						
	민족주의 운동	사회주의 운동	노동 운동	농민 운동	청년 운동	소년 운동	형평 운동
1921	0	18	90	3	446	14	0
1925	1	83	128	126	847	127	99
1930	246	55	561	943	1,509	461	165

(조선 총독부 경무국, 「조선의 치안 상황」, 1936)

1920년대 사회 단체 현황
3·1운동 뒤 수많은 사회 단체가 만들어졌고, 시간이 갈수록 더 많아졌다. 그 가운데 도표에서 보듯이 청년 운동 단체가 압도적으로 많았다.

하며 1923년에는 조선 민립 대학 기성회와 조선 물산 장려회에 적극 참여하였다.

한편 연합회 탈퇴를 주도한 서울 청년회는 1923년 전 조선 청년당 대회를 열었다. 여기서 청년들이 계급 혁명을 앞장서 이끌어야 한다는 주장이 힘을 얻으면서 많은 청년회가 사회주의 운동 쪽으로 돌아섰다. 이들은 1924년 조선 청년 총동맹을 결성하였다. 이때 총동맹에 참여한 청년회는 250여 개로 전국 청년 단체의 40%가 넘었다. 연합회를 탈퇴할 때 20개가 채 되지 않던 것과 비교하면 엄청나게 늘어난 것이다.

청년 총동맹 강령에서 이들은 사회주의 이념을 기반으로 청년 운동이 조선 해방 운동의 중심이 될 것임을 분명히 했다. 총동맹에 소속된 청년 단체들은 전국 곳곳에서 노동 운동과 농민 운동을 적극 지원하고 조선 총독부의 식민 교육에 맞서는 등 활발하게 활동하였다.

학생, 식민지 교육에 저항하다

학생들은 3·1운동 때 경험을 바탕으로 청년에 못지않게 민족 운동에 적극 참여하였다. '문화 통치'를 내세운 조선 총독부가 말과 달리 조선인과 일본인을 차별하고 일본어 사용과 동화 정책을 계속하였기 때문이다. 여기에 조선인 학생들을 모욕하고 깔보는 일본인 교사들의 태도도 학생들을 분노하게 하였다.

학생들은 독서회 등 학교별 모임만 아니라 연합 모임도 꾸려 활동하였다. 1920년 5월에는 서울에서 중등 학교와 전문 학교에 다니고 있던 학생들이 조선 학생 대회를 조직하였다. 창립 총회에서 이들은 '친목과 단결, 조선 물산 장려, 지방열 타파'를 내세웠다.

지방열
같은 지방 사람들끼리 뭉쳐서 다른 지방 사람들을 따돌리는 파별적인 특성.

연합 단체가 만들어지면 학생 운동뿐만 아니라 민족 운동에 큰 활기를 불어넣을 수 있었다. 이 때문에 조선 총독부는 처음부터 감시를 철저히 하였고, 되도록이면 학생들이 가입하지 못하게 막았다. 중등 학교 교장에게는 학생 대회에 가입한 학생들을 정학이나 퇴학시키도록 통보하였다. 그럼에도 학생들은 토론회, 체육 대회, 음악회를 열고 전국을 돌면서 강연회를 열어 민중을 깨우치고 민족 의식을 높였다.

열기가 높아지자 관립 중등 학교 교장들은 자기 학교 학생들이 조선 학생 대회에 참가하지 못하게 하겠다고 결의하였다. 총독부 학무국이 뒤에서 시킨 것은 두말할 필요도 없었다. 이에 1923년 조선 학생 대회를 해산하고 전문 학교 학생만으로 조선 학생회를 창립하였다. 비록 중등 학교 학생들이 빠졌지만 처음으로 전국 단위 학생 연합 단체가 만들어진 것이다.

학무국
일제 강점기 문교, 종교, 사회 행정을 담당한 행정 부서이다. 1910년 내무부 아래 설치되었다고 1919년 총독 직속으로 변경되었다.

그런데 사회주의가 학생들에게 미치는 영향력이 커지면서 조선 학생회에 대한 비판이 커져 갔다. 조선 학생회가 문화 운동에 치우쳐 타협적인 태도를 보인다는 것이다. 사회주의 계열의 학생들은 1925년 본격적으로 새로운 학생 운동 단체를 만들었다. 그 가운데 가장 주목할 단체는 6·10만세 운동을 주도한 조선 학생 과학 연구회이다. 여기서 과학은 사회과학으로, 사회주의를 뜻하는 말이었다. 과학 연구회는 강령에서 사회주의 사상을 연구 보급하고, 식민지 교육의 부당성을 바로잡는다는 목표를 내세웠다.

학생들이 벌인 투쟁 가운데 가장 강력한 수단은 동맹 휴학이었다. 동맹 휴학은 학교 문제나 정치적 요구를 이루기 위해 집단으로 학업을 거부하는 것이다. 1920년에서 1925년 사이 일어난 동맹 휴학은 해마다 적게는 20건 많게는 50건이 넘었다. 처음에는 대부분 일본 교사나 교장의 모욕과 차별이 휴학의 이유였지만 차츰 식민지 교육에 대한 불만이 주된 이유가 되었다. 조선 총독부도 신경을 곤두세워 지켜보았고, 학무국이 아니라 경무국에 학생의 동향을 살펴보게 하였다.

6·10만세 운동

1926년 4월 순종이 세상을 떠났다. 고종 인산일에 3·1운동이 일어난 경험으로 우리 민족도 일제도 긴장하였다. 조선 총독부는 유언비어와 불온한 행동을 감시하며 철저한 경계 태세를 갖추었다. 경성부에는 육해군 7천여 명을 주둔시키고 부산과 인천에는 함대를 대기시켜 놓았다.

이에 굴하지 않고 조선 공산당과 학생 단체, 천도교 청년회 등은 대규모 시위를 하기로 뜻을 모았다. 시위 날짜는 6월 10일 순종의 인산일로 결정하였다. 그러나 이 계획은 불행하게도 경찰에 발각되고 말았다. 천도교가 준비하던 격문은 압수되었고, 조선 공산당 간부들도 체포되었다.

하지만 학생들은 경찰 감시를 피해 격문을 인쇄하고 태극기를 준비하였다. 6월 10일 학생들은 예정대로 인산 행렬이 지나는 곳곳에서 격문을 뿌리고 만세 시위를 하였다. 독립 만세 함성과 함께 '일본 제국주의 타도', '토지는 농민에게', '8시간 노동제 채택', '우리 교육은 우리 손에' 등의 구호들이 울려 퍼졌다. 시위는 많은 시민들이 함께하였지만 시내 곳곳에 배치된 일본 군경에게 진압되고 말았다. 이때 붙잡힌 고등 보통학교와 전문 학교 학생은 약 200명이었다. 원산, 평양, 개성, 강경, 대구 등 지방 여러 곳에서도 시위가 일어났고 학생들이 동맹 휴학을 하였다.

6·10만세 운동은 전국적인 시위로는 확대되지 못하였다. 그렇지만 자치 운동으로 흐트러진 민족주의 운동 세력에 큰 자극을 주었고, 사회주의 계열과 손잡고 민족 유일당 신간회를 만드는 계기를 마련하였다. 또한 학생들은 앞으로 항일 민족 운동에서 해야 할 역할이 얼마나 중요한

인산
상왕, 왕, 왕세자, 왕세손과 그 비(妃)들의 장례.

지를 다시금 깨달았다. 이제 학생들은 항일 비밀 결사를 만들어 학교를 넘어 대중적 차원으로 학생 운동을 발전시켰다.

6·10만세 운동 뒤 동맹 휴학이 크게 늘어났다. 1930년과 1931년에는 잇달아 100건이 넘었다. 투쟁 이유도 식민지 노예 교육 철폐, 조선 역사 교육, 학교에서 조선어 사용, 학생회 자치 허용, 언론 집회 자유 등을 내건 경우가 많았다. 한 학교가 아니라 동일 지역 학교가 함께하거나 다른 지역 학교에 지원을 요청하기도 하였다. 동맹 휴학의 성격이 학교나 교사 개인을 상대로 한 투쟁에서 식민지 교육, 나아가 총독부에 대한 비판으로 바뀐 것이다. 이런 변화를 이끈 것은 전국 학교에 조직된 독서회 등

· 6 · 10만세 운동 격문

일본인 공장의 직공은 총파업하라!	조선인 교육은 조선인 본위!
일본인 지주에게 소작료를 납부하지 말라!	보통 교육을 의무 교육으로!
일본인 교원에게 교육을 받지 말자!	보통학교 용어를 조선어로!
일본인 상인과 관계를 단절하라!	보통학교장을 조선인으로!
일체 세금을 납부하지 말라!	중등 이상 학생 집회를 자유로!
일본 물화를 배척하자!	대학은 조선인 중심으로!
조선인 관리는 퇴직하라!	동양 척식 회사를 철폐하라!
언론·집회·출판의 자유를 보장하라!	일본 이민제를 철폐하라!

6·10만세 운동 때 뿌려진 격문이다. 6·10만세 운동은 여러 갈래로 다양한 집단들이 참여하였기 때문에 격문 종류도 다양하였다. 또 다른 격문에는 "조선 민족아 우리의 철천지원수는 자본제국주의 일본이다. 2천만 동포야 죽음을 결단코 싸우자. 만세 만세 조선독립만세"라고 강렬한 독립 의지를 담고 있었다.

이처럼 격문에는 당시 우리 민족이 바라던 요구 사항이 망라되어 있다. 이를 통해 이 운동을 이끈 학생과 청년, 지식인 들이 당시 상황을 어떻게 보고 있고, 어떻게 타개하려 했는지를 알 수 있다.

6·10만세 운동은 3·1운동, 광주 학생 항일 운동과 함께 국내에서 일어난 3대 만세운동으로 평가받고 있다. 특히 3·1운동에서 보조자였던 학생들이 이 사건을 계기로 독립운동의 주축으로 떠올라 독립운동 세력의 세대 교체를 알린 역사적 사건이었다. 하지만 아쉽게도 다른 두 운동과 달리 아직 국가기념일로 지정되지 않았다.

학생 비밀 결사였다.

광주 학생 항일 운동

1927년 2월에는 광주 사범학교 학생들이 "노예 교육을
철폐하라!"라고 외치며 시위를 하였다. 1928년 6월에는
광주 고등 보통학교 전교생이 동맹 휴학에 들어갔고, 광주
농업학교에서 일어난 동맹휴학은 4개월을 넘기도 하였다.
11월에 광주 여자 고등 보통학교에서 민족 독립과 여성 해
방을 목표로 소녀회를 만들었다. 이 열기는 1929년에도 이어졌다. 게다
가 나주에서 광주로 통학하는 열차에서는 한국인과 일본인 학생 사이에
종종 싸움이 일어났다.

1929년 10월 30일 나주역에서 한국인 학생과 광주 중학교에 다니는
일본인 학생 사이에 시비가 붙었다. 다툼은 11월 3일 광주 시내에서 일
본인 학생과 한국인 학생 사이 충돌로 이어졌다. 충돌은 광주 중학교 학
생들과 광주 고등 보통학교 및 광주 농업학교 학생 수백 명이 광주역 일
대에서 대치하는 심각한 상황으로 번졌다. 이미 양측에서 여러 명이 크고
작은 부상을 입은 터라 자칫 큰 사고로 이어질 수 있었다. 대치는 양쪽 관
계자들이 나서서 일단락되었지만 학생들의 분노를 잠재울 수는 없었다.

학교로 돌아온 광주 고등 보통학교 학생 300여 명은 대책 회의를 열고

1928년 7월 6일 진주 고등 보통
학교와 진주 농업학교는 연합
하여 조일공학제 폐지, 언론·집
회 자유 보장 등을 내걸고 동맹
휴학을 하였다. 최초로 단위학
교가 아닌 같은 지역의 학교가
함께 항일 운동을 했다는 점에
서 광주 학생 항일 운동의 선구
로 평가할 수 있다.

연도	건수	연도	건수	연도	건수	연도	건수
1920	20	1924	24	1928	83	1932	33
1921	33	1925	48	1929	78	1933	38
1922	52	1926	55	1930	107	1934	39
1923	57	1927	72	1931	102	1935	36

동맹 휴학 발생 건수
(조선 총독부 경무국, 「조선의 치안 상황」, 1937)

오후에 다시 광주 중학교를 습격하기 위해 교문을 나섰다. 하지만 경찰, 소방대 등에 막혀 실패하고 말았다. 이 과정에서 광주 농업학교는 물론 광주 사범학교 학생과 광주 여자 고등 보통학교 학생들도 가담하였다. 시민들도 지지를 보냈다.

파문이 커지자 경찰은 광주 고등 보통학교 학생 39명과 광주 농업학교 학생 1명을 구속하였다. 한편으로 광주 중학교와 광주 고등 보통학교에 임시 휴업을 지시하고, 학부형과 학생 들을 어르고 달래려고 노력하였다.

여기에 굴하지 않고 학생들은 성진회와 각 학교 독서회, 독서회 중앙부 등을 중심으로 더욱 조직적으로 투쟁을 준비하였다. 성진회는 1926년 11월 광주 지역 학생들이 처음 조직한 비밀 결사였다. 사회 과학 연구 모임이었던 성진회는 광주 고등 보통학교와 광주 농업학교 학생이 중심이 된 연

• 광주 학생 항일 운동 격문

검거된 학생을 즉시 우리 손으로 탈환하자.
교내에 경찰 출입을 절대 반대한다.
교우회 자치권을 획득하자.
언론출판집회결사시위의 자유를 획득하자.
직원회에 학생 대표를 참가시키자.
조선인 본위의 교육 제도를 확립하라.
식민지 노예 교육 제도를 철폐하라.
사회 과학 연구의 자유를 획득하자.
전국 학생 대표자 회의를 개최하라.
 - 초기 격문

조선 민중아 궐기하자.
청년 대중아 죽음을 초월하고 싸우자.
검거자를 즉시 석방하라.
재향 군인단의 비상 소집을 즉시 해산하라.
경계망을 즉시 철폐하라.
소방대, 청년단을 즉시 해산하라.
만행의 광주 중학을 폐쇄하라.
기성 학부형 위원회를 분쇄하라.
일본 제국주의를 타도하자.
피압박 민족 해방 만세!
 - 후기 격문

광주 학생 운동 초기에는 검거 학생 석방, 조선인 본위 교육 실시 등 주로 교육과 학내 관련 사안을 주장했다. 후기 격문을 보면 제국주의 타도를 외치며 식민지 통치에 저항하는 내용으로 확장되어 감을 알 수 있다.

합 모임이었다. 이들은 회원 보호를 위해 1927년 3월 무렵 모임을 해산하고 각 학교에서 독서회를 조직하였다. 1929년 6월에는 각 학교 독서회를 지도하는 독서회 중앙부를 만들었다.

이들은 광주 지역 학교는 물론 전라남도 학생과 교사 및 신간회 광주지부, 청년, 노동 단체 등과 협력도 모색하였다. 치밀한 준비 끝에 12일 오전 10시 광주 지역 모든 학생들이 들고 일어났다. 이들은 광주 시내 곳곳에 격문을 뿌리고 민족 차별 중지와 식민지 교육 제도 철폐를 요구하였다.

학교 종류	경기	강원	충남	충북	전남	전북	경남	경북	황해	평남	평북	함남	함북	합계
남자 고보	7/8 (87.5%)	1/1 (100%)	1/1 (100%)	1/1 (100%)	1/1 (100%)	2/2 (100%)	1/1 (100%)	1/1 (100%)	1/1 (100%)	2/2 (100%)	2/2 (100%)	1/1 (100%)	1/1 (100%)	23/24 (95.8%)
여자 고보	7/7 (100%)	0/0	0/0	0/0	1/1 (100%)	1/1 (100%)	2/2 (100%)	1/1 (100%)	0/0	2/2 (100%)	0/0	1/1 (100%)	0/0 (100%)	15/15 (100%)
보통 학교	2/190 (1.1%)	1/95 (1.1%)	7/123 (5.7%)	6/73 (8.2%)	8/213 (3.8%)	4/135 (3.0%)	11/205 (5.4%)	0/166 (0.0%)	2/132 (1.5%)	21/104 (20.1%)	11/104 (10.6%)	10/97 (10.3%)	17/61 (27.9%)	100/1,698 (5.9%)
실업 학교	8/12 (66.7%)	2/2 (100%)	1/2 (50.0%)	1/1 (100%)	4/4 (100%)	2/3 (66.7%)	5/7 (71.4%)	1/4 (25.0%)	1/1 (100%)	3/3 (100%)	2/4 (50.0%)	4/4 (100%)	2/3 (66.7%)	36/49 (73.5%)
보습 학교	1/12 (8·3%)	0/5 (0.0%)	5/9 (5.6%)	0/2 (0.0%)	3/7 (4.3%)	1/2 (50.0%)	1/9 (11.1%)	0/4 (0.0%)	1/7 (14.3%)	1/3 (33.3%)	0/5 (0.0%)	1/6 (16.7%)	2/4 (50.0%)	16/75 (21.3%)
각종 학교	13/76 (17.1%)	0/13 (0.0%)	2/7 (28.6%)	0/2 (0.0%)	3/8 (37.5%)	4/13 (30.8%)	3/18 (16.7%)	0/17 (0.0%)	1/32 (3·1%)	7/101 (6.9%)	4/75 (5.3%)	4/113 (3.5%)	4/33 (12.1%)	45/508 (8.9%)
기타	전문7			고등 여학교1						전문1 사범1 신학1 기예1		고등 여학교1 강습1	고등 여학교1	15
합계 기타 제외	38/305 (11.5%)	4/116 (3.4%)	16/142 (11.3%)	8/79 (10.1%)	20/234 (8.5%)	14/156 (9.0%)	24/243 (9.9%)	3/193 (1.6%)	6/173 (3.5%)	36/215 (16.7%)	19/190 (10.0%)	21/222 (9.5%)	26/102 (25.5%)	235/2,369 (9.9%)
합계 기타 포함	45 (18.0%)	4 (1.6%)	16 (6.4%)	9 (3.6%)	20 (8.0%)	14 (5.6%)	24 (9.6%)	3 (1.2%)	6 (2.4%)	40 (16.0%)	19 (7.6%)	23 (9.2%)	27 (10.8%)	250 (100%)

광주 학생 항일 운동에 참여한 지역별 학교 수(1929. 11~1930. 3)
김성민의 『광주 학생 운동 연구』(역사공간, 2013)를 참고하여 작성함.

단순한 패싸움이 반일 시위로 확대 발전한 것은 민족 감정과 경찰, 교육 당국이 일본인 학생 편만 든 것이 크게 작용하였다. 1920년대 동맹 휴학 등을 치열하게 벌이면서 역량을 키워 온 학생 운동도 큰 힘이 되었다. 그렇지만 무엇보다 학생들이 평소에 일본인을 우대하는 식민지 교육 정책을 깨뜨려야 한다는 데 공감하고 있었기 때문이다. 독서회 중앙부를 이끌던 장재성이 '우리의 투쟁 대상은 광주 중학교의 일본 학생이 아니라 일본 제국주의이다. 투쟁 방향을 일제로 돌리자'는 말에 많은 학생들이 호응을 한 것이 이를 잘 보여 준다.

광주 학생 시위는 언론 통제에도 불구하고 목포와 나주, 서울 등으로 번져 나갔다. 6·10만세 운동 뒤 더욱 단단해진 학생 조직이 서로 연락하면서 힘을 보탠 것이다. 신간회, 조선 청년 총동맹 등 사회, 노동 단체들도 뜻을 함께하였다. 12월 초에는 개성, 인천, 원산 등 주요 지방 도시에서 시위가 일어났다.

조선 총독부는 광주에 휴교령을 내리고 가담 학생들을 구속하였다. 신간회가 대규모 민중 대회를 열려고 하자 이를 막고 간부들을 검거하였다. 하지만 이듬해 1월 시위는 도시를 넘어 읍, 면 단위 학교까지 확산되

학생의 날 10주년 기념식
1953년 정부는 학생들의 독립운동 정신을 계승, 발전시키기 위해 11월 3일을 학생의 날로 정하였다. 1973년 폐지하였다가 1984년에 다시 부활하였고, 2006년에 '학생독립운동 기념일'로 이름을 바꾸었다.

었다. 보통학교 학생들도 참여했다. 투쟁 방법도 동맹 휴학, 격문 뿌리기, 교내와 거리 시위를 비롯하여 시험 거부, 시험지에 답을 적지 않는 백지 동맹 등 다양해졌다.

시위가 확대되면서 학생들은 식민지 교육 철폐와 함께 일제 타도와 민족 해방을 외쳤다. 학생들이 시작한 운동은 일반 시민과 노동자 들이 함께하면서 3·1운동 뒤 가장 규모가 큰 항일 운동으로 발전하였다. 시위는 1930년 봄까지 전국에서 계속되었고 만주와 일본까지 확산되었다. 하지만 경찰과 교육 당국의 강력한 탄압으로 주장한 뜻을 이루지 못하고 말았다. 광주 지역 중등 학교는 무기 정학 처분을 받거나 퇴학당한 학생들이 많아 교실이 텅 빌 정도였다고 한다.

광주 학생 항일 운동의 발단, 나주역

나는 피가 머리로 역류하는 분노를 느꼈다. 가뜩이나 그놈들하고는 한 차에 통학을 하면서도 민족 감정으로 서로를 멸시하고 혐오하며 지내 온 터였는데, 그자들이 우리 여학생을 희롱하였으니 나로서는 당연히 감정적 충격이었다. 더구나 박기옥은 내 누님이었으니 내 분노는 더하였다. 나는 박기옥의 댕기를 잡고 장난을 친 후쿠다(福田)를 개찰구 밖 역 광장에 불러 세우고 우선 점잖게 따졌다. 그의 입에서 센징(鮮人)이라는 말이 떨어지기가 무섭게 내 주먹은 그자의 면상에 날아가 작열하였다.

　　　　　　　　　　　　　　　　　　　　— 박준채, 「광주 학생 운동」(『신동아』, 1969. 9)

'댕기 사건' 디오라마(광주 학생 독립운동기념관)

'댕기 사건'은 1929년 10월 30일 광주에서 나주로 가는 통학 열차가 나주역에 도착했을 때 벌어졌다. 나주는 넓은 평야에 영산강 수운의 요지인 영산포를 끼고 있어 일찍부터 많은 일본인들이 이주하였다. 1920년대 후반이 되면 나주군 인구의 약 2.5%를 차지하기에 이른다. 이들은 나주 일대 토지를 대부분 소유하고 있었는데, 영산면은 전체 토지 가운데 약 75%를 차지하고 있었다. 이들은 지주로써 크고 작은 농장을 경영하였고, 조선인들을 대부분 이 농장에서 소작을 하고 있었다. 당시 나주에는 중학교가 없었다. 이 때문에 학생들은 초등학교를 졸업하면 대부분 광주로 통학을 하였다. 조선인도 일본인 학생도 마찬가지였다. 이들 사이에는 민족 감정과 함께 지주와 소작농의 아들이라는 차별이 깔려 있어 평소에도 감정이 좋지 않았다.

여기에 '댕기 사건'이 불난 집에 기름을 붓는 격이 되어 11월 3일 광주 학생 항일 운동이 일어났다. 시위는 이듬해 봄까지 전국 방방곡곡에서 계속되었고 3 · 1운동 이후 최대의 민족 운동으로 전개되었다.

조선 총독부 통계에 따르면 194개 학교에서 학생 5만 4천여 명이 참가하여 1,426명이 구속되고 2,912명이 퇴학 및 무기정학을 당하였다. 하지만 김성민의 『광주 학생 운동 연구』(역사공간, 2013)에 의하면 250개교가 참여하였고, 2006년 광주 광역시 교육청은 300개가 넘는 학교가 참여하였다고 발표하였다.

그런데 한국 근대사 연구자 박찬승 교수는 너무나 유명한 이 사건이 사실이 아닐 수도 있다고 주장하고 있다. 『신동아』에 실린 박준채의 회고담이 아닌 다른 자료에는 '댕기 사건'이 나오지 않기 때문이다.

『동아일보』 1929년 12월 28일자 호외에는 일본인 남학생 3명이 박기옥이라는 여학생의 앞을 가로막고 희롱을 하여, 이를 본 박준채가 일본인 학생들을 꾸짖었으며, 양측 간에 싸움이 시작되려는 순간, 역구내에 있던 순사가 이를 제지하고 박준채의 빰을 때렸다고 보도하였다. 다른 신문의 보도에도 댕기 머리 이야기는 없었다.

또 당시 현장에 있었던 여학생 세 명 중의 한 명인 이광춘은 1999년 필자와의 인터뷰에서 이렇게 말했다. "박기옥은 당시 휴학 중이어서 당일 통학열차를 타지 않았으며, 조선인 여학생 3명이 개찰구를 빠져나오려 할 때 일본인 남학생들이 한 학생을 밀쳐서 그 학생이 여학생들과 부딪쳤다. 당시 박준채는 우리보다 앞서 개찰구를 빠져나가다가 우리들의 비명소리를 듣고 돌아보고 쫓아와 일본인 남학생 후쿠다와 싸움이 벌어졌다."

그리고 당시 현장에 있던 일본인 남학생 다나카는 일본인 학교였던 광주 중학교 동창회지에 훗날 기고한 글에서 "일본인 학생들이 나주역을 빠져나올 때 조선인 남학생들이 후쿠다를 불러 '왜 조선인 여학생의 앞을 가로질러 개찰구를 빠져나왔느냐'고 꾸짖었다. 이에 후쿠다는 '여럿이 함께 몰려나오다 보니 때로는 앞으로 가고 때로는 뒤로도 가는 것은 당연한 것이 아닌가'라고 대답하였다"고 썼다.

또 당시 나주경찰서 순사였던 일본인 우치다는 훗날 『광주학생사건 노트』라는 책에 기고한 글에서, "박기옥이 정기권을 역원에게 보여 주고 개찰구를 빠져나가는 순간, 2~3명의 학생이 한 명의 학생을 뒤에서 밀쳐 그에게 부딪쳤던 것이며, 그녀는 비틀비틀하며 넘어질 뻔하였을 뿐이다. 이로 인해 모여 있던 학생들의 말다툼이 있었지만, 역원의 제지로 별일 없이 끝나고 삼삼오오 해산하였다"고 썼다.

– 박찬승, 「1929년 나주역 사건의 재구성」(<다산연구소>, 2013. 11. 3)

사건 관계자들이 한 회고담에서 엇갈리는 것은 세 가지이다.

하나는 댕기를 잡아당겼냐는 것, 다음 박기옥이 열차를 탔느냐는 것, 마지막으로 격렬한 싸움이 있었냐는 것이다.

첫째, 댕기는 사실이 아닐 가능성이 높다. 둘째, 박기옥은 이 무렵 학교를 다니지는 않았지만 열차에서 내려 나주역을 나오고 있었다. 마지막, 싸움은 있었지만 규모가 크지는 않았던 것 같다.

그렇다고 해서 '댕기 사건'이 조작된 것으로 여길 필요는 없다. 더욱이 '댕기 사건'이 없었다면 광주 학생 항일 운동이 일어나지 않았을 것이라는 비약을 해서도 안 된다.

그날 나주역에서 두 나라 학생이 시비를 벌인 것은 틀림없기 때문이다.

박준채의 기억이 정확하지 않을 수는 있지만 그날 그가 일본 학생과 시비가 붙은 것은 분명하다. 그리고 그것이 발단이 되어 광주 학생 항일 운동이 일어난 것도 확실하다.

신간회를 만들다

사회주의를 받아들이다

3·1운동 뒤 지식인과 청년, 학생 들 사이에는 사회주의 바람이 불었다. 세계가 '개조의 시대'로 바뀐 것이 러시아 혁명에서 시작되었다고 보았기 때문이다. 레닌이 사회주의를 내세워 러시아에 자유와 평등을 가져왔고, 피압박 민족의 자유와 자결을 선언하여 세상을 바꾸는 신호탄을 쏘아 올렸다는 것이다. 여기에 고무되어 국내 신문과 잡지에서는 앞다투어 사회주의를 '신사상'으로 소개하였다.

사회주의가 빠르게 퍼진 까닭은 자본주의 열강들이 3·1운동을 비롯한 식민지 독립운동을 지원하지 않은 것도 중요한 원인이었다. 제1차 세계 대전이 끝난 뒤 피압박 민족들은 정의와 인도의 세계가 올 것이라 기대하였다. 하지만 '세계를 개조하는 회의'라 불렀던 파리 강화 회의와 워싱턴 회의의 결과는 개조와 거리가 멀었다. 승전국의 이익을 위한 체제 개편이 이뤄졌고 식민지 문제는 외면하는 등의 한계를 보인 것이다. 이런 실망감이 사회주의에 대한 관심을 높였다.

처음 사회주의를 받아들인 사람들은 연해주 지역 민족 운동가와 일본 유학생들이었다. 1917년 러시아 혁명이 일어나자 이동휘를 비롯한 민족주의자들은 한인 사회당을 조직하였다. 임시 정부가 세워지자 이들은 상하이로 와서 활동하다 1920년 한인 공산당을 결성하였다. 비슷한 시기 이르쿠츠크에서 또 다른 한인 공산당이 만들어졌다. 두 세력은 그 뒤 공산주의 운동의 주도권을 둘러싸고 치열하게 경쟁하였다.

국내에 사회주의 사상을 퍼뜨린 것은 주로 일본 유학생이었다. 이들이 가져온 사회주의 사상은 청년 지식인 사이에 빠르게 퍼져 1921년에는 서울 청년회가 만들어졌다. 이어 서울과 전국 곳곳에서 사회주의 사상 단체들이 만들어졌다. 이들은 독서회, 토론회, 강연회 등을 열고 신문과 잡지에 사회주의를 소개하는 글을 실었다. 이런 활동으로 사회주의가 퍼지고, 청년, 여성, 노동, 농민 등 사회 각 분야에서 사회주의 단체가 결성되었다. 1925년에는 이들 단체들이 모여 비밀리에 조선 공산당을 창립하였다.

사회주의, 노동 운동과 농민 운동에 활력을 불어넣다

사회주의자들은 농민과 노동자를 단결시켜 일제를 무너뜨리려 하였다. 이를 위해 노동 운동과 농민 운동 등 대중 운동을 조직하고 지원하였다. 1924년에는 조선 청년 총동맹과 조선 노농 총동맹이라는 전국 조직이 결성되는 성과를 거두었다. 조선 노농 총동맹은 260여 노동자와 농민 단체 회원 5만 3천여 명이 소속된 대규모 조직이었다. 여기에 힘입어 1920년대 소작 쟁의와 노동 쟁의를 조직적으로 벌일 수 있었다. 이에 두려움을 느낀 조선 총독부는 1925년 치안 유지법을 시행하여 사회주의 운동을 대대적으로 탄압하였다.

사회주의 운동은 민중을 하나로 묶어 민족 운동을 더욱 활기차게 만들었다. 하지만 민족의 단결을 강조한 지주와 자본가 들이 중심이 된 세력들과 갈등을 빚기도 하였다. 사회주의가 자본주의 체제를 부정하고 차별 없는 평등 사회를 이루려는 목표를 가지고 있었기 때문이다. 치안 유지법은 사회주의자를 탄압하는 것만 아니라 이런 대립을 부추겨 민족 운동을 분열시키려는 목적도 있었다.

이념과 노선의 차이를 넘어 단결하자

3·1운동 뒤 국내외에서 활발하게 민족 운동이 일어났다. 하지만 사상, 노선, 지역에 따른 갈등이 적지 않았다. 임시 정부는 노선 갈등으로 대립하다 국민 대표 회의까지 열었지만 성과를 거두지 못하였다. 만주 무장투쟁 단체들도 주도권을 놓고 다투다 자유시 참변이라는 비극을 겪었다. 국내 민족주의 운동도 자치론으로 위기를 맞고 있었다. 이런 대립과 갈

민족 유일당 운동

민족 유일당을 만들기 위해 중국 관내와 만주를 돌면서 동분서주한 사람은 안창호였다. 그는 대한민국 임시 정부를 비롯해서 국외 민족 운동에 큰 영향력을 가지고 있었다. "주의 여하를 불문하고 단합된 통일 전선을 결성"하자는 주장에 호응하여 베이징을 시작으로 상하이, 광저우, 우한, 난징에서 민족 유일당을 위한 촉성회가 조직되었다. 1927년 11월에는 각지역 촉성회 대표들이 상하이에 모여 '유일 독립당 주비회'를 결성하였다.

등은 사회주의 확산으로 이념 대립이 겹치면서 더욱 커졌다. 이념과 노선에 따른 분열은 사회주의 운동 진영 내부에서도 마찬가지였다.

이 때문에 일제를 물리치기 위해 이념과 사상을 떠나 하나로 뭉쳐야 한다는 여론이 높아졌다. 여기에 1924년 중국에서도 국민당과 공산당이 군벌과 제국주의를 타도하기 위해서 손을 잡자, 민족 유일당 운동은 급물살을 타게 되었다. 코민테른이 파시즘을 막아 내기 위해 통일 전선 전술을 강조한 것도 영향을 미쳤다.

마침내 1926년 베이징에서 한국 독립 유일당 북경 촉성회가 만들어지면서 첫 결실을 맺었다. 만주에서도 3부로 나눠진 세력을 하나로 만들려고 노력하여 상당한 성과를 거두었다. 하지만 갈등을 완전히 극복하여 민족 유일당을 만드는 데 이르지는 못하였다.

코민테른
세계 각국 공산당 및 공산주의 단체의 연합체. 공산주의 인터내셔널(Communist International)의 약칭이다.

통일 전선 전술
공동의 적을 물리치기 위해 여러 집단들이 손을 잡고 전선을 통일하는 것.

신간회를 만들다

국내에서는 1925년에 들어오면서 공개적으로 민족 유일당을 만들어야 한다는 주장이 나오기 시작하였다. 이 주장은 조선 총독부가 자치 운동을 지원하고 치안 유지법을 시행하여 민족 운동 세력을 분열시키고 대립하게 하면서 더 큰 호응을 얻었다.

민족 유일당은 6·10만세 운동으로 실현 가능성이 더욱 커졌다. 준비 과정에서 사회주의자와 비타협적 민족주의자가 손을 잡을 수 있는 공감대가 만들어진 것이다. 드디어 1926년 7월 두 진영은 조선 민흥회를 만들어 민족 유일당을 향한 첫걸음을 내딛었다. 비록 양 진영 모두 일부만 참여한 것이기는 하지만 물꼬를 텄다는 데 의미가 있었다. 이어 사회주의 진영에서 정우회 선언을 발표하여 민족주의 세력과 손을 잡자는 협동 전선을 주장하였다. 조선 공산당을 비롯한 사회주의 단체와 노동, 청년 단체들은 이 선언을 적극 지지하였다. 이로써 민족 유일당을 만들 결정적 계기가 마련되었다.

마침내 1927년 2월 비타협적 민족주의자들과 사회주의자들은 신간회를 창립하였다. 처음 통합 단체 이름을 신한회라 하려 하였지만 허가가 나지 않아 신간회로 바꾸었다. 신간은 '고목에서 새 가지가 나온다'는 말에서 나온 것으로 나라를 다시 일으키려는 뜻을 갖고 있었다.

창립 대회에서 민족주의 세력을 대표하는 이상재와 사회주의 세력을 대표하는 홍명희를 회장과 부회장으로 선출하고, '정치적·경제적 각성을 촉구하고 민족의 단결과 기회주의를 부인한다'는 3대 강령을 발표하였다. 두 진영의 협동 전선은 여성계에서도 결실을 맺어 5월 근우회가 만들어졌다.

신간회, 민족 대표 기구로 성장하다

신간회는 서울에 본부를 두고 전국 군 단위에 지회를 두었다. 지회는 민중의 열렬한 지지를 받으며 1927년 말에 이미 100개를 넘겼다. 이듬

• 일어나라! 오너라! 단결하자! 분투하자! 조선의 자매들아!

인류 사회는 많은 불합리를 생산하는 동시에 그 해결을 우리에게 요구하여 마지않는다. 여성문제는 그중의 하나이다. 세계는 이 요구에 응하여 분연하게 활동하고 있다. 세계 자매는 수천 년래의 악몽으로부터 깨어서 우리의 생활도정에 횡재하고 있는 모든 질곡을 분쇄하기 위하여 싸워 온 지 이미 오래이다. 이 역사적 세계적 혁명에서 낙오될 수 있으랴. 우리 사회에서도 여성 운동은 거의 분산되어 있었다. 그것에는 통일된 조직이 없었고 통일된 목표와 지도정신도 없었다. 고로 이 운동은 효과를 충분히 내지 못하였다. 우리는 운동상 실천으로부터 배운 것이 있으니, 우리가 실지로 우리 자체를 위하여 우리 사회를 위하여 분투하려면 우선 조선 자매 전체의 역량을 공고히 단결하여 운동을 전반적으로 전개하지 않으면 아니 된다.

일어나라! 오너라! 단결하자! 분투하자! 조선의 자매들아! 미래는 우리의 것이다.

- <근우회 취지문>

근우회는 김일엽, 김활란, 주세죽, 차미리사 등 자유주의와 사회주의 여성 운동 지도자들이 손잡고 만든 통합 단체이다. 1929년 전체 회원은 약 3,000명에 이르렀다. 이 가운데 가정주부가 약 1,300명, 직업인은 약 340명이었다.

해 말에는 140개가 넘는 지회에 회원이 4만 명에 이르는 전국 대중 운동
단체로 발전하였다. 지회는 만주와 일본에도 설치되었다. 이를 바탕으로
신간회는 소작 쟁의와 노동 쟁의, 동맹 휴학 등을 지원하고 청년과 여성
및 형평 운동과 긴밀하게 협력하였다. 신간회 회원 가운데 농민, 노동,
청년 단체 회원들이 많았기 때문에 이들 단체와 협력은 잘 이뤄졌다.

신간회는 지회를 중심으로 전국을 돌며 순회 강연회와 교양 강좌를 열
고 야학을 세워 민중 계몽 활동을 벌였다. 활동 내용은 민족 의식을 높이
는 것은 물론 흰옷 입지 않기, 단발하기, 망건 쓰지 않기 등 생활 개선 운
동이었다. 한국인 본위 교육 실시, 일본인 이민 금지, 수리 조합 설치 반
대, 최저 임금제 확립, 임금 차별 철폐 등 식민지 정책 반대 운동도 활발
하게 펼쳤다.

신간회는 크고 작은 사건에 직접 개입하여 민중을 위해 활발히 활동하
였다. 신간회가 지원한 대표적인 사례는 1929년 원산 총파업과 갑산 화
전민 사건이었다. 함경남도 갑산에서 조선 총독부가 산림 보호를 명분
으로 화전민들이 일군 밭을 갈아엎고 집을 불태웠다. 분노한 화전민들이
영림서와 경찰서에 몰려가 항의하고 신간회에 도움을 요청하였다.

신간회는 대표단을 보내 조선 총독부가 화전민 추방 정책을 펼쳐 일어

형평 운동
일본의 '수평사 운동'에 영향을
받아 1923년 경남 진주에서 결
성된 단체인 형평사를 중심으
로 백정의 지위 향상을 위하여
전개한 혁신적 사회 운동.

흰옷 입지 않기
흰옷을 지양하자는 목소리는
1920년대 초반부터 흘러나왔
다. 흰옷은 자주 빨아 입어야
하므로 여성들의 희생이 가중
된다는 점, 색옷이 개성을 드러
내기 좋다는 인식 등이 근거가
되었다. 하지만 일제가 조선 사
람 고유의 생활 방식을 말살하
려는 정책의 일환으로 흰옷을
금지하면서 이 운동은 변질되
기도 했다.

신간회 신의주 지회 창립 1주년 기념식
신간회 창립 1주년을 맞아 신간회 신의주 지회 인사들이 기념
사진을 찍었다. 뒤쪽 벽에 신간회 강령이 붙어 있다.

난 사건임을 밝히고 진상 보고 대회를 열었다. 여기에 힘입어 화전민들이 더 강경하게 맞서자 조선 총독부도 한발 물러섰다.

신간회가 민족 대표 기구로 자리를 잡자 회유와 압박은 갈수록 심해졌다. 경찰은 정기 대회를 아예 금지하였다. 이에 맞서 몇 개 지방 지회끼리 대표를 뽑아 정기 대회를 대신하였지만 제대로 활동하기 어려웠다.

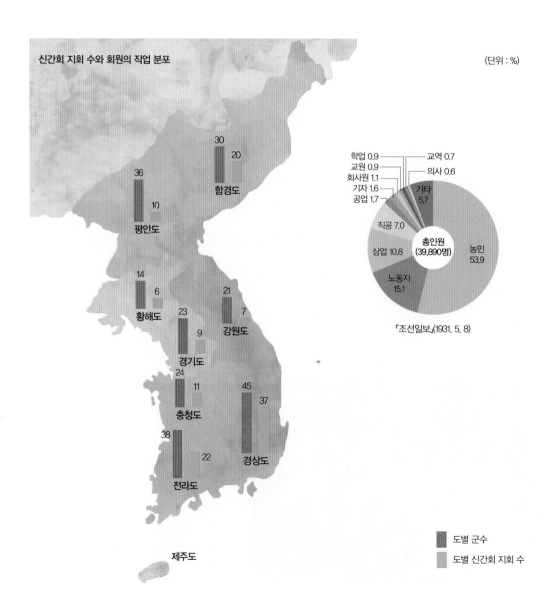

신간회 지회 수와 회원의 직업 분포

(단위 : %)

함경도 30 / 20
평안도 36 / 10
황해도 14 / 6
경기도 23 / 9
강원도 21 / 7
충청도 24 / 11
전라도 38 / 22
경상도 45 / 37
제주도

학업 0.9 / 교원 0.9 / 회사원 1.1 / 기자 1.6 / 공업 1.7 / 직공 7.0 / 상업 10.8 / 노동자 15.1 / 농민 53.9 / 교역 0.7 / 의사 0.6 / 기타 5.7

총인원 (39,890명)

『조선일보』(1931. 5. 8)

■ 도별 군수
■ 도별 신간회 지회 수

신간회, 해소되다

1929년에 광주 학생 항일 운동이 일어났다. 신간회는 조사단을 파견하고 진상 보고를 위한 민중 대회를 열어 전국적인 항일 운동으로 확산시킬 계획을 세웠다. 그러나 경찰에 발각되어 허헌, 홍명희 등 간부들이 모두 검거되었다.

민중 대회 사건 뒤 새로 들어선 집행부는 합법 운동을 강조하였다. 게다가 '기회주의를 부인한다'는 강령과 달리 자치론자들과 협력하려 하였다. 여기에 회원들이 크게 반발하면서 사회주의자를 중심으로 신간회 '해소론'이 나타났다. 해소는 단순히 조직 해체를 뜻하는 해산이 아니라 조직을 다른 형태로 바꾸어 더 발전시키자는 주장이다.

이 무렵 중국의 제1차 국·공 합작이 깨지면서 코민테른은 반제국주의 통일 전선을 부정적으로 평가하게 되었다. 또한 여기에 혁명적 노동 운동과 소작 쟁의가 활발히 일어나면서 노동자와 농민의 계급 혁명 의식이 높아졌다. 이에 사회주의자들은 민족주의 세력과 연대가 아니라 노동자와 농민을 중심으로 계급 투쟁을 강화하는 쪽으로 투쟁 방향을 정하였다. 반면 많은 대중들이 활발하게 참여할 수 있게 합법적인 조직을 유지해야 한다고 주장하는 사람도 적지 않았다. 이들은 민족 전체의 실력을 기르는 것이 더욱 중요하다고 생각하였다. 결국 1931년 5월 해소 문제를 논의하기 위한 전체 대회가 열렸다. 여기서 해소안은 민족주의 진영의 강력한 반대 속에서 표결로 통과되었다.

신간회는 식민지 시대에 가장 규모가 큰 반일 사회 운동 단체였다. 민중에게 절대적 지지를 받았으며 사회주의자들이 합법적으로 활동할 수 있는 유일한 공간이기도 하였다. 역사적으로는 두 진영이 힘을 합쳐 만든 최초의 민족 협동 단체라는 큰 의미를 가지고 있다.

신간회가 해소된 뒤 비타협적 민족주의자들은 문화, 학술 활동에 힘을 쏟았고, 사회주의자들은 비합법적인 항일 투쟁을 활발히 벌여 나갔다.

"조선의 미래는 청년에게 있다", 월남 이상재

1850년(철종 1)에 태어난 이상재는 전통 교육을 받고, 1867년(고종 4) 과거에 응시하였다. 하지만 세도 정치 탓에 과거에 떨어지고 말았다.

1881년 박정양의 추천으로 조사 시찰단 수행원으로 일본에 갔다. 이때 일본의 변화에 큰 충격을 받았다. 1884년에는 갑신정변의 연루자로 몰렸으나 수색 책임자인 한규설을 만나 당당하게 처신한 후 고향으로 내려가 처벌을 면하였다.

1887년 박정양이 초대 주미 공사로 갈 때 2등 서기관으로 따라갔다. 1894년에는 박정양이 학부 대신이 되자 이상재는 학부아문참의로 학무 국장을 겸직하면서 신교육령을 반포하였다. 이어 사범 학교, 중학교, 소학교, 외국어 학교를 세우는 일을 맡았다. 이때 일본공사인 이노우에가 외국어 학교 교사는 일본인으로만 채용하라고 지시하였으나 거절하고 스스로 외국어 학교 교장이 되어 청년들을 지도했다.

1896년 7월에는 독립 협회 창립에 힘을 보탰고, 만민 공동회에서 중요한 역할을 하였다. 12월 26일 독립 협회와 만민 공동회가 강제 해산당하자 이상재도 관직에서 쫓겨났다. 1902년 개혁당 사건으로 구금되었고 2년 만에 석방되었다. 이 시기 옥중에서 기독교 신자가 되었고, 석방된 뒤 황성 기독교 청년회(YMCA)에 가입하여 초대 교육 부장이 되었다.

1910년 조선 총독부가 무단 통치를 펼치며 모든 단체를 해산시켰다. 하지만 이상재는 1913년 총무에 취임하였고 이듬해에는 조선 기독교 청년회 전국 연합회를 조직하였다. 1919년 3·1운동이 일어나자 활약하다가

초기 황성 기독교 청년회 지도자들. 앞줄 가운데가 이상재.

이상재 사회장. 수많은 사람들이 몰려
나와 운구를 뒤따르고 있다.

검거되어 3개월간 투옥되었다.

1920년부터는 조선 기독교 청년회 연합회 회장, 조선 중앙 기독교 청년회 고문 등을 지내며 각종 강연회 · 토론회 · 일요 강좌 · 농촌 운동 · 지방 순회 강연 등으로 민중 계몽에 힘을 쏟았다.

형사들이 강연을 감시하기 위해 앉아 있으면 '허허. 개나리꽃이 활짝 피었구나!'라며 강연장을 웃음바다로 만들곤 하였다. 당시 일본 형사를 '개'라고 하고 순사를 '나리'라고 불렀는데 이 말을 가지고 일본 형사들을 비꼰 것이다.

1922년 조선 교육 협회 회장에 취임하였고, 조선 민립 대학 기성회가 만들어지자 회장이 되었다. 1924년에는 조선일보사 사장이 되었다. 1927년 2월 15일 신간회가 창립되자 회장으로 추대되었고 이상재는 병환 중임에도 이를 수락하였다. 그러나 그해 3월 사망하였다.

4월 7일 우리나라 최초의 사회장으로 장례식이 치러졌고 각계각층 인사들이 참여하였다. 그런데 한용운은 사회장 위원 명단에 자신이 올라 있는 것을 알고 한달음에 달려가 이름을 지웠다고 한다. 3 · 1운동 같은 결정적인 때 너무 온건하게 처신했다는 불만을 나타낸 것으로 보인다. 하지만 많은 개화파 동료들이 친일파로 돌아설 때에도 꿋꿋이 지조를 지켰고 타협을 거부한 것은 높이 평가받아 마땅하다.

1962년 건국훈장 대통령장이 추서되었다.

8

무장 독립 전쟁을
전개하다

독립군, 독립 전쟁을 시작하다

3·1운동이 일어나자 만주와 연해주에도 동포들이 외치는 독립 만세 소리가 하늘을 찔렀다. 민족 운동가들은 이 열기를 그대로 이어 본격적으로 무장 독립 전쟁에 나섰다. 이들은 그동안 건설한 독립운동 기지를 토대로 무장 투쟁에 나설 부대를 편성하였다. 여기에는 러시아 혁명이 성공하고, 기대만큼은 아니지만 국제 정세가 우리에게 유리하게 돌아가고 있다는 판단도 크게 작용하였다. 3·1운동에 자극을 받은 많은 청년들이 독립운동에 참여하려고 만주에 온 것도 큰 힘이 되었다.

남만주를 대표하는 부대는 한족회가 만든 서로 군정서였다. 한족회는 임시 정부와 독립군이 국내 진입할 때 지휘할 군정부를 만주에 두기로 합의하였다. 이에 따라 남만주 일대 독립운동을 지휘할 서로 군정서를 조직하고, 사령관에 지청천을 임명하였다.

북간도에서 가장 강력한 독립군 부대는 북로 군정서였다. 대종교 지도자 서일이 중심이 된 부대로, 병력이 1,600명, 소총 1,300정에 기관총 7문, 대포 3문을 갖추고 있었다. 총사령관은 김좌진이었다. 기독교인들

이 중심이 되어 만든 대한 국민회는 산하에 국민회군을 만들었다. 사령
관은 안무가 맡았다. 대한 국민회는 연해주의 대한 국민 의회와 손잡고
홍범도가 이끄는 대한 독립군도 지원하였다. 최진동 형제가 이끄는 군무
도독부도 500명이 넘는 부대원을 거느리고 있었다. 이 밖에 의병과 유림
지도자들이 조직한 대한 독립단과 광복군 총영, 광한단, 대한 독립 의용

지역별 주요 독립군 현황

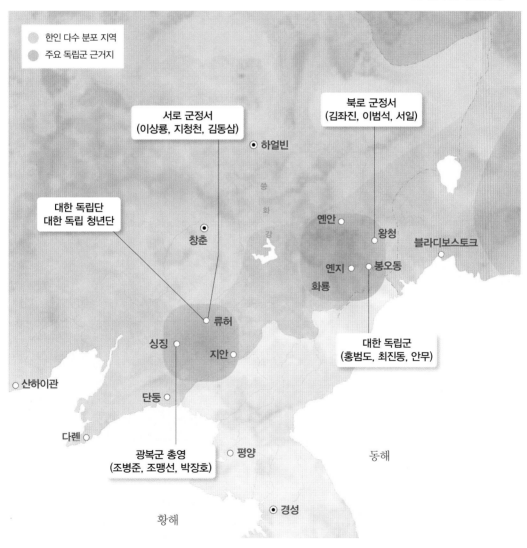

- 한인 다수 분포 지역
- 주요 독립군 근거지

서로 군정서
(이상룡, 지청천, 김동삼)

북로 군정서
(김좌진, 이범석, 서일)

하얼빈

송화강

대한 독립단
대한 독립 청년단

창춘

옌안

왕청

블라디보스토크

류허

옌지

봉오동

화룡

싱징

지안

대한 독립군
(홍범도, 최진동, 안무)

산하이관

단둥

다롄

광복군 총영
(조병준, 조맹선, 박장호)

평양

동해

황해

경성

단 등 만주 지역에서 조직된 무장 독립 단체는 50개가 넘었다.

독립군들은 러시아제 무기를 비롯하여 체코제, 일본제, 미국제 무기로 무장하였다. 이 무기는 대부분 러시아 연해주에서 사들였다. 연해주는 러시아 혁명의 소용돌이 속에서 비교적 손쉽게 무기를 살 수 있었다. 특

• 국내 진공 작전

1919년 3·1운동이 일어나기 전 국경 지방에서는 때때로 중국 마적이 침입했을 뿐 조선 독립군에 관련된 큰일은 없었다. 3·1운동 뒤 이 사건에 연루된 자 가운데 일부가 중국으로 숨어들었다. 이들은 그곳에 사는 무뢰배들과 손잡고 독립군이 되어 각종 불온 단체를 조직하고 각지에 근거지를 구축하였다. 이들은 상하이 임시 정부 등과 연계하여 무력 침공을 감행하기 위해 늘 우리 경비 능력을 엿보다 교묘하게 국경 연안 경비망을 통과한다. 조선 내로 침입한 뒤에는 독립운동을 달성하는 데 필요한 자금을 얻는다며 민가를 습격하고, 때로는 주재소, 면사무소, 기타 관공서를 습격한다. 국경 일부에서는 아직 이러한 일이 계속되고 있다.

－『조선 경찰지 개요』(조선 총독부, 1925)

국내 진공 작전이 가장 활발하게 벌어진 때는 1920년이다. 작전이 펼쳐진 지역은 조선 총독부 자료에서 확인할 수 있듯이 압록강과 두만강 연안 지역이었다. 국내 진공 작전은 일본군의 대공세로 잠시 주춤했지만 1920년대 후반까지 계속되었다.

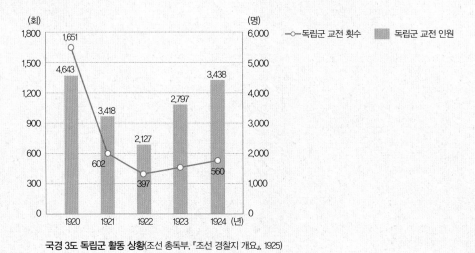

국경 3도 독립군 활동 상황(조선 총독부, 『조선 경찰지 개요』, 1925)

히 북로 군정서는 제1차 세계 대전에 참전했다 돌아가는 체코 군대에게 우수한 무기를 대량으로 넘겨받았다.

이들은 1920년 봄부터 단독으로 때로는 연합하여 국내 진공 작전을 펼쳤다. 국경을 넘어 일본군 초소와 파출소, 식민 통치 기관 등을 습격하고 다시 돌아오는 작전이었다. 아직 만주가 일본의 손아귀에 들어가기 전이라 일본군이 함부로 국경을 넘지 못한 점을 이용한 것이다. 독립군이 수시로 압록강과 두만강을 넘어 국내 진공 작전을 벌이자 조선 총독부는 국경 수비를 강화하였다. 무단 통치로 어렵게 마련한 식민 통치 기반이 흔들리는 것을 막기 위해서였다.

국내에서도 평안북도 천마산, 황해도 구월산 등을 근거지로 유격대가 조직되었다. 천마산대와 구월산대 등은 관공서와 주재소 등을 습격하고 친일파를 처단하였다. 이들은 일본군과 경찰에 쫓겨 일부는 전사를 하거나 잡혔고, 일부는 국경을 넘어가 독립군에 합류하였다.

독립군, 봉오동에서 일본군을 대파하다

1920년 군무 도독부와 대한 독립군, 그리고 국민회군은 연합 부대 대한북로독군부를 만들어 봉오동 일대에 주둔하였다. 1천 명이 넘는 연합 부대 사령관은 최진동, 부사령관에 안무, 연대장은 홍범도가 맡았다. 연합 부대 대한북로독군부는 1920년 봄부터 두만강을 건너 수차례 국내 진공 작전을 벌였다. 6월 4일에는 삼둔자를 출발한 1개 소대가 함경북도 종성에 있던 일본군 헌병 국경 초소를 습격하였다.

독립군 활동을 주의 깊게 살펴 온 일본군은 이를 기회로 1개 중대를 보내 삼둔자를 공격하였다. 국경을 무시하고 중국 땅으로 쳐들어간 것이다. 하지만 매복에 걸려 큰 피해를 입자 6월 6일 병력을 1개 대대로 늘려 독립군 근거지였던 봉오동을 공격하였다.

하지만 정보를 미리 손에 넣은 연합 부대 대한북로독군부는 봉오동 골짜기로 일본군을 유인하여 크게 격파하였다. 이 전투에서 전사하거나 부상을 입은 일본군은 적어도 120명이 넘었다. 독립군이 입은 피해는 일본군의 절반 정도였다.

봉오동 전투는 독립군이 연합하여 대규모 일본군을 상대로 거둔 첫 번째 승리였다. 이 승리로 독립군은 물론 동포들의 사기는 크게 높아져 무장 독립 전쟁은 더욱 활기를 띠게 되었다. 앞으로 일본군에 맞서기 위해 더 큰 규모로 연합 부대를 만들어야 한다는 생각도 커졌다.

한편, 조선 총독부는 봉오동 전투로 큰 충격을 받았다. 독립군이 규모는 작지만 정식 군대로서 조직과 능력을 갖추고 있음을 확인하였기 때문이다. 조선 주둔 일본군 사령관은 일본 육군 대신에게 '독립군에 대해 특별한 대책'을 건의하였다. 이에 일본군은 대규모 병력을 동원하여 독립군과 동포 사회를 철저하게 토벌할 계획을 세웠다.

봉오동과 청산리 전투 지역

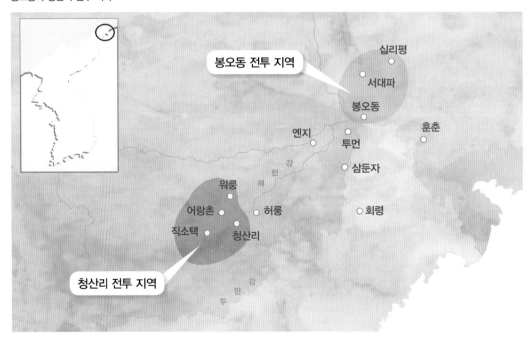

청산리 대첩

일본은 우선 만주 군벌과 중일 합동 수색대를 편성하여 독립군과 항일 단체를 조사하였다. 당시 만주를 지배하던 군벌 장쭤린은 일본과 긴밀한 관계를 맺고 있었다. 하지만 독립군 '토벌'을 위한 대규모 일본군 파견에는 미온적인 반응을 보였다. 이에 일본군은 1920년 10월 마적이라 불리는 중국 도적단을 시켜 훈춘에 있는 일본 영사관을 습격하게 하였다. 이를 독립군이 한 짓이라고 뒤집어씌운 일본은 미리 대기시킨 약 2만 명의 대병력을 제멋대로 남만주와 북간도에 투입하였다.

한편, 독립군은 봉오동 전투 뒤 일본군이 점점 공세를 강화해 오자 새로운 기지를 찾아 이동하였다. 병력과 무기 면에서 우세한 일본군에 정면으로 맞서기 어려웠기 때문이었다. 일본과 관계를 고려한 만주 군벌의 압박도 작용하였다. 일부는 북쪽으로 갔고, 대부분은 백두산 아래 험준한 밀림지대로 갔다.

1920년 10월 북로 군정서군을 비롯하여 대한 독립군, 국민회군, 대한 신민단 등은 백두산 동쪽 자락 청산리에 집결하였다. 이 사실을 알게 된 일본군은 5천여 병력을 이 지역으로 보냈다. 더 이상 피할 수 없다고 판단한 독립군은 청산리 골짜기에서 일본군과 맞부딪치기로 하였다.

독립군은 10월 21일 백운평 전투를 시작으로 6일간에 걸친 10여 차례 전투에서 대승을 거두었다. 전사한 일본군만 연대장 1명, 대대장 2명을 포함하여 1,000명이 넘었다. 독립군도 400여 명이 전사를 하거나 부상 당했다.

한편 일본군은 독립군 공격과 함께 동포 사회에 대한 소탕 작전을 자행하였다. 독립군을 지원하고 있던 동포 사회를 무너뜨려 근거지를 뿌리째 뽑기 위해서였다. 간도 참변이라 불리는 만행은 이듬해 4월까지 계속되었다. 수많은 사람이 죽고 마을이 쑥대밭이 되었다. 1920년 10월과 11월 두 달 동안 북간도에서 학살된 사람만 3,600명이 넘었다.

대한 독립 군단이 결성되었지만……

청산리 전투 뒤 독립군은 일본군을 피해 러시아와 가까운 밀산에 모였다. 대규모 일본군과 계속 맞서면 독립군도 전력이 약해질 수밖에 없었기 때문이다. 동포 사회가 일본군의 만행으로 더 이상 피해를 입지 않게 하려는 목적도 있었다.

밀산에 집결한 독립 부대는 30여 개였고, 병력은 약 4,000명이었다. 1920년 11월 이들은 부대를 통합하여 대한 독립 군단을 조직하고 서일을 총재로 뽑았다. 부총재는 김좌진과 홍범도였다. 독립군 사이에서 대규모 일본군에 맞서기 위해서는 통합을 해야 한다는 공감대가 자리 잡은 결과였다. 봉오동과 청산리 전투에서 연합하여 승리를 거둔 것이 큰 영향을 끼쳤음은 두말할 필요도 없다.

대한 독립 군단은 이듬해 장기 항전을 위해 러시아령 자유시로 이동하였다. 러시아가 독립운동을 지원할 것으로 믿었기 때문이다. 이 무렵 시베리아에서는 러시아 적군과 제정 러시아를 지지하는 백군이 내전을 벌이고 있었다. 7만이 넘는 일본군도 출병하여 백군을 도와 적군을 공격하고 있었다.

이런 상황에서 1921년 초 대한 독립 군단은 연해주 이만 지방에 도착하였다. 여기서 북로 군정서 등 일부 부대는 북만주로 돌아갔다. 러시아의 지원을 기대하기 어렵다고 보았기 때문이다. 그렇지만 홍범도, 지청천, 안무, 최진동 등이 이끄는 2,000여 명은 계속 이동하여 3월 자유시에 도착하였다.

그런데 자유시에 집결한 대한 독립 군단이 지휘권을 놓고 분쟁에 휩싸이고 말았다. 상하이파 공산당과 이르쿠츠크파 공산당이 서로 지휘권을 차지하려고 한 것이다. 독립군도 부대별로 한쪽을 지지하며 나눠졌다. 홍범도와 최진동 등이 중재에 나섰지만 소용이 없었다. 여기에 일본이 자국 영토 안에 무장 한인 단체를 허용하지 말라고 러시아에 요구하였다. 러시아가 이에 굴복하여 독립군을 러시아군으로 편입시키려 하였다. 대다수 독립군은 이를 거절하였지만 이르쿠츠파 공산당 측이 러시아군을 등에 업고 이들을 강제로 무장 해제시켰다. 이 과정에서 독립군 수십 명이 죽거나 실종되고 말았다. 1921년 6월에 벌어진 이 비극적 사건을 '자유시 참변'이라 부른다. 참변 뒤 일부 독립군은 러시아 군에 들어갔고, 일부는 만주와 연해주로 돌아왔다.

시련을 극복하고 3부가 성립하다

자유시 참변으로 엄청난 타격을 입은 독립운동 세력들은 다시 일어서기 위해 노력하였다. 여러 지역에서 자치 단체를 만들었고, 이들을 하나로 통합하려는 움직임도 점점 커져 갔다. 그 결과 1923년에서 1925년 사이에 만주 지역 독립운동 세력은 참의부, 정의부, 신민부 등 3부로 통합되었다. 참의부는 임시 정부 직속으로 남만주 지역을, 정의부는 하얼빈 남쪽 만주 중앙 지역을, 신민부는 북만주 지역 동포 사회를 근거지로 하

연도	출병 횟수	출병 인원	교전 횟수		적 살상 수
			국내	간도	
1920	1,651	4,643	49	24	94
1921	602	3,148	73	87	67
1922	397	2,127	59	89	73
1923	454	2,797	91	40	93
1924	560	3,483	112	25	123
1925	270	1,530	86	38	81
1926	69	301	18	14	19
1927	13	10	11	–	10
1928	4	12	–	–	–

1920년대 간도 독립군의 전투 현황(한국 임시 정부, 『한국 독립 선언 23주년 3·1절 기념 특간』, 1942)
1925년 6월 일제는 조선 총독부 경무국장 미쓰야를 만주에 보내 펑톈성 경무처장 위전과 '한인 단속'에 대한 협정을 맺었다. '미쓰야 협정'이라 불리는 이 조치는 독립군 활동에 큰 타격을 입혔다. 1925년 이후 간도 독립군 출병 횟수와 인원이 크게 줄어든 것이 이를 잘 보여 주고 있다.

였다. 3부는 군사와 행정 조직을 갖추고 동포 사회를 통치하는 자치 정부와 같은 역할을 하였다. 이들은 동포에게 주민세를 거둬 학교를 세우고 무장 투쟁을 전개하였다.

이에 조선 총독부는 압록강과 두만강에 병력을 집중 배치하고, 간도에 경찰력을 대폭 늘렸다. 1925년 6월에는 만주군벌 장쭤린에게 "만주에서 한인 독립 단체를 해산하고, 일본이 요구하면 독립운동 지도자를 체포하여 일본 경찰에 넘긴다"는 약속을 받아냈다. 활력을 되찾아 가던 독립운동은 이 '협정'으로 다시 큰 타격을 입게 되었다.

이런 어려움을 이겨 내기 위해 3부를 하나로 통합하자는 운동이 일어

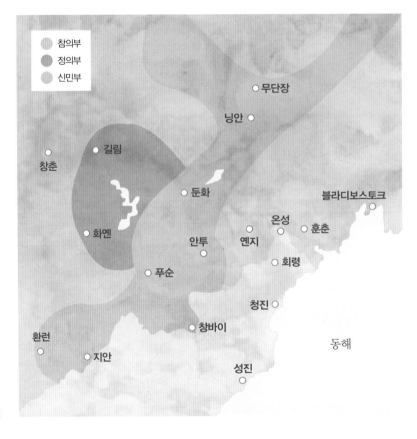

3부의 활동 영역

났다. 마침내 1928~1929년에 3부를 양대 세력으로 재편하여 북만주와 남만주에 혁신 의회와 국민부가 성립되었다. 국민부는 조선 혁명당과 조선 혁명군을 조직하고, 혁신 의회는 한국 독립당과 한국 독립군을 조직하였다. 비록 완전한 통합은 이루지 못했지만 독립운동을 위한 새로운 발판을 마련한 것이다.

봉오동 전투의 주역들

• 홍범도 장군

사진은 러시아 연해주 망명 직후 42살의 홍범도 장군. 홍범도는 평양에서 태어나 머슴, 노동자, 사냥꾼 등으로 어렵게 생활하였다. 1907년 전국적으로 의병 전쟁이 일어나자 11월 차도선, 태양욱 등과 함께 포수를 중심으로 한 산포대를 조직하여 의병을 일으켰다. 산포대는 북청을 중심으로 갑산, 삼수, 혜산, 등에서 유격전을 벌여 일본 수비대를 격파하였다. 이 때문에 일본군은 홍범도를 '나르는 의병 대장', '비(飛) 장군'으로 불렀고, 함경도에는 홍범도를 칭송하는 민요가 유행하였다.

홍 대장 가는 길에는 해와 달이 밝은데
왜적 군대 가는 길에는 눈과 비가 내린다.
에헹야 에헹야 에헹 에헹 에헹야
왜적 군대가 막 쓰러진다.

홍범도와 가족들

1910년 간도로 건너가 차도선, 조맹선 등과 포수단을 조직하고, 1919년 3·1운동이 일어나자 대한독립군을 창설했다. 8월부터 두만강을 넘어 혜산진, 갑산, 강계, 만포진을 습격하였다. 1919년 3·1운동 뒤 북간도에서 결성된 간도대한국민회와 힘을 합쳐 1920년 5월 북로 사령부를 만들었다. 북로 사령부는 최진동이 이끄는 도독부와 통합하여 연합 부대를 만들었다. 독군부 부장은 최진동이 맡고, 안무가 부관, 홍범도는 북로 제1군 사령에 임명되었다.

홍범도는 자유시 참변 뒤 부대원 300명과 함께 이르쿠츠크로 갔다. 1922년 1월에는 워싱턴 회의에 대응하여 모스크바에서 열린 극동 인민 대표 대회에 참가하였다. 여기서 그는 무장 독립운동에서 세운 혁혁한 업적을 인정받아 러시아 혁명 지도자 레닌과 트로츠키를 만났다. 김규식, 여운형 등 50명이 넘는 한국인 참가자 가운데 레닌과 트로츠키를 모두 만난 사람은 홍범도뿐이었다. 이 자리에서 레닌은 군복과 권총, 그리고 100루블을 선물하였다. 그는 이 돈을 1923년 연해주 차우돈카에 동포를 위해 만든 농업 협동 조합 사업에 모두 보탰다. 누구나 평등하게 노동과 사업 결정에 참여하는 협동 조합은 차별 없는 사회를 꿈꾼 신념이 묻어 있었다. 1927년에는 러시아 공산당원이 되었다.

1937년에 스탈린이 한인을 중앙아시아로 강제 이주시킬 때 동포들과 함께 카자흐스탄으로 끌려왔다. 이곳에서 그는 병원 경비, 극장 수위로 근무하는 등 평범한 삶을 살았다. 1942년 수위로 근무하던 고려 극장에서 연

레닌과 트로츠키 러시아는 1917년 러시아 혁명으로 제정이 무너지고 소비에트 사회주의 연방 공화국이 되었다. 레닌과 트로츠키는 혁명의 주축이었다.

극 '홍범도'가 공연되었다. 하지만 대부분 사람들은 극장 뒷좌석에서 연극을 보고 있는 홍범도를 알아보지 못하였다. 이듬해 76세의 나이로 세상을 떴다.

그는 해방이 된 뒤 한동안 남북한 어디에서도 제대로 평가받지 못하였다. 남한은 러시아 공산당원이자 사회주의 사상을 가졌던 그를 외면하였고, 북한은 김일성의 항일 투쟁만을 앞세우다 보니 홍범도는 관심 밖이었다. 홍범도에 대한 재평가는 1962년 군사 정권이 건국 훈장을 추서하면서 어느 정도 이뤄졌다. 하지만 그가 이룬 업적에 비해 아직 제대로 평가를 받고 있다고 하기 어렵다. 청산리 전투하면 김좌진 장군만 떠올리는 사람이 많다는 사실이 이를 잘 보여 준다. 2016년 해군은 일곱 번째 최신 잠수함을 홍범도함이라고 이름 붙였다.

• 최진동 3형제

최진동, 최운산, 최치흥(왼쪽부터) 삼형제는 봉오동 전투의 숨은 주역이라 할 수 있다. 최진동 형제들은 간도에서 가장 큰 부호였다. 특히 최운산은 봉오동과 도문 일대에 광대한 토지와 제면, 제유, 성냥, 비누 공장 등을 운영했다. 그는 이 돈으로 당시 황무지였던 봉오동에 신한촌을 건설하고, 비적으로부터 재산을 지키기 위해 사병을 키웠다. 이 부대에 조선에서 넘어온 청년들이 합류하며 부대 성격이 독립군으로 바뀌었다. 1919년 소련에서 구입한 신식 무기로 무장한 약 700명 규모의 독립군 부대는 봉오동 전투를 승리로 이끌었다.

• 안무 장군

사진은 20세 친위대 때의 안무 장군. 안무 장군은 대한제국 친위대 하사관과 교련관을 지냈다. 군대 해산 뒤 체육 교사를 하다 국권 강탈 뒤 망명했다. 1919년 대한국민회군이 조직되자 사령관으로 취임했고, 봉오동과 청산리 전투에서 큰 공을 세웠다. 자유시 참변 뒤 북간도로 돌아와 독립군을 다시 일으키기 위해 노력했다. 국민 대표 회의가 열리자 국민 위원으로 뽑히기도 했다. 1924년 9월 일본 경찰의 습격을 받고 체포되었으며 치료를 거부한 끝에 순국했다.

9

의열 투쟁을 전개하다

김원봉, 의열단을 만들다

3·1운동 뒤 일제에 맞서 더욱 강력한 투쟁을 해야 한다고 주장하는 사람이 늘어났다. 이들은 일부 독립운동가나 단체들이 주장하는 외교론, 준비론 등에 불만을 가졌다. 독립하려면 민중이 직접 나서서 폭력으로 일제를 타도해야만 한다고 보았기 때문이다.

1919년 김원봉, 윤세주 등 13명은 만주 지린성에서 의열단을 조직하였다. 이들은 대부분 신흥 무관 학교 출신이었다. 의열단은 모든 타협주의를 배격하고 오직 민중 혁명으로 독립을 쟁취한다는 목표를 세웠다. 이를 이루기 위해 의열단은 침략 기관을 파괴하고 침략 원흉을 응징하는 활동에 나섰다. 주요 암살 대상은 조선 총독과 군사령관, 친일파 등이었고, 파괴 대상은 조선 총

의열단원

의열단은 항일 비밀 결사였다. 단원들은 정체를 숨기기 위하여 여러 가명을 사용하였다. 항상 옷을 멋있게 차려입고 머리도 잘 손질하였다. 언제든 죽을 수 있다고 생각해 살아 있을 때 마음껏 즐겼다. 사진도 늘 마지막이라고 여겨 한껏 멋을 부리고 찍었다.

독부, 동양 척식 회사, 매일신보사와 경찰서 등이었다.

의열단은 본부를 일정한 곳에 두지 않고 상하이, 베이징, 난징 등으로 옮겨 다녔다. 폭력 투쟁을 위한 폭탄 제조소는 10군데가 넘었는데, 주로 상하이에 두었다. 국제 도시라 일본 경찰이 다른 열강의 조계지를 함부로 수색하지 못하였기 때문이다.

의열단, 일제의 간담을 서늘하게 만들다

의열단은 1920년 3월부터 국내에 폭탄과 무기를 들여보내려고 시도하였다. 몇 차례 시도가 실패한 뒤 드디어 9월 부산 경찰서에 폭탄을 던져 서장 등 3명을 사살하였다. 이를 시작으로 1921년 조선 총독부, 1923년 종로 경찰서, 1924년 도쿄 황궁, 1926년 동양 척식 주식회사 등을 공격

김상옥
종로 경찰서 폭탄 투척(1923. 1)

김익상
조선 총독부 폭탄 투척(1921. 9)

나석주
조선 식산 은행, 동양 척식 주식회사
폭탄 투척(1926. 12)

동해

경성

황해

밀양

부산

도쿄

최수봉
밀양 경찰서 폭탄 투척(1920. 12)

김지섭
일본 황성 폭탄 투척(1924. 1)

박재혁
부산 경찰서 폭탄 투척(1920. 9)

의열단의 주요 활동

하였다. 이 밖에도 크고 작은 의거로 일제의 간담을 서늘하게 만들었다.

잇단 의거로 의열단은 일본인과 친일파에게 공포의 대상이 되었다. 김원봉에게 약 100만 원이라는 어마어마한 현상금이 걸린 사실이 이를 잘 보여 준다. 지금 돈으로 300억 원이 넘는 이 현상금은 독립운동가 가운데 가장 많았다. 김구가 60만 원으로 그다음 높았다.

의열 투쟁은 거둔 성과만큼 폭력적이라는 비판과 비난도 받았다. 이

• 김원봉의 부탁을 받아 신채호가 쓴 「조선 혁명 선언」

강도 일본을 조선 땅에서 몰아내자!

강도 일본이 우리의 국호를 없애려 하며, 우리의 정권을 빼앗으며, 우리의 생존적 필요조건을 다 박탈하였다. 이상의 사실에 따라 우리는 일본 강도정치 곧 이족통치가 우리 조선 민족 생존의 적임을 선언하는 동시에, 우리는 혁명수단으로 우리 생존의 적인 강도 일본을 죽여 없앰이 곧 우리의 정당한 수단임을 선언하노라.

내정독립이나 참정권이나 자치를 운동하는 자-누구이냐? 너희들이 '동양평화', '한국독립보전' 등을 담보한 맹약이 먹도 마르지 아니하여 삼천리 강토를 집어먹던 역사를 잊었느냐?

일본 강도 정치하에서 문화운동을 부르는 자-누구이냐? 어디 모기와 등에같이, 승냥이와 이리같이 사람의 피를 빨다가 골수까지 깨무는 강도 일본의 입에 물린 조선 같은 데서 문화를 발전 혹 지킨 전례가 있더냐? 검열, 압수 모든 압박 중에 몇몇 신문, 잡지를 가지고 '문화운동'의 목탁으로 스스로 떠들며, 강도의 비위에 거스르지 아니할 만한 언론이나 주창하여 이것을 문화발전의 과정으로 본다 하면, 그 문화발전이 도리어 조선의 불행인가 하노라.

이상의 이유에 따라 우리는 우리의 생존의 적인 강도 일본과 타협하려는 자나 강도 정치하에서 기생하려는 주의를 가진 자나 다 우리의 적임을 선언하노라.

－「조선 혁명 선언」(신채호, 1923)

신채호는 독립운동가이자 역사학자, 언론인으로, 조선은 열등하다는 일제의 주장에 맞서 주체적인 역사 의식을 가져야 한다고 주장했다. 『이순신전』, 『을지문덕전』을 집필해 민족 영웅을 가졌다는 자긍심을 심어 주려 했고, 『황성신문』과 『대한매일신보』 등에 일제를 향한 비판적인 논설을 실었다.

「조선 혁명 선언」에서 규탄하는 '일본과 타협하려는 자'는 일본의 지배 아래에서 내정 독립, 자치, 참정권 등을 주장하는 세력을 의미한다. '강도 정치하에 기생하려는 주의를 가진 자'는 문화 운동론을 주장하는 세력이다.

신채호는 독립을 위해서는 무력을 혁명의 수단으로 삼아야 한다고 생각했다. 그는 이후 1925년 무정부주의동방연맹에 가입하는 등 무정부주의자로서의 면모를 드러내기도 했다.

에 의열단은 자신들이 하고자 하는 운동 이념과 방침을 뚜렷이 할 필요가 있었다. 김원봉이 신채호에게 부탁하여 쓴 「조선 혁명 선언」이 바로 이것이다. 의열단 선언문은 첫째, 일본을 타도하는 혁명은 정당하다는 점을 분명히 하였다. 둘째, 자치론·참정론 및 문화 운동을 일제와 타협하려는 '적'으로 규정하였다. 셋째, 임시 정부의 외교론, 독립 전쟁 준비론 등을 비판하였다. 넷째, 일제를 몰아내는 혁명은 민중 직접 혁명이어야 함을 강조하였다. 마지막으로 '조선 혁명'을 이루기 위해 다섯 가지를 파괴하고 다섯 가지를 건설해야 한다고 제시하였다. 파괴 대상은 이족 통치, 특권 계급, 경제 약탈 제도, 사회적 불평균 및 노예적 문화 사상이고, 건설 목표는 고유적 조선, 자유적 조선 민중, 민중적 조선, 민중적 사회 및 민중적 문화였다.

의열단, 새로운 방향을 찾다

선언문이 발표된 1923년 무렵 의열단 단원은 천 명이 넘었다. 하지만 개인적 폭력 투쟁에 한계를 느끼면서 1920년대 후반 조직적 무장 투쟁으로 방향을 바꿔 나갔다. 이에 따라 김원봉과 단원들은 황포 군관 학교에 들어갔다. 중국 국민당이 군대 지휘관을 기르기 위해 만든 이 학교에서 이들은 체계적인 군사 교육과 간부 훈련을 받았다. 1930년 초에는 중국 국민당 정부의 지원을 받아 난징에 조선 혁명 간부 학교를 세워 조직적 항일 투쟁에 대비하였고, 중국 관내 독립운동 정당과 단체를 통합하는 데 앞장섰다.

의열 투쟁은 의열단원이 아닌 사람들도 하였다. 강우규는 3·1운동 직후인 1919년 9월 신임 총독에 임명된 사이토가 부임해 오자 서울역에서 폭탄을 던져 죽이려 하였다. 일본에서 활동하던 무정부주의자 박열은 1923년 일본 천왕을 암살하려다 사형 선고를 받았다. 조명하는 1928년 타이완에서 히로히토 천황의 장인인 육군 대장 구니노미야 구니 요시를 칼로 찔러 죽였다. 의거 당시 강우규는 65세였고, 박열은 22세, 조명하는 23세였다. 나이에 상관없이 많은 사람들이 의열 투쟁에 공감하였음을 보여 주고 있다.

임시 정부, 한인 애국단을 만들다

대한민국 임시 정부는 국민 대표 회의 뒤 큰 어려움을 겪고 있었다. 자금과 인력 부족에 일제의 집요한 감시와 탄압으로 조직을 지탱하기 힘들 정도였다. 1920년대 후반 민족 유일당 운동이 성과를 거두지 못하면서 상황은 더욱 나빠졌다.

중국인과 갈등도 문제였다. 갈등은 만주로 이주하는 한국인들이 많아지면서 점점 커졌다. 일본이 만주를 본격적으로 침략하면서 중국인을 압박하는 데 한국인을 이용하였기 때문이다. 자칫 중국인들이 한국인을 침략 앞잡이로 오해할 수도 있었다. 만보산 사건은 여기에 불을 붙인 격이 되고 말았다.

1931년 7월 만주 지린성 만보산 지역에서 농업 수로를 둘러싸고 한국인과 중국인 농민이 충돌하였다. 이 싸움에서 일본 경찰은 한국인 농민 편을 들었다. 국내 언론이 이 사건으로 중국인과의 충돌로 인해 한국인이 죽었다고 왜곡 보도하면서 한국인과 중국인 사이 갈등은 더욱 커졌다. 결국 국내와 만주에서 두 민족 사이에 여러 차례 충돌이 일어나 많은 사람들이 죽고 다쳤다. 이 사건은 만주 지역 독립운동만 아니라 임시 정부 활동에도 영향을 미쳤다. 중국인과 중국 정부의 협조를 얻기가 더욱 어려워졌기 때문이었다.

이런 상황을 타개하기 위해 임시 정부는 특단의 조치를 강구하지 않을 수 없었다. 이에 국무령으로 임시 정부를 이끌고 있던 김구는 한인 애국단을 만들었다. 의열 투쟁으로 침략 원흉을 제거하여 임시 정부에 새로운 활력을 불어넣기 위해서였다.

한인 애국단, 임시 정부를 구하다

1932년 1월 애국단원 이봉창은 도쿄에서 일본 천황이 타고 가는 마차에 수류탄을 던졌다. 비록 실패하였지만 천황을 겨냥하였다는 자체로 일본에 큰 충격을 주었다. 중국 신문은 '불행히도 성공하지 못하였다'라고 보도하여 거사 실패를 아쉬워하였다.

이 무렵 일본은 만주사변을 일으키고 만주국이라는 꼭두각시 국가를 세워 세계 여론으로부터 뭇매를 맞고 있었다. 이런 국제적 관심을 돌리기 위해 국제 도시 상하이를 침략하였다. 전투는 전면전을 꺼린 중국이 일본에 유리한 조건으로 정전 협정을 맺고 끝났다.

4월 일본군은 상하이 홍커우 공원에서 천황의 생일과 전쟁 승리 기념식을 열었다. 애국단원 윤봉길은 기념식 단상에 폭탄을 던져 총사령관 시라카와 요시노리를 비롯한 장군과 고관 들을 살상하였다. 이 거사는 국제적으로 큰 관심을 끌어 한국 독립운동이 여전히 살아 있음을 보여 주었다. 특히 중국인들에게 큰 감명을 주었다. 총통 장제스는 '중국 100만 대군이 해내지 못한 일을 한국 청년이 해냈다'며 높이 평가하였다.

이봉창과 윤봉길 의거로 중국인의 반한 감정은 크게 누그러졌다. 중국 국민당 정부도 한국인의 독립운동을 적극 지원하게 되었다. 특히 대한민국 임시 정부는 중국 국민당 정부의 인정과 지원으로 활기를 되찾게 되었다. 뒷날 광복군 창설에도 이 의거는 큰 힘이 되었다.

조선의 독립을 꿈꾼 열혈 투쟁가들

• 강우규 의사(1855~1920)

강우규 의사는 1911년 북간도로 망명하여 연해주를 넘나들면서 독립운동을 하였다. 1915년에는 신흥촌을 건설하고, 1917년에 동광학교를 세워 인재를 길러냈다. 1919년 3·1운동이 일어나자 국내로 들어와 일본 총독 등 요인을 암살할 결심을 하였다. 7월에 수류탄 1개를 구입하여 서울에 잠입하였다. 9월 2일 신임 총독 사이토가 서울역에서 내려 마차에 오를 때 수류탄을 던졌지만 실패하였다. 거사 뒤 노인이라 아무도 주목을 하지 않아 현장에서 무사히 빠져나올 수 있었다. 17일 밀정 김태석에게 붙잡혀 11월 총독 암살 미수 혐의로 사형을 구형받았다. 서대문감옥에서 교수형을 당하며 "단두대 위에도 봄바람은 있는데, 몸은 있어도 나라가 없으니 어찌 감상이 없으리오"라는 말을 남겼다. 유해는 서울 현충원에 안장되었고, 1962년 건국훈장 대한민국장이 추서되었다. 2011년 거사 현장에 동상이 세워졌다.

• 조명하(1905~1928) 의사

조명하 의사는 1926년 신천군청 서기로 근무하다 9월 일본에 건너가 야간학교를 다녔다. 그해 말 나석주가 동양 척식 주식회사에 폭탄 투척 사건을 일으키자 상하이 임시 정부로 가기로 마음먹었다. 다음 해 11월 타이완에 가서 타이중시의 상점에서 점원으로 일하던 중, 일본 왕 히로히토의 장인인 구니노미야가 타이완에 파견되어 온다는 소식을 듣게 되었다. 1928년 5월 14일 구니노미야를 환영하는 일본인 인파에 섞여 있다가 독검으로 구니노미야를 찔렀다. 이때의 부상으로 구니노미야는 이듬해 1월 죽었다. 조명하 의사는 그 자리에서 체포되어 10월 타이베이 형무소에서 순국하였다. 1963년 독립장이 추서되었다. 1978년 대만 타이페이시 한인학교에 동상이 건립되었고, 1988년에는 서울대공원에도 동상이 세워졌다.

윤봉길 의사 의거 당시

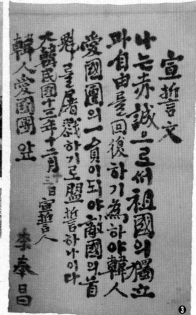

이봉창과 선서문

• 임시 정부의 비밀 결사대, 한인애국단

도쿄 니찌니찌신문 특파원이 촬영한 윤봉길 의사 의거 직전❶과 직후❷의 모습.

거사 직전 단상에 일본 요인들이 서 있다. 오른쪽부터 가와바타 사다쓰구 상하이 일본거류민단장, 시게미쓰 마모루 주중 일본공사, 노무라 기치사부로 일본 제3함대 사령관, 시라카와 요시노리 상하이 파견군 대장, 우에다 겐키치 제9사단장, 그리고 상하이 주재 미국 영사 존 무초이다. 이 사진을 찍은 곳 부근에서 윤 의사가 폭탄을 던졌다.

태극기 앞에서 일왕 히로히토의 저격을 맹세하는 이봉창 의사❹와 선서문❸. 이봉창 의사가 양손에 수류탄을 들고 있다. 선서문 내용은 이렇다. '나는 온 마음으로 조국의 독립과 자유를 되찾기 위하여 한인애국단원이 되어 적국의 우두머리를 죽이기로 맹세하나이다. 한인애국단 앞 대한민국 13년 12월 13일 선서인 이봉창.'

10

한국인과 중국인, 손을 잡고 일본에 맞서다

일본, 만주국을 세우다

일본은 1931년 만주를 침략하여 이듬해 만주국을 세웠다. 국토 면적이 한반도와 타이완, 일본 본토를 합한 면적보다 2배나 넓었다. 만주국은 행정, 입법, 사법 기관을 갖추고, 청 마지막 황제 선통제 푸이를 황제로 내세웠다. 하지만 실질적 권력은 일본이 장악하고 있었다.

일본 관동군이 만주에 쳐들어오자 중국은 허둥지둥하다 제대로 대응하지 못하였다. 장제스 국민당 총통은 공산당 토벌에 힘을 쏟기 위해 되도록 일본과 전면전을 피하려 하였다. 여기에 권력 다툼까지 일어나 제때 대응하지 못하였다. 일본과 협력 관계를 유지했던 만주 군벌 장쉐량은 외교적 해결을 모색하였다. 막강한 전력을 갖고 있던 동북군에게 저항하지 말고 철수하라고 지시한 것도 이 때문이었다. 뒤늦게 항전을 지시했지만 반대파 지휘관들이 일본에 투항하였다. 결국 국공 내전과 권력 다툼 및 군벌 사이 갈등으로 중국은 변변한 대응도 못 하고 만주를 빼앗기고 말았다. 삼국 간섭 때와 달리 제국주의 열강들도 일본의 만주 점령을 묵인하였다.

만주국 지도와 선전 엽서
엽서 가운데 일본인이 있고, 오른쪽에 한국인이 있다. 만주국은 만주족과 몽고족, 한족 및 한국인, 일본인 등 다섯 민족이 협력해서 평화로운 국가를 세운다는 목표를 내세웠다. 만주국 수도는 신징(新京)이었다. 일본에 이어 독일, 이탈리아, 교황청, 스페인, 헝가리 등 8개국이 정식으로 만주국을 승인했다. 1945년에 중국이 만주 지배권을 되찾았다.

한·중 연합군, 일본군을 격파하다

하지만 중국 민중들 사이에는 반일 감정이 높아지고 곳곳에서 항일군이 일어나 무장 투쟁에 나섰다. 이런 분위기에서 만주에서 활동하던 독립군 부대도 중국인 항일 부대와 손잡고 대일 항전에 나섰다.

북만주에서는 지청천이 이끄는 한국 독립군이 중국 호로군과 연합하여 작전을 펼쳤다. 호로군은 원래 일본 남만주 철도를 지키던 중국인 용병이었다. 연합 부대는 1932년 쌍성보, 이듬해 대전자령 등에서 일본군을 잇달아 격파하였다. 특히 대전자령 전투는 봉오동, 청산리 전투와 함께 3대 대첩으로 꼽힐 만큼 큰 승리를 거두었다. 이 전투에서 연합군은 대포 3문, 소총 1,500정, 군수품 200여 마차 등 엄청난 전리품을 얻었다.

남만주에서는 양세봉이 이끄는 조선 혁명군이 중국 의용군과 함께 항일 투쟁을 벌였다. 양측은 "중국과 한국 양국의 국민은 한마음 한뜻으로

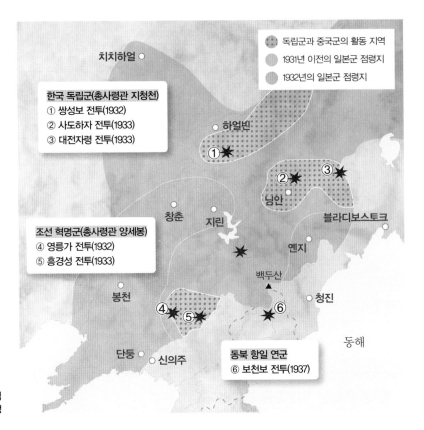

1930년대 만주 지역
무장 독립 전쟁

일제에 대항하여 싸우고, 인력과 물자는 서로 나누어 쓰며, 합작의 원칙하에 국적에 관계없이 능력에 따라 항일 공작을 나누어 맡는다"는 사항에 합의하고 대일 항전에 나섰다. 1932년 연합군은 영릉가에서 4개월 동안 치열한 전투 끝에 일본군을 물리쳤다. 이듬해에는 일본군과 만주군을 물리치고 홍경성을 점령하였다.

하지만 일본이 만주국에 이어 화북 지역으로 세력을 확대하면서 항일 무장 투쟁은 갈수록 어려워졌다. 여기에 투쟁 방법과 주도권, 전리품 등을 놓고 중국군과 독립군 사이에 갈등도 일어났다. 이에 한국 독립군 지도부는 대부분 임시 정부의 요청으로 중국 관내로 이동하였다. 이들은 한국 광복군을 창설하는 데 큰 역할을 하였다. 조선 혁명군도 1934년 양세봉이 살해당하면서 세력이 약화되었다. 그 뒤 참모장 김학규와 일부

대원은 광복군에, 상당수 대원들은 동북 항일 연군에 합류하였다.

추수와 춘황 투쟁을 벌이다

만주는 소련과 가까운 지역이라 일찍부터 사회주의 사상이 널리 퍼져 있었다. 먹고살기 위해 만주로 이주한 많은 한국인들도 자연스럽게 사회주의 사상을 받아들였다. 여기에 힘입어 1930년대에 이르러 공산주의자들이 활발하게 항일 운동에 나섰다.

일제가 만주를 침략한 1931년 가을 한국인 농민들은 중국 민중과 함께 추수 투쟁을 벌였다. 이들은 지주들이 법령에 정한 30~40%보다 더 많이 걷은 소작료를 빼앗아 가난한 농민에게 나눠 주었다. 이듬해 봄에는 굶주리다 못한 농민들이 지주에게 억지로 곡식을 꾸어 보릿고개를 넘겼다. 추수 투쟁은 3~4개월 동안 계속되었고 수만 명이 참가하였다. 이 투쟁으로 한국과 중국 민중의 항일 의지는 더욱 단단해졌고, 투쟁을 뒷받침한 중국 공산당의 영향력도 커졌다.

항일 유격 전쟁을 시작하다

여기에 자신감이 붙은 중국 공산당은 유격대를 조직하였고, 민중에게 함께 항일 유격 전쟁을 벌이자고 호소하였다. 여기에 호응하여 만주 곳곳에서 항일 무장 유격대가 조직되었다. 중국인과 함께 한인 동포들도 여기에 적극적으로 가담하였다. 1933년 중국 공산당은 이들을 아울러 동북 인민 혁명군을 조직하였다. 동북 인민 혁명군은 여러 곳에 만주국과 일본의 통제를 받지 않는 해방구를 만들었다. 해방구에서 이들은 자치 정부를 세우고 토지 개혁을 비롯한 사회 개혁을 실시하였다.

하지만 혁명군은 모두 죽이고 불태우고 빼앗는 일본군의 삼광 작전이라는 야만적인 대공세에 산악 지대로 밀려났다. 삼광 작전과 함께 일본군은 집단부락을 만들어 흩어져 살던 주민들을 모아 혁명군을 고립시켰

춘황(보릿고개)
묵은 곡식은 떨어지고 햇보리는 아직 나오지 않아 식량 사정이 어려운 때.

다. 게다가 일제가 만든 민생단 때문에 두 민족의 연대에 금이 가면서 세력이 크게 약화되었다. 민생단은 일본이 한국 동포의 항일 의지를 약화시키려고 간도에 조직한 친일 단체이다. 조선 총독부가 자치 운동을 부추기면서 민족 운동을 분열 약화시킨 성과를 만주로 확산시키려 한 것이다. 민생단은 한국인과 중국인을 이간하고, 중국 공산당과 항일 조직을 감시하는 목적도 갖고 있었다. 이 때문에 한국인 항일 운동가 수백 명이 민생단과 관련된 일본 첩자로 몰려 중국 공산당에 체포, 살해되었다. 이를 민생단 사건이라 한다.

사상과 노선, 민족을 넘어 동북 항일 연군으로 뭉치다

1936년 중국 공산당은 흐트러진 항일 전선을 다시 일으키려고 동북 인민 혁명군을 동북 항일 연군으로 개편하였다. 연군은 사상과 노선, 민족을 가리지 않고 모든 반일 세력을 받아들였다. 한국인 항일 운동가를 숙청한 것도 잘못이라고 인정하였다. 삼광 작전과 민생단 사건으로 맞은

• 보천보 전투와 김일성

보천보 전투는 군사적으로 큰 성과를 거둔 것은 아니다. 하지만 언론이 이 사건을 앞다투어 보도하면서 이를 계기로 민중들은 새로운 희망을 갖게 되었고, 습격 작전을 이끈 김일성은 전국적으로 유명해졌다. 이 사건은 해방 후 한 여론 조사에서 김일성이 군무 부장(국방부 장관) 1순위로 꼽힌 요인도 되었다.

보천보 전투 호외
『동아일보』는 1937년 6월 5일 두 차례 호외를 발행하여 보천보 전투를 상세히 전하였다.

위기를 극복하고 항일 투쟁을 더욱 강화하려 한 것이다. 1937년 1만 명이 넘는 병력으로 일본군과 만주군을 괴롭히던 연군은 1938년 남만주에 제1로군, 동만주에 제2로군, 북만주에 제3로군으로 재편하였다.

동북 항일 연군에는 많은 한국인들이 활동하였다. 허형식, 최현, 김책, 최용건, 김일성 등 간부를 맡은 한국인도 적지 않았다. 이들은 반일 민족 통일 전선을 이루기 위해 천도교 등 민족주의 세력과 손잡고 조국 광복회를 만들었다. 조국 광복회는 국내 민족 운동가와 함께 함경도, 평안도 일대를 중심으로 조직을 확대하였다. 만주와 연해주에서도 여러 세력과 함께 활발히 활동하였다.

연군 소속 한국인 유격대는 조국 광복회 국내 조직의 지원을 받아 여러 차례 국내 진공 작전을 벌였다. 그 가운데 가장 널리 알려진 전투가 보천보 습격 사건이다. 1937년 6월 한국인 유격대원들은 압록강을 넘어 국경 마을 보천보를 습격하였다. 이들은 경찰 주재소와 면사무소, 소방서 등을 공격하고 철수하였다.

• 불굴의 항일 영웅, 이홍광

1935년 2월 13일 동북 인민 혁명군 제1군 제1사 사장 이홍광(1910~1935)은 한인 대원 200여 명을 이끌고 압록강을 건너 평안북도 후창군 동흥읍을 기습하여 통신 시설을 파괴하고 많은 군자금과 물자를 빼앗았다. 일본인과 친일 부호 10여 명도 응징하였다. 동흥읍 습격은 항일 무장 투쟁 세력이 1930년대에 처음 벌인 대규모 국내 진압 작전이었다. 전과도 보천보 전투보다 더 컸지만 잘 알려지지 않았다. 1935년 5월 일본군과 전투를 하다 환인현의 밀영에서 전사하였다. 이홍광은 국내에서는 잘 알려지지 않고 있지만 중국에서 높은 평가를 받고 있다. 마오쩌둥은 "성망이 제일 높은 수령"이라 칭송하였고, 조선 의용군 제1지대를 이홍광 지대로 부르게 하였다. 그의 이름은 조선족 마을 흥광촌과 조선족 중학교 흥광 중학교에 남아 있다. 반석현 흥광 중학교와 요녕성 무순시 신빈현 항일열사 능원에 동상이 세워져 있다.

이 사건은 국내 신문에 크게 보도되어 많은 사람들을 깜짝 놀라게 만들었다. 조선 총독부가 만주에서 독립군이 사라졌다고 선전하고 있었기 때문이다. 식민 통치에 짓눌려 있던 민중들은 만주에서 항일 투쟁이 계속되고 있음을 알고 크게 기뻐하였다.

동북 항일 연군은 일본의 만주 지배와 중국 대륙 침략에 커다란 걸림돌이었다. 특히 한인 유격대와 조국 광복회는 식민지 조선의 통치를 위협하는 요소였다. 이에 일본은 관동군을 크게 늘리고, 1938년 만주국 군대 안에 대대 규모의 특수 부대 간도 특설대를 창설하였다. 간도 특설대는 대대장은 일본인이 임명되었고, 휘하 장교는 일본인과 한국인이 절반씩 맡았다. 하사관과 대원은 모두 한국인으로 구성되었다. '조선 독립군은 조선인이 다스려야 한다'는 친일 한국인의 주장을 받아들여 한국인 유격대를 섬멸하기 위해 한국인으로 구성된 특별 부대를 편성한 것이다. 조선 총독부도 경찰력을 동원하여 조국 광복회 색출에 나섰다.

조국 광복회는 조선 총독부의 집요한 공세에 1938년에 700명 이상이 적발되며 조직을 유지하기 어려울 정도로 타격을 입었다. 그럼에도 불구하고 조국 광복회는 해방이 될 때까지 활동을 멈추지 않았다.

동북 항일 연군과 항일 유격대는 관동군과 간도 특설대의 무차별 공격에 1로군 사령관 양정우, 3로군 총참모장 허형식을 비롯한 많은 대원들이 전사하거나 일본군에 귀순하였다. 1940년에서 1941년 무렵에는 더 이상 조직적인 군사 활동이 어렵게 되었다. 남아 있던 대원들은 연해주로 들어가 소련군의 일원으로 편성되었다.

그렇지만 이들은 소부대 단위로 만주와 한반도 북부 지방에 들어가 유격 활동을 계속하였다. 해방이 되자 김일성을 중심으로 한 한인 유격대는 소련군과 함께 북한에 들어와 북한 정권을 세우는 핵심적 역할을 하였다.

간도 특설대
광복 후 대한민국 군대의 주요 인사 중 간도 특설대에 복무했던 사람은 다음과 같다. 신현준(초대 해병대 사령관), 김석범(2대 해병대 사령관), 김대식(3대 해병대 사령관), 김백일(초대 제병협동본부 본부장), 백선엽(육군 참모총장) 등이다.

영릉가 전투와 양세봉

때는 해동 무렵이어서 얼음이 풀린 소자강은 수심이 깊었다. 게다가 성엣장이 뗏목처럼 흘러내렸다. 하지만 이 강을 건너지 못하면 영릉가로 쳐들어갈 수 없었다. 밤 12시 정각까지 영릉가에 들어가 공격을 알리는 신호탄을 울려야만 했다. 양 사령은 전사들에게 소자강을 건너라고 명령하고 나서 자기부터 먼저 강물에 뛰어들었다. 강을 무사히 건넌 양 사령은 강행군에 거추장스런 바지를 벗어던지고 잠방이 차림으로 나섰다. 전사들은 사령을 본받아 다 잠방이만 입고 행군했으나 찬바람이 살을 에었다.

－『봉화』

중국 연변을 중심으로 발행된 잡지 『봉화』에 실린 영릉가 전투 당시 상황이다. 이때는 4월이다. 양세봉은 아직 추위가 다 가시지 않은 새벽 차가운 강을 앞장서 건너 전투를 승리로 이끌었다. 이 무렵 중국인들은 한국인을 '얼구이즈(둘째 왜놈)'라고 손가락질하였다. 때로는 주먹질을 하고 심지어 죽이기도 하였다. 만주 침략 뒤 일제가 한국인과 중국인이 손을 잡지 못하게 이간질을 하였기 때문이다. 영릉가 전투에서 보여 준 한국 독립군의 헌신적 모습은 이런 반목에서 벗어나고 협력을 굳건히 하는 데 큰 도움이 되었다.

양세봉은 1896년 평북 철산에서 소작농의 아들로 태어났다. 1917년 살길을 찾아 가족과 함께 압록강을 건너 요령성에 정착하였다. 1920년 무렵 독립운동에 투신하였다. 천마산대에서 활약했고, 1923년 참의부 소대장으로 활발한 국내 진입 작전을 전개하였다. 1924년 5월에는 압록강을 순시하던 조선 총독 사이토를 저격하였지만 실패하였다. 1929년 국민부 소속 조선 혁명군 제1중대장이 되었고, 1931년에는 총사령관이 되었다. 1934년 일본군이 쳐 놓은 유인책에 걸려 최후를 맞았다.

1962년 대한민국 건국 훈장 독립장을 받았고 1974년 국립 서울 현충원 애국지사 묘역에 가묘를 만들었다. 북한은 1946년 양세봉의 가족을 평양에 불러 살게 했다. 1960년 평양 근교에 무덤을 만들었다가 1986년에 완성된 애국열사릉으로 옮겼다. 현충원 묘비에는 '순국선열 양세봉의 묘', 애국열사릉 묘비에는 '독립군 사령 량세봉 선생'이라고 적혀 있다. 양세봉은 남북한 국립묘지에 모두 안장된 유일한 독립운동가이기도 하다.

1995년 중국 지방 정부도 양세봉의 항일 투쟁을 기려 흉상을 만들었다. 전체 높이 5.44m에 이르는 비에는 '항일 명장 양서봉'(서봉은 세봉의 다른 이름)이라 새겨졌다.

양세봉 장군과 석상
양세봉은 남북한 국립묘지에 모두 안장된 유일한 독립운동가이기도 하다. 석상은 중국 요령성 신빈현에 있다.

11

민족 통일 전선을 만들다

민족 연합 전선을 추진하다

일본은 1932년 만주국을 세운 데 이어 화북^{화베이}과 몽골에 꼭두각시 정권을 세웠다. 1937년에는 본격적으로 중국을 침략하기 시작했다. 그동안 항일 전선에서 한걸음 떨어져 있던 중국 관내가 전쟁터가 된 것이다.

이 무렵 중국 관내에는 다양한 성향을 가진 독립운동가들이 단체를 만들어 활동하고 있었다. 이들은 만주에서 중국 관내로 이동한 독립운동 단체들과 민족 연합 전선을 추진했다. 점차 중국 관내로 세력을 뻗어 오는 일본에 맞서기 위해서는 하나로 뭉칠 필요성이 커졌기 때문이다. 여러 차례 시도 끝에 마침내 1935년 난징에서 민족 혁명당을 창당하는 결실을 맺었다. 여기에는 의열단을 비롯하여 한국독립당, 지청천의 조선혁명당, 미주 대한인독립단 등 다양한 세력들이 참여했다. 당시 임시 정부 국무위원이었던 김규식, 조소앙, 최동오 등도 참여했다.

민족 혁명당은 중국 관내 최대 규모의 통일 전선 정당이었다. 하지만 김원봉이 주도권을 잡자 조소앙, 지청천 등 일부가 탈당하여 통일 전선 정당이라는 성격에 빛이 바랬다. 임시 정부를 끝까지 지키려 했던 김구,

이동녕 등은 처음부터 참여하지 않고 따로 한국 국민당을 만들었다.

조선 의용대, 팔로군과 함께 항일전에 참여하다

1937년 중·일 전쟁이 일어나자 단결을 해야 한다는 목소리가 다시 커졌다. 민족 혁명당을 중심으로 한 통합에 찬성하는 단체들은 조선 민족 전선 연맹을 결성했다. 이들은 대체로 중도와 진보 성향을 갖고 있었다. 반면 한국 국민당과 민족 혁명당에서 나온 한국 독립당, 조선 혁명당 및 미주 지역 대한인국민회 등 보수 성향 단체들은 한국 광복 운동 단체 연합회를 만들었다.

민족전선은 1938년 중국 국민당의 후원으로 중국 관내에서는 처음으로 한국인 무장 부대를 만들었다. 조선 의용군이라 하려고 했지만 중국이 군대라는 이름을 꺼려 조선 의용대라 했다.

조선 의용대는 처음에는 본부 부대^{지휘관 김원봉}와 제1지대^{지휘관 박효삼}, 제2지대^{지휘관 이익봉}로 편성되었다. 김원봉, 최창익, 김성숙, 유자명 등이 군사위

조선 의용대
조선 의용대 창설 기념 사진. 조선 의용대 군기 가운데에 선 사람이 김원봉이다. 군기 왼쪽 옆에 윤세주(앞줄 왼쪽 아홉 번째)가 서 있고, 앞줄 왼쪽 일곱 번째는 해방 뒤 북한에서 부수상을 지낸 최창익이 있다. 앞줄 맨 오른쪽에는 당시 영화 황제로 불리던 배우 김염의 누이동생 김위가 서 있다.

원회 정치부원으로 참여했다.

조선 의용대는 주로 정보 수집과 포로 심문, 후방 교란 등을 맡아 중국군을 지원했다. 하지만 중국 국민당 정부가 항일 투쟁에 소극적이고, 의용대를 지나치게 통제하려는 데 불만을 품게 되었다. 이에 의용대는 1940년 11월 적극적인 항일 투쟁을 위해 중국 공산당이 일본군과 교전하고 있는 화북 지역으로 올라가기로 뜻을 모았다.

이 결정에 의열단 창설부터 쭉 함께해 왔던 김원봉과 윤세주는 다른 길을 걷게 되었다. 김원봉과 민족 혁명당 지도부는 중국 국민당 정부와 협력을 중요하게 생각하고 남기로 했다. 반면 윤세주는 1941년 대부분 대원들과 함께 화북으로 올라갔다.

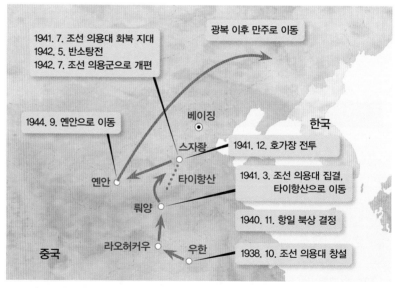

조선 의용대 이동 경로
"이런 가짜 항일을 하는 전선에 계속 머무르는 것은 수치스럽다. 이것도 항전인가? 이것도 혁명인가? 우리 손으로 적들을 쓰러뜨려야 한다. 항일투쟁의 최전선을 향해 북상해야 한다!" 이 주장은 1939년 11월 조선 의용대 간부회의에서 채택되었다. 조선 의용대 대원은 상당수가 중국 군관학교 및 중국, 일본에서 대학을 나왔다. 특히 1944년 1월에 만들어진 화중지대는 일본군에서 탈출한 학도병 120여 명으로 이뤄졌다. 조선 의용군은 해방 직전에 1천여 명 규모로 커졌다. 조선 의용군은 1945년 8월 9일 소련군이 만주를 공격하자 팔로군 총사령관 주더의 명령으로 만주로 진격하였다. 해방이 되자 북한으로 들어가려 했지만 소련이 막았다.

이보다 앞서 민족 혁명당에 참여했던 최창익, 허정숙 등은 일부 조선 의용대원과 함께 중국 공산당 근거지인 옌안에 올라갔다. 이들은 옌안에 있던 한인 공산주의자들과 함께 1941년 1월 '화북 조선 청년 연합회'를 만들었다. 회장은 팔로군이라 불린 중국 공산당군 장교로 활약하고 있던 무정이 맡았다. 연합회는 '항일 조중 연합, 조선의 독립 해방'을 위해 민족 통일 전선을 실현하려 했다.

화북으로 올라온 조선 의용대는 청년연합회와 손잡고 1941년 7월 조선 의용대 화북 지대로 개편했다. 조선 의용대 사령은 무정이, 화북 지대 대장^{부사령}은 박효삼이 맡았다. 화북 지대는 팔로군과 함께 호가장 전투, 반소탕전 등에서 크고 작은 전투를 치렀다. 반소탕전은 일본군이 태항산을 중심으로 팔로군을 소탕하려는 작전에 맞선 전투이다. 이 전투에서 화북 지대는 팔로군을 도와 일본군을 물리치는 큰 전공을 세웠다. 하지만 윤세주, 진광화, 김학철 등이 전사하거나 부상을 입는 희생을 치렀다. 한편 화북으로 올라가지 않은 조선 의용대 지도부는 1942년 5월 임시 정부에 참여하고, 남은 대원들은 광복군 제1지대로 편입되었다.

호가장 전투
호가장은 중국 하북성 스자좡에 있는 작은 마을로 일본과 한국 세력이 정면으로 충돌하는 독립운동의 최전선이었다. 1941년 12월, 김세광이 이끄는 조선 의용대 화북 지대는 일본군의 포위망을 뚫고 많은 수의 적군을 사살했다.

조선 독립 동맹을 건설하고 조선 의용군으로 재편하다

1942년 7월 화북 조선 청년 연합회는 조선 독립 동맹으로 확대 개편하고 김두봉을 위원장으로 뽑았다. 독립 동맹은 창립 선언에서 "각당 각파를 망라하여 항일애국자는 총단결하자"며 반일 민족 통일 전선을 만들자고 호소했다. 또한 강력한 무장 투쟁으로 일본을 물리치자고 주장했다. 이를 위해 조선 의용대 화북 지대는 독립 동맹의 군사 조직인 조선 의용군으로 재편되었다. 총사령은 무정이 맡았다.

조선 의용군은 팔로군과 함께 화북 곳곳에서 직접 전투는 물론이고, 연극과 가요 공연으로 민중의 항일 의지를 높이는 활동을 활발히 벌였다. 대원들을 교육하기 위해 화북 조선 청년 혁명 군정 학교 등도 세웠다.

태항산 지구에서 일본 노예 교육에 반대하는 선전을 하고 있는 조선 의용군 모습(왼쪽)과 조선 의용군이 태항산 기슭 시골 마을 동쪽 성벽에 쓴 선전 구호(오른쪽)이다. '왜놈의 상관놈들을 쏴 죽이고 총을 메고 조선 의용군을 찾아오세요'라고 적혀 있다. 선전 구호가 방금 칠한 듯 선명한 것은 지역 주민들이 계속 덧칠을 하면서 보존한 덕분이다.

한편 김원봉은 1941년 5월 한지성을 홍콩, 싱가포르, 필리핀, 미얀마 등 동포들이 많이 살고 있는 지역에 공작원으로 보내려고 했다. 동포들을 독립운동에 끌어들이고, 국제연대로 대일 항전 능력을 강화하려고 한 것이다. 이 계획은 중국 군사위원회의 승인까지 받았지만 실행에 옮기지는 못했다. 하지만 이런 노력은 1943년 2월 대원 2명을 영국군의 요청으로 미얀마 전선에 공작원으로 파견하는 성과로 이어졌다. 이들은 중국 군사위원회의 승인을 받아 미얀마로 가서 한 달 정도 활동했다. 비록 짧은 기간이었지만 이들이 일본군을 상대로 펼친 심리전은 상당한 성과를 거두었다.

중국 관내 독립운동 세력들 임시 정부로 모이다

1930년대 임시 정부는 의열 활동으로 활기를 되찾았다. 하지만 일본의 탄압으로 상하이를 떠나 항저우, 전장 등으로 옮겨 다녀야 했다. 중일전쟁이 터지면서 임시 정부는 중국 국민당 정부를 따라 다시 창사, 광저우 등을 거쳐 1939년 충칭으로 옮겨 갔다.

1935년 임시 정부는 민족 혁명당에 참여한 국무위원 대신 이동녕, 조

완구, 김구 등을 국무위원으로 뽑았다. 모든 정당과 단체를 해체하고 통합된 단일 조직을 만들자는 민족혁명당의 제안을 거부하고 임시 정부를 지키겠다는 의지를 보인 것이다.

실질적으로 임시 정부를 이끌던 김구는 1937년 난징에서 조선 민족 전선 연맹에 맞서 한국 광복 운동 단체 연합회를 만들었다. 조선 의용대가 창설된 이듬해 1939년에는 한국 광복 전선 청년공작대를 만들었다.

중국 관내 독립운동 세력이 두 진영으로 나뉘자 통합을 바라는 목소리가 커졌다. 두 진영 모두를 후원하던 중국 국민당도 통합을 권했다. 김구와 김원봉도 함께하기로 뜻을 모았지만 내부 반발로 실현되지 못했다.

이에 연합회에 소속된 단체들은 임시 정부를 구심점으로 독립운동을 추진하자는 데 의견을 모았다. 이 합의는 1940년 5월 충칭에서 한국 국민당, 한국 독립당, 조선 혁명당을 해산하고 김구를 위원장으로 하는 새

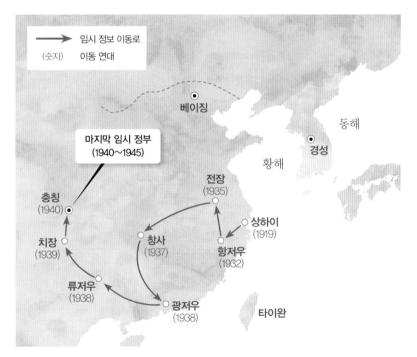

임시 정부 이동 경로

임시 정부는 윤봉길 의거 뒤 일본의 압박과 탄압으로 1932년 상하이를 떠날 수밖에 없었다. 이때부터 1940년 충칭에 정부 청사가 생기기 전까지 제대로 된 청사를 마련하기조차 어려웠고 요원들은 뿔뿔이 흩어져 생활했다.

로운 한국 독립당을 창당함으로서 결실을 맺었다. 한국 독립당 창당과 함께 임시 정부는 김구를 주석으로 하는 단일 지도 체제로 개편했다. 그리고 9월에는 광복군을 창설하여 그토록 바라던 군대를 갖게 되었다.

한편 한국 독립당은 1930년 삼균주의를 정강으로 채택했다. 삼균주의는 조소앙이 진보와 보수를 아울러 독립운동의 기본 방향과 독립 국가 건설의 지침으로 만든 이론이다. 핵심은 개인과 개인, 민족과 민족, 국가와 국가 간에 균등을 이루어야 한다는 것이었다. 1941년 말 임시 정부는 건국 강령을 만들면서 삼균주의를 독립 국가의 기본 이념 및 정책 노선으로 공포했다. 이로써 진보와 중도, 보수가 함께할 수 있는 이념적 뒷받침이 마련된 셈이다.

이듬해 태평양 전쟁이 일어나자 독립운동 세력의 통합이 절실히 요구되었다. 중국 정부도 더욱 강하게 통합을 요구했다. 마침내 1942년 김원봉은 국제 정세의 변화를 이유로 임시 정부에 참여하겠다고 선언했다.

이에 따라 임시 정부는 중도와 진보 인사들을 임시 의정원과 내각에 받아들였다. 조직도 확대 개편하여 부주석직을 새로 만들고 민족 혁명당을 이끌던 김규식을 뽑았다. 김원봉은 군무부장을 맡았다. 이로써 임시 정부는 중국 관내 모든 독립운동 단체들을 하나로 통합하는 데 성공했

• 삼균주의

삼균주의는 1920년대 말 기본 구상이 마련되고 1931년 임시 정부의 '대외 선언'에서 체계가 세워졌다. 삼균이란 개인과 개인, 민족과 민족, 국가와 국가 사이의 완전한 균등을 뜻한다. 개인과 개인 사이에 균등은 정치, 경제, 교육의 균등을 통해 이룰 수 있기 때문에 보통선거제, 국유제, 국비의무학제를 실행해야 한다고 주장했다. 민족과 민족 사이의 균등은 민족 자결을 통해 소수민족과 약소민족이 다른 민족의 압박과 통치를 받지 않아야 이뤄진다고 보았다. 국가와 국가 사이의 균등은 식민 정책과 자본 제국주의를 배격하고 침략 전쟁 행위를 금지해야 하며, 국가가 서로 간섭하거나 침탈 행위를 하지 않아야 이룩된다고 했다. 삼균이 이뤄지면 모든 사람들은 완전한 평등 생활을 하고, 세계는 한 가족으로 통합될 것이라고 주장했다.

대한민국 임시 정부 의정원
임시 의정원 34회(1942) 기념사진. 앞줄 왼쪽에서 다섯 번째가 김구, 오른쪽 끝이 김원봉이다. 둘째 줄 왼쪽에서 네 번째가 조소앙이다.

다. 물론 그 뒤에도 한국 독립당과 조선 민족 혁명당은 임시 정부의 여당과 야당으로써 주도권을 잡기 위해 치열하게 경쟁했다.

광복군, 항일 투쟁에 나서다.

임시 정부는 중일 전쟁이 일어난 뒤 본격적으로 군대를 창설하려고 했다. 하지만 일본군에 밀려 계속 쫓겨 다녀야 했기 때문에 뜻대로 되지 않았다. 이 때문에 충칭에 와서 정부 청사를 마련한 뒤에야 중국 정부의 승인을 받아 광복군을 창설할 수 있었다. 임시 정부는 창설 1년 안에 적어도 3개 사단 규모를 갖춰 연합국에게 교전 단체로 인정받는다는 야심찬 목표를 세웠다.

하지만 목표는 목표일 뿐이었다. 광복군은 창설 때부터 군사와 재정적으로 적지 않은 어려움을 겪었다. 이 위기는 중국 국민당 정부로부터 원조를 받아 해결했다. 창설을 승인했지만 제대로 지원하지 않던 중국 정부가 1941년 11월 태평양 전쟁이 일어나자 태도를 바꾼 것이다.

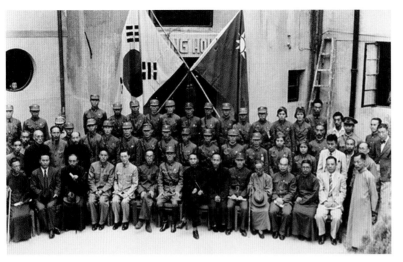

광복군 창립 기념 사진

광복군을 창립한 뒤 한국과 중국 요인들이 태극기와 중화민국 국기를 배경으로 찍은 기념 사진이다. 앞줄 가운데가 광복군 총사령관 지청천이고, 그 옆이 임시 정부 주석 김구, 둘째 줄 오른쪽에서 세 번째가 지청천 장군의 막내 딸 지복영이다. 중국 충칭 임시 정부 청사 안에 전시되어 있다.

충칭 임시 정부 청사

중국 국민당 정부의 지원으로 마련했다. 상하이 청사보다 10배 이상 큰 규모이다. 주석 집무실과 부서별 사무실, 국무위원 회의실 등을 갖추고 있다. 재개발 대상이었지만 중국 정부의 협조로 보존할 수 있게 되었다.

광복군 서명 태극기

광복군 70여 명이 다른 부대로 가는 동료에게 이름과 함께 독립에 대한 열망과 다짐을 적어 선물로 준 태극기이다. '완전 독립을 위해 노력하자', '조국을 위해 희생하자', '굳세게 싸우자', '우리의 독립은 단결이다', '자주자립' 등이 빼곡하게 적혀 있다. 이 태극기는 2016년 71주년 광복절을 맞아 서울 시청 바깥벽에 〈국기에 대한 맹세〉와 함께 전시되기도 했다.

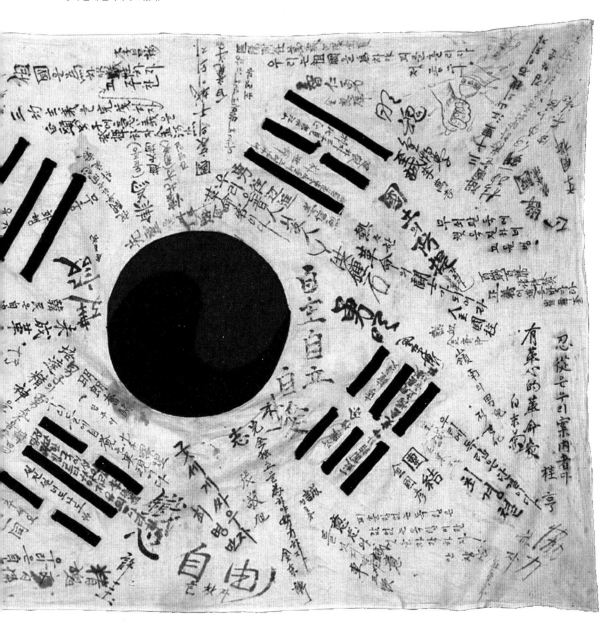

하지만 중국 정부는 그 대가로 다음의 '한국 광복군 행동 준승 9개항'
을 요구하였다.

1. 한국 광복군은 우리 중국의 항일 작전 기간에 본 회에 직할 예속하여 참모
   총장이 장악 운영함.
2. 한국 광복군은 (중략) 그의 한국 독립당 임시 정부와 관계는 중국의 군령을
   받는 기간에는 오직 고유한 명의 관계를 보류함.
3. 본 회에서 한국 광복군을 원조하여 한국 내지나 한국 변경에 접근한 지역
   을 향하여 활동하게 하여서 중국의 항전 공작과 배합시킴을 원칙으로 하되
   (중략) 우리 중국 전구 제1선 부근에서 군사 훈련하는 것을 준허하되, 우리
   군 사령관의 절제를 받아야 함. (중략)
7. 한국 광복군의 지휘 명령이나 관항과 군계를 청원하는 등의 일은 본 회에
   서 지정한 판공청 군사처에서 책임지고 접수함. (하략)

인도 미얀마 전선에 파견된 광복군 공작대
뒷줄 왼쪽에서 두 번째가 부대장 문응국이
고, 네 번째가 대장 한지성이다. 그 옆에 영
국군 연락장교가 서 있다. 한지성은 조선 의
용대가 광복군에 합류하면서 제1지대 간부
를 지냈고, 1943년에는 임시 정부 총무과장
겸 편집부 담당자가 되었다.

김구 주석과 도노반 OSS 국장.
김구 주석과 도노반 OSS 국장이 1945
년 8월 7일 시안에서 국내 정진군 훈련
을 보고 나오고 있다. 이날 두 사람은
8월 18일 '독수리 작전'이라 불린 공동
작전을 실시하기로 합의했다. OSS는
미국의 첩보 기관으로 중앙정보부(CIA)
의 원형이다.

  광복군 지휘권을 항일 전쟁이 끝날 때까지 중국이 갖겠다는 내용이었
다. 조선 의용대가 중국 국민당의 통제에서 벗어나 화북으로 올라간 것
도 적잖은 영향을 미쳤다. 임시 정부는 어쩔 수 없이 이 요구를 받아들였
다. 이 무렵 임시 정부가 중국의 원조 없이 사실상 운영하기 힘들었던 점
도 크게 작용하였다. 1930년대 후반 임시 정부 수입 가운데 중국 정부 지
원금은 90%를 훌쩍 넘었고, 1944년에는 99%에 달하였다.

  한국 광복군은 지청천을 총사령으로, 이범석을 참모장으로 하여 4개
지대로 편성하였다. 하지만 간부가 아니라 실제 병력이 있는 지대는 1개
밖에 되지 않았다. 광복군은 1942년 5월 화북으로 가지 않은 조선 의용
대가 합류하면서 군대의 면모를 갖출 수 있었다. 부대도 3개 지대로 다
시 편성하였다. 1지대는 조선 의용대 출신으로 편성하고 김원봉이 지대
장을 맡았다. 2지대장은 이범석, 3지대장은 김학규가 맡았다. 그렇지만
1945년 4월 무렵에도 광복군 총병력은 500명을 넘지 못했다.

  임시 정부는 태평양 전쟁이 일어나자 일본에 선전 포고를 하고 광복군

을 연합국의 일원으로 참전시켰다. 1943년 8월에는 인도와 미얀마 전선에 한지성을 대장으로 하는 9명을 공작대로 보냈다. 공작대 파견은 조선 민족 혁명당 대원이 거둔 성과에 힘입어 더 많은 한국인 대원을 보내달라는 영국군의 요청에 따른 것이다. 이들은 영국군 소속으로 포로 심문, 정보 수집, 선전 활동 등을 맡아 일본이 항복할 때까지 활동했다.

임시 정부는 중국에 넘긴 지휘권을 되찾기 위한 노력도 계속했다. 중국 정부와 끈질긴 교섭 끝에 임시 정부는 1945년 4월에는 광복군 지휘권을 되찾게 되었다.

한편 전쟁이 막바지에 이르자 미국은 한반도에 유격대원을 미리 들여보내 한반도 진격을 대비하는 작전독수리 작전을 추진했다. 임시 정부도 자주 독립국을 세우려면 우리 힘으로 일본의 항복을 받아내야 한다고 판단했다. 이에 미국 전략 사무국OSS은 임시 정부와 협의하여 우선 50명가량 대원을 뽑아서 교육시켰다. 그러나 훈련을 마친 국내 정진군은 작전 예정일을 코앞에 두고 일본이 항복하는 바람에 실전에 투입되지 못했다.

항일 독립운동의 거목들

• '북상'으로 갈린 두 사람, 윤세주와 김원봉

윤세주   김원봉

윤세주는 1901년 경상남도 밀양에서 태어났다. 김원봉과는 세 살 터울로, 어린 시절에는 이웃이기도 했다. 두 사람은 학교에서 나눠 준 일장기를 화장실에 버린 일로 함께 퇴학당한 후, 독립운동을 위해 무예를 연마하며 항일 운동의 동반자로 인연을 이어 간다. 윤세주는 김원봉과 1919년 중국 길림에서 동지 12명과 함께 조선 의열단을 결성했다. 의열단 결성 후 활동 자금 마련을 위해 국내로 들어왔다가 체포되었다. 갖은 고문과 회유에 굴하지 않고 7년이라는 감옥 생활을 견뎌 냈다. 출옥 뒤 신간회에 몸담았다가 신간회가 해체되자 중국으로 망명했다. 윤세주는 1932년 김원봉이 조선 혁명 간부 학교를 개설하자 학교 교관으로 활동하며 독립운동 인재 양성에 힘썼다. 이후 두 사람은 민족 유일당 운동으로 민족 혁명당을 만들고, 조선 의용대를 창설하는 데에도 함께했다. 평생을 함께했던 두 사람은 조선 의용대가 일본과 직접 전투를 위해 화북으로 이동하면서 결별하게 되었다. 윤세주는 1942년 화북으로 이동하여 일제와 여러 차례 치열한 전투를 벌이다 전사했다. 김원봉은 화북으로 가지 않은 남은 세력을 이끌고 임시 정부에 합류했다.

• 태항산 호랑이, 김두봉

김두봉

김두봉은 1889년 경상남도 동래군에서 태어났다. 아버지에게 한학을 배우다 1905년 서울로 올라와 기호학교와 배재학교에 다녔다. 1913년 비밀결사단체인 대동청년단에 들어가 활동했다. 학교를 다닐 때 국어 교사였던 주시경의 영향으로 한글학자가 되었다. 1916년에는 주시경의 유지를 받들어 『조선말본』을 완성했다. 1917년 보성, 휘문, 중앙 고등 보통학교 등에서 국어를 가르쳤다. 1919년 3·1운동에 참여했고 4월에 신의주를 거쳐 중국 상하이로 망명했다.

상하이에 온 김두봉은 신한청년당에 들어가 활동했고 임시 의정원 의원에 뽑혔다. 1920년에 상하이파 고려공산당에 입당했다. 1922년에는 한글 문법 체계를 더욱 발전시켜 『깁더조선말본』을 출판했다. 1924년 상하이 교민단의 학무위원장에 뽑혀 교민 자녀 교육기관인 인성학교에서 국어와 역사를 가르쳤다. 1935년 조선 민족 혁명당 중앙집행위원이 되었고 임시 정부에서 활동했다. 1942년 옌안으로 가서 독립동맹 주석에 뽑혔다. 한글학자이고 임시 정부에서 활동한 경력이 앞으로 더 큰 통합에 적임자였기 때문이다.

1945년 12월 독립동맹과 함께 평양으로 돌아왔다. 1946년 8월 조선 신민당과 북조선 조선 공산당이 합당하여 만든 북조선 노동당 위원장에 뽑혔다. 그 뒤 김일성대학 총장, 북조선 인민회의 의장, 조국 통일 전선 의장단 의장 등을 지냈다. 1958년 반혁명 종파 분자로 몰려 공직에서 내쫓겼고, 1960년에 사망했다고 한다.

12

건국을 준비하다

일본, 태평양 전쟁을 일으키다

일본은 중국을 침략하면서 빠른 시간 안에 전쟁을 끝내려 하였다. 하지만 중국 국민당과 공산당이 손을 잡고 대항하면서 예상을 벗어나고 말았다. 국민당은 수도를 충칭으로 옮기며 항전을 계속하였고, 공산당도 곳곳에서 게릴라 전술을 펼쳐 일본군에 큰 타격을 입혔다.

전쟁이 장기화하면서 일본은 석유, 철, 고무 등 물자가 모자라 심각한 어려움에 부딪혔다. 미국을 비롯한 서구 열강은 중국을 지원하면서 일본에 대한 경제적 압박 강도를 점점 높여 갔다. 1939년에는 미국이 미일 통상 조약을 깨고 일본에 석유, 철광석 등을 수출하지 못하게 막았다.

일본은 막다른 길에 내몰렸지만 군국주의 정책을 포기하지 않았다. 오히려 1940년부터 '대동아 공영'을 내세우면서 인도차이나와 동남아시아로 세력을 넓혀 나갔다. '대동아 공영'은 동아시아와 동남아시아 국가들이 일본을 중심으로 서양 열강을 몰아내고 함께 번영과 평화를 누리자는 주장이다. 그럴듯하게 들리지만 실상은 서양 열강을 대신하여 일본이 이 지역을 차지하겠다는 뜻이었다. 모자란 자원을 이 지역에서 확보하겠다는 속셈이기도 하였다.

　1941년 11월에는 일본이 하와이 진주만을 기습 공격하면서 태평양 전쟁이 시작되었다. 전쟁 초기 일본군은 태평양 곳곳에서 승리를 거듭하며 기세를 올렸다. 서구 열강들이 유럽에서 독일과 싸우느라^{제2차 세계 대전} 제대로 대응할 수 없었기 때문이다. 하지만 1942년 6월 미드웨이 해전을 분수령으로 미군^{연합군}의 압도적인 경제력과 군사력에 밀리기 시작하였다. 유럽에서도 동맹국 독일이 스탈린그라드 전투에서 패배하면서 전쟁 주도권이 연합군으로 넘어갔다.

　승기를 잡은 연합국은 1941년부터 전쟁을 어떻게 마무리할지 협의하기 시작하였다. 1941년 8월 미국과 영국은 대서양 헌장에서 '모든 국민은 정부 형태를 선택할 권리가 있고, 강제로 빼앗긴 주권과 자치권을 회복시킨다'라고 선언하였다. 1943년 미국, 영국, 중국은 카이로에서 일본 영토 처리 방침을 세웠다. 식민지 상태에 있는 한국은 적당한 시기에 독립 국가로 만들기로 하였다. 1945년 2월에는 얄타에서 미국과 영국, 소련은 독일이 항복하면 3개월 이내에 소련이 일본을 공격하기로 합의하였다. 7월 포츠담 선언에서 일본의 주권은 혼슈, 홋카이도, 규슈, 시코쿠와 연합국이 정하는 섬으로 한정하기로 하였다.

미드웨이 해전
태평양 전쟁 초반인 1942년 6월, 하와이 서북쪽 미드웨이 섬 앞바다에서 미군과 일본군이 충돌한 해전. 여기에서 미국이 일본에 승리하면서 일본의 태평양 침략을 저지하는 계기가 되었다.

포츠담 선언
1945년 7월 26일, 독일 포츠담에서 열린 연합국 정상회담 중 발표한 연합국 공동선언. 연합국 정상들은 이 선언에서 일본에 무조건 항복을 요구하였다. 또 제2차 세계 대전 이후의 일본에 대한 처리 방침을 포괄적으로 제시했는데 특히 한국 문제와 관련해 전후 독립을 재확인하였다는 데 의의가 있다.

진주만 공습으로 격침된 애리조나 호

미드웨이에서 불타는 일본 항공모함

건국을 준비하다

태평양 전쟁 초기 일본이 승승장구하면서 징병과 징용을 환영하는 등 대놓고 친일 행위를 하는 이들이 늘어 갔다. 하지만 민족 운동가들은 전쟁이 장기화되자 오히려 독립에 대한 희망을 갖게 되었다. 미국까지 참전한 연합군을 일본이 결국 이기지 못할 것이라고 보았기 때문이다. 이에 따라 민족 운동가들은 본격적으로 해방에 대비하기 시작하였다.

임시 정부는 1941년 11월 일본 패망에 대비하여 건국 강령을 발표하였다. 새로 세울 나라가 나갈 바를 밝힌 것이다. 조소앙이 주장한 삼균주의를 토대로 한 건국 강령에는 '민주 공화국 건설, 보통 선거 실시, 대기업의 국영화, 토지의 국유화, 의무 교육 실시' 등을 담고 있었다.

임시 정부가 일본에 선전 포고를 하고, 광복군을 참전시킨 것도 독립을 대비한 조처였다. 더불어 독립 역량을 키우기 위해 화북에 있는 조선 독립 동맹과 통일 전선을 펴기 위한 교섭을 진행하였다. 중국을 비롯하여 미국, 영국 등 연합국의 승인을 받기 위한 노력도 하였다. 이 시도는 열강 사이 이해 관계 때문에 결실을 얻지 못하였다. 가장 우호적이었던 중국 국민당 정부도 미국을 비롯한 열강의 견제로 끝내 승인하지 못하였다.

조선 독립 동맹도 1942년 건국 강령을 발표하였다. 주요 내용은 '보통 선거로 민주 정권을 세운다, 남녀 평등권을 확립한다, 토지를 분배하고 대기업을 국영화한다, 의무 교육 제도를 실시한다' 등이었다. 새 나라를 자유로운 독립 국가로 만들겠다는 강령은 임시 정부와 큰 차이가 없었다. 이는 두 단체가 새로운 나라를 세울 때 손을 잡을 가능성이 높다는 뜻이다. 실제로 독립 동맹도 임시 정부와 통합에 적극적으로 나서 상당한 진전을 이루었다. 하지만 일본이 빨리 항복하는 바람에 통합 논의는 중단되고 말았다.

독립 동맹은 조선 의용군을 적극적으로 대일 항전에 투입하였다. 한걸음 더 나가 조선 의용군을 국내로 진격시키려 하였다. 이는 광복군의 국

삼균주의
개인과 개인 사이, 민족과 민족 사이, 국가와 국가 사이가 균등해야 한다는 정치 사상.

내 진공 작전처럼 일본 패망 뒤를 대비한 것이었다.

국내에서도 해방을 맞이하기 위한 준비가 조금씩 이루어졌다. 독립군이 국내로 들어오면 민중 봉기를 일으킬 준비를 해야 한다는 사람도 생겨났다. 규모는 크지 않지만 여러 비밀 결사들이 조직된 것이 이런 분위기를 말해 준다.

건국 동맹 회의

1942년 4월 미국은 도쿄를 비롯한 요코스카, 나고야 등을 폭격하였다. 폭격에 참가한 폭격기는 모두 16대로 규모도 적었고 피해도 크지 않았다. 하지만 태평양 전쟁 뒤 처음으로 일본 본토가 폭격을 받았다는 것 때문에 많은 일본인들이 충격을 받았다. 진주만 폭격으로 의기소침해진 미국인들에게는 사기를 올리는 계기가 되었다. 때마침 도쿄를 방문한 여운형은 공습을 직접 보고 일본의 패망을 확신하였다. 여운형은 1943년 8월 조선 민족 해방 연맹을 만들고, 이듬해 8월에는 연맹을 확대하여 조선 건국 동맹을 조직하였다. 오른쪽에서 세 번째가 여운형이다.

1944년 8월에는 여운형을 비롯한 민족 지도자들이 조선 건국 동맹을 결성하였다. 여기에는 이념을 떠나 하나로 뭉쳐 일본을 타도하려는 사람들이 참여하였다. 건국 동맹은 서울과 지방 10여 곳에 조직을 갖추고 민족적 양심 세력을 묶어 나갔다.

건국 동맹은 산하에 농민 동맹, 청년 학생 조직 등을 두었고, 학병과 징병, 징용 거부자로 만든 조직도 있었다. 농민 동맹은 징용, 징병, 식량 공출, 군사 물자 수송 등을 방해하였다. 또한 노농군과 유격대를 조직하여 일본군을 공격하려는 계획도 세웠다. 힘을 합쳐 일본을 몰아내기 위한 협동 작전을 펴기 위해 임시 정부와 독립 동맹에 연락원도 보냈다.

연합국, 한국을 독립시키기로 합의하다

1941년 8월 미국 대통령 루스벨트와 영국 수상 처칠은 2차 대전이 일어난 뒤 처음으로 대서양에서 만났다. 두 정상은 공동 성명^{대서양 현장}을 발표하여 전쟁 뒤 새롭게 만들 국제 질서에 대한 구상을 밝혔다. 대서양 헌장은 소련을 비롯한 30여 개국이 승인하면서 유엔으로 상징되는 전후질서의 원칙이 되었다. 여기에는 '영토를 늘리거나 침략을 하지 않는다, 무역과 자원 이용을 자유롭게 한다, 공포와 결핍이 없는 자유로운 생활을 보장한다, 해양 통행의 자유를 보장하고 군비를 축소한다, 집단 안전 보장 체제를 확립한다' 등 8개 조항이 있었다.

1943년 들어 소련군이 스탈린그라드에서 독일군을 격파하고 이탈리아도 연합국에 항복하였다. 전쟁이 연합국에 유리하게 돌아가자 11월 미국, 영국, 중국 정상은 이집트 카이로에 모였다. 전후 처리 문제에 대해 논의하면서 세 정상은 한국을 적당한 시기에 독립시킨다는 데 합의하였다.

처음 중국은 일본 패망 뒤 바로 독립시키자고 제안하였다. 하지만 미국은 상당 기간 신탁 통치를 생각하고 있었고, 영국은 자국이 지배하던 식민지 문제에 나쁜 영향을 미칠까 봐 반대하였다. 이 때문에 초안에 있던 '가능한 이른 시일'이 '적당한 시기'로 바뀌었다. 카이로 선언은 연합국이 한국 독립을 처음 인정했다는 데 큰 의미가 있다. 하지만 그 길이 순탄치 않을 것임을 예고하고 있다.

1945년 2월 독일이 급격히 무너지자 미국, 소련, 영국 정상이 소련 얄타에 모였다. 주요 안건은 전후 독일 처리와 소련의 대일전 참전이었다.

삼국은 독일을 미국, 소련, 영국, 프랑스 4개국이 분할 점령하고, 전범

얄타 회담
얄타 회담에서는 제2차 세계 대전에 참가한 연합국 측이 전후 처리 방안을 논의했다. 왼쪽부터 영국 수상 처칠, 미국 대통령 루스벨트, 소련 서기장 스탈린이다.

재판을 열기로 합의하였다. 독일과 전쟁이 끝난 뒤 3개월 안에 소련이 일본을 공격한다는 약속도 하였다. 대신 소련은 러일 전쟁에서 잃은 영토를 되찾고 외몽골을 독립시키기로 합의하였다. 이 회의에서 미국은 한국을 40년 정도 신탁 통치를 하자고 제안하였고, 소련은 가능한 짧게 하자며 동의하였다.

1945년 5월 독일이 항복하자 7월 연합국 대표들이 독일 포츠담에 모였다. 주요 참가국은 미국, 소련, 영국, 중국이었다. 여기서 연합국은 일본에 '무조건 항복'을 요구하였다. 회의 결과 연합국은 군국주의를 부정하고 언론과 종교, 사상의 자유 및 기본적 인권을 존중하는 새로운 시대를 열겠다는 선언문을 발표하였다. 또한 카이로 선언을 다시 확인하고, 일본 영토를 혼슈, 홋카이도, 규슈, 시코쿠와 연합국이 정하는 작은 섬들로 한정하였다. 이로써 한국은 국제 사회에서 다시 독립을 인정받았다.

무조건 항복
무조건 항복(無條件降伏, Unconditional surrender)은 군사적 의미와 정치적 의미가 있다. 군사적 의미는 병력과 무기 등 일체를 조건 없이 승전국의 권한에 맡겨 전쟁을 끝내는 것을 뜻한다. 정치적으로는 패전국이 조건 없이 승전국의 정치적 지배에 들어가는 것을 가리킨다.

일본, 무조건 항복하다

미국은 1944년 사이판, 괌 등에 비행장을 건설하고 일본을 공습하기 시작하였다. 이듬해 3월에는 도쿄를 비롯한 오사카, 고베, 나고야 등 주요 도시를 대대적으로 폭격하였다. 계속된 공습으로 도쿄는 불바다가 되었고 수십만 명이 죽었다. 도시 전체 인구 600만 가운데 절반 이상이 다른 곳으로 떠나야 했다. 6월에는 두 달 가까운 전투 끝에 오키나와를 점령하여 일본 본토를 공격할 수 있는 교두보를 마련하였다. 그럼에도 일본은 포츠담 선언을 수락하지 않고 끝까지 항전하겠다는 의지를 보였다. 오키나와 전투에서 큰 희생을 치른 미국은 가능한 일본 본토에 상륙하지 않고 전쟁을 끝내고 싶었다. 이에 얄타 회담 때 약속을 지키라고 소련을 계속 채근하였다. 하지만 소련은 이 핑계 저 핑계를 대며 참전을 미루었다. 참전 대가로 동아시아에서 더 큰 영향력을 확보하려는 속셈이었다. 소련은 내심 홋카이도 분할 통치를 바라고 있었다.

도쿄 공습
1945년 3월 9일 자정 무렵 250대가 넘는 B-29 폭격기가 기름과 네이팜탄을 떨어뜨렸다. 때마침 불어온 강풍으로 도쿄는 불바다가 되었고, 약 10만 명이 불타 죽었다.

오키나와에 상륙하는 미국군
미군은 오키나와 전투에서 일본군의 결사 항전으로 적어도 2만 명이 전사하는 큰 희생을 치렀다. 일본군은 주민들에게 자결을 강요하여 가족끼리 서로 목졸라 죽이는 비극이 일어나기도 했다. 주민 사망자는 대략 12만 명으로 추산된다. 이 때문에 미군은 일본 본토에 상륙하면 엄청난 희생이 날 것을 우려하지 않을 수 없었다. 이에 미국은 소련에 참전을 요청하면서 포츠담 선언이 발표하기 하루 전 7월 25일 원폭 투하를 결정하였다.

이런 상황은 8월 6일 미국이 히로시마에 원폭을 투하하면서 확 바뀌었다. 그동안 참전 요구를 외면하던 소련은 8일 일본에 선전 포고를 하고 만주를 공격하였다. 9일에는 나가사키에 두 번째 원폭이 투하되었다.

소련군은 순식간에 관동군을 무력화시키고 만주를 점령하고 사할린을 되찾았다. 8월 11일에는 함경도 웅기와 나진, 13일에는 청진까지 진출하였다. 만주와 한반도뿐 아니라 일본 본토로도 쳐들어올지 모른다는 공포에 일본 지도부는 큰 충격에 빠졌다. 마침내 8월 15일 일본은 포츠담 선언을 수락한다며 무조건 항복을 선언하였다.

이로써 우리 민족은 36년간 식민지 지배에서 벗어나게 되었다. 우리 민족은 국권을 빼앗긴 뒤 끊임없이 독립 투쟁을 하였다. 그 덕분에 국제 사회로부터 한국인의 독립 열망을 인정받고, 독립 약속을 얻을 수 있었다. 하지만 해방이 온전히 우리 손으로 이룬 것이 아니었기 때문에 한반도의 장래도 강대국의 이해 관계에 큰 영향을 받을 수밖에 없게 되었다.

민족 연합 전선을 이루려고 한 까닭

대한민국 임시 정부, 건국 동맹, 조선 독립 동맹은 활동 지역은 서로 달랐지만 일본의 패망을 확신하고 건국을 준비하였다. 하지만 건국은 결코 쉬운 일이 아니었다. 식민 지배에서 벗어나 독립 국가를 세우려면 준비해야 할 일이 많았다. 일본은 물론 그들과 협력해 온 친일파들이 그냥 물러서지 않을 것이기 때문이었다. 식민 통치 기간 구축해 놓은 기반을 무너뜨리는 일도 하루아침에 이뤄질 리 없었다.

따라서 일본을 물리치고 새로운 나라를 세우기 위해 가장 시급한 일은 민족의 역량을 모으는 것이었다. 임시 정부를 비롯한 각 단체는 이념과 노선을 떠나 통일 전선 체제를 만들고, 다시 하나로 합치려는 노력을 하였다. 이들의 통합 노력은 일본이 항복을 조금만 늦게 했다면 성공할 가능성이 상당히 높았다. 새 나라를 꿈꾸며 발표한 건국 강령이 상당 부분 비슷하였기 때문이었다.

- 보통 선거에는 만18세 이상 남녀로 선거권을 행사하되 신앙·교육·거주·연수·사회·출신·재산 상황과 과거 행동을 분별치 아니한다.
- 대생산 기관의 공구와 수단을 국유로 하고 토지·광산·어업·농림·수리 소택과 수상·육상·공중의 운수 사업과 은행·전신·교통 등과 대규모의 농·공·상 기업과 성시 공업 구역의 공용적 주요 방산은 국유로 하고 소규모 혹 중등 기업은 사영으로 한다.
- 적의 침점 혹 시설, 관·공·사유 토지와 어업·광산·농림·은행·회사·공장·철도·학교·교회·사찰·병원·공원 등의 방산과 기지와 기타 경제·정치·군사·문화·교육·종교·위생에 관한 일절 사유 자본과 부적자의 일절 소유 자본과 부동산을 몰수하여 국유로 한다.
- 몰수한 재산은 빈공 빈농과 일절 무산자의 이익을 위한 국영 혹 공영의 집단생산 기관에 충공함을 원칙으로 한다.
- 토지는 자력 자경인에게 분급함을 원칙으로 하되 원래의 고용농·자작농·소지주농·중지주농 등 농인 지위를 보아 저급으로부터 우선권을 준다.
- 6세부터 12세까지 초등 기본 교육과 12세 이상의 고등 기본 교육에 관한 일체 비용은 국가가 부담하고 의무로 시행한다.

- 각인 각파를 대동 단결하여 건국 일치로 일본 제국주의 모든 세력을 몰아내고 조선 민족의 자유와 독립을 회복할 것.
- 반 추축 제국과 협력하여 대일 연합 전선을 형성하고, 조선의 완전한 독립을 저해하는 일체 반동 세력을 박멸할 것.
- 건설부 면에 있어서 일체 시정을 민주주의적 원칙에 의거하고, 특히 노농 대중의 해방에 치중할 것.

- 전 국민의 보통 선거에 의한 민주 정권을 수립한다.
- 언론·출판·집회·결사·신앙·사상·태업의 자유를 확보한다.
- 국민 인권 존중의 사회 제도를 실현한다.
- 법률·사회·생활상·남녀 평등을 실현한다.
- 조선에 있는 일본 제국주의자의 일체 자산과 토지를 몰수하고, 일본 제국주의와 밀접한 관계에 있
  는 대기업을 국영으로 귀속하며, 토지 분배를 실행한다.
- 8시간 노동제를 실시하여 사회의 노동을 보장한다.
- 국민 의무 교육 제도를 실시하고, 이에 필요한 경비를 국가가 부담한다.

위 자료는 차례로 임시정부, 건국 동맹, 조선 독립 동맹이 발표한 건국 강령이다. 크게 보아 이들이 꿈꾼 나라는 국민이 주인 노릇을 하는 민주 국가였다. 정치적으로 모든 성인 남녀가 이념과 재산 등에 상관없이 동등한 자격으로 선거권을 행사하고 경제적으로는 다 같이 잘사는 사회를, 사회적으로는 무상 교육을 실시하여 교육을 받지 못해 생기는 불평등이 없는 나라를 만들려고 하였다.

하지만 2차 대전 승전국들은 적어도 자기들에게 우호적인 세력이 한반도에서 주도권을 잡기를 바라고 있다. 이 때문에 중국 국민당 정부가 임시 정부를 승인하자고 하였을 때 열강들은 쉽게 동의하지 않았다. 뿐만 아니라 미국은 중국이 임시 정부를 승인하는 것조차 막았다. 임시 정부가 중국과 가까웠고, 한반도에 관심이 많았던 소련의 반발을 불러올 수 있었기 때문이었다. 물론 이런 속내를 드러내면서 반대하지는 않았다. 이들이 내세운 명분은 임시 정부를 전체 한국인을 대표하는 단체로 인정할 수 없다는 것이었다.

따라서 국내외 모든 세력이 하나로 뭉친다면 연합국은 그 단체에 대한 승인을 미룰 명분이 없었을 것이다. 나아가 하나 된 힘으로 해방 뒤 주도권을 잡고 열강의 협조를 얻어 새로운 나라를 만들 수 있었을 것이다.

13

일제 강점기,
사회가 달라지다

산업 구조가 바뀌다

식민 지배를 받으며 한국 사회는 크게 바뀌었다. 우선 전체 산업에서 차지하는 농업과 어업 비중이 점점 낮아졌다. 1911년 70%가 넘던 농어업 비중은 40년에는 50% 정도로 줄어들었다. 대신 광공업과 서비스업 비중은 갈수록 높아졌다. 공업에서도 정미업, 제당업, 면방직업 등 소비재 공업이 발전하다 점점 중화학 공업 비중이 높아졌다.

이런 변화는 일본이 세계 경제 대공황을 타개하고 대륙으로 진출하려는 야망과 맞물려 진행되었다. 일본은 만주와 한반도, 일본 열도를 하나로 묶는 경제 블록을 만들고, 각각 농업과 기초 공업, 정밀 공업 지대로 만들려고 하였다.

이에 따라 조선 총독부는 농업 중심에서 농공 병진 정책으로 식민지 경제 정책을 바꾸었다. 여기에 새로운 투자처를 찾는 일본 자본의 욕구가 더해져 한반도에는 흥남, 청진 등 여러 곳에 공업 지대가 만들어졌다. 공업 지대는 대부분 지하 자원과 수력 자원이 풍부한 북부 지역에 집중되었다. 미쓰이, 미쓰비시, 노구치 등 내로라하는 일본 재벌들은 앞다투어 여기에 대규모 공장을 세웠다. 1927년 노구치 재벌이 흥남에 세운 조선 질소 비료 공장은 당시 동양에서 가장 규모가 컸다.

이들이 집중적으로 투자한 업종은 전기, 화학, 기계, 금속 등 중화학 공업과 철, 석탄, 마그네슘, 알루미늄 등 광업 부분이었다. 이들 광물은 군수 공업 발전에 꼭 필요한 원료였다. 특히 만주를 차지한 뒤 군수 산업과 관련된 부분이 늘어났고, 중일 전쟁 뒤에는 중화학 공업에 대한 투자가 경공업보다 더 많아졌다. 그 결과 1940년대가 되면서 중화학 공업의 비중이 경공업보다 높아졌다.

사회 계층 구조가 바뀌다

산업 구조 변화에 따라 직업별 인구수도 달라졌다. 1920년 전체 인구 가운데 87%를 차지하던 농민 비중이 1938년에는 75%로 줄었다. 대신 광공업에 종사하는 사람들은 1.9%에서 3.8%로 늘었다. 이런 변화는 시간이 갈수록 빨라져 1942년에는 농민 비중은 68%로 줄고, 광공업에 종사하는 사람은 8.8%로 늘었다.

일본의 재벌 노구치가 세운 흥남 조선 질소 비료 공장(왼쪽)과 장진강 수력 발전소(오른쪽)
흥남은 함흥부에 소속된 작은 어촌이었다. 1927년에 조선 질소 비료 주식회사가 들어서면서 급격히 발전했다. 1931년 흥남읍이 되었고, 1944년 흥남부로 승격되었다. 흥남 비료는 600만 평 대지에 세운 거대한 공장이었고, 전력 공급을 위해 장진군과 신흥군에 대규모 수력발전소를 2개나 만들었다. 이 댐은 부전강 상류 고원지대에 댐을 쌓고 24km에 이르는 터널을 뚫고 압록강 물을 동해안 함흥으로 흘려보내는 유역 변경식 발전소였다. 공업화가 되면서 흥남부 인구는 해방 직전 20만 명으로 늘었다. 그 가운데 1/5 이상이 노구치 그룹의 노동자였다.

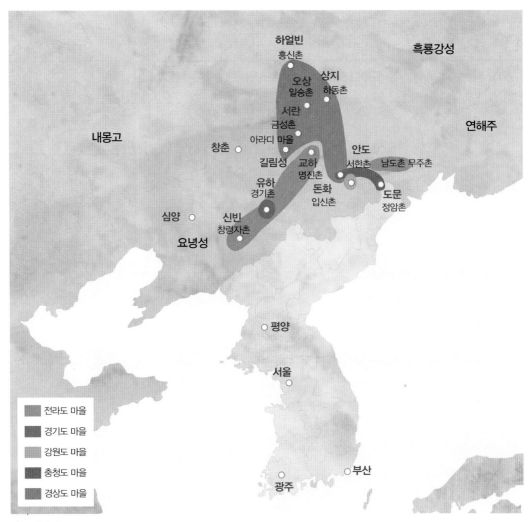

하얼빈
흥신촌

흑룡강성

오상
일승촌

상지
하동촌

서란
금성촌

연해주

내몽고

아라디 마을

창춘

길림성

안도
서한촌

남도촌 무주촌

교하
명진촌

유하
경기촌

돈화
입신촌

도문
정암촌

심양

신빈
창령자촌

요녕성

전라도 마을
경기도 마을
강원도 마을
충청도 마을
경상도 마을

평양

서울

부산

광주

만주 집단 이주

만주로 떠나는 사람이 늘어난
것은 일본이 정책적으로 이민
을 장려했기 때문이기도 했다.
일본은 1932년에서 1937년까지
농촌 문제 해결과 만주 개척 및
항일 독립운동을 약화시키려고
삼남지방(경상도, 전라도, 충청
도) 농민들을 만주로 집단 이주
시켰다.

노동자가 늘어나기는 했지만 공장 노동자가 차지하는 비중은 낮았다. 대부분은 막노동, 지게꾼, 수레꾼 등 날품팔이였다. 회사령이 폐지된 뒤 많은 공장이 세워졌지만 대부분 규모가 작았기 때문이다. 공장 노동자는 공업화가 진행되고 흥남, 청진 등 신흥 공업 도시가 생겨나면서 크게 늘어났다. 1930년대가 되면 전체 노동자 가운데 공장 노동자가 차지하는 비중이 40%가 넘었다.

그렇다고 공장 노동자가 날품팔이에 비해 처지가 그다지 좋은 것은 아니었다. 공장 노동자들도 일부 고급 기술을 가진 숙련공을 빼면 대부분 단순 노동자였기 때문이다. 이들은 열악한 공장 환경에서 12시간이 넘는 긴 시간을 일하면서도 임금은 형편없이 적었다. 특히 아동과 여성 노동자들은 일반 남성 노동자에 비해 더 나쁜 처지에 있었다.

농민들은 비중이 줄었을 뿐 아니라 계층 분화도 심해졌다. 토지 조사 사업과 산미 증식 계획을 거치면서 토지 소유 편중 현상이 한층 심해졌기 때문이었다. 빈부 격차가 커지면서 절대 빈곤에 빠진 농가들이 자꾸 늘어났다. 가을걷이를 해도 소작료와 각종 세금을 내고 농사에 들어간 비용을 빼면 겨울을 넘기기 어려웠다. 이들은 돈벌이와 일자리를 찾아 도시나 광산, 건설 현장을 찾아가거나 일본과 만주, 연해주로 떠나갔다.

도시화가 진전되다

개항 뒤 식민지 시기를 거치면서 인구가 크게 늘어나고 도시화가 진행되었다. 조선 총독부는 경성, 인천, 신의주 등 전국 주요 지역을 부로 지정하여 근대적 도시로 발전시켰다. 부가 되면 도시 계획을 새로 세워 도로를 정비하고 의료와 위생 시설을 확충하였다.

부로 지정된 곳은 먼저 경성, 평양, 대구 등 도청이 있던 곳이다. 다음은 인천, 부산, 원산, 군산, 목포 등 개항장이었다. 이어 철도가 건설되면서 교통의 요충지에 자리 잡은 신의주, 대전 등이 새롭게 도시로 발전하였다. 공업 지대가 만들어지면서 함흥, 흥남 등 북부 지방 도시가 공업 도시로 빠르게 성장하였다. 일본군이 주둔한 나진, 진주도 도시로 발전하였다. 반면 공주, 경주, 개성 등은 전통적으로 중요한 지역이었지만 부가 못 되거나 뒤늦게 되어 상대적으로 뒤처지게 되었다. 이는 도시화가 역사와 국토의 균형 발전이 아니라 식민지 지배 정책에 따라 이뤄졌음을 그대로 보여 준다. 그곳에 살고 있던 일본인 숫자도 부를 정하는 중요한 기준이었다.

대부분 도시에서 일본인들은 따로 모여 살았고, 도시 기반 시설은 이 지역을 중심으로 진행되었다. 당연히 신작로도 이 지역을 중심으로 만들어졌고, 일본인들이 도시 경제권을 차지하였다. 경성이 남산 아래 진고개를 중심으로 발전한 것도 이 때문이었다.

개항 뒤 일본인들은 진고개에 모여 살았고, 통감부와 관공서가 이곳에 자리를 잡았다. 총독부를 경복궁 앞으로 옮긴 뒤에는 경성 부청이 있는 경운궁 앞과 진고개 일대를 중심으로 도시화가 진행되었다. 도로, 전기, 전화 등 기반 시설이 갖추어지고 은행, 백화점, 극장 등이 들어서면서 경성은 근대 도시로 탈바꿈하였다.

도시화와 함께 도시 인구도 크게 늘어났다. 일본인과 농촌에서 도시로 온 사람들이 많아졌기 때문이다. 도시에 사는 사람들은 1920년만 해도 전체 인구에서 3.4% 정도였다. 1930년에는 5.6%로 늘더니 1940년이 되자 11%가 넘었다. 그 가운데 가장 인구가 크게 는 도시는 경성이었다. 1910년 경성 인구는 23만 명 정도였다. 23년에는 약 10만 명이 늘

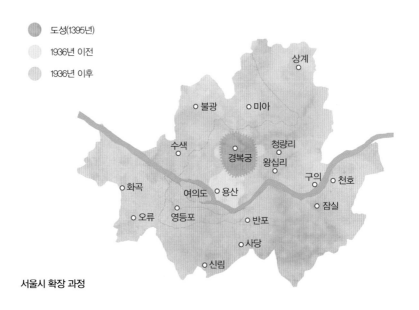

서울시 확장 과정

어났고, 1940년이 되자 100만을 넘어섰다. 인구 증가와 함께 도시도 넓어졌다. 1940년 경성은 1910년대에 비해 3배 이상 커졌다. 하지만 농촌은 그다지 달라지지 않았다. 여전히 대부분은 초가집에 살았고, 아이들은 신발도 없이 맨발로 뛰어놀았다.

청계천 토막집
판잣집이나 토막에 살던 사람들은 남자들은 막노동으로 여자들은 식모살이나 정미소에서 부서진 쌀을 골라내는 미선공으로 하루 벌어 하루 먹고살았다.

　도시에 온다고 먹고사는 문제가 해결되는 것도 아니었다. 돈도, 기술도 없이 도시로 온 이들은 막노동이나 지게꾼, 넝마주이로 생계를 이어 나갔다. 집을 마련할 수 없어 둑이나 다리 밑, 도시 변두리에 움막을 짓고 살기도 했다. 땅을 파고 짚이나 거적으로 만든 움막에 사는 사람들을 토막민이라 불렀는데 1939년 경성에 있던 토막집이 약 4,200호였고, 토막민은 2만 명이 넘었다.

전차와 버스를 타고 다니다

　도시화와 함께 대중교통에 큰 변화가 일어났다. 사람들은 전차와 버스를 타고 직장에 가고 시장을 다녔다. 시외로 꽃구경을 갈 때도 한강에 보트를 타러 갈 때도 전차를 이용하였다. 호기심의 대상이었던 전차가 대중교통 수단으로 확실히 자리를 잡은 것이다.

　1909년 경성에서 하루에 전차를 타는 승객은 만 명도 되지 않았다. 그러던 것이 1925년에는 9만 명이 넘었고, 1935년에는 15만 명 정도가 전차를 이용하였다. 이용 승객이 늘면서 전차 노선이 더 많아지고 선로도 복선이 되었다. 차량 크기도 커졌다. 전차는 평양, 부산 등에서도 대중교통수단으로 자리 잡았다.

복선
가고 오는 열차가 따로 다니도록 누 가닥 이상 놓은 선로.

　버스도 등장하였다. 1912년 마산–진주, 진주–삼천포 사이를 오가는 시외버스를 시작으로 1920년대가 되면 시내 버스가 영업을 시작하였다. 전차가 다니지 않는 곳까지 버스 노선이 생기면서 버스는 금방 제2의 대중교통 수단이 되었다. 1928년에는 영업용 택시도 등장하였다. 요금이 비싸 아무나 이용할 수 없었지만 점점 인력거를 대신하였다. 자가용 자동차도 조금씩 늘어났다. 전차와 버스, 택시 등 자동차가 많아지면서 도로교통법도 만들어지고 좌측통행제가 실시되었다.

전차, 버스와 함께 사람들은 인력거와 자전거, 우마차 등을 교통 수단으로 이용하였다. 특히 자전거는 직장과 학교에 다닐 때, 식당이나 가게에서 배달을 할 때, 운동과 레저 등 여러 분야에 두루 쓰였다. 1930년대가 되면 전국에 3만 곳이 훨씬 넘는 자전거 상점이 있었고, 40만 대 이상 자전거가 다닐 정도로 식민지 조선은 '자전거의 나라'였다.

개항 뒤 서양 선교사가 소개한 자전거는 1900년대부터 크게 늘어났다. 당시 자전거는 수입품으로 번호판을 달고 세금도 냈다. 자전거가 일반화되면서 자전거세를 폐지하자는 운동이 일어났다.

좌측통행제
우리나라는 전통적으로 종묘 제례나 의궤 행렬에서 우측통행을 해 왔다. 그러나 1921년 조선 총독부는 사람과 차의 통행을 일본처럼 좌측통행으로 바꿨다. 광복 후 미국의 영향으로 차량에만 우측통행이 도입되었다. 현재는 우리나라도 차량과 사람 모두 우측통행을 하게 되어 있다.

의식주에 서양 문화가 파고들다

공업화, 도시화와 함께 서양 문화가 점차 일상생활에 파고들었다. 학생 교복이 한복에서 양복으로 바뀌었고, 점점 많은 직장인들이 양복에 모자를 쓰고 구두를 신고 출근하였다. 여성들도 점점 댕기나 쪽머리에 한복 대신 단발과 파마머리를 하고 블라우스와 스커트를 입었다. 이들은 양신에 하이힐로 멋을 냈다. 유행에 민감한 사람들은 일본이나 서양에서 유행하는 옷차림을 바로 따라 하기도 하였다.

물론 한복을 입는 사람이 여전히 많았다. 하지만 입는 모습이 달라졌다. 남자들은 두루마기에 고무신이나 구두를 신고 모자를 썼다. 처녀들은 댕기 길이를 짧게 하거나 두 갈래로 땋았다. 부녀자들도 쪽머리를 뒤로 묶어 비녀 대신 망을 씌우거나 핀을 꽂았다. 흰색이나 검은색이 아닌 다홍치마도 일상적으로 입었다.

주택도 점점 편리성을 앞세운 서양식 주거 문화에 영향을 받았다.

1929년대가 되면 경성에 있던 주택 가운데 전통 가옥보다 일본식이나 양옥이 더 많아졌다. 일본인들과 상류층들은 식당, 욕실, 화장실이 주택 내부에 있는 문화 주택을 좋아하였다. 중류층들은 전통 가옥에 현관을 만들고 대청마루에 유리문을 달고 벽돌로 지은 개량 한옥에서 살았다. 경제적으로 어려웠던 사람들은 '간편 주택'이나 '부영 주택'에서 살았다. 부영 주택은 경성부, 대구부 등 관청에서 만들었다. 이 집들은 머슴들이 살던 행랑채와 같은 간편한 주택을 모아 놓은 공동 주택이었다. 1940년대가 되면 '영단 주택'이 보급되었다. 일본식 주택에 온돌을 놓은 영단 주택은 노동자를 위해 만든 집단 공동 주택이었다. 일본인 간부를 위한 집을 빼면 대개 10평 안팎으로 임대를 주었다.

간편 주택
경성 재력가들로 구성된 주택 구제회에서 빈민들에게 빌려 주려고 만들었다. 70여 호로 구성된 단지 형태로 추측된다.

음식 문화도 바뀌었다. 조선 시대 사람들은 식사를 할 때 한 사람씩 따로 상을 차려 먹었다. 두 사람이 함께 먹는 겸상을 하기도 하였지만 아버지와 아들은 절대로 겸상을 하지 않았다. 남녀도 마찬가지였다.

독상 문화가 깨지면서 먹는 음식 종류도 바뀌었다. 도시민을 중심으로 일본과 청, 서양식 음식이 퍼져 나간 것이다. 우동과 김밥을 비롯하여 커피나 과자, 빵, 청량음료 등이 한국인의 입맛을 점차 바꾸었다. 막걸리 대신 소주를 마시는 사람이 많아지고, 공장에서 만든 간장과 조미료 등을 사용하여 음식 맛을 냈다.

1934년 『문화 주택 도집』에 실린 신당동 문화 주택 견본 사진. 이때 지은 문화 주택 가운데 지금 박정희 전 대통령이 살았던 집이 유일하게 남아 있다.

청계천으로 갈린 서울

1930년대 경성은 외국 도시와 비교해도 손색 없을 정도로 근대적 도시로 발전하였다. 자본주의 소비 문화의 꽃이라고 하는 백화점만 5개나 있었고, 극장과 식당, 카페는 물론 댄스홀도 있었다. 최신 유행하는 옷차림으로 한껏 멋을 낸 모던걸과 모던보이 들이 여기서 쇼핑과 외식을 즐겼다.

하지만 서울 전역이 그런 것은 아니었다. 식민지 시기 경성은 청계천을 사이에 두고 북촌과 남촌으로 나눠졌다. 일본인들은 남촌에 모여 살았고, 당연히 서울 경제의 중심도 남촌 진고개 부근이었다. 5개 백화점 가운데 4개가 남촌에 있었던 것이 이를 잘 보여 준다. 북촌 상권은 종로 상인들이 장악하고 있었다. 하지만 일본 상인들은 월등한 자본과 식민지 권력을 등에 업고 점점 북촌을 파고들었다. 남촌 상권이 확대되자 많은 한국인 상인들은 점포 문을 닫거나 동대문, 서대문 쪽으로 밀려났다.

경성 번화가인 '혼마치'
일본인들은 진고개 부근 상업 중심지를 '혼마치(本町)'라 불렀다. 서울의 중심이라는 뜻이다. 혼마치에는 백화점, 양복점, 카메라점 등 서양용품을 파는 일본인 상점이 줄지어 들어섰다.

식민지 시절 남촌은 최신식 건물들의 집합소였다. 그 가운데서도 조선은행(현 한국은행, 사진❶), 경성우편국(현 중앙우체국 자리, 사진❷), 미쓰코시백화점(현 신세계백화점, 사진❸)이 마주 보고 있던 한국은행 로터리는 최고의 명소로 꼽혔다. 1930년에 문을 연 미쓰코시 백화점 경성점은 종업원 360명으로 일본 본토를 제외하고 한국과 만주 지역에서 가장 규모가 컸다. 지하에는 주방용품, 식료품 매장, 간이식당 등이 있었다. 1층에는 약국과 여행안내소, 화장품, 신발, 고급 식료품 매장이 자리를 잡았다. 2층과 3층은 남녀 맞춤복, 기성복 매장이, 4층은 귀금속, 가구, 커피숍, 대형식당 등과 옥상공원이 있었다. 화신백화점(현 종로 타워 자리, 사진❹)은 1931년 한국인이 처음 만든 백화점이다. 1935년 화재 뒤 1937년 3층에서 6층으로 다시 지었다. 1995년 철거하고 현재는 종로 타워가 들어섰다.

명동과 을지로 입구 일대는 일제시대부터 금융과 쇼핑의 중심지였다. 왼쪽부터 수많은 조선인의 원망을 샀던 동양 척식 주식회사(현 외환은행 본점 자리), 조지아백화점(현 롯데백화점 자리), 조선식산은행(현 롯데호텔 신관 자리).

일제 강점기 조선의 생활상

1924년 6월 11일자
『동아일보』만평
전통 복장을 한 여성과 신
여성의 복장을 비교하고
있다. 그림 옆에 '전에는
눈만 내놓더니 지금은 눈
만 가리는군'이라는 글이
재미있다.

모던보이의 옷차림을 알 수 있는 1930년대 광고
세비로는 맞춤 양복, 쑤메에리는 깃을 높여 목을 바싹 여미게 지은 양복, 레
잉코투는 비옷, 인버네스는 망토와 비슷한 남자 외투이다.

신여성의 적극성 만평
쫓아오는 남자를 피해 도망가던 여자가 남자를 쫓아
가서 붙잡고 있다. 당시 사람들은 이런 신여성에 대
해 좋지 않은 눈으로 바라보았다.

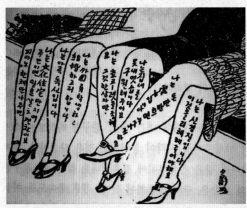

1930년 1월 12일자 『조선일보』만평
'여성 선전 시대가 오면(2)'
왼쪽에서 두 번째 다리를 보면, "나는 문화 주택만 지어주는 이
면 일흔 살도 괜찮아요"라고 쓰여 있다.

일본의 식품 기업인 아지노모토사의 조미료 광고
아지노모토만 있으면 음식을 자유자재로 맛있게 할 수 있다고 선전하
고 있다. 아지노모토는 '마법의 가루'로 선풍적인 인기를 끌었다. 조선
에서 팔린 매출량이 인구가 3배나 많은 일본 본토와 비슷할 정도였다.
1934년 『동아일보』에 실렸다.

구한말 자전거

개항 뒤 서양 선교사가 소개한 자전거는 1900년대부터 크게 늘어났다. 당시 자전거는 수입품으로 번호판을 달고 세금도 냈다. 자전거가 일반화되면서 자전거세를 폐지하자는 운동이 일어났다.

경성부영버스

최초의 버스인 '경성부영버스'. 오늘날과 달리 8인승, 14인승 미니버스였다. 1930년대 경성 시내의 버스 요금은 전차와 같이 5전이었다. 버스걸이 "다음은 경성부청올시다. 내리실 분 아니 계십니까?", "오라이, 스톱" 하며 안내했다.

"왼편으로 다닙시다!"

교통순경이 수신호로 자동차, 자전거 등을 왼쪽으로 다니라고 하고 있다. 1920년이 되면 서울 거리는 전차, 자동차, 자전거, 인력거 등으로 북적거렸다. 교통량이 늘어나면서 사고도 적지 않게 발생했다. 경찰은 통행 제한과 좌측통행을 실시하기로 하고 대대적인 선전 활동을 펼쳤다.(1925년 4월 16일자 『조선일보』)

14

대중문화가 유행하다

영화, 대중문화를 이끌다

도시화, 공업화와 함께 서구 문화가 밀려들어 대중문화로 자리 잡았다. 여기에는 신문과 잡지, 신파극과 영화 등이 큰 구실을 하였다. 신문은 음악회나 전시회 등 문화 행사를 알리고, 야구와 축구 등 스포츠 행사를 보도하며 대중문화를 발전시켰다. 『신여성』, 『삼천리』 등 잡지는 새로운 패션이나 화장법 등을 소개하여 유행을 이끌었다.

신문, 잡지와 함께 신파극이 대중문화의 서막을 열었다. 신파극은 일본에서 들어온 것으로 일본 전통 연극인 가부키와 다른 새로운 연극을 말한다. 신파극은 가정 비극과 사극을 다루며 큰 인기를 누렸다. 가장 흥행에 성공한 작품은 〈사랑에 속고 돈에 울고〉이다. 이 작품은 1950년대에 영화로 만들어졌고, 주제곡도 큰 인기를 끌었다.

이어 영화가 대중문화를 이끌었다. TV가 없던 시절 영화는 대중들에게 엄청난 영향을 미쳤다. 1920년대 경성에는 우미관, 황금관 등 7개 영화관이 있었다. 이곳에서 일본 영화와 함께 서양 영화가 상영되었다. 특히 미국 할리우드 영화는 개봉한 지 며칠 만에 볼 수 있었다. 대중들이

가정 비극
왕족이나 귀족 같은 특권층이 아닌, 중층 계급이나 하층 계급에 속하는 평범한 주인공을 둘러싸고 가정 내에서 벌어지는 비극.

비교적 싼값에 재미있는 오락을 즐기면서 서양 문화를 경험할 수 있게 된 것이다. 실제로 서양 영화 속 주인공의 머리 모양과 옷차림이 유행하기도 하였다. 이때 영화는 무성 영화로 음악은 나오지만 대사는 자막으로 처리하였다.

1930년대 무성 영화에서 유성 영화로 바뀌면서 영화 관객은 더욱 늘었고, 현대식 영화관에 대한 열망도 높아졌다. 1936년 명치좌를 시작으로 최신 시설을 갖춘 영화관이 들어섰다. 일본 도쿄에 있는 최신 영화관을 본뜬 이 영화관들은 3~4층 규모로 영화 전용 상영관이었다. 1,000~1,500석에 냉난방 장치와 1인 좌석을 갖추고 있었다.

영화 산업의 발전과 함께 조선 키네마를 비롯하여 영화사가 세워졌다.

영화 〈사랑에 속고 돈에 울고〉 광고
주인공 홍도는 오빠의 학비를 벌기 위해 기생이 되었다. 부잣집 아들인 광호를 만나 결혼하였지만 남편에게 버림받았다. 분노한 홍도는 남편의 약혼녀를 살해하고 순사가 된 오빠에게 잡혀간다. "홍도야 우지마라 오빠가 있다"라는 가사로 엄청난 인기를 모은 가요 〈사랑에 속고 돈에 울고〉는 바로 이 영화 주제가였다.

나운규와 〈아리랑〉 일본 상영 포스터
나운규는 〈아리랑〉을 통하여 민족 의식을 일깨우고 나라를 잃은 민중의 아픔을 생생하게 그려냈다. 〈아리랑〉은 무성 영화라서 변사가 영화 내용을 설명해 주고 대사와 효과음을 내 영화 감상을 도왔다. 변사는 영화를 보는 재미를 결정하기도 하였기 때문에 배우 못지않은 인기를 누렸다.

1925년 나운규가 감독과 주연을 맡은 〈아리랑〉은 대중성과 작품성을 모두 갖춰 민족 영화의 이정표가 되었다.

음악과 미술에 새로운 바람이 불다

1920년대에는 대중가요도 유행하기 시작했다. 라디오 방송국이 문을 열고 레코드가 보급되면서 유행가도 나타났다. 사람들은 다방이나 레코드점에서 흘러나오는 유행가를 듣고 따라 불렀다. 일반 가정에서도 축음기를 사면서 1930년대에는 4~5만 장씩 판매되는 음반도 생겼다.

대중들은 팝송이나 샹송 등도 즐겨 들었지만 일본 엔카의 영향을 받은 트로트를 가장 좋아하였다. 유행가 가사는 대부분 사랑과 이별, 아픔을 위로하는 것이었다. 식민 통치를 대놓고 비판하는 노래를 부를 수는 없었기 때문이다. 대중가요가 인기를 끌면서 1930년대에는 전문적인 음반 회사들도 생겨났다.

민요와 판소리 등 전통 음악은 점차 대중에게서 멀어졌다. 대신 〈봉선화〉, 〈고향 생각〉, 〈반달〉 등 서양 음악에 한국인의 정서를 담은 가곡과 동요가 인기를 끌었다. 〈아리랑〉, 〈노들강변〉 등 신민요라 불린 민요풍의 노래도 유행하였다. 하지만 가곡도 신민요도 트로트를 따라가지는 못하였다.

고희동을 시작으로 김관호, 나혜석 등이 일본에서 서양화를 배우면서 낯설었던 유화 그림은 점차 익숙해졌다. 이들에게 가장 큰 영향을 준 화풍은 인상파였다. 서양화가 유행하면서 서양 화법을 전통 기법에 접목시키거나 이중섭처럼 자신만의 독특한 화풍을 만들기도 하였다. 여기에 자극을 받아 안중식, 이상범, 변관식, 박생광 등은 전통 회화를 나름대로 발전시킨 그림을 그렸다.

만화도 새로운 그림 장르로 자리를 잡았다. 신문과 잡지에 연재된 단편과 장편 만화는 큰 인기를 끌었다. 포스터나 그림 엽서도 유행하였다.

만화 〈멍텅구리 헛물 켜기〉
『조선일보』가 한국 신문 최초로 연재한 시사 만화이다.

특히 조선 총독부는 식민 통치의 치적과 시책, 행사 등을 홍보하기 위해 많은 그림 엽서나 포스터를 만들었다.

대중문화의 유행과 함께 대중을 상대로 한 오락이나 유흥 산업도 번창하였다. 경성을 비롯한 도시에는 다방, 카페, 술집이 늘어나고 댄스홀까지 생겨 사람들을 끌어들였다. 물론 이런 현상이 전국적으로 일어난 것은 아니다. 농촌은 물론 도시에서도 도심을 벗어나면 다른 세상으로 바뀌

• 만화로 보는 모던 걸

"육체미를 발휘하자! 이것이 현대인의 부르짖음이라면 만약 '여성 프로퍼갠더 시대'가 오면 모던 걸들의 옷이 몹시 간략해지겠다. 볼썽에는 해괴망측하나 경제상 매우 이로울 것이니, 실 한 꾸러미와 인조견 한 필이면 삼대를 물릴 수도 있겠음으로 이것이 간편한 생활 방식의 하나-. 얼마 아니 있으면 모던 걸들이 솔선하여 의복 긴축 시위 운동을 장대히 하게 되지 않을까?"

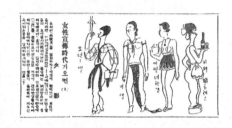

－「여성 선전 시대가 오면(3)」,『조선일보』(1930. 1. 14)

"사람의 인격이 그 외화에 있는가? 한 여성의 미가 그 난사되는 색채로 거죽을 꾸미는 데에 있는가? 길로 지나가는 수레바퀴의 울림에도 쓰러질 듯한다- 허물어진 초가집에서 나오는 양장한 여자! 자기가 살고 있는 그 집값보다도 몇 배나 되는 그 옷을 입고 굶주린 사람들의 누더기 떼가 이 모진 바람에 날리어 찢어져 헤터지는 이 서울의 거리를 거닐 때에 그는 모든 것이 지푸라기같이 보일 것이다. 공작이여! 쇠창살 속에 화려한 저 꼬리를 펴 만족하는 동물원 창살의 공작이여. 달은 창살 속에서 울부짖는 새소리를 듣느냐?"

－「꼬리피는 공작!」,『조선일보』(1928. 2. 9)

신문에 실린 두 만화는 모던 걸을 비꼬고 있다. 남성 중심 사회에서 모던 걸이 많은 비난에 시달렸음을 잘 보여주고 있다. 남자들은 단발을 여성다움을 잃어버리는 것으로 보았다. 노출은 제정신이 아닌 '위험한 여성'으로 생각하였다. 현모양처와 거리가 멀고, 돈 많은 남성에게 언제든지 유혹당할 수 있다고 본 것이다.

었다. 당연히 서양 문화에 물든 모던 걸과 모던 보이를 곱게 볼 리가 없었다. 이들은 당대 사회적인 질서를 따르지 않았다며 '못된 걸', 종아리가 드러나는 치마를 입었다는 의미로 '꽃보다 다리 구경'이라는 비난을 감수해야 하였다. 여기에 가난한 젊은이들이 모던 보이가 되기 위해 몸부림치게 하는 부작용도 있었다. 이들은 어렵게 구한 헌 양복을 입고 찻집에 들러 커피 한 잔으로 모던 보이 행세를 하며 하루 종일 시간을 보냈다.

스포츠 스타가 탄생하다

개항 뒤 서구에서 들어온 스포츠도 대중문화로 자리를 잡아 갔다. 대중들이 좋아한 종목은 야구와 축구를 비롯하여 정구, 농구, 복싱, 빙상 등이었다. 구기와 육상 종목과 함께 사람들은 여름에는 수영을 하고 겨울에는 스케이트를 즐겼다.

1920년 7월에는 조선 체육회가 창립되고, 11월에 제1회 전 조선 야구 대회를 개최하였다. 단일 종목이지만 전국 체육 대회가 처음으로 열린 것이다. 이어 전 조선 정구, 축구, 육상 대회가 열렸다. 각각 열리던 대회는 1934년에는 전 조선 종합 경기 대회로 발전하였다. 경기 종목은 야구, 축구, 정구, 농구, 육상 등 다섯 종목이었다. 대회는 1925년에 완성된 경성 운동장_{동대문 운동장}에서 진행되었다. 1936년에는 베를린 올림픽 대회에서 손기정과 남승룡 선수가 마라톤에서 금과 동메달을 땄다. 여기에 자극을 받아 궁술, 그네뛰기, 씨름 등 전통 놀이와 운동도 서구 운동 경기처럼 대회를 열어 활성화하려고 노력하였다.

신문은 스포츠 행사를 크게 보도하였고 직접 대회를 열기도 하였다. 1913년 『경성일보』와 『매일신보』는 공동으로 '전 조선 자전차 경기 대회'를 주최하였다. 여기서 21살 젊은 청년 엄복동이 우승하였다. 이어 열린 각종 국내 대회를 석권한 그는 1923년 중국 대련에서 열린 자전거 대회에서도 우승하여 스포츠 스타가 되었다. 그가 출전한 대회에는 수많은

정구
가운데에 네트를 두고 라켓으로 공을 치고 받는 경기. 연식 정구와 경식 정구로 나뉘어 행해지다가, 1955년에 정구에서 경식 정구가 분리되어 테니스로 이름이 바뀌었다.

160

사람들이 몰려들었다. 여기에 힘입어 자전거 경기는 가장 인기 있는 스포츠 종목이 되었다. 해마다 봄가을에는 경성 장충단 공원을 비롯해 전국에서 자전거 대회가 열렸다.

『조선일보』는 1929년 경평 축구 대회를 개최하였다. 당시 가장 큰 도시였던 경성과 평양 대항전은 지역 라이벌 의식이 겹쳐 폭발적 인기를 끌었다.

축구와 야구팀은 물론 운동 선수들은 국내 대회만 아니라 일본에서 열리는 대회에도 나갔다. 이 때문에 이영민처럼 뛰어난 운동 선수는 대중에게 큰 사랑을 받는 스타가 될 수 있었다.

다양한 문학 경향이 나타나다

문학계에서도 신소설과 신체시를 넘어 서구 근대 문학이 발전하였다. 최남선은 『소년』에 이어 『청춘』을 발간하여 이를 주도하였다. 최남선과 함께 『청춘』을 이끌어 간 이광수, 현상윤, 홍명희 등은 '신소설은 구시대의 산물'이라고 규정지었다. 이들은 청년들이 배우고 우리 문학이 나갈 바는 서구 고전 문학이라고 주장하였다. 『레미제라블』, 『부활』, 『돈키호테』 등 주요 세계 문학 작품을 요약하여 소개한 것도 이 때문이었다. 최남선이 무려 60쪽이 넘는 「세계일주가」를 실어 청년들에게 서구를 알고 서구 문명을 배우라고 강조한 것도 마찬가지였다. 이광수는 1917년 『매일신보』에 『무정』을 연재하였다. 『무정』은 구어체 문장으로 인물과 사건을 사실적으로 그려 최초의 근대 소설로 평가받고 있다. 하지만 1910년대 문학에는 아직 전통적인 운율과 계몽주의적 색채가 남아 있었다.

근대 문학은 3·1운동 뒤 신신 작가들이 다양한 경향을 가진 작품을 발표하면서 본격적으로 발전하였다. 김동인, 염상섭, 주요한 등은 『창조』, 『폐허』, 『백조』 등 동인지에 「약한 자의 슬픔」, 「표본실의 청개구리」, 「불놀이」를 발표하여 사실주의에 바탕을 둔 근대 문학의 문을 활짝 열었다. 동

동인지
사상, 취미, 경향 등이 같은 사람들끼리 모여 편집, 발행하는 잡지.

인지에 발표된 작품들은 순수 문학에 대한 정열과 함께 3·1운동 실패에서 오는 좌절과 허무감도 깊게 새겨져 있었다.

1920년대 중반에는 민족 정서를 바탕으로 식민지 현실을 표현하려는 흐름이 있었다. 김소월의 「진달래꽃」, 한용운의 「님의 침묵」이 이런 흐름을 대표하는 작품이라 할 수 있다. 1920년대 후반에는 문학의 사회적 실천을 강조하는 신경향파 문학이 나타났다. 이들은 사회주의에 영향을 받아 작가라면 식민지 현실을 고발하고 계급적 모순을 비판해야 한다고 여겼다. 여기에는 박영희, 김기진, 이상화, 최서해 등 『백조』 출신과 임화, 이기영 등 카프에서 활동한 사람들이 있었다.

1930년대에는 조선 총독부가 식민 통치에 저항하는 작품을 더욱 심하게 탄압하면서 순수 문학적인 경향이 나타났다. 이들은 식민지 현실에서 눈을 돌리고 예술성과 작품성만 강조하였다. 1939년 월간 잡지 『문장』이 발행되면서 이런 경향은 더욱 강해졌다.

한편 식민지라는 암울한 현실 속에서도 독립을 열망하고 민족에 대한 사랑을 작품으로 표현한 작가도 있었다. 한용운의 「님의 침묵」, 이상화의 「빼앗긴 들에도 봄은 오는가」, 심훈의 「그날이 오면」 등이 이를 대표하는 작품이다. 반면 조선 총독부가 내세운 '문화 정치'에 호응한 친일 문학인도 있었다. 중일 전쟁이 시작된 뒤에는 식민 통치에 협력하는 문인들이 더욱 늘어났다. 그럼에도 불구하고 저항 문학의 전통은 끊어지지 않았다. 이육사, 윤동주 등은 일제와 타협하지 않고 민족적 양심을 죽음으로 지켜 냈다.

카프
1925년에 사회주의 문학가들이 사회주의 혁명을 위한 문학 운동을 하려고 만든 단체. '카프(KAPF)'는 'Korea Artista Proleta Federatio'의 약칭이다.

대중에게 사랑받은 조선의 스타들

1922년 12월 안창남은 한국인 최초로 수만 관중이 지켜보는 가운데 여의도 상공을 비행하였다. 제1차 세계 대전 뒤 항공기는 과학 기술의 상징이었다. 이 때문에 한국 젊은이가 일본에서 비행기 조종 기술을 배워 뛰어난 비행사가 되었다는 사실에 엄청난 관심이 쏠렸다. 이에 『동아일보』가 모금 운동을 벌여 그의 고국 방문 비행을 성사시켰다.

안창남 고국 방문 비행 보도
「동아일보사 주최 안창남 군 대비행」
(『동아일보』, 1922. 11. 18)

엄복동은 마라톤 선수 손기정, 무용가 최승희, 비행사 안창남, 여류 성악가 윤심덕, 대중 가수 이애리수, 이난영 등과 함께 일제 강점기 최고 스타였다. 엄복동의 인기는 1920년대 초 널리 불린 민요 가사에 나올 정도로 엄청났다. "떴다 보아라 안창남 비행기, 내려다 보아라 엄복동 저전거."

엄복동과 자전거
엄복동은 자전거 점포 사원으로, 1910년에서 1930년에 걸쳐 수많은 자전거 대회를 휩쓸었다.

베이브 루스(왼쪽)와 함께한 이영민(오른쪽)

이영민은 1928년 경성 운동장 1호 홈런의 주인공이었다. 일본에서 가장 빠른 광속구 투수의 공을 쳐 장외 홈런을 기록하기도 하였다. 1934년에는 일본 대표로 뽑혀 미국 프로 야구 팀과 친선 경기에 출전하였다. 전설적인 홈런왕 베이브 루스와 함께한 사진은 이때 찍은 것이다.

15

한국어와 한국사를 지켜라

조선 총독부, 국어와 국사 교육을 강화하다

조선 총독부는 한국인을 동화시키기 위해 국어와 국사 교육을 강화하였다. 여기서 국어는 일본어이고, 국사는 일본사였다. 한글과 한국사는 조선어와 조선사라 불렸다. 1910년대 초등 1학년은 일본어를 1주일에 10시간, 중등 1학년은 7시간을 배웠다. 반면 조선어 시간은 초등은 6시간, 중등은 2시간이었다. 게다가 산수, 지리 등 대부분 교과서는 일본어로 되어 있어 수업을 일본어로 할 수밖에 없었다.

3·1운동 뒤 조선 총독부는 '문화 정치'를 내세우면서 조선어를 필수 과목에 포함시켰다. 하지만 조선어 시간은 점점 줄었다. 중국과 전쟁을 시작한 뒤에는 더욱 심해져 1938년에는 선택 과목으로 떨어뜨렸다. 1943년에는 아예 조선어와 조선사를 학교 교육에서 없애 버렸다.

한글은 1446년 반포 이후 맞춤법 없이 관습적으로 사용되었다. 1907년 대한 제국은 국문 연구소를 세우고 한글 맞춤법을 만들려 하였지만 끝맺음을 하지 못하였다. 국권을 빼앗은 조선 총독부는 보통학교 교과서에 사용할 한글 철자를 정리하여 통일하였다. 보통학교용 언문 철자법은 고쿠분, 다카하시, 유길준 등이 참여하여 1912년 확정 발표하였다. 여기서 발음대로 적는 표음주의 표기법과 서울 방언을 표준으로 삼는 것 등이 정해졌다. 1921년에는 이 철자법을 개정하였고, 1930년에는 여러 의견을 모아서 '언문 철자법'을 만들었다.

우리말을 살리자

이에 맞서 임경재, 장지영 등은 1921년 국문 연구소를 이은 조선어 연구회를 만들었다. 조선어 연구회는 한글 연구와 함께 강습회, 강연회를 열어 한글을 보급하기 위해 노력하였다. 1926년 한글 기념일인 '가갸날'을 만든 것도 한글에 대한 관심을 높여 우리말과 글을 널리 쓰게 하기 위해서였다. 이어 기관지『한글』을 간행하여 연구 성과를 발표하였다.

조선어 연구회는 1931년 이극로, 최현배 등이 중심이 되어 조선어 학회로 개편하였다. 조선어 학회는 언론과 사회 단체와 손잡고 문맹 퇴치 운동에 적극 나섰다. 문자 보급 교재를 만들어 이들을 지원하고 직접 강사로 나서기도 하였다. 무엇보다 중요한 업적은 1933년 한글 맞춤법 통일안과 표준어, 그리고 외래어 표기법을 만든 것이었다.

맞춤법 통일안은 총독부가 만든 언문 철자법과 비슷하였다. 하지만 주시경의 주장에 따라 '소리 나는 대로 적되 어법에 맞게 한다'는 원칙이 더 철저하게 지켜졌다. 이 통일안에 따라 '옵바'는 '오빠'로, '바치'는 '밭이'로 하는 맞춤법이 확립되었다. 한글 체계가 여러 갈래로 나눠져 있는 상황에서 통일안은 한글 연구와 보급에 큰 전환점이 되었다. 이와 함께 조선어 학회는 민족적인 대사업으로『조선말 큰사전』편찬을 추진하였다.

이런 활동은 단순히 한글 연구와 보급, 문맹 퇴치에 그치지 않았다. 민족 의식을 높이고 민족 운동에 영향을 끼칠 수밖에 없었다. 당연히 민족 문화를 없애려고 하던 조선 총독부로서는 눈엣가시였다. 1942년 10월 조선 총독부는 조선어 학회를 독립운동 단체로 간주하여 회원들을 대거 체포하였다. 이들은 가혹한 고문을 받아 이윤재, 한징은 감옥에서 죽음을 당하였다. 조선 총독부는 이들을 내란죄로 기소하였고, 조선어 학회는 강제로 해산시켰다. 이 때문에 원고가 거의 완성되어 가던『조선말 큰사전』사업은 중단되고 말았다.

조선 총독부, 식민 사관정체성론, 타율성론을 만들다

    조선 총독부는 식민 지배를 합리화하기 위해 우리 민족은 자율적이고 주체적으로 역사를 발전시키지 못하였다고 주장하였다. 한국은 반도 국가라서 역사적으로 대륙과 해양 세력의 지배와 영향을 벗어나지 못했다

•『조선말 큰사전』원고를 발견하다

"역장님, 이런 화물이 있습니다. 좀 보시지요."
1945년 9월 8일 서울역 조선 통운 창고에서『조선말 큰사전』원고가 발견되는 순간이다.
1942년 조선어 학회 사건이 일어나자 경찰은『조선말 큰사전』원고를 증거물로 압수하였다. 해방이 된 뒤 풀려나온 회원들은 원고를 돌려받으려 하였지만 찾을 수 없었다. 십수 년 가까운 노력이 물거품이 될 위기를 맞은 것이다.
이들은 증거물이 항소심이 열린 경성으로 실려 왔을 것이고, 경성역 조선 통운 창고에 있을 것이라고 생각하였다.
회원들과 경성 제국 대학 학생들은 함께 창고에 달려가 원

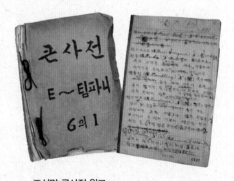

조선말 큰사전 원고

고를 찾기 시작하였다. 하지만 산처럼 쌓인 화물 더미에서 원고를 찾기는 쉽지 않았다. 안타까움에 마음을 졸이던 며칠 뒤 서울역에서 연락이 왔다. 창고에서 일하던 노동자가 원고를 찾았다는 것이다.
역장은 인부들이 찾은 화물이 바로 그 원고임을 단번에 알아차렸다. 소식을 듣고 달려온 학생들과 회원들은 만세를 부르며 환호했다. "원고 상자를 여는 이의 손은 떨렸고, 원고를 손에 드는 이의 눈에는 눈물이 어렸다."
회원들은 원고를 다시 가다듬어 마무리했고 1947년 10월 9일『조선말 큰사전』제1권을 펴냈다. 한국 전쟁으로 편찬 사업은 잠시 주춤하였지만, 1957년 6권을 모두 완성하였다.『조선말 큰사전』은 남북한 국어사전의 모범이 되었고, 국어 발달에 크게 기여하였다.

는 것이다. 한4군, 임나일본부를 비롯하여 고비마다 외세가 없었다면 역사를 발전시키지 못했다는 것이다.

뿐만 아니라 한국 사회는 조선 시대에도 중세로 나가지 못하고 고대 사회 수준에 머물러 있다는 정체성론을 주장하였다. 마르크스 역사학에서는 원시 공산제−고대 노예제−중세 농노제−근대 자본제−사회주의로 역사가 발전한다고 본다. 그런데 조선 왕조는 개항할 무렵에도 일본의 고대 사회 말기 정도였고 중세 봉건제 단계로 들어서지 못했다는 것이다. 봉건제도 발전시키지 못했으므로 스스로 근대화할 수 있는 능력이 없다는 결론에 이르게 된다. 결국 타율성론과 정체성론은 고대 노예제 수준에 머물러 있던 한국 사회와 경제를 일본이 단숨에 근대 자본주의 사회로 발전시켰다는 식민 지배 합리화로 이어졌다.

또한 조선 총독부는 '한국인들은 학연, 지연, 혈연으로 당파를 지어 싸우기를 좋아한다. 이 때문에 한국 역사는 끊임없이 당파 싸움을 해 왔고, 조선 왕조가 망한 것도 이 때문이다'라고 주장하였다. 게다가 한국인은 일본인에게서 갈라진 민족이기 때문에 일본이 한국을 보호하고 도와야 한다는 일선 동조론도 폈다.

조선 총독부는 3·1운동 뒤 조선사 편수회를 만들어 더욱 조직적으로 역사 왜곡에 나섰다. 편수회는 정무 총감을 회장으로 총독부 고위 관료와 경성 제대 교수 등이 위원을 맡았고, 이능화, 최남선, 신석호, 이병도 등 일부 한국인 학자도 참여하였다. 이완용과 권중현, 박영효 등은 고문으로 활동하였다.

조선사 편수회는 1938년 37권에 이르는 방대한 『조선사』를 완간하고, 수집한 사료들을 모아 『조선사료총간』진 22권을 편찬했다. 물론 사료들은 식민 통치에 유리한 것을 가려 뽑았고, 조선사는 이를 합리화하는 내용으로 채워졌다. 이 과정에서 단군 조선이 부정되었고, 정체성론, 타율성론 등 식민 사관이 한층 체계화되었다.

식민 사관은 국권을 빼앗겼다는 패배 의식과 맞물려 한국인에게 꽤 큰 영향을 미쳤다. 학교 교육과 언론 등을 통해 한국인에게 파고든 식민 사관은 해방이 된 뒤에도 완전히 청산하지 못하고 있다.

민족혼을 살리자

이에 맞서 역사 학자들은 근대적 역사 연구 방법론을 토대로 우리 역사를 연구하고 발전시켰다. 직접 독립운동에 뛰어든 박은식, 신채호 등은 독립운동의 한 방법으로 역사를 연구하였다. 박은식은 『한국통사』와 『한국독립운동지혈사』를 저술하여 일제의 침략과 민족의 독립운동을 정리하였다. 그는 국권을 빼앗겼어도 민족혼이 살아 있으면 언젠가 광복을 맞을 수 있다고 강조하였다. 신채호는 고대사 연구를 통하여 우리 민족이 가진 고유한 문화와 정신을 일깨워 민족 독립의 정신적 토대를 닦으려 하였다. 이를 위해 『조선상고사』와 『조선사 연구초』 등에서 외세의 도전을 물리치고 민족사가 주체적으로 발전해 왔음을 밝혔다.

이렇게 근대 역사학으로 기틀을 다진 민족주의 사학은 정인보, 안재홍, 문일평 등으로 이어졌다. 이들은 '민족의 얼'을 강조하고 민족 문화를 지키려는 운동을 펼쳐 나갔다.^{조선학 운동} 역사와 문화에서 민족 고유의 특색을 찾아내 독자성과 주체성을 유지하면 민족은 죽지 않는다고 보았기 때문이다.

조선학 운동은 『동아일보』, 『조선일보』 등 언론의 적극적 지원을 받아 1930년대 중반 본격화되었다. 이들은 조선 후기 주자학을 비판하며 등장한 실학과 양명학에 주목하였다. 특히 정인보는 실학을 민족의 독자성과 주체성을 되찾을 수 있는 학문으로 보았다. 동시에 민중의 생활과 민족 및 나라에 실제로 이익을 가져다주는 학문이라고 규정하였다. 실학을 통하여 식민 사관을 이겨내고 스스로 근대 국민 국가를 만들 수 있었다는 가능성을 찾으려 한 것이다. 정약용 서거 100주년을 맞아 『여유당 전서』를 간행하며 실학의 학문적 전통을 이으려고 한 것도 이 때문이었다.

조선학 운동은 민족주의를 강조하였지만 맹목적인 국수주의는 경계하였다. 어디까지나 실증과 고증을 기반으로 역사와 문화의 독자성을 찾으려 하였다. 여기에는 식민 사관에 대한 비판은 물론 서구 문명에 대한 무조건적 추종과 민족을 경시하는 일부 공산주의자에 대한 비판도 들어가 있었다.

사회 경제 사학, 식민 사관을 정면으로 비판하다

이와 함께 한국사도 세계사의 보편적 역사 발전 단계에 따라 발전하였음을 증명하려 한 역사 학자들이 있었다. 백남운은 『조선사회경제사』에서 삼국 이전은 원시 공산제 사회, 삼국 시대는 노예제 사회, 신라 통일 이후 조선 시대까지는 동양적 봉건 사회, 개항 이후는 자본주의 사회로 파악하였다. 한국사도 서양과 일본처럼 역사 발전 단계를 거쳤음을 주장하여 정체성론을 정면으로 반박한 것이다.

사회 경제 사학은 백남운, 이청원, 김태준에 이어 1940년대에 와서 김

백남운(왼쪽)과 1933년 일본 개조사에서 출간한 『조선 사회 경제사』(가운데). 『조선 사회 경제사』는 한국의 고대 경제사를 체계적으로 서술한 연구서이다. 백남운은 1948년 9월 9일 출범한 북한 첫 내각에서 교육상을 맡기도 했다. 교육상 시절의 백남운(오른쪽). 가운데 줄 왼쪽에서 세 번째가 백남운이다.

석형, 박시형, 전석담 등으로 이어지며 한국 사학계의 한 축으로 자리를 잡았다. 이들은 식민 사관만 아니라 역사학계의 또 다른 한 축이었던 민족주의 사학도 비판하였다. 정신을 강조한 것은 비역사적이고 신비적인 역사 이해 방법이라는 것이다.

한편 손진태, 이병도 등은 '있는 그대로 사실을 기술하는 객관적 역사 서술'을 주장하였다. 이를 위해 사료에 대한 엄격한 문헌 고증을 강조하였다. 일본 역사 학계가 받아들인 랑케 사학에 영향을 받은 이 흐름을 실증 사학이라 한다. 이들은 1934년 진단 학회를 조직하고 『진단 학보』를 발간하였다. 이들은 순수 학술 활동을 내걸고 한국사를 객관적으로 연구해야 한다고 주장하였다.

남북의 언어 분단을 막은 두 사람-김두봉과 최현배

남북한 말은 다르다. 남한은 서울말을 표준어로 하고 있고, 북한은 평양말을 기준으로 한 문화어를 사용하기 때문이다. 하지만 두음 법칙 등을 빼면 맞춤법은 크게 다르지 않다. 표준어와 문화어가 모두 조선어 학회에서 만든 맞춤법 통일안을 뿌리로 하고 있기 때문이다. 또한 남북한은 언어와 민족의 관계를 중요시하고 한글 전용을 원칙으로 삼고 있다. 여기에는 김두봉과 최현배의 노력이 있었다.

두 사람은 1910년 조선어 강습소에 같이 입학하여 주시경 문하에서 함께 한글을 공부하였다. 김두봉은 3·1운동 이후 상하이에서 한글을 연구하다가 민족 혁명당의 간부로 활동하였다. 조선 독립 동맹이 창설되자 주석으로 선출된 그는 해방 뒤 북으로 가서 북한의 언어 정책을 실질적으로 이끌었다.

김두봉, 나철과 함께
나철과 함께한 김두봉(왼쪽 첫 번째). 대종교 지도자 나철(두 번째)의 수행원으로 동행하며 함께 찍은 사진이다. 해방 뒤 평양으로 간 김두봉이 대회에서 조선 인민의 단결을 호소하고 있다. 왼쪽 태극기 아래 김일성이 보인다.

최현배는 일본 유학에서 돌아와 1926년 연희 전문 학교 교수로 부임하였다. 조선어 연구회에 들어가 활동하였고, '한글 맞춤법 통일안'을 만들 때 중심적인 역할을 했다. 해방이 되자 미 군정청 학무국 편수 과장에 취임하여 한글 가로쓰기의 채택과 첫 국어 교과서의 편찬을 주도하였다. 제헌 헌법을 만들 때는 한글로 하자고 건의하였다.

최현배가 지은 우리 말 문법 책 『중등 조선 말본』

조선어 학회 사건으로 옥고를 치른 회원들
앞줄 왼쪽부터 네 번째가 최현배이다.

16

여성,
사회 주체로 나서다

3·1운동, 여성을 일으켜 세우다

'여권 통문'으로 불씨를 당긴 여성 운동은 3·1운동을 계기로 타오르기 시작했다. 유관순을 비롯한 많은 여성들은 독립 만세 운동에 적극 참여했고, 개성과 부산에서 벌어진 만세 운동처럼 남성들이 주저하고 있을 때 앞장서서 시위를 이끌기도 했다. 이들은 경찰에 끌려가도 두려워하지 않았고, 감옥에서도 모진 고문에 굴하지 않았다.

여성들이 시위에 참여하고 경찰에 끌려가는 모습은 많은 사람들에게 충격을 주었다. 그리고 일제에 대한 분노와 함께 여성에 대한 새로운 인식을 하게 만들었다. 여성들도 스스로 남성들 뒤에 서 있던 데에서 벗어나 사회 주체로 당당히 자리를 잡기 시작하였다.

이런 변화는 남녀평등에 대한 생각을 확산시켰고, 여성 운동이 농민, 청년, 학생 운동 등과 함께 사회 운동으로 자리 잡게 했다. 대한민국 임시 정부가 1919년 발표한 임시헌장에 남녀평등권과 여성참정권을 선포한 것이 이를 상징적으로 보여 준다.

• 만삭의 몸으로 독립을 외친 임명애 열사

1919년 3월 10일 교하 공립 보통학교에서 파주의 첫 만세 시위가 벌어졌을 때 앞장섰던 사람은 임명애(1886~1938)였다. 구세군 교인이었던 그는 운동장에 모인 학생들 앞에서 '조선 독립 만세'를 선창했다. 임명애의 외침에 따라 학생들도 일제히 만세를 외쳤다.

임명애의 이름은 독립운동사에서 자주 볼 수 있다. 3월 25일 와석면 시위가 임명애의 집에서 기획됐다.

그해 경성 지방 법원의 판결문에 따르면 임명애는 남편 염규호, 학생 김수덕, 농민 김선명과 함께 보안법 및 출판법 위반

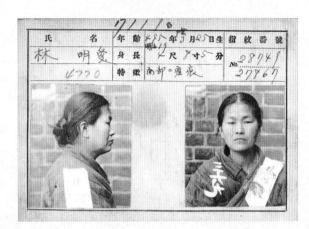

임명애 열사 수형카드

으로 징역형을 받는다. "임명애는 공립 보통학교 운동장에서 생도들을 선동하여 치안을 방해한 자, 격문을 배부해 자기 면민들과 조선 독립운동을 하려고 꾀하여 이날 소관 관청의 허가를 얻지 않고서 불온문서를 인쇄하여 반포함으로서 그 지방의 정일을 깬 자"라는 게 이유였다.

염규호, 김수덕, 김선명은 징역 1년형에 그쳤지만, 임명애는 징역 1년 6월형을 받았다는 판결에서 일제가 그만큼 임명애를 위력적으로 봤음을 확인할 수 있다.

임명애가 투옥된 곳은 서대문형무소 8호방이다. 천안 아우내장터의 만세운동을 주도한 유관순과 어윤희, 권애라, 심명철 등 주요 여성 독립운동가들이 수형 생활을 하던 그 장소다. 수감 당시 만삭이었던 임명애는 복역한 지 한 달 만에 출산을 위해 임시 출소했다가 아이를 낳고 11월에 갓난아이와 함께 재수감됐다. 남편 염규호도 복역 중이었기에 가족이 모두 감방에서 생활하는 셈이 됐다. 이에 8호방의 여성 독립운동가들은 산모에게 밥을 나눠주고 기저귀를 말려 주면서 함께 아기를 돌봤다.

1921년 4월 만기 출소하면서 임명애는 고향에 돌아왔고 1938년 세상을 떠났다. 그가 간절히 원하던 조선 독립은 그의 사후 7년 뒤 이뤄졌다. 1990년 건국훈장 애족장이 추서되었다.

유관순 열사 수형 카드
유관순 열사는 1962년 3등급인 '건국훈장 독립장'이 수여됐으나, 3·1운동 100주년을 계기로 최고 훈장인 '대한민국장'이 수여됐다.

신여성이 등장하다

러시아 혁명이 일어나고 제1차 세계 대전이 끝나면서 전 세계에 개조 바람이 불었다. 민주주의가 확산되고 남녀평등에 대한 관심도 높아졌다. 여성들은 전통적인 여성상에서 벗어나 여성 해방과 남자와 동등한 권리를 외치며 목소리를 높였다. 이들을 신여성이라 불렀다. 신여성들은 가부장적 가족 제도를 비판하고 자유연애와 결혼 상대를 본인이 고르겠다고 주장했다.

우리나라도 예외가 아니었다. 1920년에 김일엽이 창간한 『신여자』와 1923년 천도교가 만든 『신여성』을 비롯하여 여성 잡지들이 쏟아져 나왔다. 대부분 중등 학교를 졸업한 신여성은 이렇게 외쳤다.

• 저거시 무어신고

나혜석이 『신여자』 2호(왼쪽)에 실은 만평 「저거시 무어신고」(오른쪽)이다. 바이올린을 들고 외투에 단발 머리를 한 '신여성'을 손가락질하며 남자들이 숙덕인다. "아따 그 계집애 건방지다. 저것을 누가 데려가나.", "그것 참 예쁘다. 장가나 안 들었다면…… 맵시가 둥둥 뜨는구나." 호기심과 동경, 비난과 훈계가 뒤섞인 남성들의 시선에 고개를 살짝 숙인 여성. '신여성' 나혜석이 느낀 것이 아닐까?

일제 강점기에 출간된 여성 잡지들. 왼쪽부터 『부인』(1922년 창간), 『신여성』(1923년 창간), 『신가정』(1933년 창간), 『여성』(1934년 창간).

'새로운 청춘을 창조하라. 개인과 가정 이외의 사회에 대하여 흥미를 가져라.'

당연히 봉건적 사회 분위기가 아직 강하게 남아 있던 당시 사회에서 많은 비판을 받았다. 하지만 신문과 잡지에 여성 해방에 대한 기사가 심심찮게 나오고, 청춘 남녀들도 이 문제로 치열한 논쟁을 벌이면서 점점 많은 사람들이 관심을 갖게 되었다.

차미리사, 전국 순회 강연회로 여성을 일깨우다

3·1운동 뒤 여성 운동은 대부분 여성을 일깨워 봉건적 인습을 깨뜨리는 계몽 운동이었다. 가부장적 관습이 강하게 남아 있었고, 여성의 문

• 여성 해방 운동가, 차미리사

차미리사(1880~1955)는 독립운동가이자 교육가로 야학 강습소 등을 운영하며 여성 계몽 운동을 했다. '미리사(멜리사)'는 감리교 상동 교회에서 받은 세례명이다.

순회 강연단은 경성을 출발하여 제주, 목포, 부산에서 신의주, 청진은 물론 국경을 넘어 만주 안동현까지 돌았다. 강연 내용은 조혼과 축첩 폐지, 흰옷 폐지와 의복 개량, 여성의 자유로운 외출, 여성 교육 촉구 등이었다.

왼쪽부터 차미리사와 순회 강연단. 순회 강연단 사진은 경성 남대문을 떠나며 찍은 것으로 왼쪽에서 세 번째가 차미리사 선생이다.

맹률이 90%를 훌쩍 넘었기 때문이었다. 이 시기 여성 운동을 이끈 단체는 차미리사가 만든 조선 여자 교육회였다. 1920년에 창립한 조선 여자 교육회는 부인 야학 강습소를 열고 강연회와 토론회로 여성을 깨우치려했다.

여성들이 공개된 장소에서 갑론을박하는 토론회는 눈길을 끌기에 충분했다. 특히 여성 해방, 가부장적 가정을 합리적으로 바꾸는 '가정 개량' 등을 역설한 강연회는 청중이 몰려 중단되기도 했다. 이에 힘입어 차미리사는 1921년 음악단 3명, 연사 3명으로 구성된 순회 강연단을 만들었다. 순회 강연단은 7월 경성을 떠나 84일 동안 전국을 돌며 큰 성공을 거두었다. 이를 본 『동아일보』는 이렇게 보도했다.

"반도사의 신기록으로 장차 사회의 만민 평등을 실현할 기초가 될 것이다."

강연회에서 받은 찬조금으로 그녀는 10월 근화학원^{오늘날 덕성여자대학교}을 세우고 여성 교육에 온 힘을 쏟았다.

근우회를 만들다

전국 순회 강연은 여성 해방의 물꼬를 튼 운동으로 계몽 운동의 신기원을 열었고, 1920년대 들불처럼 번져 나간 여성 운동의 불씨가 되었다. 하지만 여성 운동이 "'현모양처와 남존여비'라는 봉건적 여성관에서 벗어나지 못했다", "작은 성과에 만족하여 체제를 바꾸려는 노력을 하지 않는다"고 비판하는 여성들이 나왔다. 바로 사회주의 여성 운동가들이었다.

이들은 "신여성은 사회주의 이념을 굳게 믿고 가정보다 사회를 위해 일해야 한다. 만약 남편이 이를 꾸짖는다면 일과 동지를 위해 가정에서 뛰쳐나와야 한다"고 주장했다. 이런 생각은 1924년 5월에 창립한 최초의 사회주의 여성 단체인 조선 여성 동우회 강령인 "본회는 사회 진화 법칙에 따라 신사회의 건설과 여성 해방 운동에 나설 일꾼의 양성과 훈련을

근우회는 1928년 7월 16일 전국 대회(오른쪽)를 열었다. 경찰이 집회를 금지하는 바람에 임시 대회 형식으로 치러졌다. 근우회는 1929년 5월부터 잡지 『근우』(왼쪽)도 발간했다. 근우회가 창립한 뒤 활동을 정리하고, 전망과 여성 운동의 방향성을 재조명하는 내용을 실었다.

꾀한다"에 잘 드러나 있다.

하지만 봉건적 관습이 강하게 남아 있는 현실에서 이런 주장을 실현하기는 어려웠다. 게다가 '문화 통치'를 내건 조선 총독부의 민족 분열 책동과 치안유지법으로 상황은 더욱 나빠졌다. 자유주의 여성 운동가들도 어렵기는 마찬가지였다. 조선 총독부가 집요하게 친일파를 기르려는 노력을 했기 때문이었다.

이에 맞서 이념과 사상을 떠나 하나로 뭉쳐야 한다는 주장이 강하게 일어났다. 민족 협동 전선 운동은 1927년 2월 신간회가 창립되면서 결실을 맺었다. 여기에 호응하여 여성 운동가들도 5월에 이념과 사상을 떠나 통합 여성 단체인 근우회를 조직했다. 따로 기관을 만든 까닭은 가부장적 전통이 강한 '조선 여성의 특수성' 때문이었다.

근우회는 앞선 여성 단체와 달리 전국적 조직으로 국내외에 60개가 넘는 지회를 두고 있었다. 여성만의 전국적 단체를 만든 궁극적 목표는 여성 해방과 민족 독립이었다. 하지만 '조선 여성의 특수성'를 고려하여 가장 급한 과제로 삼은 것은 여성 문맹 타파와 농촌 개발이었다. 1929년

7월에는 행동 강령을 발표했다.

- 교육의 성적 차별 철폐 및 여자의 보통 교육 확장.
- 여성에 대한 사회적·법률적·정치적인 모든 차별의 철폐.
- 모든 봉건적 인습과 미신 타파.
- 조혼 폐지 및 결혼·이혼의 자유.
- 인신 매매 및 공창 폐지.
- 농민 부인의 경제적 이익 옹호.
- 부인 노동자의 임금 차별 철폐 및 산전 4주간, 산후 6주간의 휴양과 그 임금 지불.

이해 11월 광주 학생 항일 운동이 일어났다. 근우회는 이듬해 1월 15일 경성에서 이화 여자 고등 보통학교와 경성 여자 상업학교 등 여학생과 함께 시위에 나섰다. 이를 계기로 광주 학생 항일 운동은 전국적으로 확산되어 3월 초까지 이어졌다.

허정숙, 계몽 운동을 넘어 무장 투쟁에 나서다

여성 운동이 활발해지면서 신여성들이 단발을 하기 시작했다. 자유주의자들은 위생에 좋고 편리하다는 이유로, 사회주의자들은 여성 해방과 반봉건에 대한 의지를 보이기 위해 단발을 했다. 하지만 단발에 대한 비난이 거세게 일었다. 보수 유학자들은 단발한 여성을 '못된 걸, 못된 년'이라 부르며 손가락질했다. 일반 여성들도 곱지 않은 눈길을 보냈다. 공개 단발을 하면서 보수 유학자들을 꽁생원이라며 조롱하던 허정숙이 순회 강연단에 참여하면서 일반 여성들에게 더 가까이 다가가기 위해 다시 머리를 기른 것이 이를 잘 보여 준다.

허정숙이 여성 운동에 첫발을 내딛은 곳은 조선 여자 교육회였다. 순회 강연단 강사로 이름을 알렸고, 조선 여성 동우회를 비롯하여 사회주의 여성 단체에서 활동했다. 신문, 잡지 등에 여성 해방에 대한 글을 발표하여 이론가로 명성을 얻었지만 그녀가 가장 관심을 가진 것은 계몽 활동이었다. 아무리 바빠도 경성은 물론 지방 여성과 청년 단체 들이 초청하면 마다하지 않았다. 무엇보다도 여성과 청년 들을 일깨우고 여론을 새롭게 하는 것이 중요하다고 여겼기 때문이다.

1927년 말 미국 유학에서 돌아와 주저하지 않고 근우회에 들어갔다. 평소 이념과 분파를 넘어 함께해야 한다고 주장했고, '여자들이 따로 단체를 조직할 필요가 있다'는 생각을 가지고 있었기 때문이다. 뒤늦게 가입했지만 그녀는 중앙 집행 위원을 지내고 기관지 『근우』 편집에 참여하면서 주요 간부로 활동했다. 특히 광주 학생 항일 운동을 전국으로 확산시키는 데 큰 역할을 하다 배후 조종자로 구속되었다. 감옥을 나온 뒤 1935년 조선 공산당 사건으로 복역한 최창익과 함께 국경을 넘었다. 동북 항일 연군에 합류하려다 실패하고 난징으로 가서 김원봉이 이끄는 조선 민족 혁명당에 가담했다. 그녀는 조선 의용대 창설에 핵심 역할을 했지만, 의용대 진로를 놓고 김원봉과 갈라섰다. 더욱 적극적으로 항일 전쟁에 나서고 싶었기 때문이다. 1938년 말 최창익과 함께 중국 공산당이 관할하고 있던 연안으로 간 그녀는 화북 조선 청년 연합회를 만들었다. 조선 의용 대원 상당수가 그녀가 주장한 적극적 항일 투쟁에 동의하여 북상하자 1942년 연합회를 화북 조선 독립 동맹으로 확대 개편했다. 그녀는 중국 공산당군 정치위원으로 조선 혁명 군정 학교 교원으로 항일 투쟁을 계속했다.

허정숙은 해방 후 조선민주주의인민공화국 문화선전성상이 되었다. 오른쪽 사진은 소련군이 철수할 때 환송 준비 중앙위원회 위원장으로 환송 행사를 주관했을 때 찍은 것이다. 수상 김일성의 부인 김정숙(가운데)과 장남 김정일, 허정숙(맨 왼쪽), 박정애 북로당 중앙상무위원(왼쪽 두 번째) 및 소련군 고위장성 부인들이다. 왼쪽 사진 속 세 사람은 왼쪽부터 허정숙, 주세죽, 고명자로 '조선공산당의 트로이카'. 박헌영, 임원근, 김단야의 부인(애인)이자 동지였다. 허정숙과 주세죽은 조선 여성 동우회를 만들고 조선 공산당의 청년 조직 고려 공산 청년회에 가입해 활동했다. 고명자는 이화학당에 다니다가 합류했다. 세 여자는 함께 단발을 하여 장안의 화제가 되었다.

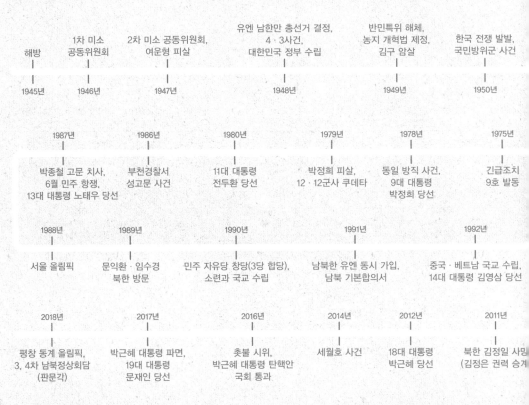

			유엔 남한만 총선거 결정, 4·3사건, 대한민국 정부 수립	반민특위 해체, 농지 개혁법 제정, 김구 암살	한국 전쟁 발발, 국민방위군 사건
해방	1차 미소 공동위원회	2차 미소 공동위원회, 여운형 피살			
1945년	1946년	1947년	1948년	1949년	1950년

| 1987년 | 1986년 | 1980년 | 1979년 | 1978년 | 1975년 |
| 박종철 고문 치사,
6월 민주 항쟁,
13대 대통령 노태우 당선 | 부천경찰서
성고문 사건 | 11대 대통령
전두환 당선 | 박정희 피살,
12·12군사 쿠데타 | 동일 방직 사건,
9대 대통령
박정희 당선 | 긴급조치
9호 발동 |

| 1988년 | 1989년 | 1990년 | 1991년 | | 1992년 |
| 서울 올림픽 | 문익환·임수경
북한 방문 | 민주 자유당 창당(3당 합당),
소련과 국교 수립 | 남북한 유엔 동시 가입,
남북 기본합의서 | | 중국·베트남 국교 수립,
14대 대통령 김영삼 당선 |

| 2018년 | 2017년 | 2016년 | 2014년 | 2012년 | 2011년 |
| 평창 동계 올림픽,
3, 4차 남북정상회담
(판문각) | 박근혜 대통령 파면,
19대 대통령
문재인 당선 | 촛불 시위,
박근혜 대통령 탄핵안
국회 통과 | 세월호 사건 | 18대 대통령
박근혜 당선 | 북한 김정일 사망
(김정은 권력 승계 |

냉전 체제를 넘어 민주화와 산업화로

냉전 시대부터 오늘날까지

거창 민간인 학살 사건 — 1951년

발췌 개헌, 2대 대통령 이승만 당선 — 1952년

반공 포로 석방, 정전 협정 조인 — 1953년

사사오입 개헌 — 1954년

3대 대통령 이승만 당선 — 1956년

조봉암 사형 — 1959년

3·15부정 선거, 4·19혁명, 제2공화국 출범 — 1960년

5·16군사 쿠데타 — 1961년

긴급조치 1호 발동, 민청학련, 인민혁명당 재건위 사건 — 1974년

3차 경제개발 5개년 계획, 7·4남북 공동 선언 — 1972년

경부고속도로 준공, 전태일 분신 — 1970년

3선 개헌 — 1969년

한일 국교 정상화 — 1965년

한일 협정 반대 운동, 베트남 파병 — 1964년

5대 대통령 박정희 당선 — 1963년

금융실명제 실시 — 1993년

김일성 사망 (김정일 승계) — 1994년

전국 민주 노동 조합 총연맹 결성 — 1995년

경제개발협력기구 가입 — 1996년

외환 위기, 14대 대통령 김대중 당선 — 1997년

정주영, 소떼 방북 — 1998년

남북 정상 회담 (6·15선언) — 2000년

천안함 침몰, 연평도 포격 사건, G20 정상회담 개최(서울) — 2010년

호주제 폐지, 미국산 쇠고기 수입 반대 촛불 시위, 금강산 관광 중단 — 2008년

한미 FTA 체결, 2차 남북 정상 회담 (10·4남북 공동 선언), 17대 대통령 이명박 당선 — 2007년

개성 공단, 진실과 화해를 위한 과거사 정리 위원회 출범 — 2005년

한일 월드컵, 16대 대통령 노무현 당선 — 2002년

냉전이 전개되다

연합국, 국제 연합을 만들다

1945년 일본이 항복하면서 제2차 세계 대전이 끝났다. 전쟁이 끝나자 미국, 소련, 영국, 중국 등 연합국은 국제 연합을 창설하였다. 1941년 미국과 영국이 대서양 헌장에서 구상한 국제 평화 유지 기구가 여러 차례 논의를 거쳐 결실을 맺은 것이다.

국제 연합은 창립 헌장에서 전쟁이 없는 평화로운 세계를 만들 것을 결의하고, 인권과 평등권에 대한 가치를 다시 확인하였다. 이를 위해 사무국과 총회, 안전 보장 이사회, 경제 사회 이사회 등과 국제 노동 기구^{ILO}, 유엔 교육 과학 문화 기구^{UNESCO} 등 전문 기구를 두었다.

국제 연합은 국제 연맹과 달리 강력한 중재와 제재로 국제 분쟁을 해결하려고 하였다. 이를 위해 안전 보장 이사회에 분쟁을 조정하고 신속하게 해결할 수 있는 강력한 권한을 주었다. 안전 보장 이사회가 한 결의는 총회보다 우선시되었고, 회원국에 대한 제재도 할 수 있었다.

안전 보장 이사회는 미국, 소련, 영국, 중국, 프랑스 5개

유엔 헌장 조인식
1945년 6월 26일 미국 샌프란시스코 유엔 창립 회의에서 참가국이 창립 헌장에 조인하고 있다.

상임 이사국과 총회에서 뽑는 임기 2년의 비상임 이사국 10개국으로 구성되었다. 상임 이사국은 거부권이라는 특별한 권리를 인정받았다. 만약 거부권을 행사하면 다른 이사국이 모두 찬성해도 안건은 통과될 수 없었다. 현실적으로 강대국이 갖고 있는 영향력을 인정하면서 서로 견제하는 장치를 마련한 것이다.

한편 미국은 세계 평화를 위해 자유 무역에 토대를 둔 국제 통화 체제를 만들어야 한다고 주장하였다. 이에 따라 미국, 소련, 영국 등 45개국은 1944년 미국 브레턴우즈에서 회의를 열어 국제 통화 기금^{IMF}, 세계은행 설립에 합의하였다. 이어 무역과 관세에 관한 일반 협정^{GATT}도 체결하였다. 미국은 달러화를 기축 통화로 하는 브레턴우즈 체제로 세계 경제의 주도권을 확실하게 잡았다. 소련은 브레턴우즈 협정에 서명했지만 자본주의적 질서에 치우쳤다고 보고 끝내 비준하지 않았다.

기축 통화
금과 더불어 국제간 결제나 금융 거래에서 통용되는 통화.

• 국제 연합은 왜 안보리에 강력한 권한을 주었을까

제7장 평화에 대한 위협과 평화의 파괴 및 침략 행위에 관한 조치.
제41조 안전 보장 이사회는 결정 사항을 집행하기 위해 무력을 사용하지 않는 선에서 어떠한 조치를 취할 것인지 결정할 수 있다. 안전 보장 이사회는 회원국에 대해 이러한 조치의 실행을 요구할 수 있다.
제42조 안전 보장 이사회는 제41조의 조치가 불충분하다고 추정되거나 불충분한 것으로 판명될 경우, 국제 평화와 안전의 유지 또는 회복에 필요하다고 판단되는 모든 행동, 즉 육·해·공군을 동원한 무력 사용에 들어갈 수 있다.

- <국제 연합 헌장>

제1차 세계 대전이 끝난 뒤 국제 연맹이 만들어졌다. 그러나 처음 제안한 미국이 불참하였고 소련과 독일이 빠져 국제 기구로서 한계를 드러냈다. 연맹은 전쟁을 원칙적으로 금지하고 분쟁을 평화적으로 해결할 것을 규약에 명시했다. 하지만 회원국이 이를 어겨도 제재를 할 방법이 없었다. 이런 한계는 일본이 1931년 만주를 침략하였을 때 그대로 드러났다. 1932년 국제 연맹 총회는 만주 침략 사건 조사단이 올린 보고에 따라 "일본군의 행동은 침략 행위이다. 만주를 여러 나라가 '공동 관리'하는 자치 지역으로 한다. 일본군은 만주에서 철수한다"는 결의안을 찬성 42표, 반대 1표, 기권 1표로 통과시켰다. 하지만 일본은 이 결의에 절대 따를 수 없다며 이듬해 국제 연맹을 탈퇴하였다. 이를 거울 삼아 국제 연합은 안전 보장 이사회에 강력한 권한을 부여하였다.

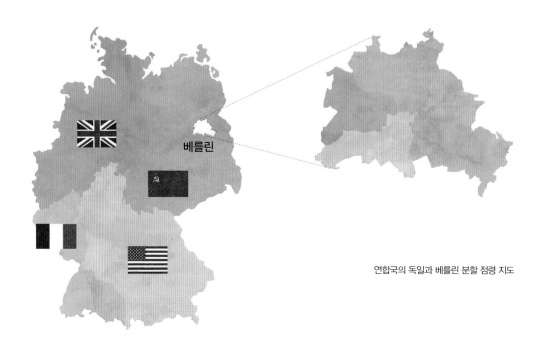

베를린

연합국의 독일과 베를린 분할 점령 지도

미국과 소련, 대립각을 세우다

제2차 세계 대전에서 승리한 연합국은 함께 새로운 세계 질서를 만들어 나갔다. 우선 미국, 소련, 영국, 프랑스는 독일을 분할 점령하였다. 소련 점령 지역 안에 있던 수도 베를린도 따로 네 나라가 나눠 차지하였다. 네 나라는 군정을 펼치며 나치 세력을 몰아내고 민주화를 추진하였다. 실질적으로 미국이 단독으로 점령한 일본은 제국 헌법을 버리고 민주 헌법을 새로 만들었다. 이와 함께 전쟁을 일으키고 반인륜적 범죄를 저지른 파시스트 지도자를 처벌하는 전범 재판을 독일과 일본 등에서 열었다.

하지만 공동의 적이 없어지자 미국과 소련은 드러내 놓고 서로를 경계하며 거리를 두기 시작하였다. 갈등은 전후 처리 문제를 둘러싸고 점점 심해졌다. 대립은 정치, 경제뿐 아니라 자본주의와 공산주의의 이념 대립으로 번져 갔다. 전후 두 진영을 이끄는 초강대국으로 국제 질서를 주도한 두 나라의 대립은 전 세계를 긴장으로 몰아넣었다.

냉전이 시작되다

　전쟁이 끝나면서 미국은 서유럽에 강력한 영향력을 갖게 되었다. 미군이 서유럽에서 나치를 물리친 주역이었고, 서유럽 각국은 전후 복구를 위해 미국의 지원이 절실하였기 때문이다. 마찬가지로 동유럽에서는 소련이 세력을 넓혀 나갔다. 사회주의 사상에 대한 관심이 더욱 높아진 것도 한몫하였다.

　미국은 동유럽에 친소 정권이 아닌, 자국에 우호적인 정권이 들어서기를 바랐다. 두 나라의 물밑 경쟁 속에 동유럽 여러 나라는 1944년부터 1947년까지 하나둘 공산 정권이 들어섰다. 공산주의자들이 소련의 지원으로 나치를 몰아내는 데 앞장서면서 국민의 지지를 얻었기 때문이었다.

　두 나라의 갈등은 1947년 그리스에서 공산주의자들이 주도한 내전이 일어나면서 폭발하였다. 이웃 터키마저 흔들리자 미국 대통령 트루먼은 공산주의 확산을 막겠다고 선언하였다.^{트루먼 독트린}

　트루먼 독트린에 따라 미국은 그리스와 터키를 지원하여 공산화를 막아 냈다. 이어 서유럽 경제를 되살리기 위해 대규모 원조 계획을 세웠다.^{마셜 플랜} 서유럽 경제가 살아야 자유 경제 체제를 굳건히 할 수 있다고 본 것이다.

　마셜 플랜에 맞서 소련 공산당은 각국 공산당 대표를 불러 공산당 정

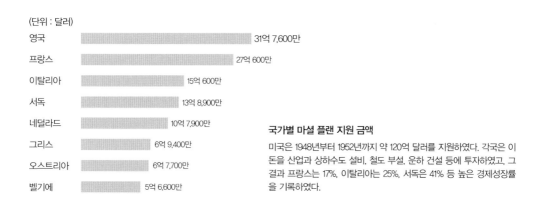

(단위 : 달러)

국가	금액
영국	31억 7,600만
프랑스	27억 600만
이탈리아	15억 600만
서독	13억 8,900만
네덜란드	10억 7,900만
그리스	6억 9,400만
오스트리아	6억 7,700만
벨기에	5억 6,600만

국가별 마셜 플랜 지원 금액
미국은 1948년부터 1952년까지 약 120억 달러를 지원하였다. 각국은 이 돈을 산업과 상하수도 설비, 철도 부설, 운하 건설 등에 투자하였고, 그 결과 프랑스는 17%, 이탈리아는 25%, 서독은 41% 등 높은 경제성장률을 기록하였다.

보국^{코민포름}을 만들어 결속을 다졌다. 그리고 동유럽 공산주의 국가들과 경제적 유대를 강화하는 경제 상호 원조 회의^{코메콘}를 창설하였다.

두 진영은 직접 전쟁은 하지 않았다. 하지만 총을 쏘지 않았을 뿐 전쟁이나 다름없었다. 냉전이 시작된 것이다.

두 진영, 집단 안보 체제로 맞서다

자본주의와 공산주의 진영은 1948년 분할 점령한 독일에서 맞부딪쳤다. 미국, 영국, 프랑스는 소련의 반대에도 세 나라 점령 지역을 하나의 경제권으로 통합하였기 때문이다. 이에 맞서 소련은 서방이 점령한 지역에서 베를린으로 통하는 통로를 모두 막아 버렸다.

베를린 봉쇄는 11개월 뒤 풀렸다. 하지만 두 진영의 대립은 더욱 심해졌고, 진영 내 단결은 더욱 단단해졌다. 그 결과 공식적으로 독일은 서독과 동독으로 분단이 되었고, 유럽은 적대적인 두 진영으로 나눠졌다.

서로에게 위협을 느낀 두 진영에서는 집단 안보에 대한 관심이 높아졌다. 먼저 미국과 서유럽은 1949년 4월 북대서양 조약 기구^{NATO}라는 집단 방위 체제를 구축하였다. 나아가 서독의 재무장과 NATO 가입을 허용하였다. 이에 소련과 동유럽 국가들은 1955년 바르샤바 조약 기구^{WTO}를 결성하였다.

두 진영이 군사 동맹체를 만들면서 냉전은 절정을 향해 치달았다. 두 진영은 지구를 수십 번 쑥대밭으로 만들 수 있는 핵무기로 서로를 위협하였다. 비록 유럽에서 직접 충돌은 자제하였지만 지구 곳곳에서 무력을 동원하여 상대방을 공격하였다. 1950년 한국 전쟁이 그 시작이었다.

미국과 영국, 프랑스가 독일 점령지 내 경제권을 통합하고 새로운 화폐를 발행하자 소련은 서베를린으로 통하는 모든 길을 막았다. 서방 측은 비행기로 서베를린에 생활 필수품을 공급하였다.

한국, 둘로 나눠지다

1945년 8월 15일 한국은 해방되었다. 한국인들은 너나없이 새로운 나라를 만들 꿈에 부풀었다. 하지만 38도선을 경계로 미국군과 소련군이 진주하면서 위기를 맞게 되었다.

소련은 얄타 회담에서 한 약속에 따라 8월 8일 일본에 선전 포고를 하였다. 다음 날 소련군은 중국 동북 지방으로 진격하였다. 예상과 달리 일본 관동군은 별다른 저항을 하지 못하였다. 11일에는 한반도 북부까지 들어왔다. 같은 날 소련군은 러일 전쟁 때 빼앗겼던 남 사할린도 공격하였다. 일본군의 강력한 저항으로 조금 늦어졌지만 25일에는 남 사할린을 완전히 점령하였다. 여차하면 일본 홋카이도로 들어갈 수도 있었다. 반면 미군은 오키나와에서 일본군의 강력한 저항에 발목이 잡혀 일본 본토로 진격하지 못하고 있었다. 당연히 한반도에 들어올 준비도 안 되어 있었다.

총독부 건물에 걸린 성조기
조선 총독부 건물에 성조기가 게양되고 있다.

미국은 서둘러 10일에 소련, 영국, 중국 등 연합국에 동북아시아 처리 방침을 통고했다. 일본은 미국이, 중국 동북 지역은 소련이, 한반도는 38선을 경계로 미국과 소련이 분할 점령하여 일본군을 무장 해제시킨다는 방침이었다.

동유럽에 신경을 쓰고 있던 소련은 이 제안을 받아들였다. 내심 홋카이도 북부 지역을 미국이 양보할 수도 있다는 계산도 있었다. 소련군은 8월 말에는 38선 북쪽 지역을 완전히 장악하였다.

미군은 9월에야 서울에 도착하여 조선 총독부로부터 항복을 받았다. 그때까지 조선 총독부 앞에 걸려 있던 일장기가 내려지고 성조기가 올라갔다. 남한에서 미군정이 시작된 순간이었다.

소련군 진주
1945년 8월 말에 평양에 들어온 소련군이 거리를 행진하고 있다.

38선은 처음에는 왕래도 가능하였다. 하지만 미국과 소련의 대립이 심해지면서 남북을 나누는 분단선이 되고 말았다. 해방과 더불어 분단이 시작된 것이다.

한반도 분할 제안
미국은 소련에게 일본군 무장 해제 담당 지역을 일본과 한반도 남부는 미군이, 만주와 사할린 및 한반도 북부는 소련군이 맡자고 제안하였다. 처음 38선은 일본군 무장 해제를 위해 잠정적으로 나눈 선이었다.

중국 공산당, 중화 인민 공화국을 수립하다

중국은 일본이 항복한 뒤 국민당과 공산당이 합작에 실패하면서 내전이 일어났다. 1946년부터 전면적으로 벌어진 내전에서 미국은 물론 소련도 처음에는 국민당을 지지하였다. 여기에 자본가들의 지원을 받은 국민당군은 우세한 군사력으로 공산당군을 일방적으로 밀어붙였다. 공산당 근거지였던 옌안까지 점령하였다. 그러나 독재, 부정부패, 극심한 인플레이션 등으로 민중의 지지를 잃었다. 반면 공산당은 토지를 농민에게 분배하고 사회 개혁 등으로 지지세를 넓혀 나갔다. 민중은 물론 많은 자본가와 지식인 들도 공산당을 지지하였다.

1947년 가을부터 상황이 바뀌었다. 마침내 공산당은 중국 대륙을 장악하고, 1949년 10월 1일 중화 인민 공화국 수립을 선포하였다. 패배한 국민당은 타이완으로 도망쳐 간신히 명맥을 유지하였다.

중화 인민 공화국은 토지 개혁을 완성하고 기업을 국유화시켜 국가 경제를 회복시켰다. 밖으로는 티베트와 타이완을 포함한 옛 영토를 되찾겠다고 선언하였다. 티베트는 청이 멸망한 뒤 독립을 선언한 상태였다. 1950년 10월 인민 해방군이 티베트를 침공하여 점령하였다. 여기에 반대한 14대 달라이 라마를 비롯한 수많은 티베트 인들은 인도로 망명했

중화 인민 공화국 수립 선언
베이징 톈안먼 광장에서 중국 공산당 주석 마오쩌둥이 중화 인민 공화국 수립을 선언하고 있다. 소련 및 동남아시아 여러 나라들은 중화 인민 공화국을 인정하고 외교 관계를 맺었다. 하지만 미국과 서유럽은 이를 인정하지 않았다. 중화 인민 공화국은 1971년 유엔에 가입하면서 중화민국을 대신하여 상임 이사국이 되었다.

다. 중국은 한국이 남북으로 분단되는 과정에서 북한 정권 수립을 도왔고, 한국 전쟁이 일어나자 대규모 군대를 보내 북한을 지원하였다.

미국은 타이완 국민당 정부를 중국 대표로 인정하고 중화 인민 공화국의 유엔 가입을 막았다. 이에 맞서 중국은 소련의 협조를 얻어 1953년 제1차 5개년 계획을 추진하였다. 농촌에서는 인민 공사를 세워 대규모 집단 농장을 만들었다.

자주 국방과 자주 경제를 세우려는 계획은 중소 분쟁으로 소련이 지원을 중단하면서 위기를 맞았다. 여기에 자금과 기술 부족, 농업 집단화에 대한 반발 등으로 계획대로 진행되지 않았다. 이에 마오쩌둥은 1958년부터 기술 집약적인 소련식 대신에 대중을 동원하여 노동 집약적으로 사회주의를 건설하자는 대약진 운동을 펼쳤다.

'10년 만에 영국을 따라잡고, 15년 만에 미국을 이기자!'며 야심차게 추진한 대약진 운동은 무리한 대중 동원과 자연 재해 등으로 수천만 명이 굶어죽기에 이르렀다. 결국 마오쩌둥은 4년 만에 실패를 인정하고 주석에서 물러났다. 대외적으로 티베트 문제로 인도와 국경 분쟁이 일어났고, 소련이 인도를 지지하면서 소련과 관계는 더욱 나빠졌다.

일본, 반공의 방패가 되다

일본은 항복 뒤 미국의 지배 아래 들어갔다. 처음 연합국은 포츠담 선언에 따라 미국, 소련, 영국, 중국이 일본을 분할 점령할 계획이었다. 하지만 미국은 전후 세계 정세를 고려하여 단독 점령으로 정책을 바꾸었다.

미군은 도쿄에 연합국군 최고사령관 총사령부GHQ를 설치하고 군정을 실시하였다. 하지만 독일과 달리 간접 통치 방식으로 일본을 지배하였다. 나치 지배 기구를 철저히 배격한 독일과 달리 일본 제국의 행정 기구를 그대로 이용한 것이다.

미국은 우선 제국 헌법을 폐기하고 새 헌법을 만들어 민주주의가 발전

1945년 9월 27일 일본 히로히토 천황(1901~1989)은 미국 사령관 더글러스 맥아더 장군을 찾아갔다. 두 사람이 함께 찍은 이 사진이 신문에 공개되자 일본인들은 큰 충격을 받았다. 다음 해 1월 1일에는 천황이 자신은 '신이 아닌 인간'이라는 담화를 발표하였다. 대신 GHQ는 천황을 전범으로 법정에 세우지 않고 천황제를 유지시키겠다고 약속했다. 일본을 원활하게 통치하기 위해 정치적 거래를 한 것이다.

할 수 있게 하였다. 새 헌법은 천황을 상징적 존재로 규정하고 국민이 주인임을 선언하였다. 인권 보호 조항도 강화하였다. 특히 9조에서 군대를 갖지 못하고 전쟁을 할 수 없도록 명시하였다. 또한 군대를 해체하고 군수 생산을 금지하였다.

침략 전쟁에 앞장선 재벌도 해체하고 농지 개혁을 단행하여 지주에게 집중된 경제력을 약화시켰다. 내각 수상을 비롯한 주요 전쟁 책임자들을 체포하여 재판에 넘기고 군국주의 단체를 해산시켰다. 군국주의자들도 공직에서 추방하였다. 쫓겨난 군인, 정치인, 경찰, 교육자가 21만 명이 넘었다.

하지만 중국의 국공 내전에서 공산당이 승리하고 한국 전쟁과 베트남 전쟁이 일어나면서 민주화 정책은 변질되었다. 소련이 원자탄 개발에 성공하면서 핵무기 독점이 깨진 것도 영향을 미쳤다.

미국은 군국주의 청산을 뒤로 미루고 일본을 공산주의 세력을 막는 전초 기지로 만들어 갔다. 이를 위해 군국주의자와 뿌리를 함께하고 있는 보수 세력과 손을 잡고 경제 부흥에 나섰다. 1951년 9월에는 샌프란시스

전범 재판
도조 히데키, 기시 노부스케 등 주요 전범 25명이 법정에 섰다. 재판 과정에서 고문, 폭행, 학살 등 각종 범죄 행위가 드러났다. 최종 판결에서 도조 히데키 등 7명은 사형, 나머지는 금고형이 선고되었다. 하지만 최고 전쟁 책임자 히로히토 천황은 재판정에 서지 않았고, 관료 및 재벌 등도 면죄부를 받았다.

코 강화 조약을 맺어 주권을 회복시켰다. 한국, 중국, 소련 등이 강하게 반발하였지만 일본을 국제 사회에 서둘러 복귀시키기 위해 밀어붙인 것이다. 침략에 대한 사과와 실질적 배상도 없이 일본이 국제 사회에 주권 국가로 돌아왔다.

이와 함께 1954년 한국 전쟁 발발과 함께 창설한 경찰 예비대를 자위대로 개편하였다. 미국이 사실상 재군비를 허용한 것이다. 전범 재판도 흐지부지되어 사형당한 7명을 뺀 나머지는 모두 석방되었다. 그 가운데 기시 노부스케는 1957년 일본 총리가 되었다.

대신 미국은 일본과 안보 조약을 맺어 미군의 주둔을 보장받았다. 두 나라는 상호 방위 원조 협정도 맺어 동맹국이 되었다. 미국은 일본을 동아시아에서 공산주의 확산을 막으려는 세계 전략에 주요한 동반자로 삼은 것이다.

아시아·아프리카에 독립 바람이 불다

2차 대전이 끝난 뒤 아시아와 아프리카에서는 식민지 해방에 대한 열망이 거세게 일어났다. 물론 서구 자본주의 열강들이 순순히 독립을 시켜 주지 않았다. 경제적 압박과 무력으로 독립을 막았다. 하지만 그 누구도 독립 열망을 꺾을 수 없었다. 이들은 서구 자본주의 열강에 맞서 끊임없는 투쟁을 벌여 마침내 독립을 쟁취하였다. 1940년 후반 필리핀, 인도, 인도네시아 등 아시아 여러 나라들이 독립을 이뤘고, 1960년에는 아프리카에서 무려 17개 독립 국가가 탄생하였다.

이들은 비록 독립은 했지만 제국주의가 뿌린 씨앗으로 많은 어려움을 겪었다. 제국주의 국가들이 식민 통치를 위해 종교 갈등을 부추겼고, 국경선이 된 식민지 경계선이 민족적 전통과 역사적 경험이 아니라 열강의 이해 관계로 정해졌기 때문이었다. 그 결과 인도는 인도 연방, 파키스탄, 방글라데시, 스리랑카로 나눠져 버렸다. 아프리카에서는 부족 간 대립으로 충돌이 그치지 않는 등 심각한 문제를 낳았다.

아시아와 아프리카 여러 나라는 아직도 식민지 잔재를 완전히 청산하지 못했다. 그렇지만 하나씩 문제를 해결해 가면서 대외적으로 발언권을 강화해 나가고 있다. 아프리카 국가들은 1963년 아프리카 통일 기구ᴼᴬᵁ를 만들고, 동남아시아 여러 나라들은 1967년 동남아시아 국가 연합ᴬˢᴱᴬᴺ을 결성하여 상호 유대를 강화하고 제3세계 운동에 적극 참여하고 있다.

베트남, 냉전의 희생물이 되다

베트남은 일본이 항복한 뒤 독립 운동을 이끌었던 호치민이 베트남 민주 공화국을 선포하였다. 그러나 일본군 무장을 해제시키기 위해 북위 16도를 경계로 남에는 영국군이, 북에는 중국군이 들어왔다. 프랑스도 독립을 인정하지 않고 군대를 보내 남부에 꼭두각시 정부를 세웠다. 이에 맞서 호치민 정부는 프랑스와 전쟁을 선언하였다.

1954년 3월 베트남은 디엔비엔푸 전투에서 프랑스 군에 결정적 승리를 거두었다. 프랑스는 어쩔 수 없이 군대를 철수시켰고, 미국, 소련, 영국, 중화 인민 공화국 등과 제네바에서 베트남 문제 해결을 위한 회의를 열었다. 제네바 협정에서 국제 사회는 북위 17도선을 경계로 휴전을 하고 2년 뒤 총선거로 통일 정부를 세우기로 약속하였다.

호치민 독립 선언
베트남 독립운동을 이끈 호치민이 1945년 9월 2일 하노이 바딘 광장에서 베트남 민주 공화국의 독립 선언을 선포하고 있다.

하지만 남부에서는 이를 무시하고 미국의 지원을 받아 베트남 공화국이 세워졌다. 여기에 반발하여 민중들은 남베트남 민족 해방 전선비엣콩을 만들어 저항하였다. 호치민 정부는 이들을 지원하였다. 이에 미국이 전투 부대를 보내면서 베트남은 다시 국제 분쟁에 휩쓸려 들어갔다.

제3세계가 탄생하다

미소 대립이 심해지면서 동서 진영 어디에도 가담하지 않는 제3세계를 만들자는 움직임이 일어났다. 한국, 베트남이 자국의 운명을 스스로 결정하지 못하고 강대국에 의해 분단되는 것을 보면서 이런 움직임은 더욱 커졌다.

제3세계 운동은 1954년 국경 분쟁을 겪던 중국과 인도가 평화 5원칙에 합의하면서 시작되었다. 평화 5원칙은 중국 수상 저우언라이와 인도 수상 네루가 냉전과 식민주의 전쟁 등을 끝내고 새로운 국제관계 원칙으로 제시한 것이다. 미얀마, 베트남 민주 공화국, 유고슬라비아, 이집트, 소련 등이 이 원칙에 동의하였다. 이어 1955년 인도네시아 반둥에서 29개국 대표들이 제1회 아시아·아프리카 회의를 열었다. 회의 개막 연설에서 인도네시아 수카르노 대통령은 제3세계가 탄생했다며 이렇게 선언하였다.

평화 5원칙
① 영토·주권의 상호 존중
② 불침략
③ 내정 불간섭
④ 평등·호혜
⑤ 평화적 공존

제3세계 지도자들
왼쪽부터 이집트의 나세르, 인도의 네루, 유고슬라비아의 티토이다.

"인류 역사상 처음으로 유색인들이 대륙을 넘어서 모였고, 침묵하던 사람들이 목소리를 찾았다. 현대적인 포장을 한 모든 식민주의를 타파하자."

반둥 회의 참가국들은 평화 10원칙을 채택하고 비동맹 회의 참가 자격을 정하였다.

평화 10원칙
① 기본적 인권 및 유엔 헌장의 목적과 원칙을 존중한다.
② 모든 국가의 주권과 영토 보전을 존중한다.
③ 모든 인종의 평등을 존중하고 모든 국가의 평등을 인정한다.
④ 다른 나라의 국내 문제에 대하여 불간섭 및 불개입한다.
⑤ 유엔의 헌장에 따라 각국의 자위권을 존중한다.
⑥ 집단 방위 협정이 특정한 강대국의 이익을 위해 사용되어서는 안 되며, 그러할 경우 불참가한다.
⑦ 어떠한 국가도 다른 국가의 영토와 정치 독립을 침범하면 안 된다.
⑧ 평화적인 방법으로 국제 분쟁을 해결한다.
⑨ 상호 이익과 협력을 증진한다.
⑩ 정의와 국제 의무를 존중한다.

1962년에는 유고 베오그라드에서 제1차 비동맹 회의를 열어 미국, 소련과 군사 동맹을 맺지 않은 모든 국가의 결속을 다짐하였다. 제3세계가 공식 출범한 것이다.

회의 참가국은 제1차 회의에서는 25개국이었지만 1983년 인도에서 열린 7차 회의에는 100개국이 넘었다. 이에 힘입어 유엔 등 국제 사회에서 영향력을 넓혀 나가고 있다.

이념을 무기로 반대파를 공격하다

스탈린(왼쪽)과 부하린
국가 전복 혐의로 사형당한 부하린이 혁명 동지이자 친구였던 스탈린에게 남긴 마지막 말은 "코바, 왜 나의 죽음을 필요로 하지?"였다. 1988년 복권되었다.

소련은 1930년대 가난한 자의 이름으로 부자에 대한 '계급 전쟁'을 선언하였다. 명분은 자본주의 국가에 포위된 나라를 구해야 한다는 것이었다. 이런 분위기 속에서 공산당 서기장 스탈린은 자신에 대한 비판을 사회주의 체제에 대한 반대로 몰아세워 반대파를 숙청하였다. 혁명 동지 부하린을 비롯하여 육군 원수, 군 사령관 등이 처형당했다. 고급 장교 가운데 무려 70% 이상이 숙청당했다.

이 밖에도 수많은 사람들이 처형당하거나 감옥이나 수용소로 보내졌다. 약 2,000만 명이 죽고, 감옥에 가거나 추방된 사람도 2,000만 명이 넘었다.

미국에서는 1950년대 상원의원 매카시가 주도한 이념 광풍이 불었다. 매카시는 아무런 증거도 없이 '할리우드와 노동조합에 공산주의자들이 가득하다'라며 이념 공세를 퍼부었다. 매카시가 폭로를 하면 신문들은 사실 여부에 관계없이 1면 톱으로 보도하였다. 신문은 불티나게 팔려나갔고 동조하는 사람들이 늘어났다. 로널드 레이건은 엘리아 카잔, 월트 디즈니와 함께 매카시즘에 적극 동조한 대표적인 인물이다. 매카시의 인기도 높아졌다. 매카시가 지목한 단체나 개인은 사실이든 아니든 공산주의자로 의심을 받았다. 심지어 아이젠하워 대통령도 공산주의자라고 공격을 받았다. 이런 살벌한 분위기를 영화배우 험프리 보가트는 이렇게 말했다.

"국가를 부르다 엉덩이를 긁적거린 사람은 모두가 혐의를 받았다."

'매카시 선풍'으로 수백 명이 공산주의자로 낙인찍혀 감옥살이를 했다. 1만 명이 넘는 사람들이 조사를 받았다는 이유만으로 직장을 잃었다.

대표적인 피해자는 영화배우 찰리 채플린, 극작가 아서 밀러, 음악가 레너드 번스타인 등이다. 찰리 채플린은 영화 홍보차 영국에 갔다가 입국을 거부당해 미국에 돌아오지 못하였다.

매카시 선풍은 매카시의 주장이 거짓임이 밝혀지면서 가라앉았다.

매카시즘
'미국의 내일'이라는 제목 아래 '공산주의의 지배를 받는 미국'이라고 쓰여 있다. Catechetical Guild Educational Society가 펴낸 만화책 표지로 극단적인 매카시 선풍을 보여 주고 있다.

냉천 체제가 무너지다

냉전 체제가 흔들리다

1950년대 후반에 이르러 냉전 체제가 조금씩 흔들리기 시작하였다. 1953년 스탈린에 이어 소련 공산당 서기장이 된 흐루쇼프는 자본주의 국가와 평화 공존을 주장하며 1955년 서독과 국교를 회복하였다. 이어 1959년 미국을 방문하여 아이젠하워 대통령과 정상 회담을 하였다.

미국에서는 1954년 매카시 선풍이 가라앉았다. 그 계기는 이해 3월 한 언론 시사 프로그램에서 그가 말한 주장이 거짓임을 조목조목 밝힌 것이

매카시 비판 보도
1954년 3월 9일 에드워드 머로(1908~1965)는 CBS 시사 프로그램 〈See It Now〉에서 매카시의 주장을 하나씩 따지며 거짓이라고 주장했다.

흐루쇼프 방문 반대 시위
흐루쇼프가 미국을 방문하자 반대자들이 피켓을 들고 시위하고 있다.

다. 매카시는 아무런 반박도 하지 못했다. 한때 매카시에 동조했던 공화당은 "독재자의 방법으로 자유를 지켜서는 안 된다"고 그를 비판하였다. 연방 대법원도 헌법 정신에 따라 국가 안보보다는 사상과 표현의 자유를 중시하기 시작했다.

한편 자본주의와 사회주의 진영 안에서 미국과 소련의 지도력에 도전하는 흐름이 나타났다.

1948년에는 유고슬라비아 대통령 티토가 독자적이고 민족주의적인 공산주의를 주장하였다. 2차 대전에서 스스로 나치를 내쫓고 국토 대부분을 되찾은 유고슬라비아는 이미 소련에 자주적 입장을 가지고 있었다. 유고슬라비아는 코민포름에서 제명당하자 바르샤바 조약에 가입하지 않고 비동맹 노선을 걸었다.

• 유고슬라비아, 역사 속으로 사라지다

유고슬라비아 사회주의 연방공화국은 크로아티아, 슬로베니아, 보스니아–헤르체고비나, 마케도니아, 몬테네그로, 세르비아 등 6개 공화국으로 이뤄진 연방 공화국이었다. 동유럽 공산주의 국가와 달리 바르샤바 조약에 가입하지 않았다. 1970년대 시장 경제를 도입하여 동유럽에서 가장 부유한 나라로 발전했다. 하지만 북대서양 조약 기구도 가입하지 않고 비동맹 운동 노선을 걸었다.

1980년 5월 티토가 죽고 1980년 후반 동유럽 공산주의 정권들도 차례로 무너지자 유고 연방도 흔들리기 시작하였다. 내전 끝에 1991년 슬로베니아, 크로아티아, 마케도니아, 보스니아–헤르체고비나가 차례로 분리 독립했다. 1992년 세르비아와 몬테네그로가 유고슬라비아 연방공화국을 결성하면서 유고슬라비아 사회주의 연방공화국은 역사에서 사라졌다. 유고슬라비아 연방공화국도 2006년 몬테네그로 공화국과 세르비아 공화국으로 분리되었다. 2008년에는 코소보가 세르비아에서 독립 선언을 하면서 유고슬라비아 사회주의 연방공화국은 7개 나라로 나눠졌다.

소련 탱크에 맞서는 체코 시민들
프라하의 모든 교회는 종이 찢어질 듯 울렸고 시민들은 소련군 탱크를 맨몸으로 저지하며 울부짖었다. 소련군 및 바르샤바 조약 군대에 음식 팔기를 거부하고, 표지판을 죄다 뒤바꿔 놓아 전차 부대를 헤매게 하였다.

헝가리 자유 투사
1956년 미국 시사 주간지 『타임』은 헝가리 자유 투사를 '올해의 인물'로 선정하였다.

1956년에는 헝가리에서 학생, 노동자, 시민이 공산당 독재에 반대하여 봉기하였다. 이들은 복수 정당 허용, 소련군 철수, 표현과 사상의 자유, 정치범의 석방 등을 요구하였다. 소련은 헝가리 공산당이 이를 받아들이고 바르샤바 조약 기구 탈퇴를 선언하자 군대를 보내 진압하였다.

1968년에 체코슬로바키아는 체코와 슬로바키아를 개별 공화국으로 하는 연방 체제로 개편하겠다고 선언하였다. 서기장 두브체크는 보도·표현·이동의 자유도 보장하겠다고 약속하였다. '프라하의 봄'이라 불린 이 개혁은 소련과 바르샤바 조약 회원국이 무력 침공하면서 막을 내렸다.

한편, 중국은 1960년 평화 공존 주장을 비판하면서 소련을 수정주의로 몰아붙였다. 소련은 새로운 역사 상황에 맞추어 이념은 끊임없이 창조적으로 발전시켜야 한다고 주장하였다. 평화 공존론에서 시작된 이념 논쟁은 개인 숭배, 유고슬라비아 문제, 개발도상국 민족 해방 운동 지원 문제, 핵무기 문제 등을 둘러싼 전면적 논쟁으로 번졌다.

자본주의 진영에서는 프랑스가 미국과 영국이 주도하는 유럽 질서에 대립각을 세웠다. 계기는 제2차 중동 전쟁이었다. 1956년 7월 이집트 나세르 대통령이 수에즈 운하를 국유화하였다. 수에즈 운하에 이해관계를 갖고 있던 영국과 프랑스는 이스라엘과 함께 이집트를 침공하였다. 세 나라 군대는 시나이 반도에 이어 11월 수에즈 운하를 점령하였다. 이집트가 일방적으로 밀리자 소련은 핵공격까지 들먹이며 철수를 요구하였다. 유엔도 총회에서 침공군 전면 철수와 유엔군 파견을 결의했다. 미국도 여기에 찬성표를 던졌다. 심지어 미국은 소련이 무력을 사용해도 두 나라를 돕지 않겠다고 선언하였다.

물론 미국도 수에즈 운하 국유화 선언에 크게 반발하였다. 하지만 영국과 프랑스가 상의도 없이 파병하자 두 나라를 강하게 압박하였다. 전 세계에 미국이 가진 영향력이 여전함을 보여 주고 서아시아와 이집트에 소련의 영향력이 커지는 것을 막기 위함이었다. 전쟁은 미국의 압력과 유엔의 중재로 1957년 3월 이스라엘군이 시나이 반도에서 철수하면서 끝이 났다.

미국과 소련이 주도하는 세계 질서에 2류 강대국으로 굴욕감을 맛본 프랑스는 독자 핵무기 개발에 박차를 가하였다. 1960년 미국의 반대에도 핵무기를 손에 넣고 1966년에는 나토 탈퇴를 선언하였다. 이어 드골 대통령은 소련 방문 계획을 발표하면서 독자적인 외교 노선을 걸어 나갔다. 2차 중동 전쟁 뒤 미국 편에 선 영국과 다른 길을 택한 것이다. 프랑스는 서방 세계 가운데 처음으로 중화 인민 공화국을 승인하고 동유럽 공산 국가와 관계를 개선하였다.

화해의 길로 들어서다

미국과 소련 두 나라는 1962년 쿠바 사태로 핵전쟁 일보 직전까지 갔다. 그러나 평화를 바라는 전 세계인의 바람과 파국을 막으려는 필사적인 노력으로 위기를 넘겼다. 이듬해에는 미국과 소련, 영국이 부분적 핵

무릎 꿇은 브란트
1970년 서독 빌리 브란트 총리
가 폴란드 바르샤바 유대인 희
생자 위령탑 앞에 비를 맞으며
무릎을 꿇고 있다.

실험 금지 조약을 맺었다. 그 뒤 두 나라는 군사비를 줄여 긴장을 완화해 나가기로 의견을 모았다. 1960년대 후반 두 진영 사이에는 화해 분위기가 더욱 높아졌다. 미국과 소련은 1967년 초 핵무기 비확산에 관한 조약^{NPT} 에 합의하였고, 1969년 6월 유엔 총회는 압도적 찬성으로 지지 결의안을 채택하였다.

미국은 1970년 2월 공산 국가와 대화하고 교류하겠다는 새로운 외교 정책을 발표하였다.^{닉슨 독트린} 이에 따라 베트남에 파병한 군대를 단계적으로 철수시키기 시작하였다. 1971년에는 중화 인민 공화국이 유엔에 가입하여 중화 민국을 대신하여 상임 이사국이 되는 것을 인정하였다. 이듬해에는 미국 닉슨 대통령이 직접 중국을 방문하였다. 마침내 1973년 두 나라는 관계를 정상화하였다.

일본도 중국과 관계 정상화에 나서 1972년 국교를 회복하였다. 서독은 동방 정책을 추진하여 1970년 소련과 불가침 조약을 맺었다. 1972년에는 동독 체제를 인정하고 교류와 지원을 확대하겠다고 약속하였다. 1975년에는 미국과 소련, 유럽 32개국, 캐나다 등이 핀란드 헬싱키에서 주권 인정, 무력 사용 중단, 불가침, 내정 불간섭 등에 합의하였다. 헬싱키 협정은 유럽에서 냉전이 공식적으로 끝나고, 세계가 평화 공존의 길로 나아가기로 했음을 선언한 중요한 조약이었다.

하지만 냉전 체제가 완화되었다고 국제적 충돌이 사라진 것은 아니었다. 민족과 경제, 종교 문제 등으로 세계 곳곳에서 충돌이 멈추지 않았다. 베트남을 비롯하여 라오스, 캄보디아에서 내전이 일어났고, 아프카니스탄에서도 공산주의와 자본주의를 지지하는 세력 사이에 갈등이 일어났다. 소련이 아프가니스탄을 침공하면서 미국과 긴장감이 조성되기도 하였다.

• 쿠바 위기

체 게바라와 카스트로
쿠바 혁명을 이끈 체 게바라(왼쪽)와 피델 카스트로. 혁명 뒤 카스트로는 국가평의회 의장이 되었고, 게바라는 볼리비아로 가 혁명군을 이끌다 사망했다.

쿠바는 1902년 스페인이 미국과 전쟁에서 패배하자 독립하였다. 하지만 경제적으로 미국에 예속당하고 있었고, 대부분 땅은 미국 자본가와 쿠바인 대지주들이 차지하고 있었다. 여기에 친미 성향의 독재 정권은 엄청난 부정부패를 저질러 일반 민중들을 구렁텅이로 몰아넣었다. 민중들은 여러 차례 봉기를 일으켰지만 미국의 지원을 받은 정권에 진압되었다.

1953년 7월 카스트로와 체 게바라가 이끄는 혁명군이 봉기하였다. 혁명군은 많은 어려움을 이겨내고 1959년 1월 수도 아바나에서 혁명 정부를 세웠다. 카스트로 정부는 무상 교육과 의료를 실시하고 전국의 사유 토지와 재산을 몰수하였다. 미국인을 비롯한 외국인이 소유한 원유, 전화, 전기 회사와 설탕 공장 등도 국유화하였다.

미국은 카스트로 정부를 무너뜨리기 위해 많은 노력을 하였는데 1961년에는 직접 용병을 보내기도 하였다. 이해 두 나라는 외교 관계를 끊었다. 반면 소련은 미국 수출길이 끊긴 쿠바 설탕을 사들였다. 무역과 기술 대표단도 파견

하였고 각종 무기를 지원하였다.

한편 2차 세계 대전 뒤 미국과 소련은 대륙간탄도미사일(ICBM)을 개발하기 시작하였다. 이 기술은 런던을 공포로 몰아넣었던 독일 V-2 로켓이 바탕이 되었다. 이 경쟁에서 소련이 한발 앞서 1957년 개발에 성공하였다. 이어 세계에서 처음으로 인공위성 발사도 성공하였다. 놀란 미국도 2년이 채 안 돼 ICBM 개발에 성공하였다. 이어 새로 대통령이 된 케네디는 1961년 달 탐사 계획을 발표하였다.

두 나라 사이 냉전이 심해지는 가운데 1961년 미국과 소련은 베를린에서 군사 충돌 직전까지 갔다. 이어 동독 정부는 베를린 장벽을 건설하였다. 이를 빌미로 미국은 1962년 독일, 이탈리아와 터키 등에 중단거리 탄도 미사일을 배치하였다. 특히 터키 미사일은 모스크바를 사정거리 안에 두어 턱밑에 비수를 들이댄 것이나 다름없었다. 강력하게 반발하던 소련은 쿠바에 혁명 정부가 들어서자 미사일 기지를 건설하기 시작하였다.

미국 대통령 케네디는 이를 선전 포고로 간주하고 제3차 세계 대전도 불사하겠다는 성명을 발표했다. 핵전쟁이 일어날지도 모를 위기는 소련이 미사일 기지 건설을 중지하고 터키에 있던 미국의 탄도 미사일을 철수한다는 조건으로 타결되었다.

쿠바 위기 만평
흐루쇼프와 케네디가 핵 단추를 누르려고 하면서 상대방을 위협하고 있다.

1961년 4월 21일자 「타임」지
1961년 4월 12일 가가린이 최초로 우주에 갔다 온 사실은 전 세계에 엄청난 파장을 몰고 왔다. 가가린은 전 세계적으로 '스타'가 되었고, 타임지 표지모델이 되었다. 미국은 소련을 따라잡기 위해 부랴부랴 아폴로 계획(인간을 달에 착륙시킨다는 우주 계획)을 발표하였다.

민주화 바람이 동유럽을 휩쓸고, 소련이 해체되다

1980년대 중반부터 소련 공산당 서기장 고르바초프는 일당 독재를 완화하고 시장 경제를 도입하는 개혁^{페레스트로이카}과 개방^{글라스노스트} 정책을 추진하였다. 또한 미국과 정상 회담을 갖고 냉전의 종식을 공식적으로 선언하였다. 이를 계기로 동유럽에서는 공산당 독재 체제에 대한 불만이 크게 높아지면서 민주화 운동이 일어났다.

동독에서는 반정부 시위가 일어나 독재 권력을 몰아내고, 베를린 장벽을 부수어 버렸다. 이어 실시된 자유 총선거에서 서독과 통일을 주장하는 독일 연합이 압승하여 공산당 일당 독재 체제가 막을 내렸다. 1990년 동서독은 미국과 영국, 소련, 프랑스, 4개 점령국의 동의를 얻어 통일 국가로 다시 태어났다.

폴란드에서도 자주적 노동 조합 건설과 민주화 운동을 주도한 자유 노조가 1989년 총선거에서 압도적 승리를 거두었다. 다음 해에는 자유 노조를 이끈 바웬사가 5년 임기의 직선제 대통령에 선출되었다. 헝가리를 비롯하여 불가리아, 루마니아, 알바니아에서도 민주화 운동이 일어나 공

• 5g 탁구공이 세계를 바꾸다

1969년 소련군과 중국군은 우수리 강에서 충돌하였다. 베트남 전쟁에서 발을 빼려던 미국은 이를 계기로 중국과 관계 개선을 꾀하였다. 중국도 소련과 분쟁에서 유리한 입장을 차지하기 위해 미국과 손을 잡고 싶어 했다.

마침 1971년 일본 나고야에서 세계 탁구 선수권 대회가 열렸다. 두 나라는 물밑 접촉 끝에 대회 뒤 미국 선수단이 중국을 방문한다고 발표하였다. 베이징에 도착한 미국 선수단은 저우언라이 총리와 면담하고 베이징, 상하이 등을 관광하였다. 이듬해 2월에는 닉슨 미국 대통령의 역사적인 중국 방문이 성사되었다.

산당 일당 독재가 무너지고 의회 민주주의가 도입되었다.

1991년에는 소련을 구성하고 있던 여러 공화국들이 분리 독립을 선언하였다. 러시아 공화국을 비롯한 11개 공화국은 소비에트 연방을 탈퇴하고 독립 국가 연합을 결성하였다. 1922년 탄생한 최초의 사회주의 국가 소련은 해체되어 역사 속으로 사라졌다.

바웬사
조선소의 전기공 출신으로 자유 노조를 이끈 지도자. 1983년 노벨 평화상을 받았고, 폴란드 초대 대통령(1990~1995)을 역임하였다.

세계 무역 기구^{WTO}가 출범하다

소련이 해체되고 동유럽 사회주의권이 무너지면서 자본주의가 전 세계로 확장되었다. 막대한 자본과 기술력을 가진 거대 기업들은 국경을 넘어 세계 곳곳으로 파고들었다. 이에 따라 자본과 국가 사이에 더 많은 이윤과 이익을 차지하기 위한 무한 경쟁이 벌어졌다. 이들은 '시장에서 자유로운 경쟁이야말로 최선의 결과를 낳는다'는 신자유주의로 무장하였다.

1970년대부터 떠오른 신자유주의는 복지 국가와 국가의 적극적 시장 개입은 시대에 뒤떨어진 것이라고 비판하였다. 복지 국가는 개인이 스스로 일하려는 의지를 꺾고, 정부의 영향력이 커지면 독재와 전체주의로 흐를 수밖에 없으며, 각종 규제는 효율을 떨어뜨려 결국 성장이 둔화될 수밖에 없다는 것이다.

따라서 시장과 고용에 대한 각종 규제를 없애고 정부의 기능도 최소화해야 한다고 주장하였다. 당연히 노동 조합도 부정적으로 보았고, 공기업은 민영화해야 한다고 주장했다. '작은 정부, 큰 시장'이라는 구호에 잘 나타나듯이 한마디로 모든 부분을 '유연화'해야 한다고 강조하였다. 이런 신자유주의 이념을 신봉한 정치 지도자와 자본가 들은 관세와 무역 장벽을 없애 시장을 개방해야 한다고 강력하게 요구하였다.

제2차 세계 대전 뒤 국제 무역은 관세 및 무역에 관한 일반 협정^{GATT}에 따라 이뤄져 왔다. GATT는 제2차 세계 대전이 끝날 무렵 맺어졌다. 제2차 세계 대전이 일어난 중요 원인 가운데 하나가 보호 무역이었다. 미국을 비롯한 자본주의 국가들은 이를 해결하기 위해 공산품에 한해 무역 장벽을 없애자고 합의하였다. 국산품과 수입품을 차별하지 않고 자유 경쟁을 하자는 것이다. 농산품은 제외되었고, 후진국에 대해서는 보호 무역을 허용하였다. 냉전 체제에서 후진국들이 공산화되는 것을 막으려는 의도였다. 한국은 GATT 체제를 잘 활용하여 가장 성공적으로 경제 성장을 이룬 나라로 꼽힌다.

그런데 제1, 2차 석유 파동을 겪으면서 경제 위기를 맞은 선진 자본주의 국가에서 신자유주의 바람이 불었다. 이들 국가는 GATT 체제를 개편하여 자유 무역을 확대하려고 끊임없이 시도하였다. 특히 G7이라 불리

제1, 2차 석유파동
1차 석유 파동은 1973년 10월 4차 중동 전쟁을 계기로, 2차는 1978년 12월 이란 혁명으로 석유 가격이 폭등하여 전 세계 경제에 충격을 준 사건

• WTO가 농민들을 죽인다 — 이경해 열사

"농업을 WTO에서 제외시켜라. 나는 56세, 한국에서 온 농민이다. …… 나는 지금 인류가 극소수 강대국과 그 대리인인 세계 무역 기구(WTO), 이를 돕는 국제 기금 그리고 다국적 기업의 상업적 로비에 주도되는 반인륜적이고 농민 말살적인 반환경적이고 비민주적인 세계화의 위험에 빠져 있다는 것을 시민들에게 경고하는 바이다."

이경해

이경해(1947~2003)는 농촌에서 태어나 농업 고등 학교와 농과 대학을 졸업하였다. 농사를 천직으로 알고 열심히 일하였고 친구들과 농민 단체도 만들었다. 하지만 산업화와 세계화는 그를 벼랑 끝으로 몰았다. 마지막 몸부림으로 그는 2003년 9월 WTO 각료 회의가 열리는 멕시코 칸쿤에 가서 한국 농민의 처지를 호소하였다. 하지만 "WTO가 농민들을 다 죽인다"는 외침에 아무런 답이 없자 2003년 9월 10일 집회 중, 칸쿤에서 스스로 목숨을 끊었다. 장례는 세계 농민장으로 치러졌다.

는 선진 자본주의 국가 7개국은 농산물, 섬유, 철강, 지적 재산권, 금융 등 모든 분야에서 시장을 개방하자는 데 합의하였다.

마침내 1995년 GATT 체제를 대신하여 미국이 주도하는 세계 무역 기구^{WTO}가 출범하였다. 이를 계기로 세계의 경제 질서는 크게 바뀌었다. WTO가 주도하는 세계화가 강력하게 추진되면서 세계 경제는 국경을 자유롭게 넘나드는 하나의 자유 무역 체제로 통합되었다. 지식 산업과 인터넷으로 대표되는 정보 통신 산업의 발달은 이러한 세계화를 촉진하였다.

WTO 체제 아래에서 선진국 정치, 경제 지도자들은 해마다 스위스 다보스에서 세계 경제 포럼을 개최하였다. 여기에 모인 세계 각국의 정상, 재계 및 금융계 최고 경영자들은 각종 정보를 교환하고, 세계 경제 발전 방안 등에 대해 논의하면서 세계화를 이끌고 있다.

한편 자국과 지역의 공동 이익을 위한 경쟁도 활발하게 일어났다. 유럽 연합, 북미 자유 무역 협정 등 지역 단위의 자유 무역 체제가 강화되고 있으며, 개별 국가 간에도 자유 무역 협정이 체결되고 있다.

세계 무역 기구^{WTO}
관세 및 일반 무역에 관한 협정(GATT)을 대체하기 위해 탄생한 기구이다. GATT가 공산품의 교역만을 다뤘던 반면, WTO는 농업 및 지적 재산권과 같은 새로운 영역까지 규제하였다. 또한 WTO는 '자유 무역'의 규칙을 위반한 국가에 강제력 있는 '무역 보복 조치'를 할 수도 있다. 미국, 일본 등 선진 자본주의 국가들은 WTO 체제를 내세워 세계 모든 나라에 통상뿐만 아니라 문화, 교육, 보건 등 거의 전 분야에 걸쳐 개방을 요구하고 있다.

세계 평화와 인류 번영을 향하여

세계화가 추진되면서 선진국과 개발도상국의 격차는 더 벌어졌다. 한 나라 안에서도 빈부 차이가 한층 심해졌다. 이에 따라 세계화에 반대하는 국제적인 움직임도 활발해졌다. 세계화를 반대하는 사람들은 선진국 중심의 세계화가 '부의 집중, 빈곤의 세계화, 지구의 파괴' 등을 가져왔다고 비판한다. 또한 이들은 세계 사회 포럼을 개최하여 '개발도상국의 부채 탕감, 인종주의 청산, 투기 자본의 규제' 등을 목표로 다양한 활동을 벌이고 있다.

냉전은 끝났지만 핵무기나 군비 경쟁은 여전히 세계 평화를 위협하고 있다. 지역이나 민족, 종교 간의 갈등으로 인한 분쟁도 끊이지 않고 있다. 동유럽 코소보 분쟁, 서아시아 팔레스타인 분쟁, 아프리카 르완다 내전, 러시아 체첸 분쟁 등이 그것이다.

또 하나 심각한 문제는 지구가 심각하게 병들어 가고 있다는 사실이다. 지금 지구는 자원의 고갈과 환경 오염, 생태계 파괴로 몸살을 앓고 있다. 지구 온난화에 따른 기상 이변으로 큰 재앙도 끊이지 않고 있다.

지구를 살리고 온난화를 방지하기 위해 세계 여러 나라들은 많은 노력을 기울이고 있다. 기후 변화 방지 협약 등 각종 국제 환경 협약을 만들었으며, 1997년에는 교토 의정서를 채택하여 이산화탄소 등 온실 가스 배출량을 실질적으로 줄이도록 하였다. 그러나 선진국과 개발도상국 간의 입장 차이로 적지 않은 어려움을 겪고 있다. 마침내 2015년 파리 협정을 채택하여 각국이 온실 가스 감축 목표를 정하고 실천하기고 약속하였다. 하지만 2017년 미국 대통령 트럼프가 협정 탈퇴를 선언하면서 협정은 존폐의 갈림길에 서게 됐다.

지금 세계는 평화와 번영을 이루고 지구를 살리기 위해 선진국과 개발도상국 간의 협력이 어느 때보다도 요구되고 있다. 미래 세대의 욕구를 충족시킬 힘과 여건을 저해하지 않으면서 현재의 욕구를 충족시키는 '지속 가능한 개발'을 해야 할 때이다.

독일 통일, 전승국들의 동의가 왜 필요했을까

서독의 경우 [1]

서독은 1949년 9월 21일 건국 후에도 완전한 주권을 회복하지 못하고 있었다. 9월 15일 연합국이 발표한 '점령 조례'에 의해 미국·영국·프랑스 3국이 독일 내에서의 군대 유지, 외교 정책, 배상, 군축 등의 문제에 대한 통제권과 서독 정부가 제정한 법률에 대한 거부권을 갖고 있었기 때문이다.

따라서 서독 정부는 완전한 주권 회복을 대외 정책의 최우선 목표로 세우고 연합국 측과 교섭을 진행했다. 그 결과 1952년 5월 26일 서독의 수도 본(Bonn)에서 서독과 서방 3개국 간의 관계에 관한 〈독일조약〉(Deutschland Vertrag)이 체결되어 연합국의 점령 상태가 종료되고 서독은 대부분의 주권을 회복했다. 그러나 이 조약에서는 미국·영국·프랑스 군대의 독일 주둔 권리를 인정하고 "전체로서의 독일과 베를린에 대해서는 제2차 세계 대전 전승 국가들이 책임과 권리를 갖는다"고 규정하고 있어 독일이 통일될 경우 이들 3개국의 동의를 받도록 되었다. 서베를린 지역은 미국·영국·프랑스 군대의 점령 통치하에 있어 서독 정부의 주권이 미치지 못했다. 더욱이 서베를린 지역에는 미군 6,000명, 영국군 3,500명, 프랑스군 3,000명 등 총 12,500명의 외국 군대가 주둔하고 있어 이들 국가의 승인이 없는 한 독일 통일은 불가능했다.

동독의 경우 [2]

동독도 형식상으로는 건국과 더불어 소련군으로부터 완전한 주권을 이양받았으나, 실제로는 소련의 위성국가여서 독립적인 주권 행사를 하지 못하고 있었다. 동유럽 공산 국가들의 군사 동맹 기구인 바르샤바 조약 기구(WTO : Warsaw Treaty Organization) 규정에 따라 동독 내 통합 사령부의 설치와 소련군의 회원국 영토 주둔권을 인정하고 있었기 때문이다. 더욱이 동독 내에는 38만 명의 소련군과 16만 명의 군무원 및 가족 등 총 54만여 명의 소련 군사 요원이 주둔하고 있어 소련의 동의 없이는 통일이 불가능했다.

따라서 동서독이 통일에 합의한다 하더라도 제2차 세계 대전 전승 4대국의 동의 없이는 통일이 불가능한 상황이었고, 이러한 상황은 평소에도 동·서독 정부의 대외 정책에서 가장 중요한 고려 요소가 되었다.

4대국이 통일에 동의한 까닭 [3]

콜 정부(서독)는 미국이 독일 통일에 적극적으로 동의할 수 있는 유일한 나라라는 인식을 갖고 있었다. 따라서 미국의 요구 조건을 초기부터 전폭 수용하면서 미국의 협조를 받아 주변국을 설득해 나갔다. 우선 통일 독일이 북대서양 조약 기구(NATO)로부터 탈퇴할 경우 독일 통일에 동의하겠다는 소련의 요구를 단호히 거부하고 처음부터 통일 독일의 NATO 잔류 의사를 분명히 했다. 프랑스의 동의 확보를 위해서는 유럽 통합의 신속한 추진을 약속했고, 영국에게는 통일 독일이 더 이상 패권 추구 국가가 되지 않을 것이라는 확신을 주어 동의를 얻어냈다. 소련과는 오더-나이세 국경선의 인정, 통일 독일 병력의 37만 명 선 유지, 90억 달러의 원조 제공 등을 약속하여 동의를 받았다.

①②염돈재, 『독일 통일의 과정과 교훈』(평화문제연구소, 2011)에서 발췌 정리.
③염돈재, 「21세기의 기적으로 불리는 독일 통일의 과정」(『DAILY NK』, 2014. 7. 3) 발췌.

3

새 나라를 건설하자

건국 준비 위원회를 만들다

1945년 8월 15일 우리 민족은 식민지에서 벗어났다. 해방은 우리 민족이 끈질기게 독립운동을 벌인 결실이지만, 직접적으로는 연합군이 승리한 덕분이었다. 이 때문에 일본 천황의 갑작스런 항복 선언은 기쁨과 함께 걱정거리를 던져 주었다. 하나는 '식민지 권력'이 사라지면서 혼란이 일어날 위험이 있었다는 것이다. 다른 하나는 새로운 국가 건설에 미국, 소련 등 강대국의 입김이 얼마나 작용할지 하는 것이었다.

해방이 되자 국내에서 활동하던 독립운동 세력들은 새 나라를 건설하기 위해 주저없이 나섰다. 가장 활발하게 움직인 세력은 여운형을 중심으로 한 조선 건국 동맹이었다. 여운형은 항복 선언이 있기 전 조선 총독부로부터 행정과 치안권을 넘겨받기로 하였다. 대신 일본인의 안전한 귀국과 재산 보호를 약속하였다. 여운형은 곧바로 안재홍과 함께 조선 건국 동맹을 조선 건국 준비 위원회^{건준}로 개편하였다.

건준은 8월 16일부터 재빨리 움직였다. 오후 1시 위원장 여운형이 휘문 중학 교정에서, 3시 10분에는 부위원장 안재홍이 경성 중앙 방송국에

• 여운형과 건국 준비 위원회의 활동

광복과 함께 가장 먼저 정부 수립을 위해 노력한 것은 건국 준비 위원회였다. 이들은 민주주의 정권의 건설을 위한 노력과 함께 국내 질서 안정을 우선적 목표로 활동하였다.

휘문중에서 연설하는 여운형
여운형이 군중들 앞에서 일본 천황이 항복을 하였고 건준이 출범했음을 알렸다.

마포 경성 형무소에서 나온 독립투사들
조선 총독부는 여운형의 요구에 따라 8월 16일 마포 경성 형무소에 갇혀 있던 독립투사를 석방하였다. 풀려난 독립투사들이 환영 인파 속에서 만세를 부르고 있다.

1945년 8월 16일 서울 시내에 뿌려진 건국 준비 위원회의 전단지.

건준 창립 회의
8월 17일 서울 YMCA에서 열린 조선 건국 준비 위원회 발족식. 단상 왼쪽에 깃발이 걸려 있다.

• 여운형이 조선 총독에게 요구한 5개 조항

①전국적으로 정치범과 경제범을 즉시 석방할 것.

②3개월간의 식량을 확보해 줄 것.

③치안유지와 건국운동을 위한 모든 정치운동에 대하여 절대로 간섭하지 말 것.

④학생과 청년을 훈련·조직하는 일에 절대로 간섭하지 말 것.

⑤노동자와 농민을 건국사업에 동원·조직하는 일에 간섭하지 말 것.

• 조선건국준비위원회 강령

－우리는 완전한 독립국가의 건설을 기함.

－우리는 전 민족의 정치적·경제적·사회적 기본 요구를 실현할 수 있는 민주주의 정권의 수립을 기함.

－우리는 일시적 과도기에 있어서 국내 질서를 자주적으로 유지하며 대중 생활의 확보를 기함.

서 건국 준비 위원회가 출범하였다고 선언하였다. 건준은 독립 국가 건설을 위한 과도적 조직체를 내세우며 친일 반민족자를 제외한 모든 정치 세력에게 함께하자고 호소하였다. 여기에 호응하여 이념과 사상을 떠나 지식인과 지방 유력 인사 들이 대거 참여하였다.

건준과 함께 다양한 정치 세력이 나타났다. 박헌영을 중심으로 사회주의자들은 조선 공산당을 다시 만들었다. 이들은 건준과 협력하면서 활발하게 활동하였다. 송진우, 김성수를 비롯한 지주와 기업가 들이 중심이 된 세력들은 임시 정부 지지를 내세워 건준 참여를 거부하였다. 이들은 미군이 들어오자 한국 민주당을 만들었다.

노동자와 농민 들도 건준에 힘을 보태며 새 나라 건설에 나섰다. 이들은 식민지 경제를 장악했던 일본인 기업가와 지주 들이 사라지면서 생길 수 있는 혼란을 막으려 하였다. 공장 노동자들은 일본인 기업가들이 생산 시설을 부수고 재산을 빼돌리지 못하게 하고 공장을 계속 돌렸다. 농민들은 동양 척식 주식회사나 일본인 소유 토지를 접수하여 공동으로 농사를 지었다.

해외 독립 운동 세력이 돌아오다

해외에서 독립 운동을 하던 세력들도 잇달아 국내로 돌아왔다. 가장 먼저 김일성이 이끄는 항일 무장 투쟁 세력이 소련군과 함께 평양으로 들어왔다. 이어 중국 공산당과 함께 활동하던 조선 독립 동맹 세력도 평양에 왔다.

1945년 10월에는 이승만이 미국에서 서울로 돌아와 독립 촉성 중앙 협의회를 만들었다. 11월에는 김구를 비롯한 임시 정부 요인들이 개인 자격으로 서울에 와서 한국 독립당을 중심으로 활동하였다.

민중은 이들이 새 국가 건설에 중심이 될 것으로 기대하였다. 하지만 아쉽게도 거기에 부응하지 못하고 오히려 국내 정치 세력들의 편 가르기를 더욱 부추기는 구실을 하고 말았다. 그 이유는 크게 두 가지였다. 하나는 남북 분할 점령으로 한반도 전체가 아닌 반쪽만 영향을 미쳤고, 다른 하나는 자신을 중심으로 새 나라를 만들어야 한다고 고집을 부렸기 때문이었다.

조선 인민 공화국을 세우다

건준이 주도한 새 나라 건설은 순조롭게 진행되지 못했다. 미국이 조선 총독부에게 미군이 진주할 때까지 기존 체제를 유지하라고 명령을 내렸기 때문이었다. 8월 17일 조선 총독부는 건준이 접수했던 경성 방송국과 매일신보사 등을 다시 빼앗았다. 일본 군경은 탱크와 장갑차까지 동원하여 집회나 시위를 막았다. 그렇다고 식민지 시대로 되돌릴 수는 없었다.

건준은 새로운 국가를 만들기 위한 활동을 멈추지 않았다. 민중의 폭발적 지지를 받으며 전국 대부분 시군에 건준 지부가 설치되었고, 면 단위까지 조직된 곳도 있었다. 건준은 치안대를 창설하고 정치범 석방, 대일 협력자 대책을 마련하는 등 치안 유지와 경제 안정을 위해 노력하였다.

한민당은 건준이 보름 만에 140여 개 지부를 설치할 수 있었던 것은 조선 총독부에서 2천만 엔이라는 엄청난 돈을 받았기 때문이라고 주장하였다. 그러나 건준 지부는 중앙에서 돈과 조직원을 보내 만든 것이 아니었다. 각 지역에서 스스로 지부를 만들어 중앙에 승인을 요청해 간판을 내건 것이다.

이런 상황 속에서 미군 진주가 가까워 오자 건준은 9월 6일 서둘러 조선 인민 공화국 수립을 선포하였다. 지방 지부는 인민 위원회로 바꾸었다. 미군이 들어왔을 때 통일된 정부로 대처하기 위해서였다. 이 과정에서 좌익이 주도권을 장악하자 안재홍 등 일부 우익들은 조선 인민 공화국에 참여하지 않았다.

조선 인민 공화국은 주석 이승만, 부주석 여운형을 비롯하여 김구, 김일성 등 좌우 지도자들을 각료로 선임하였다. 그러나 많은 사람들이 해외에 있어 동의를 받을 수 없었고, 이승만도 김구도 취임을 거부하였다.

미소, 다른 듯 같은 정책을 펼치다

1945년 9월 8일 미군이 인천에 상륙하였다. 다음 날 서울에 들어온 미군은 군정청을 설치하고 '미군정만이 38선 이남 한국에서 유일한 정부'라고 선언하였다. 조선 인민 공화국도 대한민국 임시 정부도 인정하지 않고 직접 통치하겠다는 뜻이었다. 이 때문에 건준에서 조선 인민 공화국으로 이어진 건국 노력은 물거품이 되었다. 농민과 노동자 들이 벌인 자주적인 경제 활동도 마찬가지였다. 임시 정부가 독립 운동의 역사적 법통을 내세워 건국의 중심에 서려는 노력도 실현될 수 없었다. 김구를 비롯한 임시 정부 요인들이 귀국할 때 임시 정부 각료가 아닌 개인 자격으로 온 것도 이 때문이었다.

미군정은 혼란 방지를 내세워 조선 총독부 체제를 유지하고 관리와 경찰 들을 그대로 근무하게 하였다. 이런 '현상유지' 정책으로 해방 직후 거의 대부분 숨거나 도망쳤던 조선인 경찰들이 다시 돌아와 치안을 담당하게 되었다. 총독이 일본인 아베에서 미군 사령관 하지로 바뀐 거나 다름없었다. 미국은 한국인 관리들을 늘려 나갔다. 이들은 대부분 미국과 크든 작든 인연을 맺고 있던 사람들이었다. 특히 미군정에 우호적이었던 한국 민주당 인사들을 주요 요직에 등용하였다. 이 때문에 조선 공산당은 처음에는 미군정에 협조하였지만 점차 등을 돌리게 되었다.

반면 소련군은 인민 위원회에 행정권을 넘겨주는 간접 통치 방식을 취하였다. 그렇다고 말 그대로 자치를 허용한 것은 아니었다. 소련군 사령부는 여러 방법으로 사회주의 세력이 인민 위원회를 장악할 수 있게 뒷받침하였다. 특히 2차 대전 막바지 연해주에서 항일 유격대를 이끌었던 김일성을 후원하였다.

군정이든 간접 통치든 두 나라는 한국인의 뜻보다 자국의 이익을 우선

❶1945년 9월 9일 조선 총독부에서 마지막 총독 아베 노부유키가 미군이 지켜보는 가운데 항복문서에 서명하고 있다. ❷항복 조인식 뒤 미군은 조선 총독부에서 일장기를 내리고 성조기를 게양하였다. ❸그리고 일본군은 무장을 한 채 당당하게 서울을 떠났다.

한 점은 마찬가지였다. 이 때문에 미소 분할 점령은 국가 건설 방향을 둘러싼 한국인 사이의 분열을 심화시키면서 분단의 중요한 원인으로 작용하였다. 그렇지 않아도 이념과 사상이 다른 다양한 세력들이 손을 마주 잡지 못하게 한 것이다.

미국은 남한 지역의 안정을 위해 직접 군정을 실시하고, 현상을 유지하고자 강압적인 포고를 내렸다. 소련은 겉으로는 북한 주민을 위하는 척하였으나 인민 위원회를 뒤에서 조정하며 자신들의 영향력을 확대하였다.

모스크바 3국 외상 회의, 남한 정국을 격랑에 몰아넣다

1945년 12월 미국, 소련, 영국 외상들은 모스크바에서 2차 대전 전후 처리 문제를 논의하였다. 이 자리에서 한국 문제 처리 방법도 결정하였다. 그동안 연합국은 카이로 회담을 시작으로 한국을 독립시킨다고 약속했다. 하지만 구체적으로 방법과 시기를 논의한 적은 없었다.

3국 외상들은 우선 조선 민주주의 임시 정부를 세우고 이를 지원할 미소 공동 위원회를 설치, 정부 수립까지 미국, 소련, 영국, 중국이 최고 5년 간 신탁 통치를 하기로 결정하였다.

3국 외상 회의 결정이 국내에 처음 알려졌을 때 전체 내용보다 신탁 통치 결정만 부각되었다. 게다가 미국이 아닌 소련이 신탁 통치를 주장했다고 왜곡 보도되었다. 당시 많은 사람들은 신탁 통치를 식민 시대로 되돌아가는 것으로 여겨 이 결정에 분노하였고 소련에 반감을 드러냈다.

대한민국 임시 정부를 비롯한 우익은 곧바로 대대적인 반탁 운동에 들어갔다. 좌익도 처음에는 신탁 통치에 반대하였다. 하지만 3상 회의 결정 전문이 알려지면서 총체적 지지로 입장을 바꾸었다. 3상 회의 결정의 핵심은 임시 정부 수립에 있고, 좌우 대립을 막고 미국과 소련의 입장을 조절하여 통일 정부를 세우기 위한 현실적 방안이라고 본 것이다. 38선 이북에 있던 대부분 정치 세력들도 3상 회의 결정을 지지하였다. 여운형 등

• 미국의 포고문 vs 소련의 포고문

본관은 조선 인민이 오랫동안 노예처럼 지내 온 사실과 적당한 시기에 조선을 해방 독립시키려는 연합국의 결정을 명심하고 있다. 조선인은 우리가 조선을 점령하는 목적이 항복 문서를 이행하고 조선인의 인권 및 종교상의 권리를 보호함에 있음을 알아야 한다. 따라서 조선 인민은 이 목적을 위하여 적극적으로 원조, 협력해야 할 것이다.

제1조 북위 38도선 이남의 조선 영토와 조선 인민에 대한 통치의 모든 권한은 당분간 본관의 권한하에 시행한다.

- 미 육군 총사령관 맥아더 포고 1호

조선 인민들에게!

조선 인민들이여! 붉은 군대와 연합국 군대들은 조선에서 일본 약탈자들을 구축(驅逐)하였다. 조선은 자유국이 되었다. 그러나 이것은 오직 새 조선 역사의 첫 페이지가 될 뿐이다. 화려한 과수원은 사람의 노력과 고려(顧慮)의 결과이다.

조선 사람들이여! 기억하라! 행복은 당신들의 수중에 있다. 당신들은 자유와 독립을 찾았다. 이제는 모든 것이 죄다 당신들에게 달렸다. 붉은 군대는 조선 내에 있는 모든 반일적 민주주의적 당들과 단체들의 광범한 협동의 기본 위에서 자기 민주주의적 정부를 창조함에 조선 인민들에게 보조를 준다.

조선 사람들이여! 기억하라! 당신에게는 유력하고 정직한 친우(親友)인 소련이 있다. 당신들의 해방군인 붉은 군대에 백방으로 방조하라. 도시와 농촌에서는 안전한 생활을 계속하며 붉은 군대가 들어오기 전에 하던 그곳에서 그대로 사업을 계속하라. 지방 당국에서 사회적 질서를 유지함에 백방으로 후원하라.

조선의 자유와 독립 만세!

조선의 발흥을 담보하는 조선과 소련 친선 만세!

- 소련 치스차코프 대장의 포고문

미국은 남한 지역의 안정을 위해 직접 군정을 실시하고 현상을 유지하고자 강압적인 포고를 내렸다. 소련은 겉으로는 북한 주민을 위하는 척했으나 인민 위원회를 뒤에서 조정하며 자신들의 영향력을 확대하였다.

38선 앞에 선 가족

피난민들이 38선 푯말 앞에 서 있는 미군 병사를 쳐다보고 있다. 표지문 남쪽에는 영어로, 북쪽은 러시아어로 방향이 적혀 있다. 처음에는 왕래도 가능하였던 38선은 1946년 5월 하순부터 민간인 통행이 금지되었다.

신탁 통치 오보

'민주주의 임시 정부 수립과 신탁 통치에 대한 모스크바 3국 외상 회의 결정서'는 1945년 12월 28일 최종 타결되었다. 그런데 27일 『동아일보』를 시작으로 『조선일보』, 『자유신문』, 『서울신문』, 『중앙신문』, 『신조선보』 등이 '소련은 신탁 통치를, 미국은 즉시 독립을 주장했다'고 왜곡 보도하였다.

중도파와 일부 우파들은 지금 당면한 과제를 임시 정부 수립이라고 보고 미소 공동 위원회 개최에 찬성하였다.

반탁 운동 세력은 미소 공동 위원회 개최를 지지하는 모든 세력을 소련의 조정을 받는 공산주의자이며 매국노라고 공격하였다. 3국 외상 회의 결정 전문이 알려진 뒤에도 정서적으로 신탁을 반대하는 분위기가 강했기 때문에 이 공격은 상당한 효과가 있었다.

신탁 통치 문제로 남한 정국은 격렬한 좌우 대립과 갈등에 휩싸이게 되었고, 다음 해 3·1운동 기념식을 좌우익이 따로 할 지경에 이르렀다. 또한 반탁 운동은 상대적으로 열세였던 우익 세력이 세력을 크게 확대하는 계기가 되었다.

이승만, 김구를 중심으로 한 반탁 세력들은 2월 1일 비상 국민 회의를 만들어 하나로 뭉쳤다. 14일에는 미군정이 비상 국민 회의 최고 정무 위원회를 '남조선 대한민국 대표 민주 의원'으로 개편하여 미군정 자문 기관으로 삼았다. 이에 대응하여 여운형, 박헌영, 김원봉 등 3상 회의 총체적 지지 세력들은 2월 15일 민주주의 민족 전선을 만들었다.

통일 정부 수립 운동이 좌절되다

소련은 남한에서 반탁 운동이 격렬하게 일어나자 미국이 3상 회의 결정을 이행할지에 의문을 품게 되었다. 반탁 운동을 통제하지 않고 신탁 통치에 대한 왜곡 보도를 두고만 보았기 때문이다. 1946년 1월 소련은 모스크바 3상 회의 결정 과정을 공개하여 신탁 통치를 제안한 것이 미국임을 밝혔다. 이에 발맞춰 조선 공산당 북조선 분국 책임 비서 김일성,

조선 민주당 부당수 최용건 등 여러 단체 대표자들이 3상 회의 결정을 지지하는 성명서를 발표하였다. 2월에는 김일성을 위원장, 김두봉을 부위원장으로 하는 북조선 임시 인민 위원회가 만들어졌다. 박헌영을 지지하는 세력들이 북한에 독자적인 정권 기관을 만들면 남북 분열이 심화된다며 반대하였지만 소용이 없었다. 소련이 자신의 세력을 굳건히 하려고 이런 움직임을 적극 후원하였기 때문이다.

북조선 임시 인민 위원회는 '민주 개혁'이라는 이름으로 친일파를 숙청하고 식민 지배를 청산해 나갔다. 3월 '무상몰수 무상분배'를 원칙으로 하는 토지 개혁을 실시하였다. 이어 6월과 7월에 8시간 노동을 규정한 노

• 모스크바 3상 회의 결정문

1. 조선을 독립 국가로 재건하여 민주주의 원칙하에 발전시키는 동시에 일본의 가혹한 정치의 잔재를 급속히 일소하기 위하여 조선 민주주의 임시 정부를 수립하여 (하략).
2. 조선 임시 정부의 구성을 원조할 목적으로 미군과 소련군 대표자들로 공동 위원회가 설치될 것이다.
3. 조선의 발전과 독립 국가의 수립을 원조 협력할 방안을 수립할 때는 임시 정부와 민주주의 단체의 참여하에 공동 위원회가 수행한다. 공동 위원회는 최고 5년 기한으로, 4개국 신탁 통치의 협약을 작성하기 위해 마·영·소·중 4국 정부가 공동 참고할 수 있도록 임시 정부와 협의한 후 방안을 제출하여야 한다.

3상 회의 결정에서 가장 중요한 합의 사항은 일본 제국주의 잔재를 하루빨리 없애고 독립 국가 건설을 위한 임시 정부 수립이었다. 하지만 언론이 신탁 통치를 부각시키고, 그것도 왜곡 보도를 하면서 관심 밖으로 밀려나고 말았다.

모스크바 3상 회의 결정 찬반 시위
1945년 12월 31일 3상 회의 결정에 반대하는 시위대가 '신탁통치 절대반대' 플래카드를 들고 행진하고 있다.(왼쪽) 1946년 1월 3일에는 서울운동장에서 지지 집회가 열렸다. '3상결정 절대지지' 등 각종 플래카드를 들고 있다.(오른쪽)

동법과 남녀 평등법, 8월에는 주요 산업을 국유화하는 법령을 발표하였다. '민주 개혁'으로 임시 인민 위원회의 지지 기반은 튼튼해졌고, 남한 민중들과 정국에도 영향을 미쳤다.

이런 가운데 3월 미국과 소련은 서울에서 미소 공동 위원회를 열어 임시 정부 수립을 논의하였다. 그러나 임시 정부 수립에 참여할 단체의 성격을 두고 대립하였다. 미국은 모든 정치 단체를 포함시키자고 한 반면, 소련은 모스크바 3국 외상 회의 결정에 반대하는 정당이나 단체는 제외해야 한다고 주장하였다.

1946년 5월 제1차 미소 공동위원회가 무기한 연기되자 남한에서는 소련 탓이라는 여론이 강하게 일어났다. 반소 반공의 분위기가 강해지면서 반탁 운동 내부에서는 단독 정부를 수립하자는 주장도 나오기 시작하였다. 6월 전라북도 정읍을 방문한 이승만은 단독 정부 수립을 공개적으로 주장하였다.

분단에 대한 우려가 점점 커지자 김규식, 여운형 등 중도파들은 통일 정부 수립 운동에 나섰다. 이들은 좌우 합작 위원회를 만들어 10월 7일 좌우 합작 7원칙을 발표하였다. 미군정도 좌우 합작 운동을 지원하면서 12월 김규식을 의장으로 하는 남조선 과도 입법 의원을 출범시켰다. 한국인의 지지를 끌어내 소련과 협상에서 유리한 위치를 차지하기 위함이었다.

1947년 5월 미국과 소련은 한국 문제를 빨리 처리하라는 국내외적 압력에 못 이겨 미소 공동위원회를 다시 열었다. 제2차 미소 공동위원회가 열리자 좌우 합작 위원회를 중심으로 대부분 정당과 사회 단체가 참가하겠다고 하였다. 미국과 소련의 대표는 6월 25일 남한의 정당 및 사회 단체와 합동 회의를 열었고, 7월 1일에는 북한의 정당 및 사회 단체와 합동 회의를 하였다.

하지만 이승만, 박헌영 등 좌우익 주요 지도자가 끝내 참여하지 않고, 미국과 소련도 참가 단체에 대한 이견을 좁히지 못하였다. 여기에 미국

• 좌우 합작 7원칙

1. 조선의 민주 독립을 보장한 3상회의 결정에 의하여 남북을 통한 좌우 합작으로 민주주의 임시 정부를 수립할 것.
2. 미소 공동 위원회 속개를 요청하는 공동 성명을 발표할 것.
3. 토지 개혁에 있어서 몰수, 유조건 몰수, 체감매상(遞減買上) 등으로 토지를 농민에게 무상으로 나누어 주며, 시가지의 기지와 큰 건물을 적정 처리하며, 중요 산업을 국유화하며, 사회 노동 법령과 정치적 자유를 기본으로 지방 자치제의 확립을 속히 실시하며, 통화와 민생 문제 등등을 급속히 처리하여 민주주의 건국 과업 완수에 매진할 것.
4. 친일파 민족반역자를 처리할 조례를 본 합작 위원회에서 입법 기구에 제안하여 입법 기구로 하여금 심리 결정하여 실시케 할 것.
5. 남북을 통하여 현 정권하에 검거된 정치 운동가의 석방에 노력하고 아울러 남북 좌우의 테러 행동을 일절 즉시로 제지토록 노력할 것.
6. 입법 기구에 있어서는 일체 그 권능과 구성 방법 운영에 관한 대안을 본 합작 위원회에서 작성하여 적극적으로 실행을 기도할 것.
7. 전국적으로 언론, 집회, 결사, 출판, 교통, 투표 등 자유를 절대 보장되도록 노력할 것.

-『동아일보』(1946. 10. 8)

좌우 합작 7원칙이 발표되자 김구는 '8 · 15 이후 최대의 수확'이라면 적극 지지하였다. 하지만 이승만, 박헌영은 반대하였다.

좌우 합작 위원회 해단식
1947년 12월 좌우 합작위를 해체하며 찍은 사진. 여운형이 암살당한 뒤여서 오른쪽에 얼굴 사진을 붙여 놓았다.

여운형과 김규식, 서재필
김규식(왼쪽)과 여운형(오른쪽)이 미군정 하지 중장 요청으로 귀국한 서재필(가운데)과 찍은 사진.

이 조선 공산당을 탄압하면서 소련과 갈등은 더욱 커졌다. 결국 1947년 여름 제2차 미소 공동위원회는 결렬되고 말았다.

냉전이 심화되면서 흔들리던 좌우 합작 운동은 7월 중심 인물인 여운형이 암살되면서 큰 타격을 받았다. 미국도 좌우 합작 운동에 대한 태도를 바꾸었다. 여운형의 죽음과 미국의 지원 중단으로 좌우 합작 운동은 흐지부지 끝나고 말았다.

미국, 한국 문제를 유엔으로 넘기다

제2차 미소 공동위원회가 결렬되자 미국은 한반도 문제를 유엔으로 넘겼다. 유엔이 자국의 영향력 아래 있기 때문에 한국 문제를 유리하게 해결할 수 있다고 본 것이다. 소련은 이에 맞서 미소 양군을 동시에 철수하고 한국민이 스스로 해결하게 하자고 주장하였다. 민족주의 열기를 이용하여 자신들이 바라는 정치적 의도를 달성하고자 한 것이다.

1947년 11월 유엔 총회는 미국이 제안한 대로 남북한 총선거로 통일 정부를 수립할 것을 결정하였다. 유엔은 총선거를 감시할 유엔 한국 임시 위원단을 한국에 파견하였다. 그러나 총회에 불참한 소련은 위원단이 38선을 넘지 못하게 막았다. 입북이 거부되자 유엔 소총회는 우선 '선거 감시가 가능한 지역'에서만 선거를 실시하기로 결정하였다.

김구·김규식, 남북 협상에 나서다

남한만의 총선거가 결정되자 이승만과 한민당은 이를 환영하면서 선거 준비에 나섰다. 좌익은 단독 정부 수립 저지 투쟁을 곳곳에서 벌여 나갔다. 김구는 단독 선거는 분단과 전쟁이라는 비극을 가져올 것이라며 반대하였다.

중도파들은 12월 김규식과 홍명희를 중심으로 민족 자주 연맹을 만들고, 미소 양군 철수와 남북 통일 정부 수립을 위한 남북 정치 단체 대표

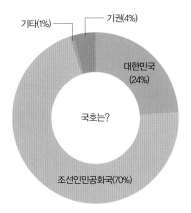

기타(1%)
기권(4%)
대한민국
(24%)

국호는?

조선인민공화국(70%)

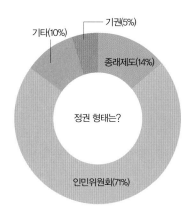

기타(10%)
기권(5%)
종래제도(14%)

정권 형태는?

인민위원회(71%)

유상몰수
무상분배(10%)
기권(5%)
유상몰수유상분배
(17%)

토지 개혁
방식은?

무상몰수 무상분배(68%)

임시 정부 정체(政體)에 대한 여론조사 결과(『조선일보』, 1947. 7. 6)

1947년 7월 3일 조선신문기자회는 장차 수립될 임시정부 형태, 정책 등에 대해 오후 5시부터 1시간 동안 서울 시내 중요 지점 10개소에서 시민 2,495명에게 여론조사를 실시하여 6일 『조선일보』에 보도하였다.

• 유엔 총회, 인구 비례로 총선거 실시를 결의하다

유엔 한국 임시 위원단 환영 대회

한반도 총선거를 지원·감시하기 위해 유엔에서 파견한 한국 임시 위원단 환영 대회 모습이다.

1. 한국 문제는 근본적으로 한국 국민 자체의 문제이며 그 자유와 독립에 관련된 문제이므로 이 문제는 그 지역 주민의 대표의 참석 없이는 해결할 수 없다.
2. 호주, 캐나다, 중국, 엘살바도르, 프랑스, 인도, 필리핀, 시리아, 우크라이나 등 9개국으로 구성된 유엔 한국 임시 위원단(UNTCOK)을 설치한다. 임시 위원단은 공정한 선거를 감시하기 위해 한국의 모든 지역을 여행·감시·협의할 권한을 갖는다

(B) 1. 1948년 3월 31일까지 임시 위원단 감시 아래 인구 비례에 따라 보통 선거와 비밀 투표로 총선거를 실시한다.

– 「유엔총회 결의안(요지) (1947.11.14)」

• 삼천만에게 읍고함

경교장 연설
방북을 만류하기 위해 경교장에 모인 군중들에게 2층 베란다에서 연설하는 김구.

3천만 자매 형제여!

한국이 있고야 한국 사람이 있고 한국 사람이 있어야 민주주의도 공산주의도 또 무슨 단체도 있을 수 있는 것이다. 그러면 우리의 자주 독립적 통일 정부를 수립하려 하는 이때에 있어서 어찌 개인이나 자기의 집단의 사리사욕을 탐하여 국가 민족의 백년대계를 그르칠 자가 있으랴. 우리는 과거를 한번 잊어버려 보자. 갑은 을을, 을은 갑을 의심하지 말며 타매하지 말고 피차에 진지한 애국심에 호소해 보자!

마음속에 38선이 무너지고야 땅 위에 38선도 철폐될 수 있다. 내가 불초하나 일생을 독립운동에 희생하였다. 나의 연령이 이제 70인 바 나에게 남은 것은 금일 금일 하는 여생이 있을 뿐이다. 이제 새삼스럽게 재화를 탐내며 명예를 탐낼 것이랴! 더구나 외국 군정하에 있는 정권을 탐낼 것이랴! 내가 대한민국 임시 정부를 주지하는 것도, 한독당을 주지하는 것도 일체가 조국의 독립과 민족의 해방을 위한 것일 뿐이다. 그러므로 내가 국가와 민족의 이익을 위해서는 일신이나 일당의 이익에 구애되지 아니할 것이요, 오직 전 민족의 단결을 위하여는 3천만 동포와 공동 분투할 것이다. 이것을 위하여서는 누가 나를 모욕하였다 하여 염두에 두지 아니할 것이다. (중략)

나는 통일된 조국을 건설하려다가 38선을 베고 쓰러질지언정 일신에 구차한 안일을 취하여 단독 정부를 세우는 데는 협력하지 아니하겠다. 나는 내 생전에 38 이북에 가고 싶다. 그쪽 동포들도 제 집을 찾아가는 것을 보고서 죽고 싶다. 궂은 날을 당할 때마다 38선을 싸고 도는 원귀의 곡성이 내 귀에 들리는 것 같았다. 고요한 밤에 홀로 앉으면 남북에서 헐벗고 굶주리는 동포들의 원망스러운 용모가 내 앞에 나타나는 것도 같았다.

3천만 동포 자매 형제여!

붓이 이에 이르매 가슴이 억색하고 눈물이 앞을 가리어 말을 더 이루지 못하겠다.

바라건대 나의 애달픈 고충을 명찰하고 명일의 건전한 조국을 위하여 한번 더 심사하라.

　　　　　　　　　　　　　　　　　　　　　　　　- 대한민국 30년(1948) 2월 10일.

38선을 넘는 김구 일행
김구가 38선 팻말 앞에서 비서 선우진(왼쪽 끝), 아들 김신, 유중연 기자(오른쪽 끝)와 기념 촬영하고 있다.

자 회의를 열자고 주장하였다. 북한과 협상을 하여 남북 분단을 막으려한 것이다.

남북 협상은 김구가 이승만 및 한민당과 결별하면서 급물살을 타게 되었다. 1948년 4월 평양에서 남북 제정당 사회 단체 대표자 연석 회의가 열렸다. 회의에는 남한 41개 정당 사회 단체와 북한 15개 단체에서 뽑힌 700명 가까운 대표가 참석하였다. 좌우익을 가리지 않고 대부분 남북한 주요 지도자들이 자리를 함께한 것이다.

1948년 1월 유엔 한국 임시 위원단이 들어오자 김구는 '미소 양군 철군→남북 요인 회담→총선에 의한 정부 수립'의 3단계 방안을 제시했다. 이승만, 한민당과 결별하고 김규식과 손을 잡은 것이다. 단정 지지자들은 "금후에는 김구를 조선 민족의 지도자로는 보지 못할 것이고, 크레믈린궁의 한 신자"라고 맹비난하였다.

김구는 이승만과 함께 반탁 투쟁을 벌였지만 남한 단독 정부 수립에는 뜻을 함께할 수 없었다. 2월에는 '삼천만에게 읍고함'이라는 성명을 발표하고, 남북 협상을 위해 북한에 갈 것을 선언하였다. 남북한 모두 미소의 지원 아래 각각 단독 정부 수립을 위한 준비를 마쳐 가고 있었지만 통일 조국에 대한 희망을 포기할 수는 없었다.

우여곡절 끝에 남북 지도자들은 4월 전 조선 제정당 사회 단체 지도자 협의회 이름으로 공동 성명을 발표하였다. 공동 성명에는 '외국 군대 철수, 내전 불가, 전국 총선 실시, 남한 단독 선거 반대'를 담고 있었다.

그러나 남북한에서는 각각 정부 수립을 위한 준비가 진행되고 있어 성명서는 실행되지 못하였다. 유엔도 미군정도 단독 정부 일정을 바꾸지 않았다. 결국 5월 10일 남한에서 제헌 의회 선거가 실시되었고, 북한도 6월에 '조선 민주주의 인민 공화국' 수립을 결정했다.

김구, 김규식은 7월 통일 독립 촉진회를 만들어 민족 통일 운동을 계속하면서, 유엔에 남북 분단 국가의 해체와 남북 총선거에 의한 통일 정부 수립을 요청하였다. 그러나 1949년 6월 김구 암살, 이듬해 한국 전쟁 발발, 12월 김규식의 죽음으로 남북 협상 운동은 끝내 빛을 보지 못하고 말았다.

10월 항쟁

식민지 시대 한국 경제는 일본, 만주와 깊은 연관을 맺고 있었다. 해방으로 이 고리가 끊어져 경제는 구조적인 어려움을 겪을 수밖에 없었다. 공업 생산량도 일본인 자본과 기술이 빠져나가면서 줄어들었다.

게다가 식민지 시대 경공업은 주로 남한에 있었고, 중공업은 대부분 북한에 있었다. 발전소와 공업 원료인 지하 자원도 북한에 많았다. 이 때문에 분단이 되면서 남과 북은 경제적으로 어려움을 겪게 되었다. 산업 기반 시설과 에너지 자원이 모자란 남한은 충격이 더 클 수밖에 없었다.

여기에 미군정이 노동자들의 자주적 경영을 인정하지 않으면서 공업 생산량은 더욱 줄어들었다. 당연히 실업자는 늘어나고 물가는 크게 치솟았다. 미군정이 재정 적자를 메우기 위해 지나치게 많은 화폐를 발행한 것도 불난 집에 기름을 부은 격이었다.

다행히 1945년 가을은 풍년이었다. 일본으로 나가는 곡물도 없었다.

(단위 : 천 원)

	1939(A)	1946(B)	감소율(A-B)/A(%)
방적	170,985	67,855	60.3
기계 기구	38,406	15,154	60.5
화학	91,171	21,714	76.2
제재 및 목제품	13,746	11,012	19.9
식료품	213,628	36,457	82.9
합계	527,935	152,192	71.2

주요 공업 부문별 생산액(조선은행, 조선경제연보, 1948)
공업 생산이 줄면서 공장과 종업원 수도 줄었다. 동시에 물가가 올라갔다.

하지만 식량이 모자랐고 쌀값은 계속 올랐다. 상인과 지주 들이 매점매석을 하여 곡물 유통이 제대로 되지 않았기 때문이었다. 떠났던 사람들이 해외에서 돌아왔고, '민주 개혁'에 불만을 품은 사람들이 남한으로 내려온 것도 한몫하였다.

처음 미군정은 조선 총독부가 실시한 식량 통제 정책을 폐지하고 쌀값을 자유 시장 체제에 맡겼다. 유통에 활기를 불어넣으면 문제가 해결될 것이라고 보았기 때문이다. 그렇지만 쌀값은 잡히지 않았다. 당황한 미군정은 1946년 1월 미곡 수집령을 내려 배급제를 부활시켰다. 하지만 낮은 수집가에 반발한 농민의 비협조로 미곡 수집이 제대로 되지 않았고, 도시민에게 배급할 곡물이 모자라게 되었다. 여기에 보릿고개가 겹치면서 식량 폭등이 일어날 조짐이 보이자 미군정은 식량을 들여와 다급한 불을 껐다.

하지만 일자리마저 모자라 실업자가 늘어나면서 미군정에 대한 여론은 갈수록 나빠졌다. 1946년 9월에는 철도와 운송업 노동자들이 주도하는 대대적인 파업이 일어났다. 9월 총파업은 미군정의 사회, 경제 정책과 맞물려 민중 봉기로 이어졌다. 10월 1일 대구에서 시작된 봉기는 경상도를 넘어 전국으로 확산되었다. 수십만 민중들은 미곡 수집 제도 폐지, 토지 개혁 실시, 식민지 교육 철폐, 미군정 퇴진 등을 요구하였다.

봉기 기간 가장 많이 공격받은 곳은 경찰서였다. 일제 강점기부터 민중과 독립운동가들을 괴롭힌 경찰관은 집단 폭행을 당하거나 죽임을 당하였다. 반면 일반 가게나 은행은 거의 피해를 입지 않았다. 상당수 부자와 친일파 집도 털렸다. 하지만 습격한 사람들은 빼앗은 생필품이나 식량을 가져가지 않고 필요한 사람에게 나눠 주었다. 미군정은 경찰력으로 항쟁을 진압할 수 없자 미군과 남조선 국방 경비대를 비롯하여 민족 청년단, 서북 청년회 등 우익 단체를 동원하였다. 이들이 무차별 폭력을 휘두르면서 많은 사람이 죽거나 다치고 재산 피해가 속출하였다.

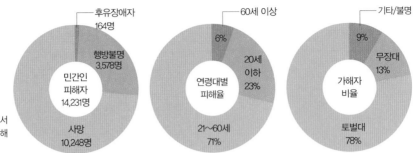

후유장애자
164명

행방불명
3,578명

민간인
피해자
14,231명

사망
10,248명

60세 이상
6%

20세
이하
23%

연령대별
피해율

21~60세
71%

기타/불명
9%

무장대
13%

가해자
비율

토벌대
78%

제주4·3은 한국현대사에서 6·25전쟁 다음으로 인명 피해가 컸던 사건이었다.

4·3사건이 일어나다

단독 정부 수립을 반대하는 움직임이 점점 커져 가던 4월 제주도에서 무장 봉기가 일어났다. 발단은 3·1절 기념 행진 대열에 경찰이 총을 쏘아 사상자가 발생한 사건이었다. 여기에 항의하여 시위를 하자 미군정은 사건이 일어난 까닭을 찾기보다는 시위를 주도한 사람을 체포하였다. 그렇지 않아도 좋지 않았던 미군정에 대한 반감이 커지면서 총파업이 일어났다. 3월 19일 미군정 경무 부장 조병옥은 제주도를 '빨갱이 섬'이라고 규정하고 무차별로 연행하였다. 이 와중에 남한 단독 정부 수립 선거일이 5월 10일로 확정되었다.

제주도 남로당 당원과 일부 주민들은 여기에 반발하여 4월 3일 무장 봉기를 일으켰다. 이들은 단독선거 반대와 미군 즉시 철수를 주장하며 관공서와 경찰지서를 습격하였다. 미군정이 경찰, 군대 및 우익 청년단을 동원하여 토벌에 나서자 이들은 한라산을 근거지로 토벌대에 맞섰다. 이 과정에서 수많은 사람들이 죽거나 다쳤고, 제주도 3개 선거구 가운데 2개 선거구에서 선거가 진행되지 못하였다.

대한민국 정부가 수립된 뒤 토벌은 더욱 강화되었다. 이승만 정부는 해안선에서 5km 이상 떨어진 중산간 지역을 봉쇄하고 주민들을 해안 마을로 강제 이주시켰다. 이듬해 2월까지 토벌대는 중산간 지역을 초토화시켰다. 90%가 넘는 마을이 불탔고, 마을 자체가 없어진 곳도 수십 개에 이르렀다. 이 과정에서 수많은 주민들이 집단 학살되었고, 해안 마을로 피난한 일부 주민들도 무장대에 협조했다며 죽임을 당했다. 이 때문에 사람들은 더 깊은 산속으로 피해 들어갔다. 1949년 3월 귀순하면 모두 용서하겠다는 사면 정책에 따라 많은 주민들이 산에서 내려왔고, 5월 10일에는 재선거가 치러졌다.

10월 19일, 여수 순천 사건이 일어나다

1948년 10월 이승만 정부는 여수에 주둔하고 있던 군부대에게 제주도 출동을 명령하였다. 그러나 좌익 성향을 가진 부대원들을 중심으로 명령을 거부하자는 움직임이 일어났다. 이들은 19일 '제주도 출동 반대', '통일 정부 수립' 등을 내세우며 봉기하여 여수와 순천을 장악하였다.

봉기는 미국 군사 고문단의 협조와 지원을 받은 정부군에 곧 진압되었다. 하지만 일부 부대원들은 총을 들고 산속으로 들어가 한국 전쟁이 일어날 때까지 저항을 계속하였다.

이를 계기로 이승만 정부는 본격적으로 군 내부에 있던 좌익 세력을 찾아냈다. 숙군 작업과 함께 좌익 세력의 활동을 근본적으로 막기 위해 국가 보안법을 만들었다. 또한 좌익 활동을 하다 전향한 사람들을 국민 보도 연맹에 가입하게 하여 감시하고 통제하였다.

한국 전쟁이 일어나자 이승만 정부는 보도 연맹 가입자, 요시찰자, 입산자 가족 등을 예비 검속이라는 이름으로 붙잡아 집단 학살하였다. 전국 각지 형무소에 수감되었던 4·3사건 관련자들도 죽임을 당하였다.

4

대한민국과
조선 민주주의 인민 공화국

대한민국 정부가 출범하다

1948년 5월 10일 38선 남쪽 지역에서 제헌 의원을 뽑는 총선거가 실시되었다. 5·10총선거는 21세 이상 모든 남녀에 똑같은 투표권이 주어진 최초의 보통 선거였다. 단독 정부 수립에 반대한 세력들이 참여를 거부한 가운데 이승만과 한국 민주당, 그리고 일부 중도 세력이 출마하였다.

선거는 제주도 2개 선거구를 뺀 나머지 지역에서 무사히 끝났다. 하지만 결코 편안한 분위기에서 선거를 치른 것은 아니었다. 경찰과 우익 단체들은 소총과 몽둥이로 무장하고 투표장 주위를 지켰다. 유엔 임시 위원단 위원장 야심 머기는 이렇게 말했다.

"투표소 둘레나 안에서 향보단원을 발견했다. 어떤 투표소엔 경찰이 투표소 안에 있었다. 어떤 투표소는 (투표의) 비밀이 결여됐다."

선거 결과 무소속이 대거 당선되고 이승만을 지지하는 대한 독립 촉성 국민회가 뒤를 이었다. 미군정과 친밀한 관계를 가졌던 한민당은 예상 밖으로 참패하였다. 이승만은 대한 독립 촉성 국민회에 우익 성향을 가진 의원들을 끌어들여 국회 의장에 당선되었다.

향보단원
협박, 폭동, 파업 등으로 5·10 총선거를 방해하는 시도를 막기 위해 군정청 경무 부장 조병옥이 주도하여 1948년 4월 중순에 만든 조직이다. 우익 청년들이 많이 참여하였다. 이들은 완장과 곤봉을 들고 투표일까지 13,000여 개소에 이르는 투표소 경비를 맡았다.

정부 수립 선포식
옛 조선 총독부 건물이었던 중앙청에서 열린 정부 수립 선포식. 상단 현수막에 '대한민국 정부 수립 축하'라고 적혀 있다. 태극과 괘 배열이 다른 두 개의 태극기가 걸려 있는 모습이 눈에 띈다.

5·10총선거 투표 광경
많은 유권자가 문맹이었기 때문에 막대기 개수로 기호를 표시하였다.

제헌 의회는 나라 이름을 대한민국으로 정하고, 7월 17일 헌법을 공포하였다. 제헌 헌법은 전문에 '3·1운동으로 대한민국을 건립하여 세계에 선포한 독립 정신을 계승하여 민주 독립 국가를 재건한다'라고 새 나라가 대한민국 임시 정부를 계승하였음을 분명히 밝혔다. 이어 '1조 대한민국은 민주 공화국이다. 2조 대한민국의 주권은 국민에게 있고 모든 권력은 국민으로부터 나온다'라고 선언하였다.

제헌 헌법은 3권 분립과 대통령 중심제를 채택하고, 대통령은 국민 직접 선거가 아닌 국회에서 뽑기로 하였다. 또한 친일 반민족자 처벌, 토지 개혁, 지하 자원과 주요 산업의 국유화, 사기업에서 노동자들의 이익 참가권 등을 규정하여 민주 국가의 기틀을 마련하였다.

제헌 헌법에 따라 국회는 이승만을 대통령으로, 이시영을 부통령으로 뽑았다. 이승만 대통령은 제헌 국회 의석 비율을 참고하여 내각을 구성하고 조봉암 등 중도 세력도 등용하였다. 여러 당파를 아우르는 내각 구성으로 정치적 안정을 꾀한 것이다. 그러나 껄끄러운 한국 민주당에는 재무 장관 한 명만 배분하였다. 이때부터 한국 민주당은 이승만과 등을 돌리고 야당이 되었다.

마침내 1948년 8월 15일 미군정이 끝나고 대한민국 정부가 출범하였다. 12월 12일 유엔은 총회에서 대한민국을 '선거 감시가 가능했던 지역에서 합법적으로 수립된 유일한 정부'로 승인하였다.

북한, 조선 민주주의 인민 공화국을 선포하다

'민주 개혁'으로 체제 기반을 다진 북조선 임시 인민 위원회는 1946년 11월 인민 위원회 선거를 실시하였다. 이듬해 2월에는 김일성을 위원장으로 하는 북조선 인민 위원회가 공식 출범하였다. 곧바로 조선 인민군을 창설하고, 헌법 초안을 만들었다.

그러나 겉으로는 남한 단독 정부 수립을 비판하며 남북 협상에 참여하였다. 4월 평양에서 열린 회의에서 남북한 총선에 합의하는 공동 성명을 발표하기도 하였다. 김일성은 6월 해주에서 통일 정부 수립을 위한 회의를 다시 열자고 제안하였다. 하지만 이를 실행할 뜻이 없다고 본 김구, 김규식 등은 참가를 거부하였다.

북한 제1차 최고 인민회의
제1회 대의원은 남북 인구 비례에 따라 북한 지역 212명과 남한 지역 360명을 뽑았다. 당연히 남한 지역 선거는 공개적으로 진행될 수 없었다. 북한은 남한 지역 대의원은 비밀리에 서명 운동 형식으로 뽑은 '지하 선거'라고 주장했다.

북한은 총선거를 빌미로 남한에 전기 공급을 끊고, 대한민국 정부가 세워지자 곧바로 국회에 해당하는 최고 인민 회의 대의원 선거를 실시하였다. 최고 인민 위원회는 9월 헌법을 공포하고 김일성을 수상으로 뽑았다. 마침내 9월 9일 김일성은 박헌영, 김책, 홍명희를 부수상으로 하는 내각을 구성하고, 조선 민주주의 인민 공화국 수립을 선포하였다.

이승만 정부, 친일파 청산을 가로막다

나라를 되찾자 너나없이 식민 잔재와 친일파 처단을 외쳤다. 새로운 나라를 세우려면 사회 정의를 세우고 민족정기를 바로잡아야 했기 때문

• 남한 제헌 헌법과 북한 사회주의 헌법

제1조 대한민국은 민주 공화국이다.

제2조 대한민국의 주권은 국민에게 있고 모든 권력은 국민으로부터 나온다.

제15조 재산권은 보장된다. 그 내용과 한계는 법률로서 정한다.

제16조 모든 국민은 균등하게 교육을 받을 권리가 있다. 적어도 초등교육은 의무적이며 무상으로 한다.

제18조 근로자의 단결, 단체교섭과 단체행동의 자유는 법률의 범위 내에서 보장된다. 영리를 목적으로 하는 사기업에 있어서는 근로자는 법률의 정하는 바에 의하여 이익의 분배에 균점할 권리가 있다.

제53조 대통령과 부통령은 국회에서 무기명 투표로 각각 선거한다.

제84조 대한민국의 경제질서는 모든 국민에게 생활의 기본적 수요를 충족할 수 있게 하는 사회정의의 실현과 균형 있는 국민경제의 발전을 기함을 기본으로 삼는다. 각인의 경제상 자유는 이 한계 내에서 보장된다.

제86조 농지는 농민에게 분배하며 그 분배의 방법, 소유의 한도, 소유권의 내용과 한계는 법률로서 정한다.

제87조 중요한 운수, 통신, 금융, 보험, 전기, 수리, 수도, 가스 및 공공성을 가진 기업은 국영 또는 공영으로 한다. (중략) 대외 무역은 국가의 통제하에 둔다.

제101조 이 헌법을 제정한 국회는 1945년 8월 15일 이전의 악질적인 반민족 행위를 처벌하는 특별법을 제정할 수 있다.

― 제헌 헌법(1948)

제1조 우리나라는 조선 민주주의 인민 공화국이다.

제2조 조선 민주주의 인민 공화국의 주권은 인민에게 있다. 주권은 인민이 최고 주권 기관인 최고 인민 회의와 지방 주권 기관인 인민 위원회를 근거로 하여 행사한다.

제5조 조선 민주주의 인민 공화국의 생산 수단은 국가 협동 단체 또는 개인 자연인이나 개인 법인의 소유다. 광산 기타 지하부원, 산림, 하해, 주요 기업, 은행, 철도, 운수, 항공, 체신 기관, 수도, 자연력 및 전 일본 국가·일본인 또는 친일 분자의 일체 소유는 국가의 소유다. 대외 무역은 국가 또는 국가의 감독 밑에서 수행한다.

제6조 전 일본 국가와 일본인의 소유 토지 및 조선인 지주의 소유 토지는 몰수한다. 소작 제도는 영원히 폐지한다. 토지는 자기의 노력으로 경작하는 자만이 가질 수 있다.

― 조선 민주주의 인민 공화국 헌법(1948)

이었다. 이는 모두가 바라던 것이었고, 친일파들도 이런 분위기를 잘 알고 있었다. 이 때문에 해방이 되자 일제 앞잡이 노릇을 하던 경찰이나 공무원 들은 숨어서 나오지 않았다. 일제와 손잡고 부와 권력을 누렸던 지주, 자본가 들은 숨을 죽이며 눈치를 보고 있었다. 두려움에 떨던 이들은 미군정이 '현상 유지' 정책을 펴면서 다시 세상에 나왔다. 악질 친일 경찰이 다시 경찰 간부가 되고, 독립운동가들이 이들에게 고초를 겪자 민중들은 치를 떨었다. 하지만 미군정은 친일파 청산에 그닥 관심이 없었다.

친일파 청산에 대한 열망은 제헌 국회가 열리면서 다시 타올랐다. 제헌 국회를 주도한 이승만 세력과 한민당은 친일파 청산에 적극적이지 않았다. 한민당은 크든 작든 식민 통치에 협력한 사람이 많았고, 이승만은 귀국 뒤 친일 세력에게 많은 지원을 받고 있었기 때문이다.

그렇지만 한민당도 이승만 세력도 드러내 놓고 친일파 청산이라는 명분을 거스를 수는 없었다. 뜨거운 여론에 힘입어 제헌 국회는 친일파를 처벌할 수 있는 조항을 헌법에 명시하였다. 여기에 근거하여 정부 수립 직후 국회는 '반민족 행위 처벌법'을 만들고, '반민족 행위 특별 조사 위원회^{반민 특위}'를 설치하였다. 반민 특위는 특별 재판부와 조사를 담당하는 특별 조사 위원회^{위원장 김상덕}로 구성되었다. 검찰부^{부장 권승렬}와 재판부^{부장 김병로}로 된 특별 재판부는 단심제였다.

반민 특위는 1949년 1월부터 본격적으로 활동을 시작하였다. 8일 식민지 시대 최대 재벌이었던 화신 백화점 사장 박흥식을 체포하였고, 10일에는 만주 일본 헌병대 앞잡이 이종형을 붙잡았다. 13일에는 33인 대표였지만 변절한 천도교 지도자 최린을 검거하였고, 25일에는 독립운동가를 혹독하게 고문하였던 고등계 형사 출신 노덕술을 체포하였다.

반민 특위가 반민족 행위자로 파악한 사람들은 7천여 명이었다. 이들은 관료, 경찰, 지식인, 종교인 등 다양한 분야에서 적극적으로 친일 행위를 한 사람들이었다. 체포 조사와 함께 3월 28일에는 재판도 시작하였다.

반민 특위가 권력의 비호를 받던 거물급 인사를 거침없이 잡아들이자 국민들은 더욱 열광적으로 지지를 보냈다. 하지만 친일파들의 반격도 갈수록 강해졌다. 특히 반민 특위의 검거 선풍이 경찰로 확대되면서 친일 세력의 반격이 더욱 거세졌다.

친일파 청산에 소극적이었던 이승만 정부는 반공을 앞세워 반민 특위 활동을 비난하고 방해하기에 이르렀다. 1949년 5월과 6월에는 반민 특위 소속 의원들을 공산당 프락치로 활동했다며 체포하고, 반민 특위 사무실을 습격하였다. 여기에 반민 특위 활동을 제한하는 법률 개정안이 통과되면서 특위 활동은 무력화되었다. 결국 9월 반민 특위는 해체되고, 조사를 받던 사람들은 대부분 풀려났다. 특별 재판에 회부되었던 사람들도 집행 유예로 풀려나 실제로 처벌을 받은 친일파는 거의 없었다.

이승만 정부, 농지 개혁을 실시하다

해방 무렵 전체 경작 면적 가운데 60% 이상이 소작지이고, 전체 농가 가운데 절반이 소작농이었다. 30%가 넘는 자소작농도 소작농과 큰 차이는 없었다. 무려 80%가 넘는 농가가 사실상 자기 땅이 없었던 셈이다. 당연히 이들은 자기 땅에서 농사를 짓고 싶어 했다. 이 간절한 꿈은 임시 정부를 비롯한 독립운동 단체들도 해방이 되면 반드시 해결해야 할 과제로 여기고 있었다. 토지 개혁의 원칙은 토지는 농사를 짓는 농민이 가져야 한다는 경자유전이었다.

미군정도 토지 문제가 중요하다는 것을 알고 있었지만 토지 개혁에는 소극적이었다. 하지만 1946년 북한에서 토지 개혁을 했다는 사실이 알려지면서 분위기가 달라졌다.

북조선 임시 인민 위원회는 총독부나 일본이 소유했던 토지, 친일파와 민족 반역자가 소유한 토지는 무조건 몰수하였다. 조선인은 직접 농사를 짓지 않는 토지와 농사를 짓더라도 5정보보다 더 많이 소유한 토지는 몰수하였다. 몰수한 토지는 '토지는 밭갈이하는 농민에게'라는 원칙에 따라 땅이 없거나 적은 농민에게 나눠 주었다.

이 소식에 남한에서도 토지 개혁을 해야 한다는 목소리가 더욱 높아졌다. 미군정도 더 이상 외면할 수 없어 토지 개혁을 위한 법률 만들기에 들어갔다. 1948년에는 총선거를 앞두고 신한 공사가 관리하던 농지를 최대 2정보까지 소작인에게 팔았다. 조건은 연평균 수확량의 300%를 15년간 분할 상환하는 것이었다. 신한 공사는 1946년 미군정이 동양 척식 주식회사와 일본인이 소유한 토지를 관리하기 위해 만든 회사

• 사진과 소설로 보는 북한의 토지 개혁

토지를 농민들에게 값없이 나눠준다니 세상에 이런 일도 있을까? 실로 이것은 고금에 처음 듣는 말이다. 하건만 사실로 그렇다는 데야 어찌하랴! 그것도 내년이나 그 후년 일이 아니라 바로 지금 당장 실행을 하여서 올해 농사부터 짓도록 한다니 더욱 희한한 노릇이다. 이게 과연 정말일까. 참으로 그들은 황홀한 심정을 걷잡을 수 없었다.

(중략)

이놈들 어디 보자! 이렇게 악을 쓰는 지주도 있었지만 그것은 이불을 쓰고 활갯짓하는 격이었다. 그들은 홧김에 술을 먹거나 그렇지 않으면 머리를 싸매고 누웠다. 기껏해야 땅바닥을 치며 애고지고 저 혼자 비통할 뿐이었다. (중략) 세상이 아무리 변한다 하더라도 땅덩이가 떠나갈 줄은 몰랐다. 천지개벽을 하기 전에야 그런 일이 없을 줄 알았었는데, 토지 개혁이란, 정말 눈에 안 보이는 개벽을 해서 하룻밤 사이에 이 세상을 뒤집어엎었다.

— 이기영, 「개벽」(1946)

북한의 토지 개혁
'토지는 밭가리하는 농민에게로'라는 구호가 보인다.(왼쪽) 토지 개혁으로 받은 논에서 농사짓는 북한 농민들.(오른쪽)

였다. 하지만 지주층과 한국 민주당이 강하게 반발하자 전면적인 토지 개혁은 하지 못하였다.

대한민국 정부가 수립되자 미뤄졌던 토지 개혁에 대한 열망이 타올랐다. 한민당을 중심으로 토지 개혁에 반대하는 세력들도 이를 막을 수는 없었다. 1948년 11월 농림부 장관 조봉암은 전국을 돌며 모은 의견을 바탕으로 개혁안을 발표하였다. 개혁안은 정부와 국회를 거치면서 색이 바랬지만 뼈대는 유지되었다.

마침내 1949년 6월 '경자 유전'을 원칙으로 한 농지 개혁법이 공포되었다. 토지 전체가 아니라 과수원, 염전 등을 제외한 농지만을 대상으로 하였다. 방식도 북한과 달리 정부가 지주들에 땅을 사들여 농민에게 파는 '유상 매수, 유상 분배'였다. 지주들은 소유 농지 가운데 3정보 이상은 무조건 팔아야 했고, 농민들은 3정보까지 받을 수 있었다. 분배 조건은 1년 평균 생산량의 1.5배를 5년에 걸쳐 나눠 내는 것이었다. 지주는 땅을 팔고 지가 증권을 받았다. 지가 증권에는 연간 수확량의 150%에 해당하는 곡물 액수가 적혀 있었다. 이를 5년에 걸쳐 해마다 그해 쌀값에 해당하는 현

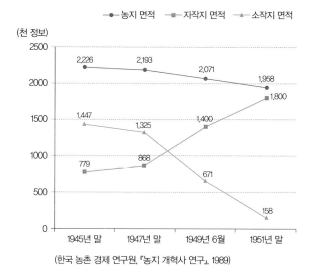

(한국 농촌 경제 연구원, 『농지 개혁사 연구』, 1989)

농지 개혁 전후 자작·소작지 면적 변화

지가 증권(앞뒷면)

농지 개혁을 하면서 현금 대신 지주에게
주었던 증권이다.

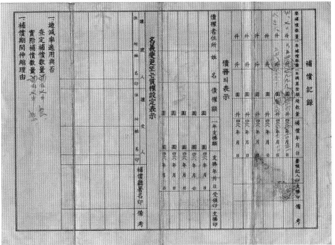

상환 증서

소작농에게 유상으로 농지를 분배하고
쌀·보리 등으로 상환을 완료하면 농지 소
유를 인정한다는 증서이다.

금을 받게 되어 있었다. 이 돈을 기업에 투자하게 하여 지주를 산업 자본가로 만들고, 농업과 공업을 아울러 발전시키려 한 것이다.

농지 개혁은 법이 공포된 뒤 바로 시행되지 못하였다. 공포하자마자 법을 고쳐야 한다는 주장이 나왔고, 관련 법률이 정비되는 데 무려 10개월이 걸렸기 때문이다. 이 때문에 농지 분배는 1950년부터 시작되어 전쟁이 끝난 뒤 마무리되었다. 지주들은 제헌 국회에서 토지 개혁 주장이 거세게 일자 소작지를 처분하기 시작하였다. 법이 공포되자 그 속도는 더 빨라져 농지 개혁을 하기 전에 팔아치운 땅이 무려 50%가 넘었다. 결국 법을 시행하기 전에 실질적으로 개혁이 된 셈이었다.

농지 개혁으로 대부분 농민들은 자기 땅을 갖게 되었고, 사회적 지배 계급으로서 지주는 사라졌다. 자연스럽게 농민들은 의욕적으로 농사를 지어 농업 생산력이 높아졌다. 농민이 자립적인 경제 주체로 성장하는 기반이 마련된 것이다.

그러나 개혁이 미루어지는 동안 일부 지주들은 땅을 팔았고, 농지를 제외한 토지는 개혁 대상에서 빠졌다. 반민족 행위자가 소유한 토지도 몰수하지 못하였다. 분배가 유상이었기 때문에 일부 농민은 분배 대금을 갚지 못하는 일도 생겼다. 이들은 다시 소작농이 되거나 도시로 떠났다.

지가 증권에 따라 지급되는 쌀값은 시중 가격의 절반에도 미치지 못했다. 그나마 정부 재정이 부족해 보상도 제때 받지 못하였다. 이 때문에 지주를 산업 자본가로 만들려는 계획은 제대로 이뤄지지 않았고, 일부 중소 지주들은 몰락하고 말았다.

대한민국 정부, 귀속 재산을 불하하다

미 군정청은 해방 뒤 일본인이 소유하고 있던 토지, 건물, 광산, 공장, 기업체, 각종 유가 증권, 귀금속 등을 몰수하였다. 이를 귀속 재산이라고 한다. 신한 공사가 소유한 땅도 귀속 토지였다. 미 군정청은 귀속 재산 가운데 일부를 처분하였지만 대부분은 대한민국 정부에게 넘겼다. 순 재산 가치가 3천억 원이 넘는 귀속 재산은 당시 연간 정부 예산보다 10배나 많았다. 귀속 기업은 규모도 컸다. 당시 종업원 100명 이상 기업 가운데 60% 이상이 귀속 기업이었다.

귀속 재산 처리는 식민지 통치가 남긴 경제적 유산을 청산한다는 중요한 의미를 갖고 있었다. 또한 귀속 재산을 어떻게 처리하느냐에 따라 한국 경제가 어떤 방향으로 나갈지 결정된다고 할 수 있었다. 해방 뒤 귀속 재산을 공동 관리하던 지역 인민 위원회나 노동자 위원회가 미 군정청과 강하게 대립한 것도 이 때문이었다.

제헌 헌법은 주요 자원과 산업을 국영이나 공영으로 한다고 규정하였다. 당연히 귀속 재산은 대부분 이 규정에 따라 국공영이 되어야 했다. 하지만 이승만 정부는 국회와 줄다리기 끝에 1949년 귀속 재산 처리법을 만들어 귀속 재산을 개인에게 불하하기로 결정하였다. 이에 따라 몇몇 대기업을 제외한 대부분 귀속 기업은 연고자들에게 매각되었다. 이 방향

회사명(일제 시대 이름)	불하 연도	매수자	1960년대 소유자
조선 견직(아사히 견직)	1949년	김지태	김지태
선경 직물(선경 직물)	–	최종건	최종건
동양 맥주(소화 기린 맥주)	1952년	박두병	박두병
삼화 고무(삼화 고무)	1952년	김예준 외 3인	김지태
조선 방직(조선 방직)	1955년	강일매	정재호
동양 제과(풍국 제과)	1952년	김병문(배동환)	이양구
동양 시멘트(소야전 시멘트)	1956년	강직순	이양구
한국 타이어(조선 타이어 공업)	1957년	강경옥	이병철(배동환)

주요 귀속 기업체 불하 현황(이종훈, 『한국 경제론』, 법문사, 1980)

은 미 군정청이 자본주의 경제를 이끌어 갈 주체를 만들기 위해 연고자에게 불하한 방식과 같은 것이다.

귀속 재산 불하는 한국 전쟁으로 중단되었다가 1951년 다시 시작하여 1963년에 끝났다. 귀속 재산 불하 가격은 시가와 비교하면 1/4~1/5 정도였다. 상환 기한도 최고 15년까지였다. 높은 인플레이션을 감안하면 이러한 장기 분할은 대단한 특혜였다. 이들 기업 가운데 일부는 한국 전쟁을 거치면서 재벌로 성장하였다.

이광수의 변명, 최남선의 참회-반민족 행위 처벌법

"12월 8일 대동아 전쟁이 일어나자
나는 조선 민족이 대위기에 있음을 느끼고
일부 인사라도 일본에 협력하는 태도를 보여 줌이
민족의 목전에 임박한 위기를 모면할 길이라 생각하고
기왕 버린 몸이니 이 경우에 희생이 되기를
스스로 결심하였다. ……
도쿄까지 가서 학병을 강요케 된 것은
학병을 나가지 않으면 학병을 나가서 받는 것
이상의 고생을 할 것 같기에 나가라고 권하였다."
-이광수

• 반민족 행위 처벌법

제1조 일본 정부와 통모하여 한일 합병에 적극 협력한 자, 한국의 주권을 침해하는 조약 또는 문서에 조인한
　　　자와 모의한 자는 사형 또는 무기 징역에 처하고 그 재산과 유산의 전부 혹은 2분지 1 이상을 몰수한다.
제2조 일본 정부로부터 작을 수한 자 또는 일본 제국 의회의 의원이 되었던 자는 무기 또는 5년 이상의 징역에
　　　처하고, 그 재산과 유산의 전부 혹은 2분지 1 이상을 몰수한다.
제3조 일본 치하 독립운동자나 그 가족을 악의로 살상 박해한 자 또는 이를 지휘한 자는 사형, 무기 또는 5년
　　　이상의 징역에 처하고 그 재산의 전부 혹은 일부를 몰수한다.
제4조 좌의 각호의 1에 해당하는 자는 10년 이하의 징역에 처하거나 15년 이하의 공민권을 정지하고 그 재산
　　　의 전부 혹은 일부를 몰수할 수 있다.

　　1. 습작한 자.
　　2. 중추원 부의장, 고문 또는 참의되었던 자.
　　3. 칙임관 이상의 관리되었던 자.
　　4. 밀정 행위로 독립 운동을 방해한 자.

"까마득하던 조국의 광복이 뜻밖에 얼른 실현하여
이제 민족 정기의 호령이 팽팽히 이 강산을 뒤흔드니
누가 이 앞에 숙연하지 않겠습니까.
하물며 저는 잘못을 하였으니 오직 공손하게 반민 특위법의 처단에
모든 것을 맡기고 그 채찍을 감수하겠습니다.
이러한 것이 조금이라도 이 땅 이 강산에 태어난 자손들에게
교훈이 되기를 바랍니다.
눈물을 흘리며 참회하면서 국민 여러분께 잘못을 구하며,
민족 정기의 엄정한 처벌을 기다립니다."

-최남선

5. 독립을 방해할 목적으로 단체를 조직했거나 그 단체의 수뇌 간부로 활동하였던 자.

6. 군·경찰의 관리로서 악질적인 행위로 민족에게 해를 가한 자.

7. 비행기, 병기 또는 탄약 등 군수 공업을 책임 경영한 자.

8. 도, 부의 자문 또는 결의 기관의 의원이 되었던 자로서 일정에 아부하여 그 반민족적 죄적이 현저한 자.

9. 관공리 되었던 자로서 그 직위를 악용하여 민족에게 해를 가한 악질적 죄적이 현저한 자.

10. 일본 국책을 추진시킬 목적으로 설립된 각 단체 본부의 수뇌 간부로서 악질적인 지도적 행동을 한 자.

11. 종교·사회·문화·경제 기타 각 부문에 있어서 민족적인 성신과 신념을 배반하고 일본 침략주의와 그 시책을 수행하는 데 협력하기 위하여 악질적인 반민족적 언론, 저작과 기타 방법으로써 지도한 자.

12. 개인으로서 악질적인 행위로 일제에 아부하여 민족에게 해를 가한 자.

－『대한 민국 관보』(1948. 9. 22)

5

한국 전쟁이 일어나다

조용할 날 없는 38선

1948년 한반도 남쪽과 북쪽에 따로 정부가 세워졌다. 무장 해제를 위한 단순 경계선이던 38선이 끝내 분단선이 되고 만 것이다. 남북 정부는 서로 자신이 한반도의 합법 정부라 주장하면서 통일을 강조하였다. 하지만 평화 통일이 아니라 상대를 무력으로 무너뜨리는 통일이었다.

이를 위해 남북 정부는 군사력 강화에 힘을 쏟았다. 대한민국은 정부 수립 뒤 조선 경비대를 국군으로 확대 개편하였고, 조선 민주주의 인민 공화국은 1948년 2월에 창설한 조선 인민군의 전력을 강화하였다. 전쟁 직전 남북한 지상군은 남한이 10여 만 명이고 북한군은 20여 만 명에 이르렀다.

남북 정부는 상대방을 '괴뢰 정부'라고 공격하면서 비난 강도를 점점 높였다. 38선 일대에서는 하루가 멀다 하고 크고 작은 전투가 벌어졌다. 남한에서는 '빨치산'이라 부르는 좌익 무장 유격대들이 활동하였고, 북한에서는 신의주 등에서 반공 의거가 일어났다.

남북 사이 대립과 갈등이 커지는 가운데 미국과 소련은 군대를 철수하였다. 하지만 두 나라는 군사적, 경제적 지원을 계속하였다. 소련은 조선 인민군에 탱크와 비행기 등 무기를 원조하였고, 미국은 군사 고문단을 두어 국군을 지원하였다.

전쟁 위기는 1949년 가을 소련이 원자 폭탄 개발에 성공하고, 중국 공산당이 국공 내전에서 승리하면서 더욱 커졌다. 북한은 국공 내전이 끝나면서 팔로군 출신 조선 의용군 약 5만 명을 귀국시켜 조선 인민군에 편입시켰다. 1950년 3~4월에는 김일성이 극비리에 소련과 중국을 방문하여 스탈린과 마오쩌둥에게 전쟁 지원 약속을 받아냈다.

미국은 국공 내전에서 국민당이 패배하면서 일본 점령 정책을 전면 수정하였다. 일본을 재무장시키고 경제를 부흥시켜 아시아에 공산주의가 확산되는 것을 막는 보루로 삼은 것이다. 1950년 1월에는 미국 국무 장관 애치슨이 태평양 방어선^{애치슨 라인}을 발표하면서 일본을 소련과 중국의 위협에서 보호하겠다고 선언하였다. 알류샨 열도—일본—오키나와—필리핀을 연결하는 이 애치슨 라인에 한반도와 타이완은 포함되지 않았다. 이승만 대통령은 한반도가 빠진 것에 강력 항의하였지만 소용이 없었다. 대신 미국은 한미 상호 방위 원조 협정을 맺어 군사와 경제 지원을 약속하였다.

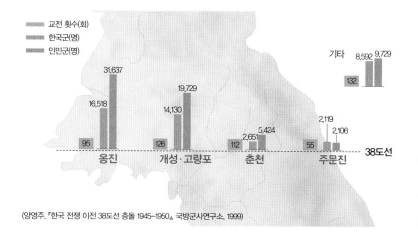

범례:
교전 횟수(회)
한국군(명)
인민군(명)

옹진 95 / 16,518 / 31,637
개성·고량포 126 / 14,130 / 19,729
춘천 112 / 2,651 / 5,424
주문진 55 / 2,119 / 2,106
기타 132 / 8,592 / 9,729

38도선

(양영주, 『한국 전쟁 이전 38도선 충돌 1945-1950』, 국방군사연구소, 1999)

해방부터 한국 전쟁까지 38선에서는 크고 작은 충돌이 일어났다. 1949년 1월부터 10월까지 500회가 넘었고 옹진 지역에서만 전사자가 9천 명이 넘었다. 교전에 투입된 병력은 인민군이 많았다. 처음에는 소규모였지만 5월부터 점점 규모가 커졌다. 대체로 7월까지는 한국군이, 8월부터는 인민군이 주도적으로 공격하였다.

소비에트 연방
몽골인민공화국
조선민주주의공화국
대한민국
일본
중화인민공화국

미국 극동방위선 애치슨 라인
Acheson line, 1950
(필리핀-오키나와 제도-일본 본토-알류산 열도)

중화민국
베트남인민공화국
타이왕국　베트남공화국
필리핀공화국

태평양 방어선

애치슨 라인은 미국이 자국의 이익을 지키기 위해 소련과 중국의 세력이 태평양으로 진출하는 것을 막겠다는 방어선이었다. 이 방어선 안은 미국이 지키겠지만 밖은 국제 연합의 책임이고 미국이 직접 개입하지는 않겠다는 것이다. 애치슨 라인은 자칫 한반도에 전쟁이 일어나도 미국이 개입하지 않는다고 해석될 수 있었다. 이 때문에 북한과 소련이 오판을 하여 한국 전쟁이 일어나게 한 원인 가운데 하나로 꼽는다.

전쟁이 일어나다

1950년 6월 25일 새벽 조선 인민군은 38선 전역에서 전면적인 남침을 시작하였다. 인민군은 3일 만에 수도 서울을 점령하였다. 7월 20일에는 미군 정예 24단을 격파하고 대전을 점령하였다. 이어 세 갈래로 나눠 7월 말에는 낙동강까지 밀고 내려갔다. 북한군은 점령 지역에서 많은 청년들을 의용군으로 소집하여 전선에 투입하였다.

전쟁이 일어나자 한국은 미국과 유엔에 군대를 보내줄 것을 요청하였다. 미국도 애치슨 선언과 달리 재빨리 움직였다. 곧바로 유엔 안전 보장 이사회 소집을 요청하였다. 유엔은 북한의 공격을 침략 행위로 규정하고 38선 북쪽으로 돌아갈 것을 요구하였다. 북한이 이를 받아들이지 않자 유엔은 한국에 군사 지원을 결의하였다. 유엔군은 미국을 주축으로 16개국으로 편성되었다. 총사령관에 일본 주둔 미군 사령관 맥아더가 임명되었다. 유엔군은 7월 1일 24사단 소속 스미스 특수 임무 부대를 시작으로 속속 부산에 도착하였고, 14일에는 대한민국 국군의 지휘권을 넘겨받았다.

유엔군 참전으로 전열을 재정비한 국군은 유엔군과 함께 북한군이 낙동강을 넘어오지 못하게 막았다. 여기에는 전쟁 시작 약 3주 만에 제공권을 장악한 공군의 지원에 힘입은 바가 컸다. 일본에서 날아온 B29, B26 등이 낙동강 서쪽 북한군 근거지에 엄청난 폭탄을 퍼부었다. 유엔 공군은 평양, 함흥 등 북한 지역 군수품 공장과 교통로도 파괴하였다. 제해권도 장악하고 9월 15일에는 인천 상륙 작전을 성공시켜 단숨에 전세를 역전시켰다. 그리고 9월 28일 마침내 서울을 되찾았다.

이즈음 미국에서는 유엔군이 38선에서 멈출 것인지 돌파할 것인지를 두고 팽팽하게 맞서고 있었다. 유엔에서도 이 문제로 공방을 벌이고 있었다. 반대하는 측은 대부분 소련, 중국 등 공산주의 국가였다. 중국은

• '역코스'와 군국주의 부활

헌법 9조로 일본 경제가 발전했다는 만평(왼쪽)과 9조를 폐기하면 전쟁을 하게 된다는 만평(가운데)이다. 오른쪽은 헌법 9조 폐기에 앞장서고 있는 아베 총리에 대한 만평이다.

미국은 일본을 점령한 뒤 비군사화와 민주화를 적극적으로 추진하였다. 군대와 전쟁 포기를 선언한 일본 헌법 9조가 이를 상징적으로 보여 준다. 하지만 노동 운동이 크게 일어나고 1947년 4월 총선거에서 사회당이 제1당을 차지하면서 이 정책을 조금씩 바꾸었다. 1949년 중국이 공산화되자 이 정책을 전면 수정하였다. 장제스가 이끄는 중국을 대신하여 일본을 아시아에서 공산주의 확산을 막을 보루로 삼은 것이다. 이를 위해 비군사화와 민주화 대신 재무장과 경제 부흥에 중점을 두게 되었다. 이 때문에 일본의 민주화는 급속히 후퇴하였고, 내쫓겼던 군국주의 세력이 돌아와 주도권을 잡게 되었다. 이를 '역코스'라 부른다.

한국 전쟁이 일어나자 미국은 '역코스' 정책을 더욱 서둘러 1951년 9월 샌프란시스코 강화 조약을 체결하였다. 소련과 중국, 한국 등의 강력한 반발에도 일본을 공산주의를 막을 동맹국으로 삼기 위해 전쟁 범죄에 면죄부를 준 것이다. 주권을 되찾은 일본은 미국과 안보 조약을 맺고 서방 세계의 일원이 되었다.

유엔군이 38선을 넘으면 군사 개입에 들어갈 것이라고 거듭 경고하였다. 물론 대한민국은 북진을 주장하고 있었다.

마침내 10월 1일 국군은 유엔의 동의를 얻지 못한 채 38선을 넘었다. 7일 유엔 총회는 '유엔군은 한반도의 통일을 위해 최선의 노력을 다한다'고 결의하였다. 38선 돌파는 원래 안보리에서 결정할 사항이었다. 하지만 소련이 거부권을 행사할 수 있었기 때문에 총회에서 에둘러 처리한 것이다. 이를 근거로 유엔군과 국군은 9일 본격적으로 북진하였다. 파죽지세로 북한군을 몰아붙인 국군과 유엔군은 평양, 원산을 함락하고 10월 말에는 압록강까지 진격하였다.

수세에 몰린 북한은 중국에 도움을 요청하였다. 중국은 이미 몇 차례 경고한 대로 군사 원조를 결정하였다. 펑더화이를 총사령관으로 하는 중

• 스톡홀름 평화 호소문과 한국 전쟁

1949년 8월 소련이 핵무기 개발에 성공하였다. 예상보다 빠른 성공에 미국은 본격적으로 수소폭탄을 만들기 시작하였다. 두 나라가 핵무기 경쟁을 벌이면서 제3차 세계 대전에 대한 우려가 커지자 평화를 지켜야 한다는 목소리도 높아졌다. 이들은 1950년 3월 15일 스웨덴에서 세계 평화 대회를 열고, 19일에는 '스톡홀름 호소문'을 발표하고 서명 운동에 들어갔다.

- 원자병기 무조건 사용 금지.
- 최초로 원자병기를 사용한 정부를 인류에 대한 범죄자로 간주할 것.
- 원자병기 금지를 위한 국제 관리 실현.

호소문은 큰 공감을 불러일으켜 7월 중순까지 전 세계 성인 인구 가운데 약 1/4에 해당하는 2억 7천만 명 이상이 서명했다. 프랑스와 이탈리아는 전체 인구의 30% 이상이 호응하였다. 중국이 서명 운동에 아직 적극적으로 동참하지 않았던 것을 생각하면 반전 운동의 열풍이 엄청났음을 짐작할 수 있다. 스톡홀름 호소문은 우리나라에도 큰 영향을 끼쳤다. 이해에 일어난 한국 전쟁에서 핵폭탄을 사용할지 고민하던 미국 대통령 트루먼에게 결국 핵 단추를 누르지 못하게 하였던 것이다.

국 인민 지원군은 10월 19일부터 북한에 들어와 25일 전투를 시작하였다. 중국군은 국공 내전에서 수많은 전투를 치른 경험과 전술로 혹독한 추위로 전의가 꺾인 국군과 유엔군을 몰아붙였다. 1951년 1월 4일에는 서울을 다시 점령하고 충청도 경계까지 내려왔다.

국군과 유엔군은 전열을 다시 정비하고 두 달여 만에 서울을 다시 되찾았다. 하지만 38선 부근에서 전쟁은 교착 상태에 빠졌다. 전쟁이 지루하게 계속되자 소련은 정전을 제안하였다. 미국이 이를 받아들여 1951년 7월 개성에서 정전 협상을 시작하였다. 전쟁이 길어지면서 세계 대전으로 번질 것을 염려하였기 때문이다.

유엔군, 중국군, 북한군이 정전 협정을 맺다

이승만 정부는 통일을 주장하면서 휴전에 반대하였다. 하지만 정전 협상을 막을 수는 없었다. 협상에서 가장 큰 쟁점은 군사 분계선 설정, 중립국 감시 기구의 구성, 포로 교환 등이었다. 중국과 북한은 모든 포로를 바로 돌려보내자고 하고, 미국은 본인 스스로 결정해야 한다고 주장하였다.

협상은 2년 7개월 동안 계속되었다. 협상을 하는 동안 전투는 오히려 더 격화되었다. 북한 지역에 대한 대대적인 폭격도 계속하였다. 38선 부근에서는 양측이 산봉우리 하나라도 더 차지하기 위해서 밀고 밀리는 전투를 벌였다. 그럴수록 피해는 갈수록 불어나 한국 전쟁 동안 죽거나 다친 군인 가운데 3/4이 이 시기에 나왔다. 1952년 10월 6일에서 15일까지 철원 평야를 둘러싸고 벌어진 백마고지 전투에서는 무려 13,000명이 넘게 죽거나 다쳤다.

정전 협상은 1953년 6월 이승만 대통령이 '반공' 포로를 풀어주면서 좌초 위기를 맞았지만 7월 27일 조인되었다. 양측은 조인 당시 전선을 군사 분계선으로 정하고, 남북 각각 군사 분계선 2km 지역을 비무장 지대로 설치하기로 하였다. 포로 송환 문제는 무조건 송환을 원하지 않는 포로는 중립국 포로 송환 위원회에 넘겨 처리하자는 데 합의하였다. 송환위원회에 넘겨진 포로들은 대부분 남과 북을 택하였다. 하지만 이데올로기 대립에 염증을 느낀 일부 포로는 중립국을 택하기도 하였다.

정전 협정에 서명한 당사자는 유엔군 사령관 클라크와 중국 인민 지원군 사령관 펑더화이, 조선 인민군 최고 사령관 김일성이었다. 서명에 참

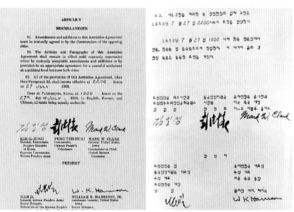

정전 협정 조인식과 정전 협정문
판문점에서 유엔군 대표 해리스 소장과 북한의 남일이 정전 협정서에 서명하고 있다. 이날 오후 유엔군사령관 클라크를 비롯하여 북한 인민군 최고사령관 김일성, 중국지원군사령관 펑더화이가 정전 협정서에 최종적으로 서명했다. 이승만 대통령은 서명하지 않았다. 정전에 반대하기도 했지만 작전 지휘권을 유엔군에 넘겼기 때문에 서명할 수가 없었다.

가하지 않은 한국은 1953년 6월 한미 상호 방위 조약을 맺으면서 정전 협정을 지키겠다고 약속하였다. 그러나 정전 협정은 전쟁을 중지시키는 것이었을 뿐, 한반도에 영구적인 평화를 보장하는 것은 아니었다.

한국 전쟁, 엄청난 상처를 남기다

전쟁은 한반도에 너무나 큰 상처를 남겼다. 우선 인명 피해가 엄청났다. 군인과 민간인을 합쳐 150여 만 명이 죽고 300만이 넘는 사람들이 부상을 입었다. 남북한 총 인구의 1/10이 넘는 엄청난 숫자였다.

민간인들은 폭격과 전투 과정에서 죽기도 했지만 양측 공권력에 학살당한 경우도 적지 않았다. 가장 먼저 희생당한 사람들은 좌익 출신 보도연맹 소속원과 교도소 수감자였다. 국군과 경찰은 전쟁이 일어나자 위험 요소를 제거한다는 명분으로 이들을 집단 처형하였다. 학살당한 사람들은 적어도 10만 명이 넘었다. 민간인 학살은 전쟁이 진행되면서 전국에서 계속 일어났다. 미군에 희생당한 경우도 적지 않았다.

학살된 민간인은 정확하지 않지만 4·19혁명 뒤 '전국 피학살자 유족

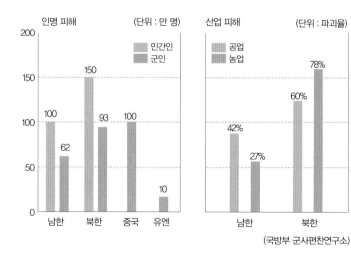

(국방부 군사편찬연구소)

한국 전쟁 인명·산업 피해

회'가 정부에 보고한 숫자는 113만이었다. 학살 사건 가운데 경남 거창, 충북 영동 노근리처럼 진상이 밝혀지고 배상 판결을 내린 것도 있다. 하지만 아직까지 진실이 밝혀지지 않은 경우도 적지 않다.

인민군은 점령지 곳곳에서 인민 재판을 열어 우익 인사를 처형하였다. 대부분 경찰과 공무원을 비롯하여 지주와 자본가 등이었다. 처형된 보도 연맹원 가족들이 이 재판에 앞장서기도 하였다. 학살이 학살을 부른 것이다. 북한군은 퇴각하면서 여러 곳에서 주민을 죽이고 수많은 지식인, 정치인 등을 끌고 갔다.

국군과 유엔군이 38선을 넘으면서 북한에서도 학살이 일어났다. 황해도 신천을 비롯한 곳곳에서 많은 민간인이 희생당하였다. 신천군에서 죽은 사람은 전체 주민 가운데 1/4이 넘었다. 그 가운데 절반은 어린이, 노인, 부녀자 들이었다. 사태를 이 지경으로 만든 것은 신천 지역 좌익과 우익 세력의 갈등이 큰 몫을 차지하였다.

민간인 학살은 계급과 이념 갈등에 신분, 친족, 마을, 종교 사이 갈등 등이 원인으로 작용하였다. 여기에 전선이 밀고 밀리면서 규모가 커졌고, 양측 공권력이 이를 부추겨 비극을 더욱 키웠다. 학살 후유증은 남북 대립이 계속되면서 아직도 남아 있다.

한반도, 쑥대밭이 되다

한국 전쟁에서 양측은 엄청난 폭탄과 포탄을 퍼부었다. 미군이 사용한 폭탄만 태평양 전쟁에서 사용한 것보다 더 많았다고 할 정도였다. 당연히 한반도는 쑥대밭이 되었다. 전쟁이 끝난 뒤 서울에는 성한 건물이 드물었고, 평양은 남은 건물이 별로 없었다.

전투 지역만 아니었다. 공장, 항만, 도로, 학교 등 사회 기반 시설은 대부분 큰 피해를 입었다. 남한 제조업 생산 시설 가운데 절반은 파괴되었고, 북한은 더욱 심하였다.

생산 시설 파괴는 물자 부족과 물가 폭등 사태를 불러왔고, 사람들은 일자리를 찾아 헤매었다. 농업 부분도 마찬가지였다. 농토가 황폐화되고 소, 돼지 수십만 마리가 죽었다. 특히 저수지와 댐이 파괴되어 1953년 쌀 생산액은 1949년에 비해 20%도 되지 않았다. 식량이 모자라는 현상이 한동안 이어졌다.

끝나지 않은 전쟁

수많은 사람들이 전쟁 기간 동안 고향을 떠났고 가족들이 뿔뿔이 흩어지는 아픔을 겪었다. 남과 북으로 갈라져 만날 수 없게 된 이산 가족이 천만이 넘었고, 남한 땅에 살면서도 오랫동안 생사조차 알지 못한 사람들도 많았다. 수많은 미망인과 고아가 생겼고, 크고 작은 부상을 입은 사람들은 고통 속에서 살았다. 먹고살기 힘들어지면서 어린이들은 더욱 굶주림에 시달려야 했다.

전쟁이 끝나자 많은 피난민들은 고향으로 돌아갔다. 하지만 피난한 곳에 터전을 잡거나 도시에서 새로운 삶을 개척한 사람도 적지 않았다. 북한에서 내려온 사람들은 돌아가고 싶어도 갈 수 없었다. 자연히 전통적인 공동체와 가족 의식은 약화되었다. 전통 문화도 타격을 받을 수밖에 없었다. 그 자리를 전쟁과 전후 복구에 큰 도움을 준 미국의 대중 문화가 빠르게 메꿔 나갔다.

전쟁, 그 뒤

한국 전쟁은 엄청난 피해만큼 상대방에 대한 원한과 불신의 벽을 크게 높였다. 적대감이 높아짐에 따라 전쟁에 대한 두려움도 커졌다. 남한은 북한이 다시 남침을 할까 두려워했고, 북한도 미국의 군사력에 위협을 느꼈다. 남북한 정권은 이를 이용하여 군비 경쟁을 벌이며 권력을 강화하였다. 이승만 정부는 반공을 더욱 강하게 내세우며 독제 체제를 강화하였고, 김일성 정권은 반대 세력을 숙청하고 유일 체제를 확립하였다.

전쟁을 치루면서 남북한은 각각 자본주의와 공산주의 진영과 관계를 더욱 굳건히 하였다. 한국은 1953년 10월 미국과 상호 방위 조약을 맺고, 북한은 1961년 7월 중국과 우호 협력 상호 원조 조약을 체결하였다.

결국 전쟁은 분단 체제를 고착화시키고 남북한 민중의 자유와 인권을 억압하는 요인이 되었다. 또한 전쟁으로 통일을 이루겠다는 것은 냉전 체제가 해결되지 않는 한 이룰 수 없다는 값비싼 교훈도 얻었다.

전쟁은 직간접으로 관련된 주변 나라들에도 영향을 미쳤다. 미국은 한국 전쟁을 계기로 소련에 대비한다며 북대서양 조약 기구를 강화하고 국방 예산도 대폭 늘렸다. 1950년 120억 달러 정도이던 국방 예산은 1953년에는 500억 달러가 되었다. 전쟁이 끝난 뒤에는 전쟁 중에 세워

• 노근리의 진실을 밝힌 책 한 권

1960년 민주당 정권 때 유족들이 미군 소청 심사 위원회에 소청을 제기했다가 기각되면서 미궁에 빠질 뻔한 범죄를 다시 세상 밖으로 끄집어낸 것은 『그대 우리의 아픔을 아는가』라는 제목의 '실록 소설'이다.

노근리 양민 학살 대책 위원회 위원장 정은용 씨가 유족들의 비극을 묶어 1994년 4월에 출간한 이 책으로 '노근리 범죄'는 세계의 주목을 받기 시작했다.

처음에 "미군은 노근리에 주둔한 적이 없다"고 발뺌하던 미국 정부도 미군 제1기갑사단과 육군 25사단 사령부의 명령서, 참전 미군 병사들의 증언 등이 쏟아지자 진실을 고백했다. 하지만 '고의적 살인'에 대해서는 아직까지 부정한다.

그러나 당시 참전 군인이던 조지 얼리는 "소대장은 미친놈처럼 소리를 질렀습니다. '총을 쏴라. 모두 쏴 죽여라'라고요. 저는 총을 겨누고 있는 사람들이 누구인지 알 수 없었습니다. 그런데 어린이들이 있었습니다"라고 증언했다.

– 『경향신문』(2011. 7. 25)

놓았던 동아시아 질서 재편 구상도 실천에 옮겼다. 한국에 육군과 공군을, 일본에 해군과 공군을, 오키나와에는 해병대를 집중 배치하여 전방과 후방, 지원 임무를 분담하게 하였다. 한국군을 육군 중심으로 편성하고, 일본 자위대는 적정 규모로 통제하였다.

일본은 미군에 군수 물자 등을 보급하면서 경제를 다시 일으킬 토대를 마련하였다. '전쟁 특수'로 경제 기반을 다진 일본은 미국의 뜻대로 아시아 반공 거점 국가로 성장하였다.

소련은 비록 지상군은 파견하지 않았지만 공군을 보내 북한을 도왔다. 전쟁에 필요한 무기 등 군수 물자도 아낌없이 지원하여 공산 진영과 북한에 대한 영향력을 유지하였다. 중국은 큰 희생을 치렀지만 미국을 물리쳤다는 사실로 공산 진영에서 발언권이 강화되었다. 북한에 대한 영향력도 소련보다 더 강해졌다.

6

남북한,
전후 복구를 위해 노력하다

남한, 전후 복구 사업을 실시하다

전쟁은 남한 경제를 엉망으로 만들었다. 생산 기반 시설이 무너져 식량을 비롯한 생필품이 모자랐고 일자리도 구하기 어려웠다. 여기에 전쟁 비용을 조달하려고 마구 찍어 낸 화폐는 그렇지 않아도 불안한 물가를 크게 올렸다. 전쟁이 끝난 뒤에도 늘어난 군사비가 이를 부채질하였다. 1955년도 물가는 정부 수립 무렵보다 무려 100배 이상 올랐다.

전쟁이 멈추자 이승만 정부는 본격적으로 경제 복구에 나섰다. 우선

피난민(왼쪽)과 인천 화수동 천막촌(오른쪽)
전쟁 기간은 물론 끝난 뒤에도 수많은 사람들은 좁은 판자집에서 헐벗고 굶주림에 시달렸다.

채권을 발행하고 한국은행에서 돈을 빌려 재정 적자를 메웠다. 양곡 유통을 부분적으로 통제하고 분배한 농지 값도 현물로 받아 식량 문제를 해결하려 하였다.

경제 체제도 크게 바꾸었다. 제헌 헌법에 규정된 사회 민주주의적 요소를 약화시키고 자본주의 체제를 강화한 것이다. 이에 따라 공공 기업의 국유 원칙을 사실상 포기하고 귀속 재산을 민간 기업에 팔았다. 기업 활동과 시장 기능을 활성화시켜 경제 회복을 꾀한 조처였다.

그렇지만 전후 복구에는 많은 돈이 필요하였고, 그 돈을 모두 우리 힘으로 조달하기에는 경제 형편이 너무나 좋지 않았다. 이 때문에 복구 비용은 상당 부분 미국의 원조에 의존할 수밖에 없었다.

원조로 경제를 복구하다

미국은 2차 대전이 끝나자 전 세계 많은 국가에 원조를 하였다. 인도주의적 목적과 함께 공산주의가 번지는 것을 막기 위해서였다. 남한에도 군정을 실시하며 원조를 시작하였다. 줄어들던 원조는 한국 전쟁을 계기로 다시 늘어나 1958년에는 약 4억 달러가 되었다. 1960년대 말까지 전체 무상 원조는 무려 40억 달러가 넘었다. 미국이 한국에 준 무상 원조 총액은 전체 원조액 가운데 약 1/20을 차지하였다. 아프리카 국가 전체에 원조한 액수와 비슷한 규모였다.

원조에 힘입어 한국은 전쟁으로 무너진 경제를 복구하고 무역 수지와 재정 적자를 메꾸었다. 1954~1959년 국가 재정 수입에서 원조가 차지하는 비중이 40%를 넘었다. 국민 소득에서 원조가 차지하는 비중도 10%가 넘었다. 투자 자금은 90%가 원조에서 나왔다. 무엇보다 식량을 비롯한 생필품 부족을 해결하는 데 결정적인 구실을 하였다. 피난민들은 유엔과 미국이 원조한 헌옷, 고무신, 담요, 밀가루, 쌀, 소금 등으로 배고픔을 면하고 추운 겨울을 넘겼다.

원조가 남긴 그늘

원조는 70% 이상이 직접 군사 원조였다. 일반 경제 원조는 밀, 면화, 원당 등 소비재가 중심이었다. 이 때문에 '삼백 산업'이라 하는 면방직, 제분과 제당업이 발달하였다. 1950년대 후반에는 판유리, 시멘트, 비료

● 대충 자금은 어디에 사용되었을까

미국은 1953년부터 농산물 재고가 급속히 늘어났다. 한때 농산물 가격을 안정시키기 위해 밀가루를 바다에 버릴 정도였다. 이를 해결하기 위해 '농산물 교역 발전 및 원조법'을 만들었다. 이를 근거로 한국과 미국은 1955년 5월 '미 잉여 농산물 도입 협정'을 맺었다. 이 협정에 따라 밀가루, 보리, 쌀, 원면 등이 들어와 국내 시장 가격보다 싼 가격으로 유통되었다.

잉여 농산물을 판매한 대금은 '대충 자금'으로 적립되었다. 대충 자금은 미국과 협의하여 사용처를 결정하였다. 약 50%는 한국군을 유지하는 국방비와 미국 무기를 사는 비용으로 사용하였다. 기업에 낮은 금리로 자금을 빌려주기도 하였다. 기업들은 귀속 재산 불하에 이어 원조 물자 배정, 시설 자금 원조, 조세 감면 등 각종 특혜에 힘입어 재벌로 성장하였다. 대신 정치 자금을 제공하면서 정치 권력과 유착되어 갔다.

원조는 주고 나면 그만이 아니었다. 이승만 정부는 전기, 비료, 시멘트 등 기간 산업에 원조 자금을 쓰려고 하였다. 하지만 원조 물자와 자금을 어디에 어떻게 쓰는지 결정한 것은 미국이었다. 미국은 기간 산업보다 생활 안정과 물가를 잡기 위해 경공업을 육성해야 한다고 주장하였다. 삼백 산업이 발달한 것은 바로 이 때문이었다.

결국 원조는 한국을 미국의 무기와 농산물을 수출하는 주요 시장으로 만들었다. 원조가 결코 공짜는 아니었던 것이다.

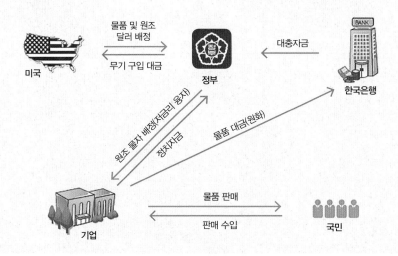

공업 등이 성장하였다. 하지만 생산재 부분은 소비재 부분에 비해 걸음마 단계로 산업간 불균형이 심각하였다.

원조는 국내 산업 발전에 좋지 않은 영향을 미치기도 하였다. 가장 큰 타격을 입은 분야는 농업이었다. 원조 농산물은 국내 농산물 가격을 떨어뜨리고 농가 소득을 줄어들게 하였다. 뿐만 아니라 농민들이 국내산 농작물을 재배하려는 의욕마저 꺾어 버렸다. 국내산 밀이나 면화가 점점 자취를 감춘 것도 이 때문이다. 급기야 농민들은 하나둘 도시로 떠났다. 여기에는 이승만 정부가 필요 이상으로 농산물을 도입한 것도 한몫하였다. 모자란 정부 재정과 정치 자금을 확보하기 위해서였다.

원조 경제, 대외 의존도를 키우다

한국 경제는 '원조 경제'에 힘입어 1960년까지 4~5% 성장하였다. 1955년 무렵에는 전쟁 이전 수준을 회복하였다. 자본주의 경제 체제도 점차 자리를 잡았다. 하지만 한국 경제는 점점 더 미국의 영향을 받게 되었고, 대부분 원자재를 수입해야 하는 취약점을 갖게 되었다. 경제 정책도 미국의 원조나 경제 상황에 따라 달라질 수밖에 없었다.

이런 문제점은 1950년대 후반 미국의 국제 수지가 적자로 돌아서면서 바로 드러났다. 경제가 어려워지자 미국은 무상 원조 정책을 포기하였다. 대신 차관을 제공하는 유상 방식으로 원조 정책을 바꾸었다. 원조가 줄어들자 삼백 산업은 위기에 빠졌고 경제 성장률도 2%대로 뚝 떨어졌다. 경제 위기에 허둥대던 정부는 뒤늦게 경제 개발 계획을 세웠으나 그나마 4·19혁명으로 실행에 옮기지 못하고 말았다.

'원조 경제'는 부정부패와 정경 유착을 가져왔다. 원조를 배분하는 과정에 정부의 입김이 작용할 수밖에 없었다. 기업은 원조 물자와 금리가 낮은 원조 자금을 얼마나 많이 받느냐가 중요하였다. 이 때문에 둘 사이에는 정치 자금을 둘러싼 거래가 성립되었고 부정부패의 고리가 만들어졌다. 기업이 성장하는 데 경영 능력이 아니라 정권과 얼마나 가까운지가 중요해진 것이다. 귀속 재산 불하에 이어 원조 경제로 자본을 축적한 기업들은 독점 재벌로 성장하였다.

북한, 생산과 생활 기반이 무너지다

북한은 한국 전쟁으로 남한보다 더 큰 피해를 입었다. 전쟁 내내 제공권을 장악한 유엔 공군이 엄청난 폭탄을 퍼부었기 때문이다. 폭격 때문에 북한 주민의 일상 생활이 힘들 정도였다고 한다.

쑥대밭이 된 북한은 전체적으로 공업은 60% 이상, 광업은 약 80%, 농업은 거의 80% 정도 생산력이 줄어들었다. 한 마디로 생산과 생활 기반이 무너진 것이라 할 수 있다. 1953년 국민 소득이 1949년에 비해 30%나 줄어든 것이 이를 말해 준다. 이 때문에 전쟁이 끝나고 한동안 북한 주민들은 굶주림에 시달렸다.

북한, 사회주의 경제를 건설하다

북한은 전후 복구를 위해 중공업을 우선하면서 농업과 경공업을 동시 발전시키는 계획을 세웠다.

이 방침에 따라 1954년부터 전후 복구 발전인민 경제 복구 발전 3개년 계획을 추진하였다. 그 결과 1956년에는 공업 생산이 1949년에 비해 약 2배 늘어나게 되었다. 이런 성과는 북한 주민의 적극적 참여와 함께 소련과 중국, 동유럽 국가들의 원조가 큰 힘이 되었다. 이들 나라가 1954년부터 3년 동안 준 원조는 북한 전체 예산에서 20%가 넘는 규모였다.

이에 고무된 북한은 1957년부터 새롭게 5개년 경제 계획을 실시하였다. 이 계획은 '천리마 운동'이라 불리는 사회주의 사상 사업과 함께 실시되었다. 천리마 운동은 '하나는 전체를, 전체는 하나를'이라는 구호로 인민들을 경쟁적으로 사회주의 건설에 나서게 하였다. 이 덕분에 경제 계

천리마 운동
천리마 운동은 인민들을 서로 경쟁시켜 속도를 내게 하였다. 그 결과 평양시에 주택을 건설할 때 한 채에 14~16분밖에 걸리지 않았다고 한다. 비록 주택 자재를 규격화하여 조립하는 건설 공법을 도입하였다고 해도 놀라운 속도였다. 여기서 '평양 속도'라는 말이 나왔다. 1974년부터는 '속도전'이라는 말이 사회주의 노력 경쟁의 공식 구호가 되었다.

획은 1년이나 앞당겨 목표를 달성하였다. 이 과정에서 북한 공업은 사회주의 경제 체제로 완전히 바뀌었다. 전쟁 이전 상당 부분 인정되던 사유 재산 제도는 사라졌다.

북한은 1954년부터 공업과 함께 농업 분야에 사회주의 경제 정책을 추진하였다. 사유 재산을 인정하지 않고 토지 및 기타 생산 수단을 모두 협동 조합이 소유하게 한 것이다. 협동 조합화는 전쟁으로 힘들어진 농촌 경제와 노동력 부족에 맞물려 급속히 진행되었다. 1958년에는 사유 토지와 토지 개혁으로 나눠준 토지가 협동 조합 소속으로 바뀌었다. 이제 전체 농민들은 협동 조합에 소속되어 노동을 하고 생산물을 분배받게 된 것이다. 협동 조합은 수공업과 상업 분야에도 적용되었다. 이로써 북한 경제는 사유 재산을 인정하지 않는 사회주의 경제 체제로 완전히 바뀌었다.

잇단 경제 개발 계획이 성과를 내면서 북한 경제는 크게 성장하였다. 특히 공업이 비약적으로 성장하여 1960년대에는 중화학 공업을 중심으로 하는 산업 기반을 마련하였다. 하지만 농업과 경공업 동시 발전이라는 목표는 제대로 이루어지지 않았다.

이 때문에 농업과 공업 간 불균형이 나타났고, 인민들은 필요한 공산품과 식료품 등을 제때 공급받지 못하기도 하였다. 노동력을 최대한 동원하여 생산력을 높이는 '천리마 운동' 방식도 점차 한계를 드러냈다.

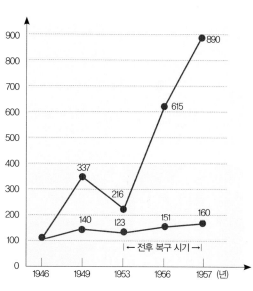

북한의 경제 성장
(수치는 1946년을 기준으로 한 비율을 뜻함.)

4·19혁명이 일어나다

이승만, 장기 집권으로 나가다

1950년 5월 30일 2대 국회의원 선거가 실시되었다. 제헌 국회에 참여하지 않았던 세력들도 참가하면서 경쟁률이 무려 10대1을 넘었다. 후보를 낸 정당과 사회 단체도 39개나 되었다. 선거 결과 무소속이 60%가 넘었고 이승만 대통령을 지지하는 정당은 제1당도 놓쳤다. 무소속 의원들은 대부분 이승만 대통령에게 호의적이지 않아 국회의장에 야당인 민주 국민당 신익희가 당선되었다. 국회 간접 선거로 이승만 대통령이 재선될 가능성이 낮아진 것이다.

이시영 사퇴
이시영은 1951년, 거창 학살 사건에 이어 국민 방위군 사건이 터지자 이승만 정권을 비판하며 부통령직 사퇴서를 제출하였다.

전쟁이 일어나고 부산으로 옮긴 국회에서도 상황은 바뀌지 않았다. 오히려 거창 양민 학살 사건과 국민 방위군 사건 등으로 대통령에 대한 비판은 점점 커져 갔다. 부통령 이시영도 국민 방위군 사건에 책임을 진다며 사표를 내고 이승만 대통령에 등을 돌렸다. 1951년 5월에 실시된 부통령 보궐 선거에서 민주

국민당 김성수가 당선되자 이승만은 더욱 초조해졌다.

2대 대통령 선거일이 다가오자 이승만 대통령은 1951년 11월 30일 직선제 개헌안을 제출하였다. 국민들은 자신을 지지하는 사람이 많다고 보았기 때문이다. 그리고 자신을 지지하는 세력을 모두 모아 자유당을 창당하였다. 하지만 국회는 직선제 개헌안을 부결시키고, 야당은 내각 책임제 개헌안을 제출하였다.

발췌 개헌 기립 표결
이승만 정권은 개헌안 통과에 필요한 의결 정족수가 모자라자 구속 중이던 국회의원을 석방하고 경찰을 동원하여 피신한 국회의원을 찾아 끌고 왔다.

이승만 대통령은 자신이 뜻한 대로 풀리지 않자 부산과 경남, 경북에 계엄령을 선포하였다. 계엄군은 야당 국회의원 수십 명을 연행하고 일부는 간첩으로 몰아 구속하였다.^{부산 정치 파동} 이런 강압적 분위기 속에서 정부는 직선제 개헌안을 뼈대로 내각 책임제 개헌안 일부를 반영한 발췌 개

• 국민 방위군 사건

이승만 정부는 중국군이 개입하자 1950년 12월 현역 군인이 아닌 17~40세 장정을 국민 방위군으로 편성하였다. 이듬해 1월 서울이 다시 함락될 위기에 놓이자 정부는 이들을 남쪽으로 이동시켰다. 전쟁 초기처럼 이들이 의용군으로 소집되는 것을 막기 위해서였다.

그러나 제대로 된 수송 수단이 없어 추운 겨울 먼 길을 걸어야 했고 보급품도 제때 공급받지 못하였다. 이 때문에 굶주림과 질병으로 약 10만 명이 목숨을 잃었다. 이렇게 많은 사람이 희생된 것은 국민 방위군 간부들의 부정도 큰 몫을 하였다. 비난이 거세지자 이승만 정부는 진상 조사를 하였지만 국방부 장관 신성모는 진실을 덮기에 급급하였다.

국회와 국민 여론이 들끓어 걷잡을 수 없는 지경에 이르자 이승만 대통령은 신성모를 면직하고 이기붕을 후임자로 임명했다. 이어 국회 재조사에서 국민 방위군 간부들이 방위군 예산 10억 원을 착복하고 수천만 원을 정치인에게 뇌물로 준 사실이 드러났다. 여기에 항의하여 이시영 부통령이 사표를 냈다. 다시 열린 군법 회의에서는 김윤근, 윤익헌 등 국민 방위군의 주요 간부 5명에게 사형을 선고하였다.

헌안을 제출하였다. 발췌 개헌안은 7월 4일 군경이 국회의사당을 포위한 가운데 불법적인 기립 표결로 통과되었다.

1952년 8월 이승만 대통령은 국민이 직접 뽑은 선거로 제2대 대통령에 당선되었다. 같이 치러진 3대 부통령 선거에서는 무소속 함태영이 자유당 후보 이범석을 제치고 당선되었다. 이범석이 공천을 받은 뒤 이승만 대통령과 사이가 틀어지자 자유당 정권이 함태영을 지원한 덕분이었다.

1954년 5월 3대 국회의원 선거에서 자유당은 다수당이 되었다. 곧바로 자유당은 초대 대통령에 한해 횟수 제한 없이 대통령에 출마할 수 있게 개헌안을 냈다. 개헌안은 135명이 찬성하여 개헌 정족수 2/3에서 1명이 모자라 부결되었다. 그런데 이틀 뒤 사사오입이라는 논리를 내세워 통과되었다고 선언하였다.

사사오입 개헌으로 1956년 이승만 대통령은 다시 3대 대통령이 되었다. 부통령은 민주당 장면이 자유당 이기붕을 누르고 당선되었다. 3대 대통령 선거에서 민주당은 '못살겠다 갈아보자'라는 선거 구호를 내세워 돌풍을 일으켰다. 전국 각지에서 열린 민주당 선거 유세에 모인 엄청난 인파는 정권 교체에 대한 기대감에 높이기에 충분하였다. 하지만 선거 직전 호남 유세를 가던 민주당 후보 신익희가 열차 안에서 갑자기 죽는 바람에 정권 교체에 실패하였다. 많은 사람들은 무효표가 되는 것을 알고도 신익희를 찍어 아쉬움을 나타냈다. 진보 성향을 가진 조봉암이 기록한 24%가 넘는 득표도 정권 교체와 변화에 대한 열망이 컸음을 잘 보여 준다.

깜짝 놀란 이승만 대통령과 자유당은 반대 세력을 탄압하여 정권을 유지하려고 하였다. 먼저 강력한 정치적 라이벌로 떠오른 조봉암을 간첩으로 몰

사사오입 논리
재적 의원 203의 수학적 2/3는 135.333…이다. 0.333…은 0.5 이하로서 수학의 사사오입(四捨五入) 원칙에 따라 버릴 수 있는 수이다. 따라서 203명의 2/3는 136명이 아니라 135명이다.

신익희 한강 유세
대통령 신익희, 부통령 장면을 후보로 낸 민주당은 '못살겠다 갈아보자'라는 선거 구호를 내걸었다. 이승만 정권의 부정부패와 장기 집권에 정권 교체를 바라던 사람들이 여기에 호응하였다. 5월 3일 오후 2시 한강 백사장에서 열린 민주당 서울 선거 유세에 30만 이상이 몰려들었다. 서울 지역 유권자 절반 가까이 모인 것이다. 이미 부산과 대구에서 15만, 대전에서 2만, 5월 2일 인천에서 8만이 모여들었다.

아 사형시키고 진보당을 해산시켰다. 평화 통일을 주장하여 북한 주장에 동조하였다는 것이다. 이어 국가 보안법을 개정하여 대통령과 정부에 대한 비판을 원천 봉쇄하여 반대 세력을 옥죄었다. 정부에 비판적이었던 『경향신문』도 폐간시켰다.

3대 대통령 선거 결과

- 무효 1,856,818표 (20%)
- 조봉암 2,163,808표 (24%)
- 이승만 5,046,437표 (56%)
- 총 9,067,063표

(중앙 선거 관리 위원회)

민심, 자유당에 등을 돌리다

장기 독재와 우상화로 이승만 정부에 대한 불만은 갈수록 높아졌다. 여기에 경제 불황이 겹쳐 지지율은 점점 내려갔다. 중심 산업이었던 삼백 산업의 가동률이 면방직의 경우 70%를 겨우 넘겼을 뿐 제분업은 약 41%, 제당업은 약 23%였다. 취업자 숫자도 약 60만 명으로 3년 전에 비해 10만 명이나 줄었다.

1958년 4대 국회의원 선거가 이를 잘 보여 준다. 선거 결과 자유당이 126명으로 전체 의원의 54.1%를 차지하였다. 하지만 민주당이 79명으로 3대에 비해 크게 의석수를 늘렸다. 특히 서울은 1석을 빼고 모두 민주

• 이승만 우상화

전쟁이 끝나자 자유당 정권은 본격적으로 이승만 우상화를 하기 시작하였다. 학교 교실에 이승만 초상화가 걸리고 이승만의 생일에는 집집마다 태극기를 내걸게 했다. 이승만 얼굴이 우표와 화폐에 들어가고 전국에 이승만 동상과 기념물을 만들었다. 한국은행은 1956년 3월 26일 지폐 가운데에 이승만 대통령 얼굴을 도안한 500환권을 발행하였다. 그런데 3년도 지나지 않아 1958년 8월 15일 얼굴을 오른쪽에 얹은 신500환권을 발행하였다. 지폐를 접을 때 이승만 대통령 얼굴이 접히기 때문이었다. 1956년 8월 15일에는 남산 조선 신궁 자리에 거대한 동상을 세웠다. 축구장보다 넓은 면적에 높이 25m로 당시 동양에서 가장 높았다고 한다. 한 해 전 '이승만 대통령 80회 탄신 축하 위원회'(위원장 이기붕)가 제안하여 개천절인 10월 3일에 기공해서 광복절에 완공한 것이다.

이날 이승만은 제3대 대통령에 취임했다

남산 이승만 동상 제막식(1956)

• 조봉암과 진보당

조봉암은 경성 YMCA 중학부에서 공부하다 3·1운동에 참가하였다. 1년 뒤 감옥에서 나와 임시 정부에 갔지만 내부 갈등에 실망하여 일본으로 갔다. 이때 사회주의를 받아들이고 모스크바 동방 공산 대학으로 유학을 갔다 폐결핵으로 귀국하였다. 1924년 박헌영, 김단야 등과 함께 조선 공산당을 조직하고 중앙위원장이 되었다. 1932년 상하이에서 체포되어 7년간 감옥살이를 하였다. 이때 동상으로 손가락 7개를 절단하였다. 이 무렵 박헌영을 비롯한 사회주의자들과 교류를 끊었다.

조봉암 2심 재판 모습. 한복 입은 사람이 조봉암이다.

감옥에서 나와 별다른 활동을 하지 않다 1945년 1월 경찰에 체포되어 서대문 형무소에 수감되었다. 해방 뒤 풀려나 조선 건국 준비 위원회 인천 지부를 시작으로 좌익 계열에서 활동하였다. 5·10총선거에 무소속으로 출마하여 당선되었고, 초대 내각 농림부 장관으로 농지 개혁을 주도하였다. 2대 국회에 다시 당선되어 국회 부의장에 뽑혔다.

조봉암은 이승만의 독재에 맞서 2대와 3대 대통령 선거에 잇달아 출마하였다. 2대 때는 11%를 얻어 72%를 얻은 이승만에 이어 2위를 차지하였고, 제3대에는 24%를 얻었다. 2대와 비교하면 이승만은 56%로 지지율이 20% 떨어진 반면 조봉암은 2배 이상 표를 얻은 것이다. 이런 지지는 전국을 돌아다니며 농지 개혁에 앞장선 것에 힘입은 바가 컸다.

민주당은 신익희가 죽은 뒤 조봉암을 지지하지 않고 신익희에게 '추모표'를 던지라고 하였다. 만일 민주당이 조봉암을 적극 지지하고, 선거가 공정하게 이뤄졌다면 이승만을 꺾을 수도 있었다. 놀란 이승만 정부는 조봉암을 공격하기 시작하였다.

단숨에 이승만의 가장 강력한 정치적 라이벌로 떠오른 조봉암은 1956년 11월 진보당을 창당하였다. 1958년 1월 검찰과 경찰은 진보당의 평화 통일론이 북한의 통일론과 사실상 같다며 문제 삼았다. 조봉암이 조총련계 간첩 활동을 도와주었다는 혐의도 있다고 발표하였다. 하지만 뚜렷한 증거가 없자 육군 특무대가 나서 양이섭(양명산)이 북한 지령과 자금을 조봉암에게 전달하였다고 발표하였다.

1958년 7월 1심 재판부(재판장 유병진)는 진보당 간부들에게 무죄를 선고하고, 조봉암에게 간첩죄가 아닌 국가보안법으로 징역 5년을 선고하였다. 판결이 나자 정치 깡패 수백 명이 법원에 난입하여 유병진 판사 타도와 조봉암 간첩죄 처단을 주장하며 난동을 부렸다.

2심에서는 양이섭이 1심에서 한 자백이 특무대의 강요에 의한 거짓이었다고 했지만 조봉암에게 간첩 혐의로 사형이 선고되었다. 1959년 2월 27일 대법원은 평화 통일 주장은 합법이라고 선고하였다. 하지만 조봉암은 간첩죄를 적용 사형을 확정하고 진보당을 불법 단체로 판시하였다. 조봉암은 재심을 청구하였고 많은 사람들이 구명을 위해 노력하였지만 소용이 없었다. 1959년 7월 30일 재심이 기각되고 다음 날 사형이 집행되었다. 명백한 사법 살인이었다. 2011년 1월 20일, 대법원은 조봉암 재판을 다시 심의하여 무죄를 선고하였다.

당이 차지하였다. 조봉암을 제거하였음에도 민주주의를 되찾고 사회를 바꾸겠다는 열망을 억누를 수는 없었던 것이다. 이런 가운데 1960년 3월 15일 4대 대통령과 5대 부통령을 뽑는 선거가 1년 앞으로 다가왔다.

3·15선거, 무조건 이승만과 이기붕을 당선시켜라

이승만 정부와 자유당은 이전 선거보다 더욱 조직적으로 대대적인 부정 선거를 계획하였다. 내무부 장관 최인규는 전국 군수와 경찰 서장을 모아놓고 '어떠한 비합법적인 비상 수단을 사용하여서라도 이승만 박사와 이기붕 선생이 꼭 당선되도록 하라', '세계 역사상 대통령 선거에 소송이 제기된 일이 있느냐? 법은 나중이니 우선 당선시켜 놓고 보아야 한다', '콩밥을 먹어도 내가 먹고 징역을 가도 내가 간다. 국가 대업 수행을 위하여 지시하는 것이니 군수 서장들은 시키는 대로만 하라'라고 말했다.

그런데 공교롭게도 민주당 대통령 후보 조병옥이 또 선거를 앞두고 사망하였다. 단독 후보가 된 이승만은 사실상 당선된 것이나 마찬가지였다. 그럼에도 이승만 정부는 이기붕을 부통령에 당선시키기 위해 부정 선거 계획을 밀어붙였다. 이승만이 85세 고령이어서 권력을 승계해야 할 상황이 올지 모르기 때문이었다.

3·15선거는 공무원, 경찰, 정치 깡패 등이 동원되어 온갖 부정이 난무하는 속에서 치러졌다. 개표가 시작되자 전국 곳곳에서 이승만과 이기붕의 득표율이 95~99%까지 나왔다. 놀란 자유당이 최인규에게 득표수를 적절하게 내리라고 지시하였다. 결국 최종적으로 이승만은 88.9%, 이기붕은 79.2%를 얻어 당선된 것으로 조정하여 발표하였다.

민주주의 불꽃이 타오르다, 4·19혁명

부정 선거에 대한 항거는 투표 전부터 시작되었다. 2월 28일 민주당은 대구에서 선거 유세를 하였다. 정부는 이날이 일요일이었지만 고등학생들을 학교에 나오게 하였다. 학생들은 '학원을 정치 도구화하지 말라'라고 외치며 시위에 나섰다. 이어 3월 8일 대전, 10일 충주 등에서 고등 학생들이 독재 타도를 외쳤다.

선거 당일인 3월 15일에는 마산, 광주, 서울 등 전국 곳곳에서 부정 선거를 규탄하는 시위가 일어났다. 마산에서는 경찰이 총과 최루탄을 쏘아 많은 사람이 죽거나 다쳤다. 시위는 23일 최인규가 사임하면서 잠시 주

- 민주당이 폭로한 3·15부정선거 지시 비밀지령

1. 4할 사전 투표
선거 당일의 자연 기권표와 선거인 명부에 허위 기재한 유령 유권자표, 금전으로 매수하여 기권하게 만든 기권표 등을 그 지역 유권자의 4할 정도씩 만들어 투표 시작 전에 자유당 후보에게 기표하여 투표함에 넣도록 할 것.

2. 3인조, 5인조 공개 투표
자유당 후보에게 투표하도록 미리 공작한 유권자로 하여금 3인조 또는 5인조의 팀을 편성시켜 그 조장이 조원의 기표 상황을 확인한 후 다시 각 조원이 기표한 투표 용지를 자유당 측 선거 위원에게 제시하고 투표함에 넣도록 할 것.

3. 완장 부대 활용
자유당 측 유권자에게 '자유당'이라는 완장을 착용시켜 투표소 부근 일대의 분위기를 자유당 일색으로 만들어 야당 성향의 유권자에게 심리적 압박을 주어 자유당에 투표케 할 것.

4. 야당 관리인 축출
민주당 측 참관인을 매수하여 투표 참관을 포기시키거나 그것이 여의치 않을 때는 적절한 구실을 만들어 축출할 것.

- 『동아일보』(1960. 3. 4)

부정 선거 명령을 내린 사람은 선거를 총괄한 내무부 장관 최인규였다. 그는 사전 투표에서 먼저 40%를 확보하고, 정식 투표에서도 3인조, 5인조로 묶어 공개 투표나 다름없는 방법으로 전체 투표의 85%를 확보하라고 지시하였다. 이 지시에 따라 사람들은 조장을 따라 삼삼오오 모여 투표소로 갔다. 이들은 투표 용지에 기표를 한 뒤 조장과 자유당 측 운동원에게 확인받은 후 기표함에 넣었다.

춤하였다.

하지만 4월 11일 3·15시위 때 실종되었던 마산상고 학생 김주열이 최루탄을 맞은 참혹한 모습으로 바다에서 발견되면서 상황이 바뀌었다. 분노한 마산 지역 학생과 시민 들은 다시 격렬하게 항의 시위를 벌였다. 정부는 예전처럼 마산 시위를 공산주의 세력이 뒤에서 조종한다고 발표하여 무마하려 하였다. 그러나 시민들은 정부의 발표를 믿지 않았고 시위는 전국으로 퍼져 나갔다.

4월 18일 고려대 학생들이 서울 시내로 진출하여 시위를 하였다. 고대생들은 학교로 돌아가다 정치 폭력배에게 습격을 받아 수십 명이 다쳤다. 이에 자극을 받은 중고생과 대학생, 시민 수만 명이 다음 날 거리로 몰려나왔다. 경찰은 시위대에게 마구 총을 쏘아 '피의 화요일'을 만들었다. 이날을 계기로 항쟁은 부정 선거 반대를 넘어 이승만 퇴진 운동으로 발전하였다. 초등학생까지 시위에 나서자 이승만 정부는 계엄령을 선포하였다. 하지만 계엄 사령관이 선제 발포 중단 명령을 내리고 중립적 태도를 취하였다.

사태가 급박하게 돌아가자 민주당은 국회 소집을 요구하였다. 장면은 4월 23일 부통령직을 사임하면서 이승만 대통령에게 하야하라고 요구하였다. 미국도 강경 진압을 비난하였다. 4월 25일에는 대학 교수들이 시국 선언문을 발표하여 책임자 사퇴와 재선거 실시 등을 요구하면서 가두 시위를 벌였다.

위기에 몰린 이승만 정부는 4월 23일 이기붕을 사퇴시키고 이승만은 자유당 총재를 사임한다고 발표하였다. 하지만 사태는 이미 돌이킬 수 있었다. 마침내 4월 26일 이승만 대통령은 국민의 뜻을 따른다며 사퇴하고, 미국 하와이로 망명하였다.

사진으로 보는 4 · 19혁명

1960년 2월 28일 민주당 부통령 후보 장면은 대구 수성천변에서 유세를 하기로 하였다. 이날은 일요일이었다. 하지만 이승만 정권은 고등학생들이 유세 현장에 가지 못하게 등교를 지시하였다. 3월에 있을 중간고사를 앞당겨 실시한다거나 토끼 사냥, 영화 관람 등 갖가지 이유를 붙였다.

학생들은 부당한 지시에 거세게 항의하였고 연합 시위를 하기로 하였다. 각 학교 대표자들은 '백만 학도여 피가 있거든 우리의 신성한 권리를 위해 서슴지 말고 일어서라'는 결의문을 만들고, 2월 28일 오후 1시 시위를 시작하였다. 800명 남짓으로 시작한 시위대는 대구 반월당에서 경상북도 도청으로 가면서 1200명으로 불었고, 유세장으로 가던 장면을 만나기도 하였다. 경상북도 도지사는 "이놈들은 전부 공산당"이라고 몰아붙였다.

2·28 대구 학생 시위.

3월 8일 이승만 독재 반대 시위를 벌이고 있는 대전고 학생들.

3월 10일 충주 학생 시위.

하지만 많은 시민들은 박수를 치고 경찰봉을 휘두르는 경찰을 말렸다. 경찰은 120여 명을 체포하였지만 시위가 번질 것을 우려해 몇몇 주동자를 뺀 대부분의 학생들을 석방하였다.

산발적으로 이어지던 3·15부정선거 규탄 시위는 4월 11일 마산 앞바다에서 김주열 학생의 시신이 떠오르면서 전국적으로 격화되었다. 4월 19일, 전국의 중고등학생과 대학생, 시민 들이 대규모 시위에 나섰다. 서울에서는 시위대가 대통령 집무실이 있던 경무대로 몰려가 부정 선거 진상 조사와 관련자 처벌을 요구하였다. 경무대를 지키던 경찰이 시위대에 무차별로 총을 쏘아 20여 명이 죽고 170여 명이 다쳤다. 분노한 학생과 시민들 가운데 일부는 경찰서에서 무기를 빼앗아 무장을 하고 총격전을 벌였다.

> 보라! 우리는 기쁨에 넘쳐 자유의 횃불을 올린다. 보라! 우리는 캄캄한 밤중에 자유의 종을 난타하는 타수(打手)의 일익(一翼)임을 자랑한다. 일제의 철퇴 아래 미칠 듯 자유를 환호한 나의 아버지, 나의 형들과 같이, 양심은 부끄럽지 않다. 외롭지도 않다. … 나가자! 자유의 비밀은 용기일 뿐이다. 우리의 대열은 이성과 양심과 평화, 그리고 자유에의 열렬한 사랑의 대열이다. 모든 법은 우리를 보장한다.
>
> -4월 19일 서울대 문리대 학생들의 선언문 중에서

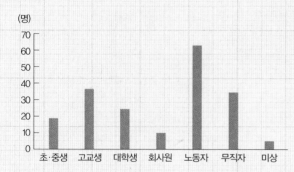

4월 혁명 희생자 직업 분포

4월 혁명 희생자는 서울 104명을 비롯하여 모두 186명이다. 시민이 104명, 학생이 77명이다. 막노동꾼을 비롯한 노동자들이 61명으로 제일 많았고, 무직자 33명, 회사원 10명이었다. 학생은 고등학생이 36명으로 제일 많았다. 대학생이 22명, 중학생과 초등학생이 19명이다.

마산 지역 고등학교 연합 시위.

김주열 영정에 헌화하러 가는 마산 여고생.

4·19 초등학생 시위.

4·19혁명 전개 과정

❸ 서울

4월 18일 고려대생 3천여 명 시위

종로 4가에서 폭력배 습격 사건 발생.

4월 19일

서울 시위 중 경찰에 의해 무차별적 실탄 사격. 시위가 부산, 광주, 대구, 전주, 청주, 인천 등 전국적 규모로 번지다.

❶ 대구

2월 28일 대구 학생 시위

고교생 1700여 명 학원의 자유를 외치다.

❹ 전국

4월 20일 전국적으로 시위 확산

대구, 인천, 광주, 수원, 이리 등으로 시위 확산. 20일부터 24일까지 전국 곳곳에서 산발적 데모 계속.

4월 25일 교수단 300여 명 시위

대통령, 국회의장 등 내각 총사퇴를 요구하다.

4월 26일 이승만 대통령 하야 성명

4월 27일 이승만 대통령 사퇴서 제출.

③ 인천 서울
강원도
경기도
충청북도
충청남도
대전 ④ 청주
경상북도
④ 전주
전라북도
① 대구
울산
② ④ 부산
④ 광주
경상남도
마산
전라남도

❷ 마산

3월 15일 마산 의거

3·15부정선거로 제4대 정·부통령 선거에서 이승만·이기붕이 당선(투표율 97%)되자 민주당 마산시당이 선거부인 공고 후, 시위대 데모.

4월 11일 마산 2차 의거

마산 중앙부두 200m 앞바다에 김주열 군 시체가 떠오르다. 3만여 명의 데모대가 자유당과 관계 있는 곳을 부수며 시가지 누비다.

(출처 : 국가기록원)

270

제2공화국이 출범하다

이승만 대통령이 사퇴하자 수석 국무 위원 허정은 과도 정부를 구성하였다. 과도 정부는 부정 선거를 주도한 장관과 자유당 간부를 구속하였다. 국회는 3·15선거를 무효로 하고 재선거를 실시하기로 결정하였다. 이어 국회는 과도 정부가 제출한 내각 책임제와 양원제 국회 개헌안을 통과시켰다.

새 헌법에 따라 하원인 민의원과 상원인 참의원을 뽑는 총선거가 실시되었다. 진보 정당과 자유당도 선거에 참여하였지만 의석 2/3를 민주당이 휩쓸었다. 새 국회는 대통령에 윤보선을, 국무총리에 장면을 선출하였다. 내각 책임제에서 실질적인 행정권을 갖고 있는 장면 국무총리는 새 내각을 조직하고 제2공화국을 출범시켰다.

장면 내각은 경제 제일주의 정책을 내걸고 경제 개발 5개년 계획을 세웠다. 이를 실천하기 위해 국무총리 직속으로 국토 건설 본부를 두었다. 장준하를 중심으로 하는 운영진들은 고교 및 대학 졸업생을 교육시켜 전국 건설 현장에 보냈다. 실업 문제도 해결하고 자립 경제의 토대를 만들려 한 것이다. 경제 개발 자금은 미국 원조와 차관, 군비를 줄여서 조달하려 하였다. 감군 계획은 미국과 군부의 반발로 계획대로 되지 못했고 오히려 쿠데타의 빌미가 되었다.

또한 지방 의회 의원과 도지사, 시, 읍 면장을 직접 뽑는 지방 자치제를 전면 실시하였다. 풀뿌리 민주주의 정착과 함께 언론·출판·집회·결사의 자유를 폭넓게 보장하였다. 각종 정부 규제도 완화하고 공무원 공개 채용과 경찰에 대한 대대적인 인사 조치로 정치와 사회를 새롭게 만들려고 하였다.

민주화와 통일 열기가 높아지다

4·19혁명으로 억눌려 있던 민주화에 대한 욕구가 사회 각계각층에서

거세게 일어났다. 학생들은 학원 민주화 운동을 벌였고, 노동자들은 민주적인 노동 조합을 결성하여 노동 운동을 전개하였다. 교사와 교수 들은 교원 노조를 만들어 교육 민주화와 정치적 중립성을 찾겠다고 선언하였다.

무엇보다 통일에 대한 관심이 크게 높아졌다. 남북 통일이 되어야 정치적 민주화와 자립 경제를 이룰 수 있다는 생각이 퍼져 갔기 때문이었다. 국제 사회가 보장하는 영세 중립화 통일 방안이 제시되기도 하고, 남북 협상으로 자주적 통일 방안을 모색하자는 주장도 있었다.

당연히 부정 선거와 유혈 시위 진압 책임자를 단죄하라는 요구도 빗발쳤다. 이승만 정부에서 부정 축재를 한 사람을 가려내 처벌하고 재산을 몰수해야 한다는 목소리도 갈수록 커져 갔다. 장면 정부도 여기에 뜻을 함께한다고 하였다.

하지만 장면 내각은 과거 청산과 사회 개혁에 소극적이었다. 특히 통일 운동에 대해 부정적이었다. 빗발치는 요구에 부정 선거 관련자를 처벌하는 법안은 약속대로 통과시켰다. 그렇지만 부정 축재자 처벌에 대해서는 차일피일 미루기만 하였다. 거꾸로 잇단 시위와 통일 운동에 대한 열망이 높아지자 반공 임시 특별법과 데모 규제법을 만들려다 거센 반발을 불러일으켰다.

이처럼 장면 정부는 민주화와 통일에 대한 열기를 제대로 수렴하지 못하였다. 게다가 윤보선을 지지하는 세력이 신민당을 창당하면서 장면 정부의 정치적 기반이 약화되었다. 두 세력 사이 정쟁이 심해지면서 정책을 과감하게 추진하기가 더욱 어려워졌다. 결국 제2공화국은 제대로 개혁을 해 보지도 못하고 5·16쿠데타로 꺾이고 말았다.

가자 북으로! 오라 남으로!

4월 혁명 뒤 통일에 대한 관심은 갈수록 높아져 갔다. 1961년이 되자 하루가 멀다 하고 전국 주요 도시에서 통일 촉구 집회와 시위가 열렸다. 통일에 대한 열기는 1961년 5월 3일 서울대 학생들이 남북 학생 회담을 제안하면서 더욱 커졌다.

가자 북으로 오라 남으로
시위 학생들이 1961년 5월 남북 학생 회담을 요구하며 시위하고 있다. 현수막에는 '이 땅이 뉘 땅인데 오도 가도 못하는가. 가자 북으로! 오라 남으로!'라고 적혀 있다.

5월 13일에는 일부 교수와 학생, 진보 세력들이 남북 학생 회담 개최 지지 집회를 열고 가두 시위에 나섰다. 통일에 대한 열망은 5월 20일 남북 학생 회담을 판문점에서 하기로 북쪽과 합의하면서 절정으로 치달았다.

이런 열기에 보수 세력들은 깊은 우려를 나타내며 강하게 반발하였다. 집권 민주당은 '시기 상조'라고 하였고, 야당도 '경솔한 짓'이라며 반대하였다. 장면 정부도 '통일보다 건설이 먼저'라고 하면서 소극적 태도를 보였다. 결국 남북 학생 회담은 5월 16일 군사 쿠데타로 무산되고 말았다.

8

박정희 정부,
유신 독재 체제로 달려가다

박정희, 군사 쿠데타로 제2공화국을 무너뜨리다

제1공화국 말 박정희, 김종필 등 일부 군인들이 쿠데타를 모의하였다. 하지만 4·19혁명이 일어나는 바람에 실행에 옮기지 못하였다. 기회를 엿보던 이들은 1961년 5월 16일 쿠데타를 일으켜 정권을 장악하였다. 명분은 장면 정부가 무능하여 사회 혼란과 배고픔을 해결할 수 없다는 것이었다. 이들은 국회와 지방 의회를 해산하고 최고 통치 기구인 국가 재건 최고 회의를 설치하였다. 그리고 정당과 사회단체를 해산시키고 정치인의 활동을 금지시켰다. 진보적 지식인과 노조 및 학생 간부들도 잡아들였다. 비판적인 언론사를 없애고 언론인을 구속하였다. 반대 세력을 탄압하여 권력 기반을 튼튼히 하려는 조처였다. 여기에 가장 큰 역할을 한 것이 김종필이 창설한 중앙정보부였다.

중앙정보부는 군사정부가 '혁명과업'을 수행하는 데 걸림돌을 제거하고, 국가안전을 지키기 위한 정보 수집과 수사를 맡은 국가 재건 최고 회의 소속 특수 기관이었다. 군을 포함한 검찰, 경찰 등 각 기관의 정보와 수사를 조정하고 감독하는 막강한 권한을 갖고 있었다. 중앙정보부가 감

• 군사 쿠테타 성명서(혁명 공약)

친애하는 애국 동포 여러분! 은인자중하던 군부는 드디어 今朝未明(금조미명)을 기해서 일제히 행동을 개시하여 국가의 행정, 입법, 사법의 3권을 완전히 장악하고 이어 군사혁명위원회를 조직하였습니다. 군부가 궐기한 것은, 부패하고 무능한 현 정권과 기성 정치인들에게 더 이상 국가와 민족의 운명을 맡겨 둘 수 없다고 단정하고 백척간두에서 방황하는 조국의 위기를 극복하기 위한 것입니다. 군사혁명위원회는 첫째, 반공을 國是(국시)의 제1義(의)로 삼고 지금까지 형식적이고 구호에만 그친 반공 체제를 재정비 강화할 것입니다. 둘째, 유엔 헌장을 준수하고 국제 협약을 충실히 이행할 것이며 미국을 위시한 자유우방과의 유대를 더욱 공고히 할 것입니다. 셋째, 이 나라 사회의 모든 부패와 舊惡(구악)을 일소하고 퇴폐한 국민 도의와 민족정기를 다시 바로잡기 위하여 淸新(청신)한 기풍을 진작할 것입니다. 넷째, 절망과 기아선상에서 허덕이는 민생고를 시급히 해결하고 국가 자주경제 재건에 총력을 경주할 것입니다. 다섯째, 민족적 숙원인 국토 통일을 위하여 공산주의와 대결할 수 있는 실력의 배양에 전력을 집중할 것입니다. 여섯째, 이와 같은 우리의 과업이 성취되면 참신하고도 양심적인 정치인들에게 언제든지 정권을 이양하고 우리들 본연의 임무에 복귀할 준비를 갖추겠습니다. 애국 동포 여러분, 여러분은 본 군사혁명위원회를 전폭적으로 신뢰하고 동요 없이 各人(각인)의 직장과 생업을 평상과 다름없이 유지하시기 바랍니다. 우리들의 조국은 이 순간부터 우리들의 희망에 의한 새롭고 힘찬 역사가 창조되어 가고 있습니다. 우리들의 조국은 우리들의 단결과 인내와 용기와 전진을 요구하고 있습니다.

대한민국 만세! 궐기군 만세!

- 군사혁명위원회 위원장 육군 중장 장도영

〈혁명 공약〉을 발표하는 박정희

1961년 5월 16일 새벽 박정희 소장이 지휘하는 쿠데타 군은 중앙청을 비롯한 주요 행정 기관과 방송국을 점령하였다. 그리고 새벽 5시 KBS 라디오 방송을 통해 쿠데타가 일어났음을 알리고 '혁명공약'을 발표하였다. 그동안 첫 번째로 '반공 국시'를 내세운 까닭은 2공화국에서 혁신계와 대학가 등에 번져가던 통일 논의를 가라앉히려는 조치였다는 해석이 우세했다. 그런데 김종필이 2015년 3월 중앙일보와의 인터뷰에서 "박정희 전 대통령의 좌익 의혹을 씻기 위한 조치였다"라는 흥미로운 증언을 하였다.

시하고 통제한 대상은 여야 국회의원, 정부 기관은 물론 시민 단체와 일반 시민까지 전 국민이었다.

또 군사 정부는 반공을 국시로 내세우고 사회 안정과 경제 발전을 이루겠다고 선언하였다. 이를 위해 쿠데타 직후 부정 축재자를 처벌하고 정치 폭력배 소탕에 나섰다. 농어촌 부채를 줄여 주고 농산물 가격을 안정시키는 정책도 실시하였다. 이런 조치는 쿠데타를 지지하는 여론을 이끌어내기 위한 것으로 얼마 가지 않아 흐지부지되고 말았다.

경제 발전은 쿠데타 세력이 가장 큰 관심을 가진 분야였다. 쿠데타의 성패가 여기에 달렸다고 생각했기 때문이다. 이에 따라 제2공화국이 세운 경제 개발 계획을 토대로 이듬해부터 본격적으로 경제 개발을 추진하였다.

박정희, 약속을 어기고 민정에 참여하다

군사 정부는 1963년 8월 민간에 정권을 넘기기로 하였다. 몇 차례 약속을 어기다 국내외에서 쏟아지는 비판을 더 이상 외면할 수 없었기 때문이다. 대신 박정희를 비롯한 쿠데타 주동자들은 처음 약속과 달리 군복을 벗고 민정에 참여하기로 하였다. 민정 이양을 내세워 쿠데타의 명

박정희 예편 기사
1963년 8월 30일 강원도 철원에서 박정희 육군 대장의 전역식이 열렸다. 전역사에서 그는 '다시는 이 나라에 본인과 같은 불운한 군인이 없도록 합시다'라며 끝을 맺었다. 혁명 공약을 어기고 군을 떠나는 것에 대한 변명이었다.

박정희는 황소를 상징으로 내세워 경제 개발을 강조하였다. 윤보선은 쿠
데타를 비난하며 민정으로 새 나라를 세우자는 구호를 내세웠다.

에를 벗고 권력을 계속 잡겠다는 속셈이었다. 이를 위해 이들은 중앙정
보부를 움직여 비밀리에 민주 공화당을 만들어 지지 세력을 모았다. 야
당 주요 정치인들과 비판 세력들은 '정치 활동 정화법'으로 발목을 묶어
놓은 상태였다.

헌법도 개정하여 정부 형태는 대통령제로, 국회는 단원제로 바뀌었다.
군사 정부는 의원 내각제가 정치를 혼란에 빠뜨리고 효율적이지 못하다
고 이유를 설명하였다. 이는 명분이었고 실상은 지지 기반이 취약한 상
황에서 권력을 잡는 데 유리하고, 강력한 지도력을 발휘할 수 있었기 때

• 군부, 엘리트 집단으로 성장하다

이승만 정권은 발췌 개헌을 비롯한 독재 체제를 강화하면서 군을 동원하였다. 이 과정을 거치면서 군부 안에서
는 정치에 대한 관심이 높아졌다. 여기에 1950년대 한국군은 육군 대학, 국방 대학원, 통신 학교 등 잘 짜여진
교육 기관을 갖고 있던 유일한 사회 집단이었다. 60만 대군을 유지 관리할 수 있는 행정 관리 체계를 갖추고 경
영할 수 있는 집단이기도 하였다. 여기에 1950년대 미국의 여러 군사 학교에서 유학을 한 한국군 장교는 9천 명
이 넘었다. 일반 유학생을 모두 합쳐 8천 명이 넘지 않았던 걸 생각하면 엄청난 규모였다. 물론 이들이 배운 것은
군사와 관련된 것이었지만 선진 사회를 경험하고 온 것은 중요한 자산이었다. 이 때문에 한국군 장교는 최고 엘
리트라는 자부심을 갖고 있었고, 정부 고위 관리보다 우리가 더 잘할 수 있다는 생각을 갖고 있었다.

문이었다. 전역한 박정희는 민주 공화당 후보가 되어 1963년 10월 15일 5대 대통령에 당선되었다.

1963년 10월 15일 5대 대통령 개표가 시작되었다. 개표 초반 윤보선을 찍은 표가 많이 나왔다. 다음 날 새벽 3시경까지 윤보선이 이기고 있었다. 그런데 마지막에 가서 판세가 뒤집혀 박정희가 15만여 표 차이로 아슬아슬하게 이겼다. 역대 대통령 선거에서 가장 근소한 표차였다. 윤보선은 패배를 인정하지 않고 '나는 정신적 대통령'이라고 말했다. 공정한 선거와 개표를 했다면 자신이 당선되었을 것이라는 뜻이었다. 공무원, 경찰관, 군인이 100만 명이 훨씬 넘었으니 허세만은 아니었다.

박정희 정부, 일본과 국교를 정상화하다

군사 정부는 권력을 잡자 서둘러 한일 국교 정상화 회담을 다시 시작하였다. 한일 회담은 1952년 이승만 정부에 시작되어 장면 정부까지 수차례 열렸다. 하지만 식민지 지배에 대한 사과와 배상 문제, 독도 문제 등으로 번번이 결렬되었다. 그 가운데 가장 큰 걸림돌은 식민지 지배로 입은 피해에 대한 청구권이었다.

1963년 12월 출범한 박정희 정부는 일본과 국교 정상화를 서둘렀다. 한 해 전 중앙정보부장 김종필과 일본 외무 대신 오히라가 비밀리에 만나 한 합의가 바탕이었다. 두 사람은 국교 정상화를 위해 청구권 문제를 경제 협력 방식으로 타결하였다. 배상이 아닌 이른바 '독립 축하금'과 경제 발전을 위해 일본이 무상 3억 달러, 유상 2억 달러, 민간 차관 1억 달러를 제공한다고 합의한 것이다. 1959년에서 1966년 사이 우리나라가 들여온 차관이 약 3억 달러라는 것과 비교하면 큰돈이었다. 하지만 이승만 정부부터 줄곧 요구한 약 20억 달러에 비하면 턱없이 적은 액수였다.

이 소식이 알려지자 사죄와 배상이 없는 국교 정상화에 반대하는 운동이 일어났다. '굴욕 외교'에 대한 반대 투쟁은 1964년 봄부터 점점 격렬해졌다. 6월 3일 서울 시내를 가득 메운 대학생과 시민 들은 한일 회담 반대를 넘어 박정희 정권 퇴진을 요구하였다. 윤보선, 장준하 등이 이끈 한일 굴욕 외교 반대 투쟁 위원회도 시위를 지원하고 독려하였다.

깜짝 놀란 정부는 서울에 계엄을 선포하고 학생과 시민, 정치인, 언론인 등을 잡아들였다. 그래도 시위가 계속되자 정부는 인민 혁명당 사건 등 이른바 공안 사건을 잇달아 터트렸다. 시위가 북한과 관련이 있다고 몰아붙여 여론을 돌리려 한 것이다.

6·3항쟁으로 중단되었던 회담은 12월에 다시 열렸다. 이듬해 1965년 6월 22일 마침내 들끓는 반대 여론을 누르고 한일 기본 조약을 조인하였다. 청구권 및 경제 협력에 관한 협정, 어업 협정 등 4개 부속 협정도 함께 체결되었다.

박정희 정부가 한일 국교 정상화를 서둔 까닭은 크게 두 가지이다. 하나는 정권의 정당성을 얻기 위해 미국의 지지가 필요하였다는 것이다.

• 한일 기본 조약

제1조 양 체약 당사국 간에 외교 및 영사 관계를 수립한다.
제2조 1901년 8월 22일 및 그 이전에 대한 제국과 대일본 제국 간에 체결된 모든 조약 및 협정이 이미 무효임을 확인한다.
제3조 대한민국 정부가 국제 연합 총회의 결정 제195호(III)에 명시된 바와 같이 한반도에 있어서의 유일한 합법 정부임을 확인한다.

두 나라는 기본 조약 문안에 대해 다른 해석을 하고 있다. 제2조 '이미 무효(already null and void)'를 한국은 병합 조약 자체가 원천 무효라고 하고 있다. 반면 일본은 병합 조약이 당시에는 합법이었지만 지금은 무효화되었다는 뜻으로 보고 있다. 이런 차이는 식민지 지배에 대한 분명한 사죄와 배상이 없었기 때문에 빚어진 일이다.

미국은 소련, 중국과 북한에 맞서 한미일 협력 체계를 구축하기 위해 두 나라에 관계 정상화를 적극적으로 권유하고 있었다. 다른 하나는 경제 개발에 필요한 자금을 조달하기 위해서였다.

한일 협정으로 두 나라 관계는 정상화되었다. 그러나 식민지 지배에 대한 명확한 사과가 없어 두 나라 관계에 두고두고 짐이 되었다. 이 때문에 강제 징병 및 징용 피해자와 원폭 피해자에 대한 사죄와 배상도 제대로 받지 못하였고, 약탈 문화재에 대한 반환도 흉내만 내는 데 그쳤다. 독도 문제는 아예 조약에서 빼 버렸다.

박정희 정부, 베트남에 군대를 보내다

정전 협정이 체결될 무렵 이승만 대통령은 미국에게 동남아시아에 한국군을 보내겠다고 제안하였다. 이 지역에 확산되고 있던 공산주의를 막겠다는 것이었다. 박정희 최고 회의 의장도 1961년 11월 미국을 방문하여 베트남에 한국군을 파병하겠다고 제안하였다. 명분은 자유 민주주의를 지키기 위한 것이었다. 하지만 속셈은 쿠데타 지지와 경제 개발 원조를 이끌어 내려는 데 있었다.

별다른 반응이 없던 미국은 1964년 베트남에 적극 개입하면서 태도를 바꾸었다. 1965년 4월 지상군을 베트남에 보낸다는 결정을 한 미국은 한국을 비롯한 20여 개 나라에 파병을 요청하였다. 미군 파병 규모를 줄여 베트남 전쟁에 대한 미국 내 반전 여론과 제국주의 침략이라는 국제적 비판을 누그러뜨릴 필요가 있었기 때문이었다. 그 대가로 미국은 한국군 장비 현대화와 경제 원조를 약속하였다.

일부 야당과 지식인들이 반대하였지만 박정희 정부는 파병 요청에 적극적으로 호응하였다. 1964년 외과 병원과 태권도 교관단 파견을 시작으로, 이듬해에는 본격적으로 전투 부대를 파견하였다. 파병 규모는 1973년 철수할 때까지 모두 합치면 약 35만 명에 이르렀다. 가장 많을 때에는 한 해에 약 5만 명이 주둔하였다. 베트남 전쟁에 참전한 외국군 가운데 미군에 이어 두 번째로 큰 규모였다. 베트남 파병의 대가로 한국은 무기와 군대 장

국가	총 참전 병력(명)	국가	총 참전 병력(명)
미국	2,619,731	필리핀	6,115
한국	346,397	뉴질랜드	2,460
호주	37,140	타이완	245
태국	37,927	스페인	55

국가별 베트남 참전 병력 (1964~1972), 『통계로 본 베트남 전쟁과 한국군』(국방부 군사 편찬연구소, 2007)

비를 현대화하였고, 경제 개발에 필요한 기술과 차관을 지원받았다. 또한 베트남에 군수 물자를 수출하고 건설 사업에 참여하여 번 외화는 경제 발전에 적지 않은 도움을 주었다. 이를 '베트남 특수'라 한다. 무엇보다 미국과 정치 군사적 동맹 관계를 더욱 긴밀하게 할 수 있었다.

하지만 잃은 것도 적지 않았다. 먼저 파병 군인 가운데 5천여 명이 죽고 부상자는 만 명이 넘었다. 고엽제로 고통 속에 살고 있는 군인도 수만 명에 이른다. 한국군이 저지른 민간인 학살과 한국인 혼혈인^{라이따이한} 등은 아직 해결되지 않은 채 아픈 상처로 남아 있다.

국제 외교 무대에서 입은 타격도 적지 않았다. 제3세계 특히 동남아시아 국가와 관계는 한동안 멀어졌다. '베트남 특수'도 한국만 누린 것이 아니었다. 피 한 방울 흘리지 않은 일본이 얻은 경제적 이익은 한국보다 10배가 많았다. 한 해 20~30여 명씩 병력을 보낸 타이완도 한국과 비슷한 이익을 챙겼다.

박정희, 3선 개헌을 하다

1967년 5월 6대 대통령 선거에서 박정희는 다시 윤보선을 누르고 당선되었다. 이번에는 경제 성장으로 다진 지지 기반 덕분에 백만 표 넘게 차이가 났다. 이어 6월 8일에 실시한 국회의원 선거에서도 공화당이 130석을 얻어 개헌선 117석을 훌쩍 넘겼다. 하지만 부정 선거 논란이 끊이지 않았다. 우선 공무원, 경찰 등 관권이 총동원되었기 때문이다. 관권 개입은 5월 9일 대통령, 장관 등이 선거 운동을 할 수 있게 선거법을 바

고엽제
고엽제는 나무를 말라 죽게 하는 제초제이다. 독성 때문에 미 환경청(EPA)은 1979년 사용을 전면 금지시켰다. 미군은 베트남 전쟁에서 남북을 가리지 않고 삼림과 경작지에 고엽제를 뿌렸다. 남베트남 민족 해방 전선 군대가 숨어 있던 밀림을 없애고 북베트남과 민족 해방 전선이 장악한 지역에 경제적 타격을 주기 위해서였다. 지금도 400만 명이 넘는 베트남 인들이 고엽제 후유증으로 고통받고 있다고 한다.

라이따이한. (Lai Dai Han)
한국 군인, 기술자 등과 베트남 여성 사이에서 태어난 2세를 뜻한다. 전쟁이 끝난 뒤 베트남에서는 '적군의 아이'로, 한국에서는 잊힌 존재가 되었다. 최소 5천 명에서 최대 3만 명으로 추산된다. 한국 정부는 아직 사죄도 배상도 하지 않았다. 베트남과 경제 교류를 다시 시작한 뒤 태어난 한국계 월남인 (Korean Vietnamese)은 '신라이따이한'이라 부른다.

6·8부정 선거 보도
6·8부정 선거 투·개표 과정에서 일어난 갖가지 사태를 보도한 『동아일보』 1967년 6월 9일자 3면. '난장판', '무법 폭력에 짓밟힌 공명선거'라는 제목을 달았다.

동백림 사건
동백림 사건은 194명이나 되는 간첩단 규모와 함께 세계적 작곡가 윤이상을 비롯, 화가 이응로, 서울대 교수 황성모 등이 포함되어 세상을 깜짝 놀라게 하였고, 부정선거 규탄 시위에 찬물을 끼얹었다. 2006년 '국정원 과거사 진실 규명을 통한 발전위원회'는 단순 대북접촉과 동조행위를 국가보안법과 형법상 간첩죄를 무리하게 적용하였다고 밝히면서 불법 연행과 고문 등 가혹행위에 대해 사과를 권고했다.

꾸었을 때 예견된 것이었다. '막걸리 선거', '고무신 선거'라 불리는 금품 살포도 공공연히 이루어졌다. 선거 당일에는 대리 투표, 공개 투표 등으로 얼룩졌다. 개표 부정도 공공연히 저질렀다. 다음 날 야당인 신민당은 6·8선거를 3·15선거보다 더한 부정 선거로 규정하였다.

부정 선거에 항의하는 시위가 전국에서 일어났다. 야당과 시민들이 나섰고, 대학생은 물론 고등학생들도 적극 참여하였다. 이를 막기 위해 휴업에 들어간 학교가 전국에서 대학 28곳, 고등학교 129곳이었다. 그러나 학생들은 여기에 굴하지 않고 시위를 계속하였고, 규모는 점점 커졌다. 놀란 정부는 7월 동베를린에 거점을 둔 대규모 간첩단을 적발하였다고 발표하였다. ^{동백림 사건} 공화당도 부정 선거 혐의가 뚜렷한 9명을 제명시켰다. 여론을 누그러뜨리기 위한 고육지책이었다. 9월 들어 시위는 잦아들었지만 야당의 반발로 국회는 1967년 말까지 계속 공전되었다.

그런데 1968년이 되면서 국내외 상황이 긴박해졌다. 1월 21일 북한이 보낸 무장 게릴라가 청와대를 기습하였다. 이틀 뒤에는 미국 정찰함 푸에블로 호가 북한에 나포되었다. 10월에는 100명이 넘는 북한군 게릴라들이 울진 삼척 지역에 침투하였다. 베트남에서는 북베트남 측이 1월 30일 설날을 기해 대대적인 공세를 폈다.

이에 대응하여 박정희 정부는 향토 예비군을 창설하고 주민 등록 제도

박정희 정권은 1969년 9월 14일 새벽 2시 50분께 3선 개헌안을 국회 별관에서 날치기 통과시켰다. 공화당 의원들이 날치기 통과 후 국회 뒷문으로 빠져나오고 있다. 본회에서 의결하지 않은 장소 변경, 공휴일 개최는 불법이었다.

를 강화하였다. 이와 함께 공화당은 대통령 임기를 세 번까지 허용해야 한다는 주장을 펴기 시작하였다. 국가 안보를 튼튼히 하고 지속적으로 경제를 발전시키기 위해서 박정희가 한 번 더 대통령을 해야 한다는 것이었다.

3선 개헌은 1969년 들어 박정희 대통령이 개헌 지지를 당부하는 특별 담화를 발표하면서 본격적으로 추진되었다. 야당과 국민은 3선 개헌이 장기 집권으로 이어질 것으로 보고 격렬히 반대하였다. 일부 여당 의원도 반대하였지만 중앙정보부의 협박으로 뜻을 접었다. 결국 공화당은 9월 14일 국회 별관에서 야당 의원들 몰래 날치기로 개헌안을 통과시켰다.

대통령, 헌법 위에 군림하다

1971년 4월 7대 대통령 선거에서 신민당 후보 김대중이 돌풍을 일으켰다. 김대중은 남북 교류, 향토 예비군과 교련 폐지, 대중 경제 등을 공약으로 내걸고 박정희 후보를 몰아붙였다. 여기에 호응하여 유세장에는 경찰이 감시했음에도 사람들이 몰려들었다. 박정희가 당선되면 선거 없는 총통 시대가 올 것이라는 주장도 큰 반향을 불러일으켰다.

박정희 후보는 경제 발전을 강조하면서 김대중을 용공으로 몰아붙였다. 하지만 선거 판세가 심상치 않게 돌아가자 박정희 정권은 비상이 걸

대중 경제
대중 경제론은 경영과 생산, 분배에 대중이 주체로 참여한다는 주장이었다. 박정희 정부가 내세운 조국 근대화론과 마찬가지로 자립 경제, 국가 주도 경제 발전, 중공업 중심 등을 공통적으로 내세웠다. 하지만 조국 근대화론이 갖고 있는 대외 종속의 심화, 대기업의 경제력 집중, 농업 부문의 희생, 정경 유착 등의 문제점을 비판하며 새로운 경제 성장 발전 방향을 제시한 것이다.

김대중 후보의 장충단 유세

1971년 대통령 선거에서 100만이 넘는 시민이 모인 가운데 유세하고 있는 김대중. 이날 그는 '이번에 정권 교체를 못하면 영구 집권의 총통 시대가 옵니다'라고 예언하였다.

렸다. 투표일 3일 전 박정희 후보는 중앙정보부의 건의를 받아들여 더이상 선거에 출마하지 않겠다고 약속하였다. 장기 집권과 독재에 대한 우려를 씻고 조국 근대화를 위해 한 번만 더 지지를 해 달라고 호소한 것이다.

선거는 접전 끝에 박정희가 당선되었다. 하지만 '김대중이 선거에서 이기고 투표에서 졌다'는 소문이 날 정도로 논란이 많은 선거였다. 힘겨운 승리는 이어 치러진 국회의원 선거로 이어졌다. 공화당은 113석으로 과반수를 넘겼다. 하지만 신민당이 89석으로 의석 수를 크게 늘려 개헌을 막을 수 있게 되었다. 박정희 대통령과 공화당은 1인 독재 체제에 대한 반발이 심각하다는 것을 알게 되었고, 다음 선거에서 패배할 수 있다는 위기감을 갖게 되었다.

선거에서 나타난 민심은 곳곳에서 터져 나왔다. 1970년 전태일이 '근로 기준법 준수'를 외치며 분신하였다. 이를 계기로 열악한 노동 환경에 대한 관심이 높아졌고 노동 운동이 본격적으로 일어나게 되었다. 학생들은 교련 반대 시위를 전개하였다. 판사들도 정부의 입맛에 맞지 않은 판결을 한 판사에 대한 징계에 반발하여 집단 사표를 냈다.^{사법 파동}

나라 안에서 민주주의와 인권을 지키려는 열망이 터져 나오는 가운데

교련 반대 시위

학생들이 학교에서 받은 군사 교육. 일제 시대에 시작되어 1955년 중단되었다가 1968년 부활하였다. 1971년부터 교련 교육을 강화하자 학생들이 강력하게 반발하면서 반대 운동을 벌였다.

284

나라 밖 사정도 바뀌었다. 1969년 미국은 베트남에서 미군을 단계적으로 철수하고 주한 미군도 줄이겠다고 선언하였다. ^{닉슨 독트린} 1971년에는 중국과 '핑퐁 외교'를 하면서 박정희 정부에 북한과 긴장 관계를 누그러뜨리라고 권고하였다. 게다가 원유 가격이 크게 오르고 세계적 경제 불황으로 고도 성장에 빨간불이 켜졌다.

국내외 상황 변화로 위기감을 느낀 박정희 정부는 1971년 10월 위수령을 발동하여 대학에 무장 군인을 진주시켰다. 12월에는 국제 정세 변동에 대처하여 안보를 튼튼히 해야 한다며 국가 비상 사태를 선언하였다. 이어 '국가 보위에 관한 특별법'을 통과시켜 대통령에게 비상 대권을 주었다. 당연히 야당은 강력히 반발하였고 미국도 우려를 나타냈다.

이를 무마하기 위해서인지 박정희 정부는 북한에 이산 가족 찾기 운동을 제안하였다. 남북 적십자사 예비 회담이 시작되어 남북 화해에 대한 기대감이 높아지는 가운데 1972년 7월 4일에는 남북 공동 성명이 발표되었다. 남북 당국이 '자주, 평화, 민족적 대단결'이라는 평화 통일 원칙에 합의한 것이다. 갑작스런 선언이었지만 평화 통일을 바라는 국민들은 열광하였다.

하지만 놀라움도 잠시 10월 박정희 정권은 뜬금없이 전국에 비상 계엄을 선포하고 유신 헌법을 만들었다. 유신 헌법은 대통령 임기를 4년에서

위수령
군부대가 경비를 위해 필요할 경우 주둔지 밖으로 출동할 수 있음을 규정한 대통령령. 군사 정권 시절 군이 집회나 시위를 진압하는 구실이 됐다. 1965년 한일협정 반대 시위와 1979년 부마항쟁 등 3번 발령되었다. 2018년 2월 문재인 정부가 폐지하였다.

7·4남북 공동 성명 보도
남북 공동 성명으로 북괴는 북한이 되었다. 대남, 대북 비방 방송과 '삐라' 살포도 중지하였다. 외국 신문들은 '인간이 달에 착륙한 것만큼 쇼킹한 사건'이라고 했다. 하지만 남북한 당국은 대화를 하면서도 군사력을 강화하고 유엔에서 외교적 우위를 차지하기 위한 경쟁을 더욱 강화하였다.

6년으로 늘렸다. 더 중요한 것은 출마 횟수에 대한 제한을 없애 버린 것이다. 선출 방법도 직접 선거가 아니라 통일 주체 국민 회의에서 뽑도록 바꾸었다. 사실상 대통령이 통제하는 통일 주체 국민 회의에서의 간접 선거는 영구 집권을 하겠다는 뜻이었다.

여기에 대통령은 국회의원 1/3을 추천할 수 있었고 국회를 해산시킬 수 있었다. 대법원장을 비롯한 법관 임명권도 가졌다. '국가 긴급 사태'가 발생하면 국민의 기본권을 제한할 수 있는 긴급 조치를 내릴 권한도 있었다.

한마디로 유신 헌법은 모든 권력을 대통령에게 집중시킨 독재 체제였다. 통일 주체 국민 회의에서 실시된 8대 대통령 선거에서 박정희가 단독으로 출마하고 99.9%라는 득표로 당선된 것이 이를 잘 보여 준다. 9대 때도 박정희는 단독 출마에 무효 1표를 뺀 100% 득표를 하였다.

북한도 12월 헌법을 개정하여 조선 민주주의 인민 공화국을 '자주적인 사회주의 국가'로 규정하였다. 사회주의 헌법은 주석제를 도입하고 주체 사상을 지도 이념으로 삼았다. 김일성 일인 독재 체제 확립과 함께 헌법상 수도를 서울에서 평양으로 바꾸었다.

8대 대통령 박정희 취임
장충체육관은 4공화국 대통령 선거가 실시되었고, 대통령 취임식을 한 곳이다. 이 때문에 체육관 선거, 체육관 대통령이라는 말이 생겼다. 여기에는 국민과 상관없이 진행된 선거에서 뽑힌 대통령이라는 비판적 시각이 담겨 있었다.

유신 반대 투쟁을 전개하다

유신을 선포한 박정희 정권은 1973년 2월 많은 언론사를 폐쇄하고, 8월에는 일본에서 반유신 운동을 하던 김대중을 불법 납치하였다. 억압과 공포로 유신 반대 운동을 잠재우려 한 것이지만 이런 시도는 오래가지 못하였다.

10월 서울대 문리대를 시작으로 반유신 시위가 전국 대학으로 번져 나갔다. 일부 고등 학생들도 시위에 참가를 하였고 조직적으로 나서려는 움직임도 보였다. 여기에 자극을 받은 언론, 지식인, 종교계도 반유신 운동에 나섰다. 12월 장준하를 비롯한 민주 인사들은 '개헌 청원 100만인 서명 운동'을 시작하였다.

결국 유신 정권은 대학에 이어 12월 초 고등학교에 조기 방학 조처를 내렸다. 1974년 1월에는 유신 헌법을 부정하고 반대하는 모든 행위를 금한다는 긴급 조치 1호를 발동하였다. 긴급 조치 1호가 발표되자 대학생들은 더욱 조직적으로 반독재 투쟁에 나섰다. 3월에는 전국 민주 청년 학생 총연맹의 이름으로 유신과 노동 악법 폐지를 요구하는 선언문을 발표

• **긴급 조치 제1호**

① 대한민국 헌법을 부정, 반대, 왜곡 또는 비방하는 일체의 행위를 금한다.
② 대한민국 헌법의 개정 또는 폐지를 주장, 발의, 제안, 또는 청원하는 일체의 행위를 금한다.
⑤ 이 조치에 위반한 자와 이 조치를 비방한 자는 법관의 영장 없이 체포, 구속, 압수, 수색하며 15년 이하의 징역에 처한다. 이 경우에는 15년 이하의 자격정지를 병과할 수 있다.
⑥ 이 조치에 위반한 자와 이 조치를 비방한 자는 비상군법회의에서 심판, 처단한다.

1. 다음 각 호의 행위를 금한다.
  가. 유언비어를 날조, 유포하거나 사실을 왜곡하여 전파하는 행위.
  나. 집회·시위 또는 신문·방송·통신 등 공중 전파 수단이나 문서·도화·음반 등 표현물에 의하여 대한민국 헌법을 부정·반대·왜곡 또는 비방하거나 그 개정 또는 폐지를 주장·청원·선동 또는 선전하는 행위.
  라. 이 조치를 공연히 비방하는 행위.
8. 이 조치 또는 이에 의한 주무부 장관의 조치에 위반한 자는 법관의 영장 없이 체포·구속·압수 또는 수색할 수 있다.

긴급 조치는 비판과 토론을 막고 자유를 억압하는 법이었다. 이로 인해 말 한 마디 때문에 정당한 절차 없이 감옥에 끌려가는 일이 벌어졌다. 1974년 5월, 평택에 사는 33살 오 씨는 "수출 증대는 곧 선량한 노동자의 피를 빨아먹는 일이다", "유신 체제에서는 민주주의가 발전할 수 없다"고 했다가 기소되어 징역 3년을 살았다. 한 농부는 동네 주민들이 있는 자리에서 "박정희 정치는 독재 정치다"라고 말해 징역을 살았고, TV를 보고 박정희와 김종필을 비판하다가 징역에 처해진 평범한 시민도 있었다.
헌법재판소는 2013년, 긴급 조치 1·2·9호를 재판관 8명의 전원 일치로 위헌 결정했다. "정부 비판을 원천 금지한 조치는 민주주의 기본 질서에 부합하지 않는다"는 이유에서였다.

주한 미 대사관 비밀 문건에 대한 보도

1972년 10월 31일 주한 미국 대사관이 국무부에 보낸 비밀문건에 "(이후락 중앙정보부장이 10월 12일 박성철 북한 부수상을 만나) 남북 대화를 지속적이고 성공적으로 지속하기 위해서는 정치 시스템을 바꾸는 게 필요하다고 우리 정부는 생각한다"는 내용이 담겨 있다. 박정희 정권이 유신 선포를 북한에 미리 알렸음을 보고한 것이다. (『한겨레』, 2012. 10. 17)

'10월 유신' 안보 내세우더니…박정희 정권, 북에 두차례나 '사전 통보'

이후락 중정부장-북 인사 접촉 '미 비밀문서' 등 공개
박명림 "결으론 안보강화…뷰론 장기집권 작업" 비판

하였다.

시위가 수그러들지 않자 유신 정권은 4월 긴급 조치 4호를 발표하였다. 시위 주동자에게 사형을 선고하고, 시위에 가담한 대학은 폐교시킬 수 있다는 강력한 경고였다. 여기에 "민청 학련이 불온 세력의 조종을 받아 반체제 운동을 한 정황을 포착했다"고 발표했다. 그 불온 세력이 중앙정보부가 북한의 지령에 따라 국가 전복을 노리다 적발했다고 발표한 '인민 혁명

• 헌법의 이름으로 독재를 하다-3공화국 헌법과 유신 헌법

제3공화국 헌법	제4공화국 헌법(유신 헌법)
제1조 1. 대한민국은 민주 공화국이다. 2. 대한민국의 주권은 국민에게 있고, 모든 권력은 국민으로부터 나온다. 제18조 1. 모든 국민은 언론, 출판의 자유와 집회, 결사의 자유를 가진다.	제1조 1. 대한민국은 민주 공화국이다. 2. 대한민국의 주권은 국민에게 있고, 국민은 그 대표자나 국민 투표에 의하여 주권을 행사한다. 제18조 1. 모든 국민은 법률에 의하지 아니하고는 언론, 출판의 자유와 집회, 결사의 자유를 제한받지 아니한다.

제헌 헌법부터 제3공화국 헌법까지 헌법 제1조는 민주 공화국인 대한민국 주권은 국민에 있다고 하였다. 그런데 제4공화국 유신 헌법은 국민들이 주권을 행사할 때 대표자나 국민 투표에 의한다고 바꾸었다. 또한 언론, 집회, 출판의 자유를 법률로 제한할 수 있다고 명시하였다. 국민의 대표자이고 법률 제정권을 가진 국회를 장악한 대통령이 주권과 기본권을 제한하고 행사하겠다는 뜻이었다. 헌법의 이름으로 독재를 할 수 있게 한 것이다.

당 재건위'였다. 물론 온갖 고문으로 조작한 것이었다. 하지만 내용은 물론 단어 하나마저 통제받고 있던 언론은 진실을 보도할 수 없었다.

여기에 반발하여 1974년 10월 24일 『동아일보』와 『조선일보』 기자들이 '자유 언론 실천 선언'을 발표했다. 이어 30개가 넘는 전국의 신문, 방송, 통신사 기자들이 외부 간섭을 배제하고 언론 자유를 지키겠다는 데 뜻을 같이하였다. 대학생과 각계각층의 민주 인사들은 이 선언에 지지를 보냈고, 국외 언론들도 대서특필하였다. 기자들은 실천 선언대로 금기시되었던 유신 반대 집회와 시위를 다룬 기사를 내보냈다.

• 법의 이름으로 살인을 저지르다

박정희 정권은 저항이 거세질 때마다 간첩단을 체포했다고 발표하였다. 기막힌 우연처럼 보이지만 대부분 간첩 사건은 고문으로 조작한 것이었다. 민청 학련을 배후 조정했다는 인혁당 사건도 마찬가지였다.

민청 학련과 인혁당 사건으로 15명이 사형 선고를 받았다. 그 가운데 8명은 1975년 4월 8일 대법원에서 사형 확정을 받은 지 18시간 만에 사형이 집행되었다. 세계 법학자 협회에서는 이날을 '사법사상 암흑의 날'로 이름 붙였다.

인혁당 사건은 미국과 일본 등에서 큰 관심을 끌었다. 미국 유력 신문들은 유신 독재와 탄압을 보도하면서 박정희 정권에 대한 지지를 철회해야 한다고 촉구하였다. 이에 박 정권은 사건의 진실을 알리는 데 앞장선 미국인 오글 목사와 시노트 신부를 국외 추방하였다.

묻혀 있던 진실은 민주화와 함께 밝혀지기 시작했다. 1998년 진상 규명을 위한 대책 위원회가 꾸려졌고, 2002년 의문사 진상 규명 위원회는 인혁당 사건이 조작되었다고 발표하였다. 2005년에는 국가 정보원에서 고문과 조작 사실을 인정하였다. 마침내 2007년 법원은 사건을 다시 심의하여 무죄를 선고하였다.

1975년 인혁당 사형 집행 보도(왼쪽)와 2007년 인혁당 무죄 판결 보도(오른쪽).

자유 언론 실천 운동이 번져 가자 유신 정권은 교묘한 방법을 동원하였다. 언론사 경영진을 회유함과 동시에 광고주에게 광고를 끊게 한 것이다. 광고 탄압에 독자와 시민 들이 성금을 내 빈 광고 칸을 메웠다. 이에 힘입어 기자들도 압력에 굴하지 않고 자유 언론 수호 투쟁을 이어 갔다. 하지만 이듬해 3월 정부의 압박과 회유에 굴복한 경영진은 투쟁에 참여한 기자들을 해고하였다.

• 시민들 백지 광고를 채우다

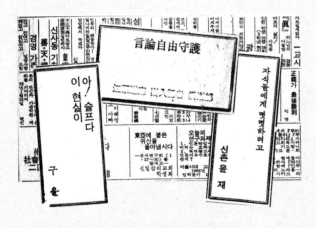

1974년 12월 『동아일보』를 받아든 사람들은 깜짝 놀랐다. 신문 하단이 텅 비어 있었기 때문이었다. 얼마 가지 않아 이유가 밝혀졌다. 자유 언론 선언을 한 『동아일보』 기자들을 직접 탄압하는 것에 부담을 느낀 박정희 정권의 교활한 술책이었다.

빈칸으로 나가던 하단 광고란은 곧 독자와 시민 들이 낸 광고로 채워졌다. 광고를 낸 사람들은 이름을 밝히지 않은 대학생, 고등학생, 교사, 버스 안내원, 주부, 시장 상인, 근로자 등 다양하였다. 많은 사람들은 광고를 내면서 『동아일보』 백지 광고 사태에 대한 의견을 담았다. '정권은 짧고, 민족은 영원하다', '언론 자유 수호', '사필귀정', '이 나라는 국민의 나라다' 등 다양한 광고 문구는 기자들을 응원하고 박정희 정권에 저항하는 시민들의 마음이 그대로 드러나 있다.

여기서 눈여겨봐야 할 것은 광고를 내면서 사람들이 '애독자'와 같이 되도록 이름을 밝히지 않은 것이다. 이름이 알려지면 경찰이나 중앙정보부에게 끌려가 고초를 당할지도 모른다는 두려움 때문에 이름을 당당하게 밝히지 못한 것이다. 실제로 『동아일보』에 광고를 신청하러 가던 가톨릭 노동 청년회의 남녀 직원이 모 기관원에 연행되었다. '육군 중위'라는 이름으로 격려 광고가 실리자 보안사령부는 '육군 중위'를 찾기 위해 광고 국장을 연행하기도 하였다. 기자들은 시민들의 지지에 힘입어 계속 언론 자유 투쟁을 벌였다. 하지만 결국 권력에 굴복한 『동아일보』 경영진은 기자 백 수십 명을 해직시켰다. 해직된 기자들은 자유 언론 수호 투쟁 위원회를 조직하여 언론 민주화 운동을 펼쳤다.

유신 체제, 종말을 고하다

1975년에 들어 유신 정권은 긴급 조치를 잇달아 발표하였다. 마침내 5월에는 긴급 조치 9호를 발표하였다. 긴급 조치의 완결판이라 할 9호는 유신 헌법에 대한 어떤 비방이나 부정도 금지하였다. 개헌 청원이나 찬동, 선동하는 행위도 할 수 없었다. 이런 내용을 방송, 보도하거나 책이나 유인물 등을 제작, 판매, 소지하는 모든 행위도 법관의 영장 없이 체포·구금할 수 있었다. 유신을 반대하는 모든 싹을 원천적으로 막겠다는 속셈이었다. 사방에 중앙정보부와 경찰 감시망이 쳐졌고 대학교를 비롯하여 주요 기관에는 사복 형사들이 드나들었다. 식당이나 주점, 버스, 택시, 심지어 집에서 한 말 때문에 잡혀가는 세상에서 사람들은 서로를 의심하고 눈치를 보아야 했다. 8월 17일에는 '재야의 대통령'이라 불리며 반유신 투쟁을 이끌던 장준하가 포천 약사봉에서 죽은 채 발견되었다. 그럼에도 불구하고 민주화를 바라는 사람들은 반유신 운동을 멈추지 않았다. 학생들은 학교에 수시로 드나드는 사복 형사의 감시에도 유신 철폐 투쟁을 계속하였다. 천주교 신부들은 정의 구현 사제단을 만들어 독재 타도와 민주화 운동에 큰 힘을 보탰다. 해직된 언론인들도 투쟁 위원회를 만들어 언론 자유를 되찾기 위한 투쟁을 계속하였다. 문인들도 자유 실천 문인 협의회를 만들어 조직적으로 유신 반대 투쟁에 나섰다. 1976년 3월 1일에는 함석헌, 김대중, 문익환, 이해동 등 민주 인사들이 긴급 조치 철폐, 박정희 정권 퇴진 등을 요구하는 민주 구국 선언을 발표하였다.

1978년 박정희는 통일 주체 국민 회의에서 제9대 대통령이 되었다. 그렇지만 이어 실시된 10대 국회의원 선거에서는 야당인 신민당이 얻은 전국 득표율이 여당인 공화당을 앞섰다. 비록 유신 체제 때문에 소수당이 되었지만 민심이 어디로 가고 있는지 확인할 수 있었다.

국제 사회에서도 박정희 정권의 독재와 인권 탄압을 비난하는 목소리가 점점 높아졌다. 특히 '인권'을 강조한 지미 카터가 미국 대통령이 되면서 한미 갈등은 갈수록 커져 갔다. 여기에 1970년대 말 제2차 석유 파동이 일어나면서 경제가 어려워져 박정희 정권에 대한 불만은 급속히 확산되어 갔다.

1979년 5월 '선명 야당'을 내세운 김영삼이 중도 통합론을 주장한 이철승을 꺾고 신민당 총재가 되었다. 김영삼은 공약대로 박정희 정권에 대한 공세를 강화하였고, 반유신 운동 진영에 활력을 불어넣었다. 8월 YH 무역 여성 노동자들이 부당한 공장 폐쇄에 맞서 투쟁하다 신민당사로 들어와 농성을 벌였다. 경찰이 이들을 강제로 해산시키는 과정에서 여성 노동자 한 명이 사망하였다. 이를 계기로 신민당은 유신 체제에 대한 비난 강도를 더욱 높였다.

궁지에 몰린 박정희 정권은 민주화 운동과 야당에 대한 대대적인 탄압으로 위기를 벗어나고자 하였다. 10월에는 헌정 사상 처음으로 야당 총재 김영삼을 국회에서 제명하는 극단적인 조처를 하였다. 그러자 김영삼의 고향인 부산과 마산, 창원 등에서 학생과 시민 들이 유신 철폐를 요구하는 시위를 격렬하게 전개하였다. 그러자 박 정권은 부산에 계엄령, 마산과 창원에 위수령을 내려 시위 진압에 나섰다. 하지만 시위는 마산 부근으로 번져 나갔다.

사태가 진정되지 않자 유신 권력 내부에서 진압 방법을 놓고 갈등이 벌어졌다. 이 과정에서 10월 26일 중앙정보부장 김재규가 강경 진압을 주장한 대통령 경호실장 차지철과 대통령을 살해하였다. 대통령 피살로 박정희 1인 체제로 유지되던 유신 시대는 사실상 막을 내렸다.

갑작스런 박정희 대통령의 죽음은 한편으로 민주 사회를 다시 세울 수 있는 기회였다. 동시에 대립과 갈등을 예고하는 것이기도 하였다.

중도 통합론
'국내 정치는 서로 경쟁하되 정치적으로 협력할 것이 있다면 협력하고 외교·안보 문제는 초당적으로 협력해야 한다'는 주장. 김영삼, 김대중 의원 측은 이를 '관제 야당', '사쿠라'라고 공격했다. 만약 이철승이 신민당 총재가 되었다면 노동자들은 신민당으로 가지 않았을 것이다.

재야의 대통령, 장준하

장준하

1944년 1월 니혼 신학교에 재학 중이던 장준하(1918~1975)는 학도병으로 일본군에 끌려갔다. 관동군을 거쳐 중국 관내에 배치되자 7월에 엄중한 감시망을 뚫고 탈출에 성공하였다.

임시정부를 찾아 가는 길에 먼저 일본군을 탈출한 김준엽, 노능서 등을 만났다. 이들은 일본군의 감시망을 뚫고 우여곡절 끝에 이듬해 1월 충칭에 있는 임시정부에 도착하였다.

장준하는 광복군 국내 정진 작전에 자원하여 훈련을 받았고, 해방이 되자 김구의 비서로 귀국하였다.

1953년 『사상계』를 창간하여 이승만 독재에 맞섰고, 이 공적으로 1962년 한국인 최초로 막사이사이상 언론 출판 부문 수상자가 되었다. 장면 정부에서 경제 재건을 기획하였지만 5·16쿠데타로 꿈을 이루지 못하였다. 박정희 정권이 독재로 치닫자 여기에 맞서 민주화 운동을 벌였다. 1966년 '국가원수모독죄'로 구속이 되자, 옥중 출마하여 국회의원에 당선되기도 하였다.

서슬이 시퍼렇던 유신 체제 아래에서 박정희를 대놓고 비판하며 민주화 운동을 이끈 그를 사람들은 '재야의 대통령'이라 불렀다.

1975년 8월 17일, 강원도 포천시 약사봉에서 변사체로 발견되었다. 당시 유신정권은 산에서 내려오는 도중 실족사한 것으로 발표하였으나, 사건 직후부터 정권에 의한 타살 의혹이 끊임없이 제기되어 왔다. 1993년 민주당 진상조사위원회, 2002년 의문사진상규명위원회가 이 사건을 재조사했지만 여전히 타살 여부에 대한 명확한 결론이 나지 않은 상태이다.

광복군 시절. 왼쪽부터 노능서, 김준엽, 장준하.

1973년 12월 24일 서울 종로 YMCA에서 유신헌법 철폐를 위한 '개헌 청원 백만인 서명 운동'을 시작한다고 선언하는 장준하. 이를 시작으로 유신 반대 운동이 들불처럼 번지자 박정희 정권은 29일 '개헌 서명 운동을 즉각 중지하라'고 경고하였다.

막사이사이상 수상. 뒷줄 왼쪽이 장준하. 앞줄 오른쪽에서 두 번째가 마더 테레사 수녀.

「16일 새벽 군쿠데타 발생」
(1961년 5월 16일, 『동아일보』)

「3선 개헌안 전격 통과」(1968년 9월 15일, 『경향신문』)

「경부 고속도로 개통」
(1970년 7월 7일, 『동아일보』)

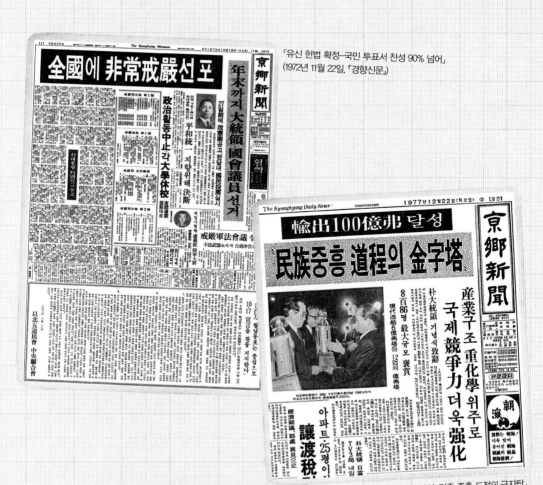

「유신 헌법 확정―국민 투표서 찬성 90% 넘어」
(1972년 11월 22일, 『경향신문』)

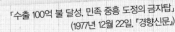

「수출 100억 불 달성, 민족 중흥 도정의 금자탑」
(1977년 12월 22일, 『경향신문』)

「박정희 대통령 서거, 전국에 비상 계엄」
(1979년 10월 27일, 『동아일보』)

9

전두환, 광주를 짓밟고 권력을 차지하다

전두환, 12·12군사 반란을 일으키다

10·26사태가 일어나자 정국은 혼란에 휩싸였다. 정부는 제주도를 제외한 전국에 비상 계엄을 선포하고, 국무총리 최규하가 대통령 권한 대행이 되었다. 최규하는 12월 6일 유신 헌법에 따라 통일 주체 국민 회의에서 대통령이 되었다. 야당을 비롯한 민주 세력들이 새 헌법을 만들어 대통령을 뽑자는 요구를 묵살한 것이다. 한편 군대 정보 기관인 보안사령부 사령관 전두환은 대통령 살해 사건을 수사하는 합동 수사 본부장에

전두환과 12·12 주역들

수사 중간 결과 발표하는 전두환.(왼쪽) 전두환은 김재규가 대통령이 되겠다는 헛된 욕심으로 사건을 저질렀다고 발표하였다. 이를 계기로 전두환이라는 이름이 세상에 알려지게 되었다. 오른쪽 사진은 1979년 12월 14일 보안사령부 현관 앞에서 12·12 성공을 기념하여 찍은 사진이다. 이들은 5, 6공화국에서 군부와 권력 핵심을 차지하였다.

오르면서 두각을 나타냈다. 11월 중순 군부 장악 계획을 세운 전두환은 12월 12일 군사 반란을 일으켜 정승화 계엄 사령관을 체포하였다. 군권을 손에 넣은 전두환은 중앙정보부도 장악하여 실질적인 권력자로 떠올랐다. 군사 반란에 가담한 사람들은 대부분 군부 내 정치 군인의 모임인 하나회 회원이었다. 이들은 박정희의 비호로 군부 요직을 차지하고 있다가 군사 반란으로 권력 실세가 되었다. 5·16쿠데타 뒤 다시 등장한 이들 정치 군인들을 신군부라 불렀다. 신군부는 1980년에 들어서자 하나둘 정부 요직을 차지하면서 정치적 영향력을 키워 나갔다.

'서울의 봄'이 오다

박정희 대통령이 죽자 억눌렸던 민주화에 대한 요구가 사회 곳곳에서 터져 나왔다. 최규하 정부도 이를 외면할 수는 없었다. 12월 8일 긴급 조치 9호를 해제하고 김대중을 가택 연금에서 풀어주었다. 김대중은 1976년 3·1민주 구국 선언을 주도하다 긴급조치 9호 위반으로 구속되어 1978년 12월 가석방된 뒤 쭉 가택연금 상태였다. 국회에서 제명되었던 김영삼은 신민당 총재로 복귀하였고 공화당에서는 김종필이 총재가 되었다.

민주화 열기는 1980년 봄이 되면서 더욱 뜨겁게 타올랐다. 학생과 시민 들은 유신 헌법 폐기, 전두환 퇴진, 비상 계엄 해제, 민주적인 절차에 따른 민간 정부 수립 등을 요구하며 거리 시위에 나섰다. 5월 14일, 15일에는 전국 곳곳에서 시위가 벌어졌고, 서울에서는 시위 군중이 서울역과 시청 앞 광장을 가득 메웠다. 여기에 호응하여 유력 민주 인사 100여 명도 지지 선언을 하였다. 공화당과 신민당은 직선제 개헌에 합의하였다. 두 당은 5월 20일 개헌안과 비상 계엄 해제를 논의하기 위한 임시 국회를 열기로 하였다.

유신 체제의 몰락과 함께 찾아온 이 민주화 열기를 사람들은 '서울의 봄'이라 불렀다. 겨울이 지나 새봄이 오듯이 유신이 끝나고 민주주의가 다시 살아날 것이라는 기대가 들어간 말이었다.

신군부, '서울의 봄'을 짓밟다

하지만 '서울의 봄'은 불안하였다. 신군부가 계엄령을 유지하고 헌법 개정을 미루면서 민주화를 가로막고 있었기 때문이다. 4월에는 전두환이 보안사령관 겸 중앙정보부장(서리)이 되었다. 대통령을 핍박하여 법으로 금지되어 있는 두 정보 기관의 수장을 겸한 것이다.

신군부가 정치 전면에 나서면서 군사 정권이 다시 등장할 가능성이 점점 커졌다. 그럼에도 정치권과 민주화 운동 세력들은 새로 들어설 정부를 놓고 주도권 경쟁을 벌이고 있었다. 물론 이들은 신군부에 대한 경계심을 갖고 있었지만 심각성을 인식하지 못한 셈이다. 계속되는 시위에 사회 불안을 걱정하는 목소리도 커져 갔다. 민주 세력들은 신군부가 이를 빌미로 행동에 나서지 않을까 걱정하였다. 학생 대표들이 5월 15일 서울역 시위를 자진 해산하고, 당분간 집회를 하지 않기로 한 것도 이 때

김대중 재판

1980년 8월 14일 군사법원은 '김대중 내란 음모 사건'의 첫 공판을 열었다. 앞줄 오른쪽부터 김대중, 문익환이 앉아 있다. 계엄보통군법회의는 김대중에게 사형, 문익환에게 징역 20년을 선고했다. 1981년 1월 23일 대법원이 사형 확정 판결을 내렸고, 전두환 정권은 김대중을 무기징역으로 감형했다가 1982년 12월에 석방했다.

문이다.

신군부는 3월 초에 전국 군부대에 시위 진압 훈련을 강도 높게 실시하였다. 5월 초에는 최종적으로 '비상 계엄 전국 확대, 국회 해산, 국가 보위 비상 기구 설치' 등 집권 계획을 마련하였다. 15일 무렵에는 서울과 전국 주요 도시에 공수 부대를 비롯한 군부대 배치를 끝마쳤다.

마침내 5월 17일 새벽 신군부는 비상 계엄을 전국으로 확대하면서 개헌 논의를 중지시켰다. 군대를 동원하여 국회를 짓밟은 이들은 언론과 출판, 방송에 재갈을 물렸다. 동시에 학생 운동 지도부와 민주 인사들을 체포하였다. 김종필과 김대중은 부정 축재, 시위 배후 조종 혐의로 합동 수사 본부로 연행하였다. 김영삼은 가택에 연금시켰다. 이제 꽃피울 준비를 하던 '서울의 봄'은 신군부의 총칼에 짓밟히고 말았나. 김대중은 내란 음모를 꾀했다는 명목으로 군사 재판에서 사형을 선고받았다. 하지만 미국을 비롯한 세계 각국 지도자들이 구명 운동을 편 덕분에 1982년 12월 미국으로 망명할 수 있었다.

20일 광주 시민들은 하나둘 금남로에 모여들었다. 수만 명으로 불어난 시위대는 전남 도청으로 향하였다. 도청 앞 500m 부근에서 장갑차와 도청 옥상에서 쏟아지는 기관총탄에 시위대는 더 나가지 못했다. 이때 버스와 택시 기사들이 차를 몰아 계엄군이 쳐놓은 바리케이드를 무너뜨렸고 시위대는 도청을 에워쌌다.

'무정부 상태 광주 1주'라는 큰 제목 아래 '시민들 생필품 동나 고통스럽다'(『조선일보』)는 작은 제목만 보아도 이때 언론이 왜곡 보도에 앞장섰음을 보여 준다.

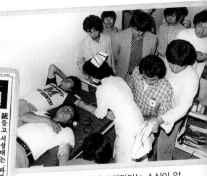

부상자들로 피가 모자라다는 소식이 알려지자 광주 시민들이 누구라 할 것 없이 병원으로 몰려와 헌혈을 하였다.

5·18민주화 운동–'죽음을 넘어 시대의 어둠을 넘어'

하지만 광주에서는 5월 18일 전남 대학교 학생들이 시위에 나서 비상 계엄 해제, 민주 회복을 요구하였다. 신군부는 즉각 공수 부대를 투입하여 무차별 폭력을 자행하였다. 무자비한 진압에 분노한 시민들이 거리로 쏟아져 나와 시위대에 합류하였다. 시위 참가 인원은 갈수록 늘어나 20일에는 20만 명이 넘었다. 시민들은 도청과 광주역을 제외한 전 지역을 장악하였다. 특히 운전 기사들이 200대가 넘는 트럭과 버스, 택시를 몰고 금남로로 진출하여 계엄군을 몰아내는 데 큰 힘이 되었다. 이 과정에서 불순 분자들이 난동을 부린다고 보도한 MBC 광주 사옥이 불타고, 신문사와 경찰서 등이 습격을 받기도 하였다.

21일 오전 시위대는 전남 도청과 전남대학교 앞에서 공수 부대와 맞섰다. 이미 전날 밤에 집단 발포를 감행한 계엄군은 정오쯤 도청에서 시위대를 향해 조준 사격을 하였다. 이 총격으로 수많은 사람들이 죽거나 다쳐 광주 시내 병원들이 감당하지 못할 정도였다.

광주 금남로 전일 빌딩 주변에 계엄군 헬기가 날고 있다.

시민들이 시위대를 위해 가져온 음식을 함께 나누고 있다.

광주 도청으로 진격하는 계엄군.

하지만 시위대는 여기에 굴하지 않고 시위를 계속하였고, 나주, 화순, 목포 등 전남 일대로 시위가 확산되었다. 일부는 계엄군의 총격에 맞서기 위해 가까운 경찰서나 파출소에서 무기를 꺼내 무장하였다. 화순, 해남, 나주 등 인근 지역에 진출하여 무기를 가져오고, 아세아 자동차 공장에서 장갑차와 군용 차량을 가져오기도 하였다. 3시 무렵 시민군과 계엄군 사이 시가전이 벌어졌다. 시민 봉기가 무력 항쟁으로 바뀌며 사태는 걷잡을 수 없이 커졌다.

22일 오전 시민군은 도청에서 공수 부대를 몰아내고 광주 시내를 완전 장악하였다. 시민군이 도청을 차지하자 광주 시민들은 곧 수습 대책 위원회를 만들어 질서 유지에 나섰다. 시민들은 부상자 치료를 위해 앞다투어 헌혈을 하였고, 식량과 물을 비롯한 생활 필수품 및 연료 등을 함께 나누었다. 큰 사건 사고는 한 건도 일어나지 않았고, 상점가, 금융 기관, 백화점이 약탈당하는 일도 없었다. 대부분 행정 기관도 제 기능을 하였고 공무원은 정상 출근했다. 항쟁 기간 광주 시민들이 보여 준 높은 시민

정신과 도덕성은 참으로 놀라웠다.

대책위는 계엄군과 평화적 해결을 위해 협상을 시작하면서 무기 회수에 나섰다. 일부에서는 미국이 신군부를 압박하여 자신들을 도와주리라 기대하였다. 하지만 협상은 되지 않았고, 많은 시민들은 미온적인 태도를 보인 대책위를 비판하면서 25일 새로운 투쟁 지도부를 만들었다. 이들은 계엄군이 다시 들어오는 것을 대비하여 시민군 조직을 새로 정비하였다.

광주를 봉쇄하라

광주에서 철수한 계엄군은 군대를 증강하여 광주를 완전 봉쇄하고 재진입을 준비하였다. 군대 증강은 한국군 군사 작전권을 가진 미군이 병력 이동에 동의하였음을 뜻한다. 5월 21일 밤에는 계엄군에 자위권 명령이 내려졌다. 계엄군은 광주로 드나든다는 의심이 들면 무차별 총격을 하였다. 이 바람에 주남 마을, 송암동 등 광주 외곽 곳곳에서 학살이 일어났다. 심지어 계엄군이 다른 계엄군을 시민군으로 잘못 알고 집중 사격을 하여 계엄군 수십 명이 죽거나 중상을 입기도 하였다.

신군부는 광주 재진입 준비와 함께 '광주의 진실'이 광주 밖으로 알려지지 못하게 막았다. 언론은 계엄군이 시위대를 무자비하게 진압했고, 광주 시민이 죽어간다는 사실을 보도하지 않았다. 뿐만 아니라 왜곡 보도를 일삼았다. '광주 사태'라 부르며 시위대를 폭도로 몰았고, 심지어 '고정 간첩의 침투 선동'으로 시위에 가담했다는 기사도 있었다. 진실이 막히자 북한군이 광주에 들어왔다는 등 온갖 유언비어가 떠돌았다. 이 때문에 광주 시민이 아닌 대부분 국민들은 '광주 사태'를 간첩들이 일으킨 폭동이라고 믿었다. 공수 부대를 동원해 무자비하게 진압한 것도 어쩔 수 없는 일이라고 생각했다.

준비를 마친 신군부는 5월 27일 새벽 2만 명이 넘는 병력을 동원하여 광주로 다시 들어갔다. 탱크와 헬기를 앞세운 계엄군이 마지막까지 도청을 지키던 시민군을 진압하면서 광주 민주화 운동은 열흘 만에 막을 내렸다. 1995년 정부는 '사망자는 193명, 부상은 852명'이라고 발표하였다.

전두환, 광주를 짓밟고 대통령이 되다

5·18민주화 운동을 진압한 신군부는 국회를 해산하고, 5월 31일 전두환을 상임 위원장으로 하는 국가 보위 비상 대책 위원회를 만들어 통치권을 장악하였다. 이들은 '사회 정화'라는 명목으로 정치적 반대 세력이 활동하지 못하게 막았다. 민주화를 주장하던 교수와 교사, 공무원 및 언론인을 강제로 내쫓고 언론사를 통폐합시켰다. 또한 부랑배를 뿌리 뽑겠다며 6만 명이 넘는 사람을 영장도 없이 체포하여 삼청교육대로 보냈다. 주로 군부대에 설치한 삼청교육대에서 이들은 혹독한 훈련과 노동에 시달리며 인권을 유린당했다.

집권 기반을 다진 전두환은 최규하를 대통령 자리에서 물러나게 하고, 8월 통일 주체 국민 회의에서 대통령이 되었다. 이어 국보위를 국가 보

삼청교육대

국보위는 안보 태세 강화, 경제 난국 타개, 사회 안정, 국가 기강 확립 등을 명분으로 '정치·사회 정화'를 위한 조치를 실시하였다. 그 가운데 하나가 '삼청 교육'이라 불린 '불량배 소탕 계획'이었다. '삼청(三淸)'은 폭력·공갈·사기 등 3개 유형의 범죄자를 깨끗한 사람으로 만든다는 뜻이다. 그러나 검거된 사람 가운데 약 1/3은 학생, 주부 등 일반 시민이었다. 이른바 순화 교육은 엄중한 감시를 받으며 진행되었다. 구타와 얼차려는 다반사였고 태도가 불량하면 특수 교육대로 보내졌다. 교육을 받다 죽은 사람이 50명이 넘었다.

위 입법 회의로 개편하여 헌법을 개정하였다. 새 헌법은 유신 헌법을 뼈대로 대통령 임기를 7년 단임으로 고쳤다. 장기 집권에 대한 비판을 무마하기 위해서였다. 하지만 선출 방식은 유신 헌법처럼 통일 주체 국민 회의나 마찬가지로 대통령 선거인단 간접 선거였다. 대통령에게 국회 해산권과 긴급 조치권을 변형한 비상 조치권을 준 것도 같았다. 국회도 안정적으로 지배하기 위해 전국구 의원 가운데 2/3를 제1당에게 배분하였다. 1981년 2월 새 헌법에 따라 대통령 선거가 실시되었다. 전두환은 대통령 선거인단 선거에서 90%가 넘는 지지를 얻어 대통령이 되었다.

국가 보위 입법 회의는 정치 풍토 쇄신을 위한 특별 조치 법안을 비롯하여 언론 기본법, 노동 조합법 개정안, 국가 보안법 개정안, 집회 및 시위에 관한 법률 개정안 등을 만들어 5공화국의 강압적인 통치 기반을 마련하였다.

대통령 선거인단
선거인단은 통일 주체 국민 회의와 달리 정당 소속원이 출마할 수 있었다. 1981년 2월 선거인단 선거 결과 민정당 소속이 3,675명, 민한당 소속 411명, 한국국민당 소속 48명, 민권당 소속 20명, 무소속 1,123명이 뽑혔다. 무소속 가운데 대부분은 전두환을 지지했다.

전두환 정부, '정의 사회 구현'을 내걸고 강권을 휘두르다

전두환 정부는 '정의 사회 구현'과 '복지 사회의 건설'을 내세웠다. 하지만 실상은 전혀 달랐다. 정치적 반대 세력들은 활동을 하지 못하게 하였

•'1대대 2중대 3소대'

신군부는 정치권을 마음대로 주무르기 위해 집권 여당은 물론 야당도 만들었다. '관제 야당'은 유신 때도 하지 않았던 희대의 정치 쇼였다. 이를 위해 정치 풍토 쇄신 대상자 가운데 5공화국에 협조할 정치인들을 풀어주었다. 1981년 1월 전두환을 총재로 한 민주 정의당(민정당)이 창당되고, 이어 민주 한국당과 한국 국민당이 만들어졌다. 민주 한국당은 신민당을, 한국 국민당은 공화당을 계승한 정당임을 내세웠다. 하지만 민정당은 물론 두 '관제 야당'도 전두환이 시키는 대로 움직이는 부대와 다름없었다. 이 때문에 세간에서는 '1대대 2중대 3소대'라 불렀다. 실제 각 당 당수와 주요 당직자도 보안사나 중앙정보부에서 정해 주었다. 보안사는 민주 정의당을 만들면서 약칭을 민정당이라 못박았다. 3공화국 때 민주 공화당을 언론이 공화당이라고 약칭하듯이 정의당이라 부르는 것을 막기 위함이었다.

고, 민주화 요구는 철저하게 탄압하였다. 대학에는 사복 경찰들이 감시의 눈길을 번뜩이고 있었고 최루탄 냄새가 떠나지 않았다. 노동 운동도 강하게 탄압하였다. 싹트기 시작한 민주 노조를 파괴하고 노조원들이 재취업하지 못하게 막았다. 특히 노학 연대를 막고 노동 운동을 사회로부터 고립시키려 하였다. 언론 자유도 없었다. TV 뉴스는 날마다 '땡전 뉴스'였고, 신문은 소설을 빼면 기사들이 별반 다르지 않았다. 언론사에 보도 지침을 내려 내용만 아니라 형식까지 통제하였기 때문이다.

전두환 정부는 강압과 함께 유화적인 정책도 폈다. 1981년 5월에는 '국풍 81'이라는 대규모 예술제를 열었다. 이듬해에는 야간 통행 금지를 37년 만에 전면적으로 해제하였다. 이와 함께 중고등 학생의 머리 모양과 교복의 자유화, 해외 여행 자유화 등 개방 정책을 실시하였다. 컬러 TV 방송이 시작되고 야구, 축구 등 프로 스포츠 팀이 창단되었다. 또한 학도 호국단을 폐지하고 제적 학생을 복교시켰으며 민주화 인사를 복권하였다.

이런 조처는 한편으로 취약한 정통성을 보완하고 민심을 다독이려는 정책이었고, 다른 한편으로는 정치가 아닌 연예나 스포츠, 오락 등으로 관심을 돌리려는 목적도 있었다. 어쨌든 이런 조처는 정권의 의도와 상관없이 국민 생활을 크게 바꾸는 계기가 되었다.

땡전 뉴스
9시 TV 뉴스는 정각을 알리는 "땡~"소리와 함께 "전두환 대통령은~'으로 시작하였다. "땡전뉴스"는 국내외에서 벌어진 어떤 사건보다 제일 먼저 방송하였다.

담화문과 궐기문으로 보는 5·18광주 민주화 운동

계엄군의 담화문

친애하는 국민 여러분! 본인은 오늘의 국가적 위기에 처하여 국가 민족의 안전과 생존권을 보유하고 사회 안녕 질서를 유지해야 할 중대한 책무를 지고 있는 계엄 사령관으로서 현 광주시 일원에서 벌어지고 있는 작금의 비극적인 사태를 냉철한 이성과 자제로써 슬기롭게 극복해 줄 것을 광주 시민 여러분의 전통적인 애국심에 호소하여 간곡히 당부코자 합니다. (중략)

1. 지난 18일에 발생한 광주 지역 난동은 치안 유지를 매우 어렵게 하고 있으며 계엄군은 폭력으로 국내 치안을 어지럽히는 행위에 대하여는 부득이 자위를 위해 필요한 조치를 취할 수 있는 권한을 보유하고 있음을 경고합니다.
2. 지금 광주 지역에서 야기되고 있는 상황을 볼 때 법을 어기고 난동을 부리는 폭도는 소수에 지나지 않고 대다수의 주민 여러분은 애국심을 가진 선량한 국민임을 잘 알고 있습니다. 선량한 시민 여러분께서는 가능한 난폭한 폭도들로 인해 불의의 피해를 입지 않도록 거리로 나오지 말고 집 안에 꼭 계실 것을 권고합니다.
3. 또한 여러분이 아끼는 고장이 황폐화되어 여러분의 생업과 가정이 파탄되지 않도록 자중자애하시고 과단성 있는 태도로 폭도와 분리될 수 있도록 함으로써 계엄군의 치안 회복을 위한 노력에 최대 협조 있기를 기대합니다.

1980년 5월 21일 오후 1시 공수부대가 집단 발포한 뒤 오후 3시 국방부에서 대책회의가 열렸다. 이 회의에서 계엄군이 자위권을 갖고 있음을 발표하기로 결정하였다. 계엄사령관 이희성은 보안사가 건네준 담화문을 조금 고쳐 저녁 7시 30분 불순분자와 고정간첩의 선동으로 '사태'가 확산되었다는 담화문을 발표하였다. 광주 민주화 운동 기간 내내 신군부는 언론을 통제하여 실상을 보도하지 못하게 하였다. 이 때문에 많은 국민들은 불순분자와 고정간첩의 선동으로 '사태'가 확산되었다는 계엄사령관의 담화문을 그대로 믿었다.

시민군의 궐기문

우리는 왜 총을 들 수밖에 없었는가? 그 대답은 너무나 간단합니다. 너무나 무자비한 만행을 더 이상 보고 있을 수만 없어서 너도나도 총을 들고 나섰던 것입니다.

본인이 알기로는 우리 학생들과 시민들은 과도 정부의 중대 발표와 또 자제하고 관망하라는 말을 듣고 학생들은 17일부터 학업에, 시민들은 생업에 종사하고 있었습니다. 그러나 정부 당국에서는 17일 야간에 계엄령을 확대 선포하고 일부 학생과 민주 인사, 정치인을 도무지 믿을 수 없는 구실로 불법 연행했습니다. 이에 우리 시민 모두는 의아해 했습니다. 또한 18일 아침에 각 학교에 공수 부대를 투입하고 이에 반발하는 학생들에게 대검을 꽂고 "돌격, 앞으로"를 감행하였고, 이에 우리 학생들은 다시 거리로 뛰쳐나와 정부 당국의 불법 처사를 규탄하였던 것입니다.

그러나, 아! 이럴 수가 있단 말입니까? 계엄 당국은 18일 오후부터 공수 부대를 대량 투입하여 시내 곳곳에서 학생, 젊은이들에게 무차별 살상을 자행하였으니! (중략)

시민 여러분! 너무나 경악스런 또 하나의 사실은 20일 밤부터 계엄 당국은 발포 명령을 내려 무차별 발포를 시작했다는 것입니다. …… 그래서 우리는 이 고장을 지키고 우리 부모 형제를 지키고자 손에 손에 총을 들었던 것입니다. 그런데도 정부와 언론에서는 계속 불순배, 폭도로 몰고 있습니다.

잔인 무도한 만행을 일삼았던 계엄군이 폭돕니까? 이 고장을 지키겠다고 나선 우리 시민군이 폭돕니까?

이에 맞서 광주 시민군은 5월 25일 왜 총을 들게 되었는지를 밝히는 궐기문을 발표하였다. 자신들은 결코 폭도가 아니며 무자비하게 폭력을 휘두르는 계엄군에 맞서 어쩔 수 없이 총을 들게 되었음을 분명히 하였다. 그리고 신군부와 언론의 왜곡으로 시민군에 대한 오해가 있지만 우리는 끝까지 시민을 지키고, 계엄군과 협상이 잘 진행되면 즉각 총을 놓겠다고 약속하였다. 당연히 이 궐기문은 신군부의 통제로 언론에 보도되지 못하였다.

10

6월 민주 항쟁,
군부 독재를 끝내다

6월 민주 항쟁이 일어나다

1980년 초 잠시 주춤하던 민주화 열기가 다시 일어나기 시작하였다. 1982년부터 잇달아 터진 권력형 부정과 대통령 친인척 비리로 이 열기는 더욱 커졌다. 민주화 열기는 반정부 투쟁으로 이어졌다. 이번에도 앞장선 세력은 대학생이었다.

학생 운동은 1983년 12월 전두환 정부가 학원 자율화를 내세우자 한층 활기를 띠었다. 학생들은 민주화 요구와 함께 5·18민주화 운동의 진상 규명과 책임자 처벌을 외쳤다. 미국의 사과를 요구하는 주장도 나타났다. 권력 탈취와 광주 민주화 운동에 미국이 전두환을 밀어주었다고 여겼기 때문이다.

민주화 운동은 점차 노동, 농민 등 사회 각계각층으로 번져 갔다. 학생들이 사회 변혁을 지향하면서 민중 운동과 결합한 것도 큰 힘이 되었다. 1984년 5월에는 김영삼과 김대중을 중심으로 규제에 묶여 있던 정치인들이 모여 민주화 추진 협의회^{민추협}를 만들었다. 민추협은 이듬해 1월 신한 민주당을 창당하고, 2월에 실시된 국회의원 선거에서 돌풍을 일으켰다. 안전기획부의 예상을 깨고 '관제 야당' 민주 한국당을 제치고 제1야당이 된 것이다.

안전기획부
1980년 12월 중앙정보부를 개편하여 발족하였다.

김대중은 생명의 위험을 무릅쓰고 1985년 2월 미국에서 귀국하여 민추협 공동 의장이 되었다. 하지만 동교동 자택에 연금되어 외부 활동을 하지 못하였다. 4월에는 대학생들이 더욱 조직적인 민주화 투쟁을 위해 전국 학생 연합을 만들었다. 8월 신민당이 직선제 개헌을 공식적으로 제기하면서 개헌 운동에 나섰다. 이어 민주화 세력과 함께 대통령 직선제 개헌을 위한 천만 명 서명을 시작하였다.

개헌 운동은 1986년 봄 종교계, 교수 등이 함께하면서 더욱 활발해졌다. 1987년 12월에 실시될 대통령 선거에서는 내 손으로 대통령을 뽑겠다는 열망이 터져 나온 것이다. 전두환 정권은 서명 운동을 주도한 사람들을 가택 연금시켜 개헌 논의를 중단시키려 하였다. 10월에는 '금강산 댐 사건'을 터뜨려 공포 분위기를 조성하였다. 또한 민주화 시위를 강경

1984년 2월 8일 김포공항에 도착해 비행기에서 내리는 김대중을 미국 하원 의원 두 사람이 앞뒤에서 에워싸고 있다. 이들이 자발적 경호에 나선 것은 1983년 8월 21일 필리핀 전 상원의원 아키노 암살 사건 때문이었다. 마르크스 대통령을 반대하다 미국에 망명했던 아키노는 마닐라 공항에서 비행기를 내려오다 총을 맞아 피살당했다.

진압하면서 노동 운동과 학생 운동을 간첩과 연관된 불순 분자의 책동으로 몰고 갔다. 이 과정에서 부천 경찰서 성고문 사건[1986. 7]과 박종철 고문 치사 사건[1987. 1]이 발생하였다.

분노한 시민들은 전국적으로 항의 시위에 나섰고, 직선제 개헌 요구는 더욱 거세졌다. 한때 개헌 요구를 받아들일 듯하던 전두환 정부는 4월 13일 현행 헌법으로 대통령 선거를 치르겠다고 발표하였다.

4·13호헌 조치는 장기 집권을 하려는 것으로 받아들여져 국민적 저항을 불러일으켰다. 직선제 개헌을 요구하는 시위가 잇달아 일어나는 가운데 5월 18일 천주교 정의 평화 사제단이 '박종철이 물고문으로 사망하고, 조직적으로 사건을 축소했다'는 사실을 폭로하였다. 정권의 도덕성은 땅에 떨어졌고 분노한 시민들은 거리로 몰려나왔다. 27일에는 야당, 종교계, 학생 등 각계각층이 민주 헌법 쟁취 국민 운동 본부를 만들어 모두 힘을 합치기로 하였다. 국민 운동 본부는 6월 10일 '박종철 고문 살인 조작 은폐 규탄 및 호헌 철폐 국민 대회'를 전국에서 동시에

• '불신과 낭비의 기념비적 공사', 평화의 댐

1986년 10월 30일 정부는 '북한이 서울 올림픽을 방해하기 위해 금강산 댐을 터뜨려서 수공(水攻)을 하려 한다'고 발표하였다. 언론은 수공이 핵무기보다 위력적이라는 보도를 연일 내보냈다. 63빌딩 중간 부분까지 물이 들어차는 모형은 사람들을 공포로 몰아넣었다. 전국에서 북한을 규탄하는 궐기 대회가 열리고, 국민들은 수공을 막기 위한 평화의 댐 건설에 앞다투어 성금을 냈다. 정부는 여기에 예산을 보태 평화의 댐을 건설하였다.
1988년 8월 미국 『워싱턴포스트』지가 평화의 댐 건설은 '불신과 낭비의 기념비적 공사'라고 폭로하였다.

당시 언론 매체들은 북한이 금강산 댐을 열어 수공을 감행할 경우 서울 예상 침수도를 연일 보도했다.

개최하기로 하였다.

내 손으로 대통령을 뽑겠다는 열망이 점차 높아지는 가운데 6월 9일 연세대 앞에서 시위를 하던 이한열이 최루탄에 맞아 쓰러졌다. 그렇지 않아도 분노하고 있던 시민들은 다음 날인 6월 10일 전국 주요 도시에서 열린 국민 대회에 참여하여 '호헌 철폐, 독재 타도'를 외쳤다.

한편 민주 정의당은 이날 노태우를 간선제 대통령 후보로 지명하고, 공권력을 앞세워 시위를 강경하게 진압하였다. 그러나 10일 전투 경찰에 쫓겨 명동 성당에 들어간 시위대 일부가 농성을 하면서 상황은 걷잡을 수 없게 되었다. '넥타이 부대'라 불린 직장인, 노동자, 도시 빈민, 고등학생까지 참여한 시위가 날마다 전국에서 벌어졌다. 17일 부산에서 일어난 시위는 다음 날 새벽까지 이어졌다. 택시 기사들은 경적을 울렸고 대학생과 시민 등 약 10만 명이 시위에 참가하였다. 저녁에는 노동자들이 잔업을 거부하고 시위대에 합류했다. 순천에서는 시위에 참가한 사람 가운데 80%가 고등학생이었다. 26일에는 전국 37개 도시에서 수백만 명이 평화 대행진 시위에 참가하였다. 이날 광주에서는 20만 명이라는 최대 인파가 모였다. 안양에서는 전투 경찰이 시위대에 무장 해제되기도 하였다.

도미노처럼 전국에서 일어난 시위는 이제 경찰력으로 막을 수 없는 지경에 이르렀다. 결국 전두환 정부는 민주 정의당 대통령 후보였던 노태

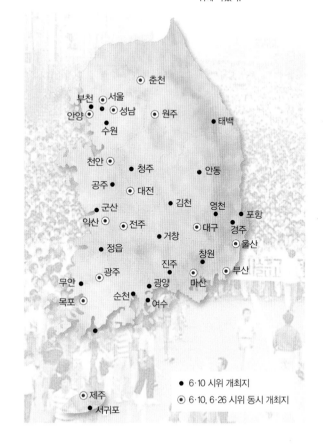

6월 26일 전국 37개 도시에서 100만 명이 넘는 시민들이 시위에 나섰다.

● 6·10 시위 개최지
◎ 6·10, 6·26 시위 동시 개최지

우를 통해 대통령 직선제 개헌, 기본권 보장 등을 주요 내용으로 하는 6·29민주화 선언을 발표하였다. 이에 따라 헌법 개정 작업이 급진전되어 5년 단임의 대통령 직선제로 개헌이 이루어졌다.

6월 항쟁으로 절차적 민주주의가 어느 정도 뿌리내렸다. 이를 토대로 1980년대 후반 사회 각 부문에 걸쳐 민주화 운동이 일어났다. 노동자들은 '임금 인상, 노동 환경 개선, 민주적 노동 조합 결성' 등을 요구하며 투쟁을 벌였다. 7~8월 노동자 대투쟁을 계기로 노동 운동은 산업 현장뿐만 아니라 금융, 병원과 정부 투자 기관까지 확대되었다. 농민들도 정부의 농업 정책에 대한 비판과 반대 운동에 나섰다. 대학생들은 전국 대학생대표자 협의회를 조직하고, '자주적 민주 정부 수립, 조국의 평화 통일, 민중 연대, 학원 자주화, 백만 학도의 통일 단결' 등을 활동 목표로 내걸었다. 교사들은 '민족, 민주, 인간화 교육'을 내세우며 전국 교직원 노동조합을 만들었다.

이와 함께 통일에 대한 관심이 높아지고 통일 운동 단체가 생겨나면서 통일 운동이 더욱 확대되었다. 통일이 단순히 민족 통합을 넘어서 민주화를 완성하고 민중 생활 향상을 위해 필요하다는 인식도 높아졌다. 일부에서는 민간 차원에서 자주적 통일 논의와 남북 교류가 필요하다고 주장하였다. 이들은 정부의 허가를 받지 않고 북한과 회담을 하고, 북한을 방문하기도 하였다. 1989년 문익환 목사가 북한을 방문하고, 전대협이 임수경을 평양에서 열린 제13차 세계 청년 학생 축전에 전대협 대표로 보낸 것이 대표적이다.

이 땅에 민주주의를 가져오다 – 박종철과 이한열

1987년 1월 14일 서울대생 박종철이 경찰 조사를 받다가 죽었다. 경찰은 그가 조사를 받다 "책상을 '탁'하고 치니 '억' 하고 죽었다"고 발표했다. 그런데 숨진 박종철을 처음 검안한 오연상 박사, 부검의 황적준 박사가 쇼크사가 아니라 고문으로 숨졌다고 밝혔다. 여론이 들끓자 정부는 고문 사실을 시인하고 경찰 두 명을 구속하였다.

무마되는 듯하던 이 사건은 5월 18일 새 국면을 맞이하였다. 천주교 정의 구현 사제단이 정부가 박종철 고문 사건을 무마하기 위해 진실을 조작했고, 고문에 참여한 경찰은 모두 다섯 명이었다고 발표했기 때문이다. 이 폭로는 그렇지 않아도 4·13호헌 조치로 높아진 민주화 열기에 기름을 붓는 격이 되었다.

6월 10일 "박종철 군 고문 치사 조작, 은폐 규탄 및 호헌 철폐 국민 대회"를 하루 앞두고 연세대학교 학생 천여 명이 교문 앞에서 경찰과 대치하고 있었다. 돌멩이, 화염병이 날고 최루탄 가스가 자욱한 속에서 이한열은 경찰에 쫓겨 학교 안으로 돌아가다 쓰러졌다. 공중으로 쏜다는 규정을 어기고 직접 시위대를 향해 쏜 최루탄에 뒷머리를 맞은 것이다. 친구가 달려가 일으켜 세웠지만 이미 인사불성 상태였다. 7월 9일 그는 끝내 목숨을 잃고 말았다. 두 젊은이의 죽음은 온 국민에게 엄청난 충격을 주었고 6월 항쟁에 불을 붙였다.

박종철 추모
1987년 1월 20일 오후 서울대생들이 학생회관 앞에서 '고 박종철 학형 추모제'를 열고 교문까지 침묵 시위했다.

이한열
1987년 6월 9일 연세대 정문 앞에서 이한열 열사가 머리에 최루탄을 맞고 다른 학생의 품에 안겨 있다.

11

노태우,
6·29선언으로 정권을 잡다

5공 청문회가 열리다

1987년 12월 국민들은 15년 만에 내 손으로 대통령을 뽑았다. 대부분 사람들은 김대중이나 김영삼이 대통령이 될 것이라고 보았다. 하지만 두 사람이 단일화에 실패하면서 예상은 빗나가고 말았다. 단일화 실패는 한편으로 두 사람의 야심과 민주 진영의 한계였고, 다른 한편으로 신군부가 6·29선언에서 김대중을 사면 복권시키며 친 덫에 빠진 것이기도 하였다. 결국 민정당 노태우 후보가 36.6% 득표로 당선되었다. 김영삼은 28%, 김대중은 27%를 얻었다. 이듬해 2월 노태우는 대통령에, 전두환은

노태우 36.64% 당선

김영삼 28.03%

김대중 27.04%

13대 대통령 선거 득표율

국가 원로 자문 회의 의장에 취임하였다.

1988년 4월에 실시된 국회의원 선거에서도 비슷한 결과가 나왔다. 민정당은 제1당이 되었지만 통일 민주당, 평화 민주당, 신민주 공화당 등 야당이 과반수 의석을 차지하였다. 대한민국 역사상 처음 '여소야대'가 된 것이다. 이 때문에 전두환이 국가 원로 자문회의 의장으로서 마치 상왕처럼 정치적 영향력을 발휘하려던 계획은 어긋나 버렸다.

야당들은 민정당의 반대에도 전두환 정부의 비리와 5·18민주화 운동의 진상을 밝히기 위한 청문회를 열었다. 청문회는 텔레비전으로 생중계되면서 뜨거운 반응을 불러일으켰다. 청문회에서 가장 눈길을 끈 의원은 노무현이었다.

청문회에서 전두환 자신과 친인척, 측근의 비리가 속속 드러나면서 전두환의 형과 동생, 처남, 안전기획부 부장 장세동 등이 구속되었다. 급기야 11월에는 전두환이 '부정 축재'에 대해 대국민 사과를 하고 강원도 인제군에 있는 백담사로 은거하였다. 사실상 유배였다. 또한 모든 공직에서 물러나고 재산을 헌납하겠다고 발표하였다. '전두환 구속'을 외치는 여론을 무마하기 위해서였다.

청문회로 5공 비리가 상당 부분 규명되었고 5·18민주화 운동은 정당한 평가를 받게 되었다. 하지만 광주 시민에 총을 쏜 발포 책임자는 끝내 밝혀 내지 못하였다. 이는 노태우 정부가 5공화국 청산을 내걸면서도 '전두환 구속'까지 하지 않은 것과 맥락이 닿는다.

청문회장의 노무현
당시 초선 의원이었던 노무현은 때로는 호통도 쳤지만 차분하게 논리적이고 치밀한 질문과 추궁으로 전 경호실장 안현태, 현대 그룹 회장 정주영 등 증인들을 당황하게 만들어 '청문회 스타'가 되었다.

노태우 정부, 3당 합당으로 국민의 뜻을 뒤집다

노태우 정부는 5공화국과 한 뿌리였다. 하지만 스스로 '6·29선언'으로 탄생했다고 자임하였고, 6월 항쟁에서 일어난 민주화 요구를 거스를 수 없어 과거 청산에 나서지 않을 수 없었다. 먼저 전두환 정부가 만든 언론 기본법을 폐지하여 언론 자유를 확대하였다. 5·16쿠데타로 중단되었던 지방 자치도 부분적으로 부활시켰다. 지방 정부 단체장은 대통령이 임명하였지만 지방 의회 의원은 주민 투표로 뽑았다. 당연히 신군부 세력은 강하게 반발하였고, 민주 세력도 어정쩡한 개혁에 불만을 갖게 되었다.

노태우 정부가 시행한 개혁은 '여소야대' 상황에서 어쩔 수 없이 한 측면이 더 강했다. 이런 한계는 분단을 극복해 보려고 민간에서 일어난 통일 운동을 탄압하고, 전국 교직원 노동 조합을 불법 단체로 규정한 것에서 그대로 드러났다. 1989년 문익환과 임수경은 정부의 허가 없이 방북하여 김일성을 만났다. 진보 진영은 민족 통일을 앞당기는 전기가 될 것이라며 환영하였다. 하지만 5공 청산 등으로 궁지에 몰린 노태우 정부는 두 사람을 국가 보안법으로 구속하고 국면을 바꾸는 계기로 삼았다.

1990년 1월 노태우 정권은 '여소야대'를 타개할 비장의 카드를 꺼냈다. 김영삼, 김종필과 3당 합당을 선언한 것이다. 민정당과 통일민주당, 신민주공화당이 합쳐 민주자유당이 되었다. 원내 의석 2/3 이상을 차지하는 거대 여당이 출현하면서 국민의 뜻과 상관없이 정치 구도는 완전히 바뀌었다.

정국의 주도권을 장악한 노태우 정권은 1990년 7월 방송 관계법을 날치기로 통과시켰다. 또한 불타오른 노동, 통일, 민주화 운동 등을 다시 강하게 탄압하였다. 공권력을 동원하여 반대 세력을 옥죄는 공안 통치는 갈수록 강도가 심해졌다. 1990년 11월에는 구속된 양심수가 1,200명이 넘었다.

한편 1989년 3월 보안사령부는 다시 쿠데타를 일으킬 계획을 세웠다.

정권을 잡으려는 것이 아니라 권력을 더욱 군건하게 만들려는 '친위 쿠데타'였다. 직선제 개헌을 무효화하고 5공으로 돌아가려는 것이었다. 여기에 방해가 될 세력들은 미리 사찰하고 제압할 '청명 계획'을 세웠다. 검속 대상에는 김영삼, 김대중, 노무현 등과 김수환 추기경, 문익환 목사 등 1,300명이 넘었다.

3당 합당 선언
1990년 1월 22일 저녁 청와대 접견실에서 노태우 대통령은 김종필, 김영삼을 배석시키고 3당 합당 합의문을 발표하였다.

하지만 1990년 10월 보안사령부에 근무하던 윤석양 이병이 이 사실을 폭로하면서 실행 직전에 좌절되었다. 청명 계획이 폭로되자 보안사령부 해체와 관련자 처벌 요구가 들끓었고 노태우 퇴진 운동이 일어났다. 그러나 노태우는 보안사령관만 경질하고, 1991년 부대 이름만 국군 기무사령부로 바꾸었다.

부활한 공안 통치는 노태우가 퇴임할 때까지 계속되었다. 경찰은 노사 분규가 일어나면 으레 투입되었고 학교도 수시로 들어갔다. 1991년 5월에는 국가 보안법과 경찰법 등을 날치기 통과시켰다. 여기에 페놀 사태, 수서 비리로 국민들의 실망감과 분노가 높아만 갔다.

1991년 4월 명지대생 강경대가 시위를 하다 경찰 쇠파이프에 죽임을 당하였다. 이를 규탄하는 집회가 곳곳에서 벌어지는 가운데 전남대 박승희, 안동대 김영균, 경원대 천세용, 전민련 사회 부장 김기설, 노동자 윤용하 등이 잇달아 분신하였다. 5월에는 성균관대 김귀정이 시위 진압 과정에서 사망하였다. 4월부터 6월까지 석 달여 동안 시위 도중 분신하거나 목숨을 잃은 사람이 무려 13명이었다. 이런 안타까운 일이 벌어진 것은 가혹한 공안 통치로 시위 진압이 그만큼 무자비했음을 잘 보여 준다.

잇단 분신에 국민들은 충격에 빠졌고, 노태우 정권에 대한 실망과 분노가 들끓었다. 이를 잠재우기 위해 노태우 정권은 유서 대필 사건을 조작

페놀 사태
구미 공업 단지에 있는 두산전자에서 3월과 4월 페놀을 낙동강으로 유출한 사건.

수서 비리
서울시 강남구 수서동, 일원동 일대 택지개발지구 토지를 특정 개발조합에 불법적으로 분양한 사건.

한소 수교 서명
1990년 12월 14일 노태우 대통령과 고르바초프 대통령이 모스크바 공동 선언에 서명하고 있다. 두 나라는 '한반도에서 정치·군사적 대결을 종식시키고 평화를 정착시키기 위해 공동 노력한다'고 역사적인 선언을 하였다.

하였다. 전민련 총무 부장 강기훈이 김기설의 유서를 대필하여 자살을 방조했다는 것이다. 이 조작으로 민주 세력에 실망한 사람들이 생기면서 노태우 정권은 한숨을 돌리게 되었다. 유서 대필 조작 사건은 2015년 5월 대법원에서 무죄 판결을 받았다.

한국, 소련 중국과 수교하다

1988년 8월 서울 올림픽이 열렸다. 직전에 열렸던 1980년 모스크바 올림픽과 1984년 로스엔젤레스 올림픽은 반쪽 올림픽이었다. 미소 대립으로 자본주의와 공산주의 국가들이 상대방 대회에 불참하였기 때문이다. 서울 올림픽은 반쪽 올림픽을 딛고 12년 만에 IOC 회원국 대부분이 참가하였다. 북한을 비롯한 몇 개국이 불참했지만 그때까지 역대 올림픽 가운데 가장 많은 나라가 참가하였다. 특히 소련과 중국을 비롯한 공산주의 국가들이 출전하여 서로를 이해하고 교류하는 기회를 가졌다.

노태우 정부는 이를 계기로 한국의 국제적 지위를 높이고, 동유럽과 아시아 공산주의 국가와 교류에 적극적으로 나섰다. ^{북방 외교} 북방 외교는 1980년대 말 동유럽 공산 정권이 무너지고 독일이 통일되면서 결실을 맺었다. 헝가리를 시작으로 동유럽 여러 나라와 수교를 하였고, 마침내 1990년 소련, 1992년 중국과 외교 관계를 수립하였다.

이 무렵 남북 대화도 다시 시작하였다. 비록 북한이 88올림픽에 참가하는 성과를 거두지는 못하였지만 1990년 9월 남북한 총리 회담을 시작으로 고위급 회담이 계속되었다. 1991년 2월에는 국제 대회에 단일팀을 만들자는 데 합의하였다. 약속은 4월 일본 지바에서 열린 '제41회 세계 탁구 선수권 대회'에서 처음 이뤄졌다. '코리아'라는 이름으로 출전한 단일팀은 국기 대신 '한반도기'를, 국가 대신 〈아리랑〉을 불렀다. 이 대회에서 단일팀은 여자 단체전에서 세계 최강 중국을 꺾고 우승하였다.

9월에는 동시에 유엔에 가입하였고, 12월에는 남북한 화해와 불가침 교류 협력에 관한 합의서남북 기본 합의서와 한반도 비핵화에 대한 공동 선언에 합의하였다. 이듬해 공포된 남북 기본 합의서는 분단 46년 만에 남북한 정부가 처음으로 공식 합의한 문서이다.

북방 외교는 국내 정치 기반을 강화하려는 목적도 있었다. 하지만 노태우 정부 5년간 37개 공산주의 국가와 수교를 함으로써 한국 외교사에 새 장을 연 것은 틀림없다.

12

김영삼, 문민 시대를 열다

'문민 정부', 역사 바로 세우기에 나서다

1992년 12월 대통령 선거에서 여당이었던 민주자유당 후보 김영삼이 민주당 김대중을 제치고 당선되었다. 정권은 교체되지 않았지만 5·16쿠데타 뒤 처음으로 민간인 출신 대통령이 탄생하였다. 김영삼 정부는 이를 강조하기 위해 스스로 '문민 정부'라 하였다.

김영삼 정부는 출범하자마자 군사 독재 체제에서 내려온 폐해를 뿌리 뽑아 역사를 바로 세우겠다고 선언하였다. 여기에는 6월 항쟁으로 쟁취했어야 할 민주주의를 실현하겠다는 의지가 들어가 있었다.

먼저 전두환, 노태우 정권을 탄생시킨 하나회를 뿌리 뽑았다. 1993년 하나회는 육군 참모 총장, 기무 사령관, 특전 사령관, 수도 방위 사령관, 1·2·3군 사령관, 수도권 사단장 등 주요 보직을 장악하고 있었다. 김영삼 대통령은 육군 참모 총장, 기무 사령관을 시작으로 주요 군단장, 사단장은 물론 대령에서 소위까지 하나회 소속 장교들을 예편시키거나 좌천시켰다. 취임 5개월 만에 전격적으로 이뤄진 숙군으로 정치 군인이 다시 등장할 가능성은 사실상 없어졌다.

김영삼 대통령은 군사 정부의 뿌리라 할 '5·16'도 혁명이 아닌 쿠데타로 규정하고, "사랑하는 조국에 군사 쿠데타라는 죄악의 씨를 뿌린 원흉이 바로 박정희 육군 소장"이라며 "독재자 박정희는 18년간 장기 집권하며 국민들을 무자비하게 탄압했다"고 하였다. 이때부터 5·16은 쿠데타나 군사 정변으로 불리게 되었다. 또한 박정희가 저격당한 궁정동 '안가'를 시민 공원으로 바꾸고, 청와대 앞길과 인왕산을 전면 개방하였다.

조선 총독부 철거

조선 총독부는 해방 뒤 '중앙청'이라고 불리며 정부청사와 국회의사당으로 활용되다 국립중앙박물관으로 사용되었다. 1995년 8월 15일 완전히 철거되었다.

일제 강점기에 대한 청산도 추진하였다. 1995년 8월 15일 경복궁 앞을 가로막고 있던 조선 총독부 청사를 철거하였다. 황국 신민화의 잔재였던 국민학교를 초등학교로 고쳐 어린 학생들이 국민학생이 아닌 초등학생으로 불리게 되었다.

반면 민주화 운동은 높게 평가하였다. 1993년 4월 19일에는 현직 대통령으로 처음 서울 수유리 4·19묘역을 참배하고, 4·19혁명을 "3·1운동 다음가는 역사적인 의거로 재평가, 복원돼야 한다"고 강조하면서 "4·19혁명은 부정부패와 불의에 대항해 정의 사회를 구현하려는 위대한 혁명이었다"라고 평가하였다.

6월 10일에는 6월 항쟁 6주년을 맞아 민주 헌법 쟁취 국민 운동 본부 지도부와 오찬에서 "6·10항쟁은 독재 정권은 국민에 의해 영원히 존재할 수 없다는 교훈을 남겨 주었다. 실이길이 역사에 조명돼야 한다"라고 말했다.

금융 실명제를 실시하고 3대 정치 개혁 법안을 공포하다

1993년 8월 김영삼은 대통령 긴급 명령으로 모든 금융 거래를 실명으로 하는 금융 실명제를 전격적으로 도입하였다. 공직자 윤리법도 만들어 고위 공직자의 재산을 공개하였다. 사회 정의를 실현하고 탈세 및 부정부패를 차단하여 시장 경제를 정상화하기 위한 조처에 국민들은 엄청난 지지를 보냈다.

또 김영삼 정부는 취임 초 전교조 활동을 허용하고 강제 해직된 교사들을 사면, 복직시켰다. 이어 군사 정권에서 구속된 박노해, 김남주 등 언론인과 문인 들을 대대적으로 감형하거나 석방하였다. 1994년 4월에는 공직 선거 및 선거 부정 방지법, 정치 자금법 개정안, 지방 자치법 개정안을 공포하였다. 3대 정치 개혁 법안은 민주주의를 한층 탄탄하게 만들었다. 이듬해 6월에는 단체장을 포함한 전국 동시 지방 선거를 실시하여 지방 자치 제도를 전면적으로 부활시켰다.

'성공한 쿠데타'를 처벌하다

문민 정부가 출범하자 국민들은 5·18광주 민주화 운동의 진상을 규명

금융 실명제
1982년 전두환 정부는 장영자 어음사기 사건이 일어나자 금융 실명제를 실시하려 하였다. 하지만 비실명 거래로 이익을 얻는 집단이 거세게 반발하여 무기한 유보되었다. 1988년 노태우 후보가 공약하였지만 슬그머니 사라졌다. 김영삼 대통령도 반발을 우려해 철저한 보안 속에서 1993년 8월 12일 금융 실명제를 발표했다. '목요일 저녁의 충격'이라고 할 만큼 누구도 예상하지 못한 조처였다.

1993년 8월 서울역에서 열차를 기다리던 시민들이 '금융 실명제에 관한 특별담화' 발표를 텔레비전을 통해 보고 있다.

하고 책임자를 심판할 것이라고 기대하였다. 김영삼 대통령도 1993년 5월 5·18특별 담화에서 "문민 정부는 광주 민주화 운동의 연장선 위에 서 있는 민주 정부입니다"라고 천명하였다. 그러나 명예 회복에는 적극적이었지만 진상 규명은 '역사에 맡기자'며 에둘러 비켜 나갔다.

실망한 사람들은 직접 전두환, 노태우 등을 '반란과 내란죄'로 검찰에 고발하였다. 검찰은 1년여에 걸친 수사로 두 사람이 반란과 내란죄를 저질렀음을 밝혔다. 그럼에도 불구하고 특별 담화처럼 1995년 7월 "성공한 쿠데타를 처벌할 수 없다"는 논리로 두 사람을 불기소 처분하였다.

하지만 1995년 10월 노태우 비자금 비리가 폭로되면서 상황이 달라졌다. 신군부에 대한 비난 여론이 들끓는 가운데 11월 노태우가 2천6백억 원을 뇌물로 받은 혐의로 구속되었다. 정부 여당이 태도를 바꾸면서 전두환도 12월에 반란과 내란 혐의로 구속되었다. 이어 5·18특별법이 국회를 통과하여 12·12사태와 5·18민주화 운동 관련자를 처벌할 수 있게 되었다. 헌법 재판소도 검찰의 불기소 처분이 부당하다고 판결하였다.

결국 검찰도 재수사에 나서 1996년 1월 전두환과 노태우 등을 '반란과 내란죄'로 기소하였다. 1997년 4월 대법원은 이들이 '반란과 내란죄'를

1996년 12월 16일 항소심 선고를 받기 위해 공판정에 서 있는 12·12군사반란 사건 피고인 16명. 앞줄 오른쪽부터 전두환·노태우 전 대통령. 대법원은 전두환은 무기 징역과 추징금 2,205억 원, 노태우는 징역 17년에 추징금 2,628억 원을 선고하였다. 두 사람은 1997년 12월 사면 석방되었다.

김영삼 정부는 집권 기간 내내 대형 참사가 잇달아 '사고 공화국'이라고 불렸다. 잇달아 터진 대형 사고는 경제 성장 중심의 우리 사회의 민낯을 그대로 보여 주었다.

서해 페리호 침몰
(1993. 10)

부산 구포역 열차 전복
(1993. 3)

서울 성수대교 붕괴
(1994. 10)

저질렀다고 최종 확정하고, 전두환은 무기 징역, 노태우는 17년형을 선고하였다.

김영삼 정부, 세계화를 추진하다

김영삼 정부는 새로운 국가 발전 전략으로 세계화를 추진하였다. 김영삼 대통령은 '세계화는 옛 껍질을 깨고 새로 태어나고자 하는 결단이며 차세대를 위한 개혁'이라고 하였다. 세계화는 한마디로 금융과 자본은 물론 문화, 교육, 사회 복지, 노사 관계 등을 선진국 수준으로 끌어올리겠다는 야심찬 계획이었다. 여기에는 우리 경제 규모와 역량이 선진국 대열에 오를 수 있고, 세계 무대에서 경제 규모에 걸맞은 역할을 해야 할 때가 되었다는 자신감도 깔려 있었다.

세계화 정책은 세계 무역 기구^{WTO} 가입과 경제 협력 개발 기구^{OECD} 가입으로 구체화되었다. 서방 선진 국가들이 회원국이었던 OECD 가입은

서울 삼풍백화점 붕괴
(1995. 6)

대구 지하철 가스 폭발
(1995. 4)

국내외적으로 한국이 선진국 대열에 진입하는 것으로 인식되었다. 동시에 금융과 자본 시장을 본격적으로 개방하는 '선진화 정책'을 시행하였다.

세계화는 많은 사람들에게 곧 '선진국'이 될 것이라는 기대를 갖게 하였다. 세계를 바라보는 눈과 인식이 달라지고 폭도 크게 넓어졌다. 영어 열풍이 일어나기 시작한 때도 이 무렵이었다. 영어 조기 교육과 해외 조기 유학 바람이 불고 영어 회화를 필수로 여기는 분위기가 만들어졌다. 금성사는 LG로, 선경은 SK로 회사 이름을 바꾸었다. 해외 여행에 대한 관심도 크게 높아졌다. 지금과 달리 당시에는 아무나 해외로 나갈 수 없었다. 45세 미만은 유학이나 취업 출장 등이 아니면 여권이 발급되지 않았기 때문이다. 이런 제한을 1987년에 완화하기 시작하여 1989년 1월 1일에 전면 자유화했다.

세계화는 미국이 주도한 범세계적인 자유화 흐름에 대한 대응책이기도 하였다. 미국은 1980년대 중반 재정과 경상 적자에 시달렸다. 이를 해소하기 위해 미국 통상법 301조를 동원하여 교역 상대국에게 시장을 개방하라고 압력을 가하였다. 나아가 미국 상품과 자본, 인력 이동을 가로막는 모든 장벽을 철폐하는 세계화 전략을 세웠다. 이에 따라 1994년에는 북미 자유 무역 협정^{NAFTA}을 출범시키고 자유 무역 협정^{FTA}을 추진하였다. 1995년 세계 시장을 하나로 묶기 위해 WTO^{세계무역기구}를 탄생시켰다. WTO는 각국에 관세를 인하하고 무역과 자본 이동의 자유화를 요구하였다.

하지만 세계화는 정부가 뜻한 대로 이뤄지지 않았다. 무엇보다 사회적 합의나 준비가 덜된 상태에서 정부가 일방적으로 밀어붙였기 때문이었다. 그나마 정부는 말로는 세계화를 외쳤지만 그것을 실행할 능력도 제도를 개혁할 의지도 부족하였다. 관치 금융과 정경 유착을 끊고 노동 개혁, 규제 철폐 등 세계화를 위한 조처는 사실상 손도 대지 못하였다. 이 때문에 애초 기대했던 선진국 수준의 의식 개혁, 문화 개혁은 이룰 수 없었다.

신한국당, 노동법 개정안을 단독으로 처리하다

김영삼 정부가 들어서면서 노사 관계를 대립과 갈등이 아닌 협력과 화합으로 바꿔야 한다는 움직임이 일어났다. OECD에 가입하기 위해서는 노동법을 선진 국제 기준에 맞춰야 할 필요성도 있었다.

김영삼 정부는 1995년 '노사 화합 대상'을 시상하고, 이듬해부터 노사 협력 우량 기업에게 각종 우대 정책을 실시하였다. 1996년 5월에는 새로운 시대 상황에 맞는 노사 관계를 정립하기 위한 '노사 관계 개혁 위원회'를 출범시켰다. 위원회는 노사 대표 각 5명, 학계 대표 10명, 공익 대표 10명 등 총 30명으로 구성되었다.

노사 관계 개혁 위원회는 개혁 과제를 검토하고, 토론회와 공청회를 거쳐 개선안을 마련하였다. 정부는 이를 바탕으로 범정부적으로 '노사 관계 개혁 추진 위원회'를 만들어 노동법 개정안을 만들었다. 하지만 개정안에 대해 노사 양측은 모두 불만을 나타냈다.

노사의 반대로 여·야 합의가 어려워지자 신한국당은 12월 26일 새벽 노동 관계법 개정안을 단독으로 처리하였다. 게다가 처리한 법안이 위원회가 만든 안 및 정부가 국회에 제출한 안과 달랐다. 노동의 유연성을 강조한 재계와 경제 부처 및 신한국당의 의견이 반영되어 '개악'을 한 것이다. 심지어 위원회에서 노사 대표와 공익 대표가 합의한 조항마저 뜯어고쳤다. 당연히 노동계는 크게 반발하였고, 관련 학계도 비판하였다. 반면 '기대하지 않던 선물'까지 받은 재계는 환영하였다.

개정된 노동법은 정리 해고를 법제화하였다. 파업이 시작되면 외부 근로자를 쓸 수 있는 대체 근로제가 도입되었고, 쟁의 기간에는 임금을 지급하지 않아도 되었다.

'개악'된 노동법이 여당 단독으로 처리되자 노동계는 전면 총파업에 돌입하였고 야당도 거세게 반발하였다. ILO 등 국제 사회에서도 비판을 하자 정부 여당은 국회에서 노동법 개정을 다시 논의하였다. 1997년 3월 여·야는 합의로 노동 관계법 개정안을 통과시켰다. 하지만 크게 바뀐 내

• 신한국당 여소야대를 뒤집다

1995년 6월 지방 자치 선거에서 민자당은 참패하였다. 개혁에 대한 기대가 시들해지고 경제가 나빠졌기 때문이었다. 이를 타개하기 위해 정부 여당은 5·18특별법을 제정하고, 두 전직 대통령을 구속하였다. 그리고 1996년 4월 총선에 대비하여 당명을 신한국당으로 바꾸고 개혁적 인물을 영입하였다. 신군부와 결별하는 모습을 보여주어 총선에서 승리하고자 한 것이다.

신한국당은 15대 국회의원 선거에서 제1당이 되었다. 하지만 과반수 의석을 차지하지 못하고 다시 여소야대가 되었다. 김영삼 정부는 안정적 국회 운영을 위해 무소속과 일부 야당 국회의원을 영입하였다. 과반수 의석을 확보하자 신한국당은 1996년 12월 노동법과 안기부법을 날치기로 통과시켰다.

용은 없었다. 여기에 자극을 받은 노동계는 진보 정당을 만들어 정치에 참여하기 시작하였다.

김영삼 정부, IMF에 구제 금융을 요청하다

한국 경제는 1980년대 중반부터 1990년대 중반까지 '단군 이래 최대 호황기'를 누리고 있었다. 반면 일본은 '잃어버린 10년'이라 부를 만큼 장기 불황에 빠져 있었다. 이대로라면 한국이 곧 일본을 따라잡을 것이라는 전망도 나왔다.

이런 자신감으로 김영삼 정부는 OECD 가입을 강하게 밀어붙였다. 하지만 일부에서는 자본 시장이 개방되면 대외 의존도가 높은 경제 구조에 외화 보유액이 적기 때문에 시기 상조라면서 반대하였다. OECD에 가입하면 정부가 정책적으로 대응할 수 있는 수단이 크게 제한되어 위험성이 한층 높아지는 것도 중요한 반대 이유였다.

금융 시장이 개방되자 외국 자본이 물밀듯 들어왔다. 대기업들은 외채를 빌려 국내외로 투자를 확대하였다. 종합 금융 회사들도 낮은 금리로 들여온 외채를 높은 금리로 기업에 대출하여 많은 이익을 남겼다. 그런데 1990년대 중반 미국이 금리를 인상하면서 세계 금융·외환 시장이 요동을 쳤다. 후진국으로 투자되던 자본이 선진국으로 돌아가면서 엄청난 파장을 일으킨 것이다. 물론 여기에는 미국과 국제 투기 자본의 농간이 있었다.

결국 1997년 7월 타이 화폐 가치가 폭락하면서 금융 공황에 빠졌다. 타이에서 시작한 금융 위기는 곧 동남아시아 여러 나라로 번졌다. 일본과 중국, 한국도 그 영향에서 벗어나지 못했다. 특히 외화가 부족했던 한국은 일본과 중국보다 큰 타격을 입었다.

금융 위기가 벌어지자 우리나라에 들어왔던 해외 자본

구제 금융 조인식
1997년 12월 임창열 경제 부총리(가운데)와 이경식 한국은행 총재(오른쪽)가 캉드시 IMF 총재(왼쪽)가 지켜보는 가운데 IMF 구제 금융 양해 각서에 서명하고 있다.

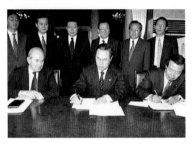

328

은 썰물처럼 빠져나갔다. 외국계 금융과 자본은 외채를 더 이상 연장해 주지 않고 상환을 요구하였다. 돈줄이 막힌 기업과 금융 회사는 갈수록 늘어난 원금과 이자 부담에 금방 한계 상황에 이르렀다. 게다가 급작스러운 자본 유출은 원화 가치를 크게 떨어뜨렸고 그만큼 갚아야 할 돈이 늘어났다. 외채는 원화가 아닌 달러화로 갚아야 했기 때문이다.

그때까지 평균 20%를 기록해 오던 수출 증가율은 1996년 하반기에 −1.3%까지 떨어졌다. 1997년 1월 한보철강을 시작으로 진로, 기아 등 기업과 금융회사 들이 줄줄이 부도를 냈다. 다급해진 정부는 자본 자유화 확대, 증시 안정책 등을 발표했지만 소용이 없었다. 한국은행이 원화 가치를 지키려고 보유하고 있던 외환을 팔았지만 얼마 가지 않아 바닥이 드러나고 말았다. 결국 김영삼 정부는 1997년 11월 국제 통화 기금IMF에 구제 금융을 요청하였다. 불행하게도 OECD 가입에 반대하며 했던 걱정이 현실로 나타난 것이다.

주식은 휴지 조각이 됐고 회사원과 노동자 들은 일자리를 잃었다. 식료품 가격이 크게 오르고 음식점에는 'IMF 국밥' 등 가격을 낮춘 메뉴들이 생겨났다. 대기업 회사원에 비해 월급이 적어 인기가 없던 공무원에 대한 인식이 달라졌다. 하루아침에 구조 조정으로 해고되는 대기업 사원들을 보면서 안정된 직장으로 인기를 끌게 된 것이다. 이런 어려움은 1998년에 기록한 경제성장률 −6.9%에 그대로 나타났다.

김영삼, 김일성과 남북 정상 회담을 약속하다

북한은 1980년 말 핵무기를 본격적으로 개발하기 시작하였다. 동유럽 국가들이 몰락하고 소련이 무너지면서 위기감을 강하게 느꼈기 때문이다. 미국을 비롯한 국제 사회는 핵 시설에 대한 특별 사찰을 허용하라는 압력을 넣었다. 한미 두 나라도 1992년 중단했던 팀 스피리트 훈련을 1993년에 다시 실시하였다. 여기에 반발하여 북한은 1993년 핵 확산 방

1994년 7월 9일 김일성 사망

경수로
원자력 발전에서 핵분열 연쇄
반응을 통제하는 감속재로 수
돗물과 같은 경수를 사용하는
원자로.

지 조약NPT에서 탈퇴하였다. 미국은 1994년 북한 핵 시설을 공습할 계획까지 세웠다.

　전쟁 일보 직전까지 간 1차 북핵 위기는 6월 대북 특사로 북한에 간 지미 카터 전 미국 대통령과 김일성이 핵 동결에 합의하면서 간신히 수습되었다. 이어 10월 제네바에서 북한과 미국은 북한이 핵 개발을 포기하는 대신 미국은 경수로 건설 등 경제적 보상을 약속하였다. 나아가 남북한은 미국의 권고를 받아들여 정상 회담을 열기로 합의하였다. 그러나 7월 9일 김일성이 갑작스럽게 사망하면서 무산되고 말았다.

기습 단행된 하나회 숙청

1993년 3월 4일 김영삼 대통령은 육군사관학교 졸업식 연설에서 이렇게 말한다.

> 임무에 충실한 군인이 조국으로부터 받는 찬사는 그 어떤 훈장보다도 값진 것입니다. 그러나 올바른 길을 걸어온 대다수 군인에게 당연히 돌아가야 할 영예가 상처를 입었던 불행한 시절이 있었습니다. 나는 이 잘못된 것을 다시 제자리에 돌려놓아야 한다고 믿습니다. 실추된 군과 육군의 명예를 바로잡고, 나는 오늘 이 자리에서 국군의 명예와 영광을 되찾는 일에 앞장설 것을 여러분에게 다짐합니다.

하나회 숙청을 예고한 이 연설을 한 나흘 뒤 김영삼 대통령은 오전 7시 30분 청와대로 국방장관 권영해를 불러 물었다.

"군인들은 그만둘 때 사표를 제출합니까?"

"그렇지 않습니다. 군인은 명령에 복종해야 하므로 상관의 명이라면 사표 없이 그만둬야 합니다."

"아, 그래요. 그럼 됐구만. 내가 오늘 육군 참모 총장과 기무 사령관을 바꾸겠습니다. 그리 아시고 육군 참모 총장과 기무 사령관에게 지금 당장 예편 준비를 하라고 하세요. 새로운 육군 참모 총장과 기무 사령관의 취임식도 준비하라고 하시고요."

하나회 숙청은 이렇게 전격적으로 시행되었다. 당시 하나회는 육군 참모 총장, 기무 사령관, 특전 사령관, 수도 방위 사령관, 1 · 2 · 3군 사령관, 수도권 사단장 등 주요 보직을 장악하고 있었다. 이 때문에 하나회 숙청은 비밀리에 아주 신속하게 이뤄졌다.

김영삼 대통령은 1999년 8월 언론 인터뷰에서 하나회 숙청을 이렇게 회상하였다.

"하나회 정리는 죽기 아니면 살기 식으로 했다. 이걸 안 했으면 문민 정부도 없고 김대중 정부도 없었다."

하나회 숙청의 간박감은 김영삼 대통령이 1993년 3월 9일 아침 청와대 수석 비서관 회의에서 육군 참모 총장, 기무 사령관 교체를 발표하면서 "깜짝 놀랬재?"라고 한 말에서도 느낄 수 있다.

하나회 해체를 보도한 『동아일보』 1면

13

김대중,
평화적 정권 교체를 이루다

김대중, 2전 3기 끝에 대통령이 되다

1997년 2월 김영삼 대통령의 차남 김현철이 한보에서 뇌물을 받고 권력을 남용한 혐의로 구속되었다. 김영삼 정부에 대한 기대가 실망으로 바뀐 가운데 그나마 '문민 정부'가 자부한 도덕성마저 치명타를 입은 것이다. 여기에 외환 위기로 민심은 바닥을 쳤다.

이런 분위기에서 1997년 12월에 치러진 15대 대통령 선거에서 새정치 국민회의 후보 김대중이 당선되었다. 대한민국 정부가 수립된 뒤 처음으로 평화적으로 여야가 바뀌는 정권 교체가 이루어진 것이다.

김대중 정부는 주권이 국민에게 있음을 분명히 한다는 의미에서 새 정부를 '국민의 정부'라 하였다. 김대중 정부는 민주주의와 시장 경제를 함께 발전시키는 정책을 펴 나가겠다고 선언하였다. 남북 관계도 역대 정권과 달리 남북이 서로 화해하고 협력하는 시대를 열어 나가겠다고 천명하였다. 또한 여성과 사회적 약자에 대한 관심을 높이고 권리를 지키기 위해 여성부와 국가 인권 위원회를 새로 설치하였다.

김대중 정부, IMF를 조기 졸업하다

대한민국은 IMF의 지원으로 간신히 국가 부도 사태를 피하였다. IMF는 그 대가로 경제 구조를 조정하라고 강하게 요구했다. 김대중 정부는 이를 받아들여 경제 개혁에 착수했다. 기업의 투명성을 국제 수준으로 강화하고 부채 비율을 줄이는 등 금융, 기업, 노동, 공공 4대 분야에 걸쳐 개혁을 단행했다. 또한 외국 자본이 쉽게 들어올 수 있게 규제를 완화하고 투자 환경을 개선하였다. 1997년 12월에는 채권 부동산 시장을 전면 개방하고 이듬해에 주식 시장도 완전히 열었다.

여기에 힘입어 두 자릿수로 치솟았던 금리가 한 자릿수로 안정되고 주가도 상승했다. 금융 시장도 점차 안정되면서 실물 경제가 회복되었다. 물가는 점차 안정을 되찾았고 실업률도 크게 줄었다. 경제 성장률도 마이너스에서 플러스로 돌아섰다. 1997년 '투자 부적격'으로 내려갔던 국가 신용 등급은 1999년에 '투자 적격' 수준으로 회복되었다. 대외 신인도도 개선되어 외국인의 직접 투자가 꾸준히 늘어났다.

이에 따라 환율은 안정되었고 39억 달러까지 떨어졌던 외환 보유액은 1998년 말에 520억 달러로 늘어났다. 12월에는 IMF에 18억 달러를 상환하였다. 이를 시작으로 빌린 자금을 갚기 시작하여 2001년 12월 정부는 "IMF의 모든 차관을 상환하였고, 우리나라가 'IMF 위기'에서 완전히 벗어났다"라고 공식 발표하였다. 구제 금융을 신청한 지 약 4년 만에 예정보다 3년 가까이 앞당겨 국가 채무를 모두 갚은 것이다. 이는 정부와 기업, 노동자 들의 피땀 어린 노력과 자발적으로 '금 모으기 운동'에 나선 국민들의 협조가 있었기에 가능하였다.

하지만 외환 위기를 넘기면서 지불한

금 모으기 운동
1998년 1월 12일 충북도청 대회의실에 마련된 접수창구 앞에 몰려든 시민들.

대가도 컸다. 대우자동차, 외환은행 등 굵직굵직한 기업들과 크고 작은 빌딩 등이 외국 기업과 자본에 넘어갔다. 외국인이 보유한 주식도 크게 늘어 2003년에는 100조 원을 넘었다. 당연히 국내 증시에 끼치는 영향력도 점점 커졌다.

외환 위기를 넘긴 다음 실시한 경제 정책도 일관성이 없었다. 후속 조치들은 미흡하거나 적절하지 못했고, 투명성을 높이기 위한 조처들도 말뿐이었다. 구조 조정은 제대로 이루어지지 못했고 중소기업과 서민들을 희생시킨 측면이 강해 불평등만 심화되었다. 벤처를 인위적으로 육성하면서 부정부패도 끊이지 않았다. 여기에 대통령의 세 아들과 측근들이 잇달아 구속되면서 국민의 정부도 도덕성에 치명상을 입었다.

정주영, 소떼 몰고 북한을 방문하다

1998년 6월 현대 그룹 명예 회장 정주영은 소떼를 끌고 판문점을 넘었다. 소떼 방북은 민간인이 정부의 허가를 받고 군사 구역인 판문점을 통해 북한에 들어간 첫 사례이자, 남북 민간 교류를 활성화시킨 기념비적 사건이었다. 국내 언론은 소떼 방북을 생중계로 방송하였고, 전 세계인

• 외국 자본, 한국 기업을 '쇼핑'하다

1997년 12월 26일 미국 〈블룸버그 뉴스〉는 "현재 대한항공의 주가 총액이 2억 4,190억 달러로 보잉747 두 대분의 값에 불과하고, 한국 제일의 기업인 삼성전자를 사는 값이 10월 초 67억 달러에서 23억 달러로 폭락했다"고 보도했다. 당시 대규모 펀드는 물론 미국 중소 펀드라 해도 자산이 20억 달러가 넘었다.
이들은 한국에서 내로라 하는 대기업을 헐값에 사들일 수 있는 절호의 기회를 놓치고 싶지 않았다. 이들은 온갖 구실을 붙여 한국 정부에 '적대적 M&A'를 받아들이게 하였다. 전경련이 국내 기업을 역차별하고 있다고 반발하였지만 소용이 없었다. 이들은 대우자동차, 외환은행 등 굵직굵직한 기업들과 크고 작은 빌딩들을 '쇼핑'하듯이 주워 담았다.

1998년 6월 고 정주영 전 현대그룹 회장의 소떼몰이 방북 환영식에 가는 소떼 트럭(왼쪽)과 금강산 관광 행렬 (가운데). 굳게 닫혀 있던 교류의 문이 풀린 사건으로 꼽힌다. 고 정주영 현대 그룹 회장은 1998년 2번에 걸쳐 소 1001마리를 북한에 보냈다. 같은 해, 금강산 관광이 가능하게 되면서 민간인이 북한을 방문할 수 있는 기회가 열렸다. 금강산 관광은 처음에 동해에서 배를 타고 갔지만 2003년부터 육로 관광이 시작됐고, 2008년에는 자가용을 타고 갈 수도 있게 됐다. 판문점을 넘으며 정주영(오른쪽)은 이렇게 말했다. "이번 방북이 한 개인의 고향 방문을 넘어 남북 간의 화해와 평화를 이루는 초석이 되기를 진심으로 바랍니다."

들도 미국 위성 방송 CNN이 현장에서 전하는 화면을 지켜보았다. 여러 외신들도 휴전선이 개방되었다고 크게 보도하였다.

정주영은 조선 민주주의 인민 공화국 국방위원장 김정일을 만나 개성 공단, 금강산 관광 개발 사업 추진 등에 합의했다. 금강산 관광 개발 사업은 관광선 운항을 시작으로 호텔, 스키장, 골프장, 공항 등을 만들고, 국제 회의장과 문화촌 등을 건설하여 연간 150만 명이 넘는 관광객을 유치한다는 야심찬 계획이었다. 1998년 11월 드디어 '금강호'가 첫 출항을 했다. 이를 시작으로 2000년 5월 말까지 1만 명이 넘는 사람들이 북한을 방문했다. 1989년 북한 방문을 허용한 다음 전체 방북 인원 가운데 80%가 넘는 숫자였다.

소떼 방북을 두고 영국 언론은 이렇게 평가하였다. "미국과 중국 사이에 '핑퐁 외교'가 있었다면 남한과 북한 사이엔 '황소 외교'가 있다." 또한 세계적인 미래학자 기 소르망은 '20세기 최후의 진위 예술'이라고 하였다. 이런 평가에 걸맞게 소떼 방북으로 남북 관계가 풀리고 민간 차원의 경제 협력과 교류가 크게 늘어날 것이라는 희망을 갖게 되었다. 실제 남북 사이 연간 교역 규모는 기대만큼은 아니지만 점점 커져 갔다. 여기에 힘입어 남북 교류는 정부 차원으로 발전하였다.

남북 정상이 처음으로 만나다

분단 뒤 김영삼 정부까지 역대 정권은 북한에 대해 강경 정책을 펴 왔다. 압박을 해서 북한을 무너뜨리거나 바꾸겠다는 생각이었다. 하지만 기대와 달리 북한 체제는 김일성 주석이 사망하고 경제적 어려움에 시달리면서도 좀처럼 흔들리지 않았다. 이에 김대중 정부는 북한이 중국처럼 개혁과 개방의 길로 나올 수 있도록 '대북 화해 협력 정책'을 폈다. 남북 기본 합의서에 따라 협력과 화해를 적극 추진한 이 정책을 '햇볕 정책'이라 불렀다. 겨울 나그네의 외투를 벗게 만든 것은 '강한 바람^{강경 정책}'이 아니라, '따뜻한 햇볕^{유화 정책}'이라는 이솝 우화에서 나온 말이었다. 햇볕 정책은 유화 정책을 펴고 있는 미국과 보조를 맞추는 것이기도 하였다. 햇볕 정책은 남북한이 무력 도발과 흡수 통일을 시도하지 않고, 화해와 협력을 추진한다는 원칙 아래 추진되었다.

햇볕 정책은 우선 민간인 교류와 협력부터 시작하였다. 김대중 정부는 1998년 4월 '남북 경협 활성화 조치'를 발표하여 대북 투자 제한을 완전히 없앴다. 남북 교역 물품에 면세 혜택도 부여하였다. 체육, 문화, 학술, 언론 등 여러 분야도 교류가 활성화될 수 있도록 밀어 주었다.

북한에 대한 인도적 지원도 강화하였다. 1990년대에 들어 북한은 체제가 안고 있는 구조적인 문제에 가뭄, 홍수 등으로 식량이 모자라는 상태가 계속되었다. 이를 해결하기 위해 국제 사회와 협조하여 식량과 비료를 무상으로 지원하였다. 제네바 합의에 따른 '대북 경수로 지원'을 차질 없이 진행하였다.

이를 토대로 김대중 정부는 남북 정상 회담을 다시 추진하였다. 수차례 접촉 끝에 2000년 4월 남북은 정상 회담 개최에 합의하였다. 마침내 6월 13일 김대중 대통령이 비행기로 평양을 방문하였다. 남북 정상은 '남북 공동 선언'을 발표하여 앞으로 교류 협력을 강화하기로 약속하였다.

이를 시작으로 군사 회담을 비롯하여 수십 차례 회담도 열렸다. 비록

손을 맞잡은 남북 정상과 남북 정상 회담 기념 우표

2000년 6월 13일, 김대중 대통령이 평양 순안 공항에서 김정일 국방 위원장과 두 손을 맞잡았다. 두 정상은 이틀 뒤 '6·15남북 공동 선언'을 발표했다. 우표는 이를 기념하여 북한에서 발행한 것이다.

시드니 올림픽의 남북한 선수단과 노벨 시상식에서 연설하는 김대중 대통령

남북한 선수단은 시드니 올림픽에서 대한민국, 조선 민주주의 인민 공화국이 아닌 '코리아'라고 쓴 팻말과 한반도기를 들고 입장했다. 김대중 대통령은 민주주의 투쟁에 힘을 쏟았고, 대통령 취임 이후에는 남북의 긴장 완화에 기여했다는 공로를 인정받아 2000년 노벨 평화상을 수상했다.

남북 공동 선언문

1. 남과 북은 나라의 통일 문제를 그 주인인 우리 민족끼리 서로 힘을 합쳐 자주적으로 해결해 나가기로 하였다.
2. 남과 북은 나라의 통일을 위한 남측의 연합 제안과 북측의 낮은 단계의 연방 제안이 서로 공통성이 있다고 인정하고 앞으로 이 방향에서 통일을 지향시켜 나가기로 하였다.
3. 남과 북은 올해 8·15에 즈음하여 흩어진 가족, 친척 방문단을 교환하며 비전향 장기수 문제를 해결하는 등 인도적 문제를 조속히 풀어 나가기로 하였다.
4. 남과 북은 경제 협력을 통하여 민족 경제를 균형적으로 발전시키고 사회, 문화, 체육, 보건, 환경 등 제반 분야의 협력과 교류를 활성화하여 서로의 신뢰를 다져 나가기로 하였다.
5. 남과 북은 이상과 같은 합의 사항을 조속히 실천에 옮기기 위하여 빠른 시일 안에 당국 사이의 대화를 개최하기로 하였다.

기대한 만큼 성과를 거두지는 못했지만 대결에서 대화와 협력의 시대로 전환한 것이다. 전두환 정부 때 딱 1번 있었던 이산 가족 상봉이 2003년까지 6차례나 열린 것이 이를 잘 보여 준다.

정상 회담 뒤 남북 교역과 교류는 눈에 띄게 늘어났다. 먼저 8월에는 개성 공단 건립에 합의하고 공사를 시작했다. 개성은 북한이 중요하게 여기는 군사 요충지였다. 따라서 공단 건립은 군사적 대립을 완화시키는 구실도 하였다. 남북 교역 규모도 2002년 6억 달러로 1989년보다 30배로 커져 중국에 이어 북한의 제2 교역 상대가 되었다.

스포츠 분야에서도 다양한 스포츠 교류가 이루어졌다. 2000년 9월 제27회 시드니 올림픽에서 남북이 한반도기를 들고 함께 입장하였다. 2002년에 남북 통일 축구 대회가 열렸고, 2003년 대구 유니버시아드 대회에는 대규모 북한 선수단 및 응원단이 참가하였다.

물론 남북은 상대방에 대한 의심을 거두지 않았다. 잠수함 침투 사건, 서해 교전 사건 등과 같은 무력 충돌도 계속되었다. 하지만 김대중 정부는 많은 비판에도 햇볕 정책을 일관성 있게 밀고 나갔다.

벤처, '절반의 성공'을 거두다

IMF 위기를 넘긴 김대중 정부는 경제를 다시 뛰게 할 새 동력을 벤처에서 찾았다. '산업화는 늦었으나 정보화만큼은 앞서가자'며 벤처 기업 투자를 쉽게 할 수 있게 제도를 정비하고 재정과 조세 지원을 하였다. 정보통신부도 '정보 통신 기술 개발 5개년 계획'을 세워 2004년까지 차세대 인터넷과 광통신, 디지털 방송 등에 4조 원이 넘는 막대한 자금을 투자하겠다고 발표하였다.

이에 힘입어 1998년 2만 명도 안 되던 초고속 인터넷^{브로드밴드} 가입자 수가 2002년에는 1,000만 명이 넘었다. 무려 700배 이상 늘어난 것이다. 벤처 기업 수도 1998년 2,000여 개에서 2001년 1만 개를 넘어섰다. 정보 기술IT 산업은 1997년 76조 원 수준에서 2002년에는 189조 원으로 늘었다. IT가 국내 총생산GDP에서 차지하는 비중도 8.6%에서 14.9%로 높아졌다. 다음, 네이버, 넥슨 등과 같이 중견 기업 규모를 가진 IT기업들이 생겨났고, 한국은 세계 통신 표준을 선도하는 나라가 되었다.

IT 벤처 기업들은 코스닥에 상장만 하면 주가가 치솟았다. 벤처 기업이 몰려 있던 서울 강남 테헤란로의 임대료는 하루가 다르게 뛰었다. 제조 업체들은 디지털과 IT와 관련이 있는 것처럼 회사 이름을 바꾸었다. 벤처 기업들을 위한 연구 단지테크노파크도 전국에 만들어졌다.

하지만 지원이 계속되면서 '벤처 대박'을 꿈꾸며 '묻지마식' 투자로 거품이 생기기 시작하였다. 2000년 봄부터 벤처 기업이 정치인과 관료, 여론 주도층과 결탁해 저지른 비리가 잇달아 터졌다. 급기야 대통령 세 아들이 모두 구속되면서 파장은 일파만파 번져 나갔다. 벤처 열기는 식었고 IT 벤처는 비리의 온상처럼 되어 버렸다. 주가도 나락으로 떨어졌다. IMF 조기 극복과 남북 관계 개선이라는 성과도 빛이 바래 버렸다.

김대중 정부의 벤처 기업 지원으로 인터넷 산업이 오늘날 한국 경제의 한 축으로 자리 잡았다. 그럼에도 불구하고 반도체, 디스플레이 등을 빼면 우리나라는 여전히 세계 IT 산업에서 변방에 머물고 있다. '절반의 성공'에 머문 것이다. 가장 큰 원인은 벤처 열풍이 자발적으로 일어난 것이 아니라는 데에서 찾을 수 있다. 정부가 인위적으로 불러일으킨 열풍은 한계를 가질 수밖에 없었다. 하드웨어 구축에 매달리다 소프트웨어 개발에 소홀히 한 것도 열풍이 꺼진 중요한 이유였다. 많은 기업가들이 제조업이 아닌 소프트웨어에 대한 중요성을 인식하지 못한 것도 힘못하였다.

14

노무현, 권위를 내려놓다

비주류 정치인 노무현, 대통령에 당선되다

2002년 12월 여당이었던 새천년 민주당 후보 노무현이 16대 대통령에 당선되었다. 당초 원내 제1당이었던 한나라당 이회창 후보가 유리할 것이라는 예상이 우세하였다. 학력과 경력에서 앞서고 기성 세대와 보수 언론의 절대적 지지를 받고 있었기 때문이다. 반면 노무현 후보는 5공 '청문회 스타'였지만 그다지 내세울 만한 것이 없었다. 원칙과 소신을 지켜 '바보'라 불리며 높은 평가를 받고 있었지만 주류 정치인도 아니었다. 게다가 각종 비리로 김대중 정부의 지지율도 크게 떨어져 있었다.

하지만 노무현은 정당 사상 처음 실시된 민주당 국민 참여 경선에서 예상을 깨고 대통령 후보가 되었다.

대통령 선거에서도 한나라당 이회창 후보를 꺾고 대통령에 당선되었다. 이 기적을 이룬 것은 '노무현을 사랑하는 사람들의 모임'을 비롯한 네티즌과 젊은 세대들이었다. 이들은 귀족적 이미지를 가진 이회창이 아니라 서민적 이미지로 상식과 원칙을 강조한 노무현을 새 시대를 이끌 지도자로 선택하였다. 주류 정치인도 아니었고 주류 언론의 지원도 받지

2007년 10월 2일 평양 시내 4·25문화 광장에서 열린 공식 환영식에서 의장대를 사열하는 노무현 대통령과 김정일 국방 위원장.

노무현 대통령 내외가 군사 분계선을 넘고 있다. 노란 색 선은 원래 없었지만 이날을 기념하여 새로 그었다. 대통령 일행은 평양–개성 고속도로를 달려 평양에 도 착하였다. 이 길은 김구가 남북 협상을 위해 간 역사적 길이기도 하였다.

못한 노무현을 인터넷이라는 새로운 소통 수단으로 대통령에 당선시킨 '선거 혁명'을 이뤄낸 것이다.

노무현 정부, 권위주의를 청산하다

노무현 정부는 권위주의를 청산하고 정경 유착을 단절하여 원칙과 상 식이 통하는 새 시대를 열고자 하였다. 새로운 시대는 깨어 있는 시민들 이 함께해야 만들 수 있었다. '참여 정부'라 이름을 지은 것은 바로 이 때 문이었다. 노무현 정부는 국정 목표로 '국민과 함께하는 참여 민주주의, 더불어 사는 균형 발전 사회, 평화와 번영의 동북아 시대' 등을 제시하였 다. 먼저 충청도에 행정 수도를 건설하고, 수도권에 있던 주요 공공 기관 을 지방으로 옮겨 균형 발전을 꾀하었다. 서소득층과 소외 계층에 대한 복지를 강화하여 불평등을 완화하려는 노력도 기울였다. 또한 햇볕 정책 을 계승하여 대북 지원과 협력 사업을 이어 나갔다. 2003년 6월, 개성 공 단 개발에 착수, 2007년 본격적으로 운영하기 시작했다. 2007년 10월에는 육로로 군사 분계선을 넘어 평양을 방문, 김정일 국방위원장을 만났다. 두 정상은 10월 4일 '남북 관계 발전과 평화 번영을 위한 공동 선언'을 하였다. 10·4남북 정상 선언은 6·15남북 공동 선언에 기초해 남북이 함께 평화와 번영을 이루자는 약속이었다.

노무현 대통령, 처음으로 국회에서 탄핵 소추를 당하다

노무현 대통령은 대한민국 역사상 처음으로 한나라당이 다수였던 국회에서 탄핵 소추를 당하였다. 이유는 새로 여당이 된 열린우리당을 지지해 달라는 발언이 '정치적 중립성'을 위반했다는 것이었다. 열린우리당은 2003년 11월 새천년 민주당을 비롯하여 한나라당, 개혁당에서 개혁을 강하게 외치던 세력들이 모여 창당하였다. 노무현 대통령도 새천년 민주당에서 나와 입당하였다.

2004년 3월 새천년 민주당이 제출한 탄핵 소추안은 한나라, 자유민주연합 등 야당의 지지로 통과되었다. 소수였던 열린우리당은 강하게 반대했지만 통과를 막지 못하였다. 그러나 명분이 없는 탄핵 소추에 70% 가까운 국민들이 강하게 반대하였고, 서울 광화문을 비롯한 전국에서 탄핵 반대 촛불 시위가 벌어졌다. 2004년 5월 14일 헌법 재판소는 탄핵 심판을 기각하였다.

2004년 3월 14일 저녁 서울 광화문과 종로는 시민들이 든 촛불로 가득 찼다. 이들은 한목소리로 "탄핵 무효", "민주 수호"를 외쳤다.

열린우리당, 4대 개혁을 추진하다

노무현 대통령이 탄핵으로 직무가 정지된 상황에서 4월 15일 제17대 국회의원 선거가 실시되었다. 탄핵을 추진한 정당에 대해 심판을 하자는 여론에 힘입어 열린우리당은 과반수를 차지하였다. 박근혜가 이끄는 한나라당은 2002년 대선 당시 기업으로부터 수백억 원을 대선 자금으로 수수한 '차떼기 사건'으로 참패가 예상되었다. 하지만 영남 지역의 지지에 힘입어 121석을 얻어 여당을 견제할 수 있게 되었다. 새천년 민주당이 참패를 하면서 처음 원내에 진출한 민주노동당이 10석으로 3당이 되었다.

이에 힘입어 열린우리당은 대통령 선거 공약이었던 보안법 폐지, 사립 학교법과 언론 관계법 개정, 진실·화해를 위한 과거사 정리법 등 4대 개혁을 적극 추진하였다. 하지만 열린우리당의 당내 갈등과 한나라당의 강력한 반대에 부딪쳤다.

많은 논란 끝에 2005년 5월 진실·화해를 위한 과거사 정리 기본법이 통과되었다. 법이 통과하자 2005년 12월 진실·화해를 위한 과거사 정리 위원회가 출범하였다. 진실·화해 위원회는 친일 반민족 행위, 한국 전쟁

• 진실 · 화해 위원회 사건 유형별 처리 현황

(단위 : 건)

사건유형	계	진실규명	진실 규명 불능 · 각하 등	조사 진행	보류 기타
한국 전쟁 전후 민간인 집단 희생	8,160	6,138	958	1,060	4
적대 세력 테러 폭력	1,762	1,407	320	31	4
인권 침해	661	200	391	57	13
항일 독립운동	274	20	253	1	–
해외 동포사	16	5	9	–	2
기타	287	–	287	–	–
총계	11,160	7,770	2,218	1,149	23

(진실 · 화해 위원회)

진실 · 화해 위원회는 입법, 사법, 행정 3부 어디에도 속하지 않는 독립위원회였다. 4년여 활동 기간에 국민 보도 연맹 집단 학살, 간첩과 용공 조작, 김기설 유서 조작 등 과거 '국가 폭력' 사건을 조사하였다. 그렇지만 진상을 완전히 밝혀내지 못하였고, 조사한 사건도 50%가 채 되지 않았다. 이에 위원회는 법률에 규정된 기간 연장이나 과거사 연구재단 설립을 정부에 건의했다. 하지만 2008년에 출범한 이명박 정부는 미온적 반응을 보였고, 결국 2010년 12월 활동을 끝낼 수밖에 없었다.

민간인 희생, 역대 정권이 저지른 반민주적 반인권적 인권 유린과 의문사 사건 등 얼룩진 현대사를 바로잡아 국민 통합을 위해 노력하였다. 진실·화해 위원회는 거창 민간인 학살 사건, 4·3사건 등에 대해 국가의 공식 사과와 피해자의 명예 회복을 위한 적절한 조치를 권고하였다.

하지만 보안법 폐지는 좌절되었고 사립 학교법과 언론 관계법 개정은 원래 취지가 퇴색하였다. 신행정 수도의 건설을 위한 특별 조치법도 여야 합의로 국회를 통과하였지만 헌법 재판소에서 위헌 판결을 받았다.

한미 자유 무역 협정^{FTA}을 타결하다

노무현 정부는 2003년 정부 차원에서 한미 FTA에 대한 논의를 시작하였다. 2006년 2월에는 공식적으로 FTA 협상을 시작하였다. 한미 FTA는 찬성과 반대가 팽팽하게 맞섰다.

찬성하는 사람들은 FTA가 체결되면 우선 수출이 늘어나고 경제 성장률이 높아진다고 주장하였다. 특히 IT와 자동차는 물론 노동 집약적인 섬유 산업에 혜택이 돌아가 중소기업과 노동자들에게 이익이 돌아갈 것으로 예상했다. 한미 관계가 더욱 돈독해지고 동북아시아의 허브가 될 수 있는 발판도 될 것이라고 보았다.

반대하는 까닭은 한미 FTA가 체결되면 대미 무역 흑자가 줄어들게 된다, 설사 수출이 늘어난다고 해도 재벌은 돈을 벌겠지만 서민 생활이 좋아지지 않는다, 또한 식량 안보를 위태롭게 하고 미래 산업으로서 농업 기반을 무너뜨린다, 한미 FTA로 미국이 주도하는 세계 질서에 더욱 깊숙이 편입되면 동북아와 한반도 평화에 도움이 되지 않는다는 것이었다.

한미 FTA는 협상 기간 내내 반대 집회와 시위가 끊이지 않았다. 민주노총, 전국 농민회 총연맹 등 300여 개 시민 사회 단체는 한미 FTA 저지 범국민 운동 본부를 만들었고, 미국에 대표단을 보내 원정 시위도 하였다.

치열한 줄다리기 끝에 2007년 4월 협상이 타결되었다. 노무현 대통령은 특별 담화문을 발표하여 국민에게 협조를 당부하였다. 협상 타결 뒤 두 나라에서 많은 논란이 불거졌고, 자동차와 미국산 쇠고기 등에 대한 재협상이 시작되었다. 그사이 2007년 12월에는 한나라당 이명박 후보가 대통령에 당선되어 다시 정권이 교체되었다. 다음 해 4월에 치러진 국회 의원 선거에서도 한나라당이 통합민주당을 누르고 압승하였다.

협정은 2010년 12월 완전히 타결되었고, 2011년 10월 미국 상하원에서 한미 FTA 이행 법안이 통과되었다. 11월에는 한국 국회에서도 비준 동의안이 통과되었다.

전시 작전 통제권 환수에 합의하다

대한민국 헌법 제74조는 '대통령은 헌법과 법률이 정하는 바에 의하여 국군을 통수한다'라고 되어 있다. 하지만 대통령은 한국군 작전 통제권을 행사하지 못한다. 한국 전쟁 때 유엔군 사령관에게 넘겼기 때문이다. 작전 통제권은 1978년 11월 한미 연합 사령부가 창설되면서 연합 사령부로 넘어갔다. 연합사 사령관은 미군이 맡기 때문에 특수전 사령부, 수도 방위 사령부 등을 뺀 한국군 대부분은 미국이 통제권을 갖고 있는 것이다. 자주 국가로서 작전 통제권을 찾아오려는 노력은 꾸준히 있어 왔다.

박정희 정부는 1968년 미국에 작전 통제권을 돌려달라고 요청하였다. 이해는 1·21사태와 푸에블로 호 나포 사건 등으로 한반도가 전쟁 위기 상황을 맞고 있었다. 이런 위기를 관리하기 위해서는 작전 통제권 환수가 필요하다는 것이었다. 전직 고위 장성, 전략 전문가, 보수 언론 들도 반대하지 않았지만 미국의 거부로 이뤄지지 않았다.

작전 통제권 환수 협상이 다시 시작된 것은 북방 정책을 추진한 노태우 정부였다. 노태우는 대선 공약으로 전작권 환수를 내세우며 '독자적으로 지휘권을 갖지 못하는 것은 주권 국가로서 창피한 일이다'라고 하였다. 1988년 초 시작된 협의에서 두 나라는 1992년 말 평시와 전시로 나눠 평시 작전 통제권만 환수하기로 합의하였다. 1994년 12월 1일 평시 작전 통제권이 한국군에 공식 반환되었다. 1992년 말 당선된 김영삼 대통령은 크게 기뻐하며 이렇게 말하였다.

"44년 만에 작전권을 환수한 것은 우리 자주 국방의 기틀을 확고히 하는 역사적 사실이며 제2의 창군創軍이라고 할 수 있다."

노무현 정부는 미군 용산 기지 이전과 함께 2005년 미국에 전시 작전 통제권 환수를 위한 협의를 공식 제의하였다. 그러자 정치권을 비롯한 사회 각계각층에서 이에 대한 논쟁이 뜨겁게 달아올랐다. 특히 전직 국방부 장관들이 아직은 우리 군의 전력만으로는 북한에 대응하기에 부족하다며 반대하자 노무현 대통령은 한 연설에서 "우리 스스로 전시 작전 통제권을 갖지 못한 채, 북한의 위협에 제대로 대응하지 못하고 그저 미국에 의존해야만 하는 현실을 만든 것은 바로 전직 국방장관들이다. 그러면서도 전시 작전 통제권을 환수하는 데에 반대한다"며 '부끄러운 줄 알아야 한다'고 일갈했다.

2007년 2월 한미 두 나라는 2012년 4월에 전작권을 한국에 반환하기로 합의하였다. 그러나 이명박 정부가 2015년 12월 1일로 연기했고, 박근혜 정부 때 무기한 연기되었다.

두 번째 여야 정권 교체가 되다

노무현 정부는 임기 후반 지지율이 크게 떨어졌다. 열린우리당이 내부 갈등으로 개혁을 제대로 하지 못한데다 청년 실업과 비정규직이 늘어났기 때문이다. 무엇보다 거듭된 부동산 대책이 제대로 효과를 거두지 못한 것이 컸다. 공공 기관 지방 이전도 전국적으로 부동산 열풍을 불러오게 하는 데 한몫하였다. 특히 집값 폭등은 서민들을 어렵게 하고 사회적 양극화를 심화시켰다. 비록 역대 정권에 비해 권력형 비리는 적었지만 측근과 가족을 둘러싼 비리도 국민을 실망시켰다. 이런 상황에서 대통령 선거가 다가오자 많은 사람들은 정권 교체를 당연하게 여겼다.

2007년 12월 제17대 대통령 선거에서 한나라당 이명박 후보가 당선되었다. 열린우리당은 낮은 지지율 때문에 대통합 민주 신당으로 다시 정비하여 정동영 후보를 내세웠지만 패배하였다. 이로써 10년 만에 여야 정권 교체가 다시 이루어졌다. 다음 해 4월에 치러진 국회의원 선거에서도 한나라당이 통합민주당을 누르고 압승했다.

15

이명박 정부와 박근혜 정부

이명박 정부, 비즈니스 프렌들리 정부를 자임하다

이명박 정부는 실용주의를 내세워 선진 일류 국가를 건설하겠다는 목표를 내세웠다. 이를 위해 '신 발전 체제'라는 국정 목표를 제시하였다. 구체적으로는 성장과 복지의 선순환 구조 구축, 법치의 확립과 헌법 존중, 다원주의 가치 존중 등을 강조하였다. 그러나 실질적으로 이명박 정부를 대표하는 구호는 '비즈니스 프렌들리(Business-friendly)'였다. 기업 친화적 정책으로 경제에 활력을 불어넣어 '잃어버린 10년' 동안 침체에 빠진 서민 경제를 되살리겠다는 것이었다.

새롭게 출발하려는 이명박 정부는 세계 금융 위기라는 악재를 만났다. 2008년 9월 미국에서 시작된 금융 위기가 전 세계를 강타하였다. 모든 나라에서 주가가 곤두박질쳤고 미국과 일본, 유럽 등 주요 선진국들의 GDP 성장률도 마이너스로 돌아섰다. 10월에는 아이슬란드, 파키스탄, 우크라이나 등이 IMF 구제 금융을 신청했다. 한국 경제도 아시아에서 국가 부도를 맞을 가능성이 가장 높다는 전망이 있을 정도로 휘청거렸다.

이명박 정부는 위기 상황을 맞아 적극적인 재정 확대 정책을 폈다. 미국, 일본, 중국 등과 통화 스와프를 맺어 외환 부족에 대비하였다. 많은 비판을 받았지만 이런 정책으로 한국은 제2의 외환 위기를 겪지 않았고, OECD 국가 가운데 가장 성공적으로 금융

2010년 서울 G20 정상회의

위기를 극복하였다는 평가를 받았다.

2010년에는 서울에서 열린 G20 정상회의에서 의장국으로 글로벌 금융 위기를 수습하는 국제 공조를 이끌어 내 국제적 위상을 높였다. 2009년 1% 아래로 떨어졌던 경제 성장률도 6.5%로 올라갔다. 하지만 중소 자영업자는 더욱 힘들어지고 비정규직이 늘어나 양극화가 심화되었다. 기업의 출자 총액 제한제 폐지, 법인세 감세 등 '비즈니스 프렌들리'의 혜택이 대기업에 집중되었기 때문이다.

G20
세계 경제를 이끄는 G7에 신흥 주요 경제국 및 유럽 연합(EU)을 더한 20개 국가 및 지역 모임이다. 1999년부터 정기적으로 회원국 재무장관과 중앙은행 총재들이 모이다가 2008년 세계 금융 위기 발생 뒤 정상급 회의로 격상되어 미국에서 처음 개최되었다.

광우병과 4대강 사업, 그리고 비리

국회까지 장악한 이명박 정부는 반대 여론이 높거나 의견이 엇갈리는 정책들을 강하게 밀어붙였다. 의료 민영화, 한반도 대운하, 경쟁과 서열화를 부추기는 교육 정책 등이 대표적이었다. 당연히 반대 여론이 커졌고 분노는 미국산 쇠고기 전면 수입 결정으로 폭발하였다. 광우병 때문이었다. 한국은 2004년부터 미국산 쇠고기 수입을 전면 금지하다 한미 FTA를 타결하면서 30개월 미만의 뼈 없는 쇠고기만 수입하기로 하였다. 그런데 이명박 정부가 2008년 4월 한미 정상회담을 앞두고 30개월 이상 쇠고기까지 허용하기로 한 것이다. 광우병이 대부분 30개월이 넘는 소에

**미국산 쇠고기 수입 반대
촛불 시위**

쇠고기 수입 반대 시위에 참가
한 학생들.

서 발생했기 때문에 이 합의는 거센 반발을 불러왔다.

미국산 쇠고기 수입에 반대하는 촛불 시위는 중고등학생들이 불을 붙였고 참여자가 점점 늘어났다. 먹거리에 관심이 높았던 젊은 엄마들도 유모차에 아기를 태우고 적극적으로 참여하였다. 시위가 시작된 지 한 달이 지난 6월 초에는 전국에서 약 백만 명이 참여하였다. 쟁점도 교육과 대운하 등으로 확대되면서 100일을 넘겨 이어졌다. 마침내 이명박 정부는 30개월 이상 쇠고기를 수입하지 않고 대운하는 포기하겠다고 약속하였다.

그러나 대운하는 4대강 사업으로 이름을 바꿔 추진하였고, 반대 세력을 억누르기 위해 권위주의 체제를 부활시켰다. 국정원, 기무사, 총리실 등은 민간인을 불법적으로 사찰하고, 광우병 보도를 한 MBC 〈PD수첩〉 제작진을 징계하였다. 2009년에는 과거 정권의 비리를 강도 높게 조사하여 야당을 압박하다 노무현 전 대통령이 자살하는 초유의 사건이 일어났다. 인권과 민주주의가 뒷걸음치면서 한국은 2011년 언론 자유국 지위를 잃고 언론 자유 지수도 70위로 떨어졌다.

BBK 주가 조작 사건을 비롯하여 측근과 친인척 비리도 연이었다. 안보를 위태롭게 하는 방위 산업체 비리와 수십조에 이르는 국고를 낭비한 자원 외교 비리 등도 일어났다. 급기야 2012년 7월에는 대통령의 친형 이상득 의원이 불법 정치 자금을 받은 혐의로 구속되었다. '상왕'이라 불린 그는 숱한 의혹에도 끄떡없이 정권 실세로 군림했다. 하지만 12월 18대 대통령 선거를 앞두고 헌정 사상 처음으로 현직 대통령의 친형이 구속되었다.

한편 2011년 10월 26일 서울시장 보궐선거에서 범야권 단일후보 박원순이 당선되었다. 여론 조사에서 압도적 1위를 차지한 안철수가 후보를 양보하고 지지한 것이 큰 힘이 되었다. 컴퓨터 바이러스 백신 V3 개발자로 정치를 한 적이 없는 안철수 열풍은 그만큼 기존 정치권에 대한 불만이 높았음을 보여 주는 현상이었다. 안철수는 18대 대선 여론 조사에서 늘 1위를 차지했던 박근혜도 제쳤다. 11월에는 야권이 통합에 성공하면서 민주통합당이 출범하였다. 위기를 느낀 한나라당은 분위기를 쇄신하기 위해 당명을 새누리당으로 바꾸었다.

박근혜 정부, 국민이 행복한 희망의 새 시대를 열겠다고 선언하다

2012년 18대 대통령 선거에서 새누리당 박근혜 후보는 민주통합당 문재인 후보를 누르고 당선되었다. 유력한 야권 후보였던 안철수가 사퇴를 하면서 문재인 지지를 선언하고, 선거 막판 국가정보원이 선거에 개입한 것이 드러났지만 결과를 뒤집지는 못했다. 박 후보는 1987년 직선제가 실시된 뒤 처음으로 과반수 득표율을 기록하였다. 박정희 전 대통령의 딸로 '근대화 기억'을 가진 50대와 60대 이상 유권자의 절대적인 지지를 받았다.

박근혜 정부는 경제부흥, 국민행복, 문화융성, 평화통일 기반 구축을 국정 기조로 내세웠다. 이를 위해 전국에 창조 경제 혁신 센터를 설립하고 경제를 활성화시키려 하였다. 국민 모두가 문화를 누릴 수 있도록 참여할 기회를 늘리고 스포츠를 활성화시키는 정책을 펼쳤다. 나아가 콘텐츠 산업을 육성하고 고부가 관광을 실현하여 문화와 산업을 융합시키려 하였다.

세월호, 국정 교과서, 그리고 탄핵

2014년 4월 16일 인천을 떠나 제주로 가던 세월호가 전라남도 진도 앞바다에서 침몰하였다. 수학여행을 떠난 단원고 학생과 일반 승객 등

"2014년 4월 16일,
국가는 존재하지 않았다."

부재의 기억

〈부재의 기억〉 포스터
〈부재의 기억〉은 현장 영상과 통화 기록을 중심으로 2014년 4월 16일 그날 국가는 어디에 있었는지 묻는 다큐멘터리다. 2020년 제92회 아카데미 단편 다큐멘터리 부문 후보에 올랐다.

304명이 사망하였다. TV로 생중계되는 현장을 보면서 국민들은 안타까움과 함께 박근혜 정부에 실망하고 분노하였다. 국민의 생명과 안전을 지켜야 할 정부가 국가적 재난에 제대로 대응을 하지 못하였기 때문이다. 유가족과 시민들은 세월호 사건의 진상 규명과 재발 방지를 위한 대책을 요구하였다.

2015년 10월 박근혜 정부와 새누리당은 한국사 교과서가 좌편향되었다며 역사 교과서를 국정화하겠다고 공식 발표하였다. 역사 교과서가 좌편향되었다는 비판이 시작된 때는 2003년이었다. 보수 세력들과 한나라당은 김영삼 정부 때 검정으로 바뀐 한국 근현대사가 친북 반미 반재벌의 입장에서 서술되었다고 주장하였다. 비판은 2010년 국정 국사와 근현대사를 한국사를 합치고 검정 체제로 만든 다음에도 이어졌다. 2013년에는 보수 세력들이 역사 교육을 바로잡겠다며 검정 교과서를 만들었다. 그러나 교학사에서 나온 이 교과서를 채택한 고등학교는 보수 세력의 적극적 지원에도 불구하고 한 곳도 없었다.

국정화에 맞서 역사 교사와 역사학자는 물론 시민 단체들이 거세게 반대하였다. 대다수 국민들도 '다양성은 민주주의의 기본 원리'라며 여기에 손을 들어주었다. 그러나 박근혜 정부는 국정화에 박차를 가하여 2016년 5월 초에 국정 역사 교과서 초고본을, 이듬해 1월에 최종본을 만들었다.

2016년 후반에는 비선 실세가 대통령 취임 전부터 국정을 마음대로 주물렀다는 사실이 밝혀졌다. 박근혜 대통령과 가까운 사이였던 최순실이 인사와 정책에 깊숙이 관여하였고, 대통령을 앞세워 이권을 챙겼다는 것이다. 믿기지 않는 사실이 드러나자 여론이 들끓었다. 박근혜 대통령은 여러 차례 담화문을 발표하였지만 소용이 없었다. 시민 단체들은 '박근혜 정권 퇴진 비상 국민 행동'을 만들어 촛불 시위를 시작하였다. 주말마다 전국 곳곳에서 열린 시위에 수많은 시민이 촛불을 들고 참여하여 대통령 탄핵과 관계자 처벌을 요구하였다. 10월에 시작한 촛불은 이듬해 4월까지 모두 1,700만이 훌쩍 넘는 시민이 참여하였다. 탄핵 요구가 빗발치는 가운데 2016년 12월 9일 국회에서 박근혜 대통령 탄핵 소추안이 가결되었다. 새누리당이 과반수였지만 찬성 234표로 재적 2/3를 훌쩍 넘었다. 2017년 3월 10일에는 헌법재판소가 전원일치로 대통령을 파면하였다. 박근혜 전 대통령은 31일 구속 수감되었다.

2017년 5월 치러진 19대 대통령 선거에서 더불어 민주당 문재인 후보가 제19대 대통령에 당선되었다. 문재인 대통령은 취임하자마자 국정 교과서를 폐지하였다.

서울 광화문 광장에서 열린 6차 주말 촛불집회
12월 3일 서울 광화문 광장에서 열린 박근혜 대통령 퇴진을 요구하는 6차 주말 촛불집회에 참가한 시민들이 촛불을 들고 청와대 방향으로 행진하고 있다. 박근혜 대통령 퇴진 촉구 비상국민행동은 이날 광화문에 모인 170여만 명을 비롯하여 부산 20만 명, 광주 15만 명, 대전 6만 명, 대구 5만 명, 제주 만여 명 등 전국에서 약 230만 명이 참여했다고 밝혔다. 1987년 6월 항쟁 때에 비해 2배 규모로 헌정 사상 최대 규모였다.

천안함 침몰과 연평도 포격 사건

인양된 천안함 함수

• 천안함 침몰

2010년 3월 26일 백령도 근처에서 해군 초계함 천안함이 침몰하였다. 승조원 104명 가운데 40명이 사망하고 6명이 실종되었다. 저녁 9시가 지난 밤늦은 시간에 전해진 비극적 사건으로 온 나라가 발칵 뒤집혔다. 북한과 관련이 유력한 가운데 이명박 대통령은 "(침몰) 원인을 어느 누구도 부인할 수 없도록 조사하고, 정부는 단호한 조치를 해야 한다"라고 말했다.

객관적이고 정확한 조사를 위해 이명박 정부는 한국과 오스트레일리아, 미국, 스웨덴, 영국 등 5개국 전문가로 구성된 합동조사단을 꾸렸다. 조사단은 5월 20일 '천안함이 조선 민주주의 인민 공화국의 어뢰 공격으로 침몰하였다'고 발표했다.

조사 결과는 유엔 안전보장이사회에 올려져 7월 9일 천안함을 침몰시킨 행위를 비난하는 의장성명을 채택했다. "북한이 천안함 침몰의 책임이 있다는 결론을 내린 한국 주도 아래 5개국이 참여한 '민·군 합동조사단'의 조사 결과에 비춰 깊은 우려를 표명한다." 그러나 북한이 부인하고 중국과 러시아가 반대하였기 때문에 "안보리는 이번 사건과 관련이 없다고 하는 조선 민주주의 인민 공화국의 반응, 그리고 여타 관련 국가들의 반응에 유의한다"는 내용도 넣었다. 어정쩡한 성명만큼이나 조사 결과에 대한 의견도 엇갈렸다. 2010년 6월 행정안전부가 실시한 '국민 안보의식 여론조사'에서는 75.4%가 정부 발표를 믿는다고 응답하였다. 그런데 9월 서울대 통일평화연구소가 발표한 '2010 통일의식 설문조사'에서는 조사 결과를 신뢰한다는 응답자가 32.5%, 신뢰하지 않는다고 35.7%, '반반'이라고 한 사람이 31.7%였다. 사건 발생 5년이 지난 2015년 〈뉴스타파〉가 실시한 여론조사에서 천안함 조사 결과를 신뢰한다고 대답한 사람은 39.2%였다. 믿지 못하겠다고 답한 비율이 47.2%였고, 불신 해소를 위해서라도 재조사가 필요하다는 응답이 48%였다.

북한 포격으로
불타고 있는 연평도

• 연평도 포격

2010년 11월 23일 오후 2시 30분 오전 연평도 주둔 해병대는 포격 훈련을 준비하고 있었다. 8시 20분 조선 민주주의 인민 공화국은 남북 장성급 군사회담 북측 단장 이름으로 통지문을 발송했다. "조선 민주주의 인민 공화국 영해에 대한 포 사격이 이루어질 경우 즉각적인 물리적 조치를 경고한다."

대한민국 국방부는 통상적인 훈련이라며 중단 요청을 거절하고 예정대로 10시 15분부터 오후 2시 24분까지 3,600여 발을 사격했다.

훈련이 끝나고 얼마 지나지 않은 오후 2시 30분쯤 갑자기 조선 민주주의 인민 공화국이 대연평도에 포격을 가하였다. 피격 뒤 대한민국 해병대는 곧 대연평도 건너편에 있는 북한 무도 포진지와 개머리 포진지를 포격하였다. 휴전 협정 뒤 북한이 처음으로 대한민국 영토를 직접 포격하여 민간인이 사망한 사건이었다.

포격으로 쌍방은 상당한 피해를 입었다. 남한은 해병대원 2명이 전사하고 16명이 중경상을 입었다. 민간인은 2명이 사망하고 3명이 중경상을 입었다. 주택 수십 채와 차량 등이 부서지고 불에 탔다. 북한은 공식적인 발표는 없었지만 12월 4일 일본 교도통신이 "4명의 사망자가 발생한 대한민국보다 수 배 많았다"고 보도하였고, 2012년 3월 2일 자유아시아방송은 조선 인민군 군인 10명이 사망하고 30명이 부상했다고 보도했다.

사선이 일어나자 대한민국과 국세 사회는 조선 민주주의 인민 공화국을 규탄했지만 북한은 정당한 군사적 대응이었고 모든 책임은 대한민국에 있다고 주장했다. 천안함 침몰 사건에 이어 8개월 만에 벌어진 이 사건으로 남북한 사이 갈등은 더욱 심화되었다.

16

한국 경제의 성장과 위기

수출만이 살길이다

박정희 정부는 1962년 제1차 경제 개발 5개년 계획을 본격적으로 추진하였다. 처음에는 국내 자본으로 수입 대체 산업을 길러 경제적 자립을 이루려고 하였다. 하지만 국내 저축률이 낮고 기술이 모자라자 1964년 수출 중심 성장 전략으로 계획을 수정하였다. 내부 지향적이고 자국 중심적 정책에서 대외 지향적이고 외국 자본을 적극 도입하는 방향으로 바꾼 것이다. 여기에는 기업가의 요구도 있었지만 무엇보다 미국의 권유가 크게 작용하였다.

미국은 1950년대 중반부터 한국 정부에 장기적인 경제 발전 계획을 세우라고 종용하였다. 한국이 빈곤에서 벗어나야 동북아시아 정세를 안정시킬 수 있다고 보았기 때문이다. 이를 위해 일본과 관계를 정상화하여 긴밀한 경제적 유대 관계를 맺으라고 권유하였다. 결과적으로 경제 개발 전략 수정은 이런 요구를 받아들인 것이다.

외환 보유고가 1963년 약 1억 달러로 바닥난 것도 중요한 이유였다. 국가 부도를 막으려면 수출로 외화를 벌지 않으면 안 되었다. 이를 위해 환율을 올리고 금리를 높였으며 국제 경제 협정에 가입하였다.

경제 개발에 필요한 자금은 서독과 미국, 일본 등에서 빌려왔다. 차관과 함께 서독에 파견된 광부와 간호사, 베트남 참전 군인과 노동자 들이 피땀 흘려 번 외화도 경제 성장에 큰 몫을 하였다. 이 돈을 의류, 신발, 가발 등 노동 집약적 산업에 집중 투자하여 수출을 늘려 나갔다.

박정희 정부는 '수출만이 살길이다'라는 구호를 내걸고 군사 작전 하듯이 수출을 독려하였다. 수출품을 생산하는 기업에는 세금 감면, 관세 면제 등 여러 특혜도 주었다. 그 결과 수출은 크게 늘어나고 경제 상황이 좋아졌다. 여기에 힘입어 1967년부터 제2차 경제 개발 5개년 계획을 시작하였다. 2차 때는 경공업과 함께 비료, 시멘트, 정유 등 기간 산업을 육성하였다. 도로와 항만 등 사회 간접 자본을 확충하여 경제 발전의 토대를 탄탄하게 하는 데도 힘을 쏟았다. 많은 반대를 무릅쓰고 건설한 경부 고속 국도는 국토의 대동맥으로 산업 발달에 큰 구실을 하였다. 철강 공업의 중요성을 인식하고 포항 종합 제철을 건설하기 시작한 것도 이 무렵이었다.

1966년부터 1977년까지 12년간 광부 7,932명과 간호사 10,226명이 서독으로 파견되었다 이들은 힘든 생활을 하면서도 월급 대부분을 가족에게 송금하였다. 한때 그해 수출한 총액의 20%, GNP의 2%에 상당하는 큰돈이었다.

경부 고속 국도 개통식
1970년 7월 7일. 경부고속국도 개통식에서 박정희 대통령이 육영수 여사와 함께 테이프를 자르고 있다.

경부 고속 국도 건설 계획을 발표하자 야당을 비롯한 많은 사람들이 반대하였다. 이유는 도로 건설 자체가 아니라 우선 순위 때문이었다. 일제는 대륙 침략을 위해 남북 교통 수단은 어느 정도 갖춰 놓았지만 동서 간 교통망은 신경을 쓰지 않았다. 따라서 국토 균형 발전을 위해서는 경부가 아니라 동서를 잇는 도로 건설이 더 시급하다고 주장하였다. 세계 경제 은행IBRD도 경부 고속 국도가 아닌 서울~강릉, 포항~부산~순천~여수~광주, 삼척~속초, 대전~목포 간 고속 도로를 건설하면 차관을 제공하겠다고 제안하였다.

경부 고속 국도는 산업의 대동맥으로 경제적 효과만 아니고 전국을 1일 생활권으로 만들어 사는 방식과 가치관에도 영향을 미쳤다. 하지만 서울과 부산을 축으로 경제가 발전하여 지역 편중을 심화시켰고, 도시와 농촌 사이 문화 격차도 커졌다.

경부 고속 국도는 1968년에 착공하여 2년 5개월이라는 놀라운 속도로 완공되었다. 군사 작전 하듯 휴일도 없이 날마다 19시간 이상 강행군하였기 때문이다. 건설 비용도 다른 나라에 비교도 안 되게 적은 금액이 들어갔다. 이 때문인지 개통 뒤 10년 동안 보수 공사에 들어간 비용이 건설 총비용을 넘었다고 한다.

1, 2차 경제 개발 계획 기간 한국 경제는 눈부시게 성장하였다. 연간

• 그래프로 보는 대한민국의 경제 성장

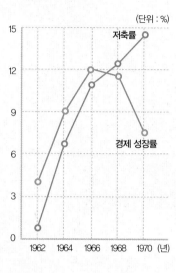

경제 성장률과 저축률

수출액

(통계청, 「한국 통계 연감」)

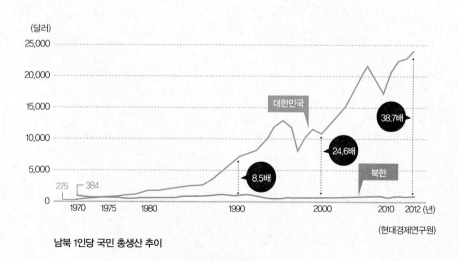

남북 1인당 국민 총생산 추이

경제 성장률은 두 자릿수에 가까웠고 수출은 20배 이상 늘어났다. 1인당 국민 총생산은 약 2배 늘어나 북한을 따라잡았다.

이런 성과는 먼저 정부와 기업인들이 정책을 효과적으로 세우고 실천한 덕분이었다. 맨땅에 헤딩하듯이 기업인들은 해외 시장을 개척하였다. 정부는 이들에게 각종 특혜를 주고 수출을 많이 하면 산업 훈장을 주며 격려하였다. 하지만 무엇보다 내일을 위해 허리띠를 졸라맨 국민들이 있었기 때문에 가능한 일이었다. 가발과 섬유 공장에서 가족을 위해 열심히 일한 여성 노동자, 서독과 베트남까지 가서 외화를 벌어 온 노동자와 간호사들이 흘린 피땀이 없었다면 이런 성과를 거두기 힘들었을 것이다. 또한 미국이 동아시아 지역을 안정시키기 위해 차관을 제공하고 기술을 이전한 것도 큰 힘이 되었다. 국교 정상화 대가로 일본이 제공한 자금도 한몫하였다.

경제는 성장했지만……

잘나가던 경제는 1960년대 말 위기를 맞이하였다. 세계 경제가 침체되면서 수출이 줄어든 것이다. 많은 기업들이 사채와 외채를 갚지 못해 문을 닫거나 은행 관리로 넘어갔다. 대기업들도 자본금의 몇 배에 달하

• 모든 기업의 부채를 동결하다

8 · 3조치의 핵심 내용은 '기업들이 진 부채를 3년간 상환 유예한다. 3년 뒤부터 5년에 걸쳐 시중 금리보다 훨씬 싼 월리 1.35%(연리16%)로 분할 상환한다. 정부가 조달한 2,000억 원으로 기업이 빌린 단기 은행 부채 30%를 연리 8%에 3년 거치 5년 분할 상환 형식으로 지원해 준다'는 것이었다.
자본주의 체제에서는 있을 수 없는 이 조치로 부채를 많이 쓴 기업일수록 혜택을 더 많이 받게 되었다. 의도한 것은 아닐지라도 기업의 도덕적 해이를 조장하고 차입 경영의 타성을 강화하였다. 어쩌면 1997년 외환 위기는 여기서 싹이 튼 것일 수도 있다.

제1회 수출의 날 기념식(왼쪽)과 마산 수출 자유 지역(오른쪽)
정부는 1964년 11월 30일 수출 1억 달러를 달성하자 이날을 '수출의 날'로 지정하였다. 기념식에는 대통령이 직접 참여하여 기업인들에게 산업훈장을 수여하며 격려하였다. 1970년에는 마산 수출 자유 지역을 운영하고 외국인 투자와 양질의 국내 노동력을 결합, 한국 수출 산업의 경쟁력을 높이는 데 기여하였다.

는 빚으로 위기를 맞았다. 이를 타개하기 위해 정부는 일부 부실 기업을 정리하고 환율을 올리고 금리를 낮추었다. 나아가 1972년 8월 사채 동결, 금융 특혜 등 초헌법적인 조치로 특혜를 주었다.^{8·3조치}

또한 마산^{창원}, 이리^{익산} 등에 수출 자유 지역을 만들어 외국인 직접 투자를 유도하였다. 생산한 모든 제품을 수출하는 조건으로 기반 시설을 제공하고, 관세 유보와 조세 감면 등 특혜를 주었다. 외채 부담을 줄이고 수출을 늘리기 위해서였다. 파격적인 조치로 경제는 위기를 벗어나 높은 성장률을 이어 나갔다.

하지만 산업이 고루 성장하지 못하였고 기술과 자본을 외국에 의존하게 되었다. 무역 수지도 적자였다. 수출이 늘어난 만큼 원자재와 기계 수입이 늘어났기 때문이었다. 수출 산업이 성장할수록 외국 자본 도입 규모도 점점 커졌다. 늘어난 외채는 '차관 망국론'이 불거질 정도로 점점 경제를 압박하였다.

수출을 늘리는 데 집중하느라 노동 조건 개신과 노동자 권익 향상 등은 뒷전으로 밀려났다. 1960년부터 1969년까지 노동자 임금 상승률은 경제 성장률에 훨씬 못 미치는 3.4%에 그쳤다. 평균 노동 시간은 오히려 늘어났다. 노동자들은 열악한 작업 환경에서 저임금과 장시간 노동에 시달렸다. 저임금 정책은 저곡가 정책으로 이어졌다. 노동자의 기초 생활비 수준을 낮춰야 임금 인상 압력을 완화시킬 수 있었기 때문이다. 저곡가는 농가 경제를 압박하여 농민들을 도시로 가게 만들었고, 풍부한 노동력은 저임금을 유지할 수 있게 하였다.

신흥 공업국으로 진입하다

박정희 정부는 제3, 4차 경제 개발 5개년 계획¹⁹⁷²~¹⁹⁸¹에서는 중화학 공업을 육성하는 쪽으로 방향을 돌렸다. 경공업을 중심으로 한 경제 발

• '혼식으로 부강하고 분식으로 건강 찾자'

1963년에 나온 '삼양라면'. 한 봉지 가격이 10원이었다.

1970년대 혼·분식을 장려했던 농림부와 보건사회부의 포스터.

박정희 정부는 주식인 쌀값을 낮게 유지하려고 하였다. 쌀값이 올라가면 생활비가 더 들고 임금을 높여 달라는 목소리가 커질 수밖에 없기 때문이다. 이를 위해 정부는 쌀 생산량을 늘리기 위해 노력하는 한편 소비량을 줄이기 위한 정책도 실시하였다.

우선 혼·분식이 쌀밥보다 건강에 좋다는 선전을 대대적으로 하였다. 학교에서 도시락 검사를 하여 가정에서도 혼식을 하게 유도하였다. 동시에 분식을 장려하였다. 수요일과 토요일을 '분식의 날'(무미일)로 정해서 모든 음식점에서 밀가루 음식을 팔게 하였다. 행정명령을 위반하면 엄중한 처벌을 받았다.

1963년에는 라면이 등장하였다. 처음 일본에서 기술을 들여와서 만든 라면은 한국인의 입맛에 맞지 않았다. 그러나 곧 입맛에 맞게 개발하여 싼값에 허기를 면할 수 있는 음식으로 선풍적인 인기를 끌었다.

전이 한계에 부딪쳤기 때문이었다. 정부는 철강, 화학, 기계, 조선, 전자, 비철 금속 등을 전략 업종으로 삼아 집중 투자하고, 중화학 제품을 수출하는 기업에 세금과 금융 지원을 하였다.

이를 위해 동남해안을 중심으로 대규모 공업 단지를 만들었다. 포항 제철소를 비롯하여 울산과 거제 등에는 조선소가 들어섰다. 또한 창원, 구미, 울산과 여수에 기계, 전자, 석유와 화학 공업 단지가 조성되었다. 여기에 필요한 전력을 공급하기 위해 고리, 월성 등에 원자력 발전소를 건설하였다.

4차에 걸친 경제 개발 5개년 계획이 성공적으로 이뤄지면서 경제 구조는 크게 바뀌었다. 농업 국가에서 공업 국가로 되었고, 경공업 중심에서 중화학 공업의 비중이 50%가 넘게 되었다. 1977년에는 수출액이 100억 달러를 넘어섰고, 연평균 8.9%라는 놀라운 경제 성장을 이루었다. 이리

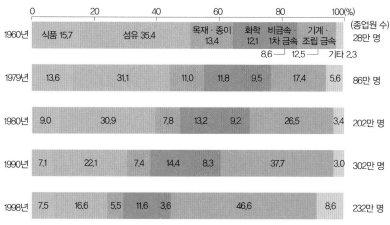

(『한국 통계 연감』, 1999)

공업 구조의 변화
제1, 2차 경제 개발 5개년 계획으로 우리나라는 신흥 공업국이 되었다. 제조업체 숫자가 1963년 18,310개에서 1971년 23,412개로 늘어났고, 종업원도 약 40만에서 85만 명으로 2배 이상 늘었다. 공업 구조도 1961년 경공업과 중화학 공업 비율이 71:29였던 것이 1971년에는 61:39로 역전되었다. 박정희 정권은 1972년 유신을 선포하면서 "10월 유신, 100억 달러 수출, 1,000달러 소득"을 되풀이 강조했다. 이후 '국민소득 1천 달러, 수출 100억 달러'는 대한민국 선진화의 상징이 되었다. 이 목표는 원래보다 4년이나 앞당겨진 1977년에 이루어졌다.

하여 우리나라는 본격적인 산업 사회로 진입하여 신흥 공업국으로 떠오르게 되었다. 보릿고개는 사라지고 살림살이는 크게 나아져 내일에 대한 희망을 갖게 되었다. 전쟁의 폐해를 딛고 세계 최빈국이었던 나라가 이룬 이 놀라운 성장을 세계는 '한강의 기적'이라 불렀다.

그러나 성장의 혜택은 고루 돌아가지 않았다. 대기업이 세계적인 기업으로 성장하는 동안 중소기업은 갈수록 홀로 서기가 힘들어졌다. 정부가 대기업 위주로 경제 발전 정책을 폈기 때문이다. 대기업은 세금, 금융 등 각종 혜택을 받았다. 은행에서 돈을 빌릴 때도 일반인에 비해 이자를 1/5만 내면 되었다. 이런 특혜는 정경 유착과 부정부패를 낳는 고리가 되었다.

빈부 차이가 커지고 소득 양극화도 점점 심해졌다. 상위 소득자들은 평균 성장률보다 더 많은 소득을 올렸지만 하위 소득자들은 그렇지 못했다. 경제가 성장하면서 일자리는 많아졌어도 노동자들은 여전히 낮은 임금에 시달리고 있었기 때문이다.

여기에 땅값 상승이 양극화를 부채질하였다. 경제 성장과 함께 땅값도 크게 올랐다. 1963~1979년 사이 무려 100배가 뛰었다. 지가 상승으로 얻는 불로 소득이 생산 소득보다 2.5배나 많았다. 땅을 많이 소유한 기업과 상위 소득자들은 힘들이지 않고 엄청난 소득을 챙길 수 있었다. 반면 땅이 없는 하위 소득자들은 상대적으로 더 가난하게 되었다.

지역 간 불균형도 심화되고 도시와 농촌 사이 소득 격차도 갈수록 커졌다. 1970년 농가 1인당 실질 소득은 도시 근로자 가구의 68.7%였지만 1980년에는 62.4%로 낮아졌다. 1인당 GNP를 비교해 보면 1961년에는 농민 1인당 GNP가 전체 1인당 GNP의 74.3%였다. 1970년에 62.7%로, 1979년에는 55.8%로 떨어졌다.

수출 주도형 중화학 공업화 정책은 세계적인 산업 구조 재편과 맞물려 추진되었다. 이 무렵 선진 국가들은 산업 중심을 공해가 적고 부가 가치가 높은 첨단 산업으로 옮겼다. 대신 많은 노동력이 필요하고 공해와 산업 재해 등으로 사회 문제가 된 중화학 공업은 개발도상 국가에 넘겼다. 이 기회를 잘 활용하여 우리는 경제 성장을 이룰 수 있었지만 공해와 산업 재해라는 피해를 떠안을 수밖에 없었다. 1973년부터 1983년까지 산업 재해로 죽은 노동자는 12,000명이 넘었다. 크고 작은 부상을 입은 사람도 120만 명이 넘었다.

　여기에 자본과 기술을 외국에 의존하는 정도가 갈수록 커졌다. 특히 국교 정상화 뒤 가까운 일본에서 각종 기계와 기술은 물론 공장 건설 자금이 물밀듯이 들어왔다. 당연히 일본에 대한 의존도가 미국에 못지않게 커져 갔다.

• 죽음의 인견사 기계―일본에서 한국 그리고 중국으로 가다

원진 레이온(주)은 국내에서 유일하게 비스코스 인견사(레이온)를 생산하였다. 인견사는 펄프를 재료로 실을 뽑아 낸다. 이 과정에서 이황화탄소 등 화공 약품이 대량으로 투입된다. 이황화탄소는 2차 대전 때 독일이 신경 독가스의 원료로 쓴 치명적인 유해 물질이다. 대량 흡입하면 질식사하고 장기간 흡입하면 뇌신경을 마비시킨다. 별다른 안전 설비 없이 이황화탄소를 들이마신 노동자들은 1993년 폐업 때까지 127명이 죽고 1천여 명이 중독되었다. 이들은 팔다리가 뒤틀리고 언어 장애에 기억력이 떨어지는 고통을 겪고 있다.

원진 레이온 공장

1964년 들어온 기계는 일본 도레이 레이온사에서 약 20년 동안 사용하던 것이었다. 이 기계는 폐기되지 않고 1994년 중국에 수출되었다. 이 사실을 안 원진 노동자들은 온 힘을 다해 반대하였다. 중국 노동자들에게는 이 기계가 맹독 가스를 배출한다는 사실을 알리려 했다. 하지만 중국 정부가 거절했고, 지금도 중국 단둥시 섬유 공장에서 이황화탄소를 계속 배출하고 있다.

Viscose rayon　줄여서 '비스코스'나 '레이온'이라고 하는 이 섬유는 인공으로 만든 비단실이다. 인견은 은은한 광택을 내는 가벼운 느낌의 직물로 통풍성도 좋고 까실한 질감으로 '냉장고 섬유'라 불린다. 여름 침구나 잠옷, 블라우스 등을 만드는 데 주로 쓰이고 있다. 정전기도 거의 없어 속옷에도 잘 어울린다.

석유 파동, 한국 경제를 위기로 몰아넣다

경제 규모가 커짐에 따라 석유를 비롯한 원자재에 대한 수요도 커져 갔다. 하지만 석탄과 석회석 등 일부를 빼면 대부분 원자재는 수입을 해야 했다. 1973년 10월 제4차 아랍-이스라엘 전쟁이 일어나면서 '제1차 석유 파동'이 일어났다. 아랍 석유 수출국 기구ᴼᴬᴾᴱᶜ와 석유 수출국 기구 ᴼᴾᴱᶜ는 이스라엘을 지원하는 구미 선진국을 겨냥하여 원유 가격을 대폭 인상한 것이다.

'제1차 석유 파동'으로 세계 경제는 큰 혼란에 빠졌다. 원유 가격이 약 4배 가까이 뛰면서 전 세계적으로 경제 성장률을 크게 떨어뜨렸다. 1975년 서방 선진국은 마이너스 성장을 기록하였고 무역 수지는 적자로 돌아섰다. 물가도 크게 올랐다. 반면 1974년 석유 수출국 기구 국가들은 무역 수지 흑자액이 무려 600억 달러에 이르렀다.

원유를 100% 수입하던 우리나라도 어려움을 겪을 수밖에 없었다. 그렇지만 유가 폭등으로 큰돈을 번 서아시아 산유국들이 대대적으로 건설 공사를 벌이면서 오히려 약이 되었다. 국내 업체들이 대거 서아시아 건설 현장에 뛰어들어 '오일 달러'를 벌어 왔기 때문이다. 아직 전체 산업에서 경공업이 차지하는 비중이 높아 석유 의존도가 낮았던 것도 충격이 덜했던 중요한 이유였다.

1979년에 제2차 석유 파동이 일어났다. 2차는 세계 2위 석유 수출국 이란에서 친미 왕정을 무너뜨린 이슬람 혁명이 일어나면서 시작되었다. 세계 경제는 다시 충격을 받았지만 1차만큼은 아니었다. 많은 나라들이 석유 의존도를 줄이는 등 나름 석유 파동 사태에 대비하였고 원유값 인상폭도 약 2.4배로 적었기 때문이다.

하지만 한국은 1차보다 더 큰 충격을 받았다. 정부와 기업들이 1차 파동 뒤에도 별다른 대비책을 세우지 않고 너도나도 에너지 소비량이 많은 중화학 공업에 투자를 계속하였기 때문이다. 중화학 공업이 전체 산업에

서 차지하는 비중이 커지자 에너지 소비가 크게 늘었다. 그 가운데 60%
이상이 석유였다.

2차 파동으로 석유 가격을 비롯하여 물가가 크게 올랐다. 오른 석유
값을 감당하지 못해 1979년 7월 서울 시내 음식점 약 300곳이 문을 닫았
다. 8%대를 유지하던 경제 성장률은 1979년에는 6.5%, 1980년에는 마
이너스 5.2%로 떨어졌다. 무역 수지 적자도 1979년 42억 달러, 1980년
53억 달러로 늘어났다. 1차 파동 때보다 2배 가까이 늘어난 외채는 경제
에 큰 부담이 되었다. 여기에 유신 체제에 대한 불만이 높아지면서 부마
민주 항쟁을 계기로 박정희 정권이 무너졌다.

3저로 위기에서 벗어나다

경제 위기를 탈출하기 위해 전두환 정부는 주식과 증권 시장을 일부
개방하고 외국인 직접 투자도 확대하였다. 외채에 대한 부담을 줄이고
선진 기술을 배울 수도 있었기 때문이다.

또한 산업 구조 조정을 하고 부실 기업을 정리하였다. 부실 기업을 인
수하면 세금과 부채를 감면하거나 저금리 자금을 융자하는 특혜를 주었
다. 유망 산업에 대해서는 첨단 기술의 개발과 국제 경쟁력 강화를 위한
지원을 아끼지 않았다. 하지만 구조 조정에 따른 흡수 합병은 정경 유착
을 더욱 심화시켰다. 재벌에 경제력이 한층 집중되는 부작용도 가져왔다.

점차 안정을 되찾아 가던 경제는 1980년대 중반부터 저유가, 저금리,
저달러라는 이른바 '3저 호황'을 맞이하였다. 자동차와 반도체, 가전제
품, 기계와 철강 등을 중심으로 1986년부터 3년 동안 연평균 성장률이
12%가 넘는 고도 성장을 달성하였다. 수출도 늘어나 1986년에는 처음으
로 46억 달러 경상 수지 흑자를 기록하였다.

1990년대부터 정부는 기업의 자율성을 높이고 상품과 자본 시장을 개
방하였다. 급격한 자율화와 개방은 무분별한 외화 빌리기, 빚으로 기업

규모 늘리기 등 문제점을 드러내며 외환 위기를 맞기도 했다. 외환 위기를 거치면서 삼성, 현대 등 일부 재벌에게 경제력이 더욱 집중되었다. 부유층은 금융 자산과 부동산으로 재산을 더욱 늘렸다. 반면 기업 경쟁력 강화가 강조되면서 직장을 잃거나 정규직에서 비정규직으로 내몰린 노동자가 많아졌다. 고용이 불안해지면서 이들 가운데 상당수는 절대 빈곤층으로 떨어졌다. 이처럼 심화된 양극화 문제는 현재 우리 경제가 안고 있는 큰 과제 중 하나이다.

2000년대 들어 외환 위기를 극복하면서 경제 성장은 꾸준히 이어져, 2010년에는 세계 10대 무역국으로 성장하였다.

세계화 시대, 새로운 과제에 직면하다

1970년대 두 차례 석유 파동으로 경제가 나빠지자 각국은 무역 장벽을 높였다. 이를 우려한 선진 자본주의 국가들은 주변국 국가에게 자유화, 개방 압력을 넣었다. 1986년에는 '다자간 무역 협상 개시를 위한 각료 선언'^{우루과이 라운드}을 하였다. 우루과이 라운드는 제각기 다른 각국의 사정 때문에 수년간 협상이 이어졌다. 마침내 1995년 GATT 체제를 대신할 세계 무역 기구^{WTO}가 탄생하였다.

WTO 출범으로 GATT 체제 밖에서 관리되었던 농산물, 섬유, 철강, 지적 재산권 등이 전면 개방되었다. 시장 원리에 입각한 자유 경쟁이 강화되고 다국적 자본은 더욱 자유로운 활동을 보장받게 된 것이다. 이 시기에 본격적으로 등장한 정보 통신 기술 혁명은 세계 시장을 하나로 묶고 자본과 상품이 국경을 넘어 자유롭게 넘나들 수 있는 세계화의 흐름에 엄청난 탄력을 붙여 주었다.

다국 간 협상체인 WTO와 별도로 각국은 양국 간 협상으로 시장을 통합하는 자유 무역 협정^{FTA}도 진행하였다. 한국도 칠레, 싱가포르, 미국, 중국 등 45개국과 자유 무역 협정을 맺었고 오스트레일리아, 이스라엘

등과 협상을 하고 있다. 자유 무역 협정은 관세 장벽 없이 상대국 시장에 접근할 기회를 얻게 되는 동시에 상대국 자본 및 기술과 대등한 경쟁을 벌여야 하는 어려움을 맞게 한다. 특히 농업, 축산업과 의료, 법률 등 서비스 산업은 몰락할지도 모른다는 위기감이 높아지고 있다.

17

사회와 문화가 바뀌다

사회가 변화하다

한국 사회는 경제 발전과 함께 빠르게 변화하였다. 걸핏하면 끊기던 전기는 1964년 무제한 송전을 시작하였다. 물론 곧바로 전국 모든 공장과 가정집에 전기가 공급된 것은 아니었다. 1969년 말 전기가 들어오지 않는 집은 약 60% 정도나 되었다. 두메산골과 섬까지 전기가 들어간 것은 1980년 초반이었다.

전기가 안정적으로 들어오면서 전등과 전화, 가전 제품 등이 보급되어 갔다. 1970년대 말 한 집 건너 냉장고가 있었고, 1980년대에는 대부분 집에서 텔레비전으로 방송을 보았다. 1990년대에는 자동차가 대중화되었다. 가전 기기가 보급되면서 가사 노동 시간이 줄고 여가 시간이 늘어났다. 여가 생활 방식도 자동차가 보급되자 바뀌었다.

도시에는 지하실을 둔 단층 또는 2층 양옥이 보급되었고 아파트가 등장하였다. 처음 주로 서민층이 살던 아파트는 중산층으로 확산되었고, 점차 단독 주택보다는 아파트에 사는 사람들이 많아졌다. 1978년에만 해도 5% 조금 넘던 아파트 주거 비율은 1990년 28%, 95년에는 41%,

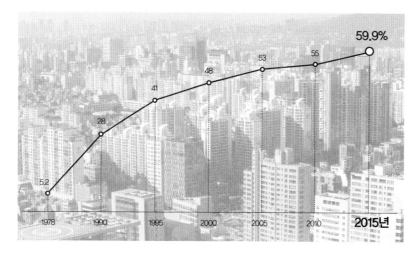

59.9%

55

53

48

41

28

5.2

1978 1990 1995 2000 2005 2010 **2015년**

아파트 주거 비율

2000년에는 48%, 2015년에는 약 60%까지 올랐다. 여기에 다세대 주택을 포함하면 전체 인구의 79%가 넘는 사람이 공동 주택에 살고 있다.

대도시에는 고층 빌딩이 스카이라인을 바꾸어 놓았다. 난방과 취사도 연탄을 대신하여 석유와 도시가스를 이용하게 되었다.

도로와 철도도 크게 늘어났다. 서울과 부산을 잇는 경부 고속 국도를 시작으로 전국에 고속 국도가 촘촘히 만들어지고 2004년 고속 철도가 개통되었다. 이제 전국 어디를 가든 하루면 다녀올 수 있게 되었다. 일일 생활권 시대와 함께 통신 기술도 발달하여 휴대 전화와 인터넷이 널리 보급되었다.

산업 발달로 제조업과 서비스 산업 등 2, 3차 산업이 농어업을 제쳤다. 1990년 전체 산업에서 농어업은 10%도 되지 않았고, 3차 산업이 60%를 넘게 차지하였다. 산업화와 함께 도시 인구가 빠르게 늘어났다. 사람들이 일사리가 많고 교육과 문화 시설이 좋은 도시로 몰려들었기 때문이다. 1970년대 중반이 되자 도시에 사는 사람들이 농촌보다 많아졌다. 도시 인구는 갈수록 빨리 늘어나 2005년에는 전체 국민 가운데 90% 이상이 도시에 살게 되었다. 특히 서울과 부산, 대구 등 대도시와 울산,

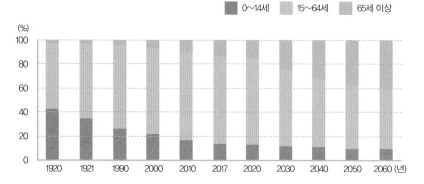

연령별 인구 구성비 [통계청(2016), 「장래인구추계 : 2015~2065년」]

포항, 광양 등 신흥 공업 도시 인구가 크게 늘어났다.

가족과 인구 구성도 많이 바뀌었다. 3대가 함께 살던 대가족에서 부부 중심의 핵가족으로, 다시 1~2인 가구가 약 50%를 차지하기에 이르렀다. 새로 태어나는 아기 숫자가 점점 줄면서 1970년 전체 인구에서 40%가 넘던 14세 이하 인구가 2010년에는 20% 아래로 내려갔다. 반면 65세 이상 인구는 점점 늘어나 2010년에는 10%를 넘었다.

학교도 크게 변하였다. 우선 학생 수가 엄청나게 늘었다. 1970년 중학교 재학생이 130만여 명이었는데 1985년에는 270만여 명이나 되었다. 넘쳐나는 학생들을 감당할 수 없어 초등학교는 2부제, 3부제 수업을 하였다. 한 반에 50명이 넘는 학생으로 꽉 찬 고등학교 교실은 움직이기도 힘들었다.

진학률도 높아졌다. 1960년 후반까지 50%를 넘지 않던 중학교 진학률은 1970년대에 크게 높아졌다. 고등학교 진학률도 높아져 1990년대에 들어서면서 가고 싶은 학생들은 모두 상급 학교에 갈 수 있게 되었다. 대학 진학률도 70%를 넘었다. 이런 변화는 1968년에 도입된 중학교 무시험 입학제도와 1974년부터 시작된 고교 평준화 정책, 1981년에 실시된 대학 졸업 정원 제도가 기폭제 역할을 했다. 당연히 초중등 학교는 물론 대학교도 크게 늘었고, 방송 통신 대학이나 산업 대학 등 다양한 대학이 세워져 고등 교육 대중화에 기여하였다.

　이런 양적 팽창은 공교육에 대한 투자를 늘리고 무상 교육을 실시하였기 때문이 아니었다. 모든 중학교 학생들이 무상 의무 교육을 받을 수 있었던 때는 2004년이었다. 본인이 교육비를 부담하면서 폭발적 팽창을 이룬 것은 전 세계 어디에서도 유례를 찾을 수 없는 특이한 현상이었다. 중학교에서 대학교까지 국공립 학교보다 사립 학교가 훨씬 많은 것이 이

• 무즙 파동과 뺑뺑이

무즙 엿 파동 보도
전기 중학 입시 때 자연 18번 문제 정답을 '무즙'으로 해서 1점을 잃어 불합격했다고 주장하는 K중. S중, E여중 등 서칭 일류 학교 수험생 학부모 20여 명은 22일 오전 솥에 엿을 만들어 서울시 교육위원회에 나타나 거칠게 항의하였다.

1960년대에는 대학 입시 못지않게 중학교 입학 경쟁이 치열하였다. 이른바 명문 중학교에 가려는 입시 경쟁은 요즘 고3 수험생들과 비슷하였다. 특히 경기중 입학은 경기고, 서울대로 이어지는 '엘리트 코스'의 출발점이었고 학교 교육은 중학 입시에 따라 좌우됐다.

1964년 12월 7일에 실시된 전기 중학 입학 시험에서 '엿기름 대신 엿을 만들 수 있는 것은 무엇인가?'라는 문제가 출제되었다. 정답은 1번 '디아스타제'라고 발표하였다. 하지만 일부 학부모가 2번 무즙으로도 엿을 만들 수 있다며 반발하였다.

우왕좌왕하던 출제 위원회는 최종적으로 1번만 정답으로 처리한다고 확정지었다. 그러자 이 문제를 틀려 자녀가 일류 중학교에 떨어진 학부모들은 집단 소송을 냈다. 이 과정에서 학부모들은 무즙으로 만든 엿을 증거로 제출하고, 엿을 솥째 담아서 시위를 하기도 하였다.

법원은 2번도 정답이라고 판결하였고, 이 문제로 떨어졌던 38명은 정원에 관계없이 입학하였다. 이 사건으로 지나치게 과열된 중학교 입시 문제를 해결해야 한다는 여론이 크게 일어나면서 중학교 시험이 폐지되었다. 1969년 서울을 시작으로 1971년 전국으로 확대된 무시험으로 모든 중학교는 추첨으로 학생들을 배정받았다. 처음에는 수동식 추첨기에 학교를 적은 은행을 넣고 돌려 학교를 배정받았기 때문에 뺑뺑이라고 하였다.

중학교 무시험 추첨
1968년 중학교 배정을 받기 위해 수동식 추첨기로 추첨하고 있다.

를 잘 보여 준다. 그러나 지나친 교육열은 여러 부작용을 낳았다. 학교 수업은 상급 학교 진학에 목표를 맞추었고, 학교 평가는 일류 학교 합격률로 결정되었다. 선행 학습은 당연시되었고, 과외와 학원 등 사교육 시장은 갈수록 커졌다. 급기야 부모의 경제력과 사회적 지위가 자녀의 진학을 결정한다는 소리가 나올 지경에 이르렀다.

도시로 도시로

산업화와 도시화에 따라 농어촌 젊은이들은 도시로 몰려들었다. 1960년대부터 1970년대 농촌 인구는 약 350만 명이나 줄어들어 전체 인구에서 차지하는 비율이 약 30%로 낮아졌다. 이농 현상은 1970년대 후반 들어 더욱 빠르게 진행되었다.

이들이 가장 많이 올라온 곳은 서울과 주변 지역이었다. 1950년대 200만이 안 되었던 서울 인구는 1988년 1천만 명을 넘었고, 2015년에는 전체 인구 가운데 절반이 수도권에 살기에 이르렀다.

도시 인구가 늘어나면서 일자리, 주택, 공해 등 여러 문제가 생겨났다. 집을 얻을 형편이 되지 않은 사람들은 변두리나 높은 지대에 무허가 판

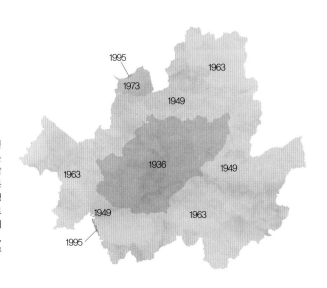

서울시 행정 구역 변천도
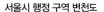
1945년 서울 행정 구역은 8개 구 268개 동이었다. 1949년에 성북구를 신설하면서 268.35㎢로 늘어나고 1963년에는 613.04㎢로 2.3배 늘어났다. 1975년에 성동구에서 한강 남부 지역이 독립하여 강남구가 신설되었고, 1977년에는 영등포구에서 강서구가 분리되어 신설되었다. 1979년에는 은평구, 강동구의 신설로 15개 구가 되었으며, 1980년에는 구로구, 동작구가 신설되어 17개 구에 이르게 되었다. 1988년에는 송파구, 중랑구, 노원구, 서초구, 양천구가 신설되었으며, 1995년 강북구, 금천구, 광진구의 신설로 현재와 같이 25구 체계가 완성되었다.

잣집을 짓고 살았다. 1978년에는 서울 인구 가운데 약 20%인 150여 만명이 판자촌에서 살고 있었다. 달동네라 불리는 빈민촌은 생활 여건이 좋지 않았다. 전기나 상하수도 시설이 제대로 갖추어지지 않았고, 위생과 교통도 좋지 않았다.

사람들이 몰려들면서 도시는 계속 확대되었다. 서울시는 1973년에 약 630㎢로, 1949년에 비해 약 2.5배 커졌다. 1970년대 후반에는 서울 강남이 본격적으로 개발되기 시작하였다. 면적 확대와 함께 도시 정비 계

• 광주 대단지 주민들 폭발하다

1968년 서울시는 시내 판자촌을 정리하고 10만 명이 넘는 철거민들을 경기도 광주(성남시 수정구, 중원구)로 집단 이주시켰다. 서울시는 이들에게 위성 도시를 만들고 생활 기반을 갖춰 자립할 수 있게 지원해 주겠다고 약속하였다. 그러나 약속은 지켜지지 않았다.

철거민들은 상하수도나 화장실이 없는 곳에서 천막이나 판잣집을 짓고 살아야 했다. 게다가 자립 기반이 마련되지 않아 생계를 유지하기 위해 힘들게 서울로 다녀야 했다. 여기에 서울시가 처음 약속한 분양가보다 몇 배나 높은 땅값을 일시불로 요구하였다. 분노한 광주 대단지 주민 수만 명은 1971년 8월 10일 격렬하게 항의하기 시작하였다. 놀란 정부가 12일 주민의 요구를 들어주면서 시태가 진정되었다.

광주는 1973년 성남시로 승격되었고, 1990년대 초에는 분당 신도시가 들어서면서 인구 100만에 육박하는 대도시가 되었다.

광주 대단지 천막촌

광주 대단지 사건
자욱한 연기가 피어나는 광주 대단지 앞에 경찰들이 대기하고 있다.

획을 세워 교통과 주거 환경을 개선하였다. 도시가 정비되고 커지면서 도시와 농촌의 격차는 더욱 커졌다. 그럴수록 사람들은 더욱더 도시로 모여들었고, 빈민들은 자꾸만 바깥으로 밀려났다.

달동네 집들은 허가를 받지 않은 경우가 많았다. 행정 기관들은 법과 도시 정비를 내세워 무허가 집들을 헐거나 주민들을 도시 바깥으로 집단 이주시켰다. 이 과정에서 철거민들이 생존권을 지키려고 투쟁을 하기도 하였다. 도시 정비를 하면서도 임대 입주민들이 관습적으로 가지고 있던 권리를 제대로 인정해 주지 않아 큰 사회 문제가 되고 있다. 2009년에 서울 용산에서는 재개발을 둘러싼 갈등으로 급기야 철거민 5명과 경찰 1명이 사망하는 참사가 발생하기도 하였다.

우리도 한번 잘살아 보세

공업화와 저곡가 정책으로 농촌 경제가 점점 어려워졌다. 도시와 농촌의 소득 격차가 갈수록 커지자 젊은이들이 농촌을 떠나갔다. 소득만 아니라 문화 격차도 이농을 부추기는 주요 원인이었다. 청년들이 떠난 농촌은 활기를 잃고 빈집과 문을 닫는 학교가 늘어갔다.

이를 막기 위해 정부는 1970년부터 새마을 운동을 시작하였다. 목표는 근면·자조·협동 정신으로 농촌을 도시 못지않게 발전시키겠다는 것이었다. 이를 위해 우선 새마을 지도자를 뽑아 마을을 이끌게 하였다. 행정 기관은 이들과 함께 주택 개량, 도로 및 전기 확충 등 농촌 환경 개선과 소득 증대 사업을 벌여 나갔다. 이후 도시로 파급되어 우리도 잘살 수있다는 의식 개혁 운동으로 확산되었다.

그러나 새마을 운동은 정부가 주도하였다는 점에서 근본적인 한계를 갖고 있었다. 농촌이 어렵게 된 것을 농민들 탓으로 돌린 문제점도 안고 있었다. 사실 농민이 농촌을 떠난 근본 원인은 정부 정책이었다. 정부는 이를 인정하고 개선하기보다는 마치 농민들이 잘살려고 하는 의지가 없

었기 때문인 양 책임을 돌린 것이다. 또한 새마을 운동은 독재와 유신 체제를 정당화하는 데 이용되기도 하였다. 이런 면에서 식민 통치 시기 농촌 진흥 운동을 연상하게 한다는 비판을 받고 있다.

새마을 운동은 이농 현상을 막지 못하였고 농촌은 갈수록 더욱 어려워졌다. 전체 농지 가운데 소작지가 차지하는 비중이 1975년 13.8%에서 1981년 22.3%로 늘어난 것이 이를 잘 보여 준다. 이러한 가운데 농민들이 중심이 된 농민 운동이 고개를 들었다.

우리 힘으로 농촌 문제를 해결하자

1970년대 농민들은 가톨릭 농민회, 기독교 농민회 등에 참여하여 추곡 수매 투쟁, 농협 민주화 투쟁 등을 벌였다. 1976년에는 전남 함평 농민들이 농협에 맞서 고구마 피해 보상 투쟁에 나섰다. 농협이 생산한 고구마를 모두 사들인다는 약속을 어겨 큰 피해를 입었기 때문이었다.

농민들은 긴급 조치 9호를 내세워 강경하게 탄압하는 경찰에 맞서 결국 피해 보상을 받았다. 2년 넘게 걸린 투쟁은 가톨릭 농민회의 지원이 큰 힘이 되었지만 농민들이 똘똘 뭉쳤기 때문에 승리할 수 있었다. 이 사건을 계기로 농민들은 농업 문제를 해결해야 할 주체가 자신임을 인식하고, 지역에 뿌리를 둔 농민회를 만들어 나갔다.

1980년대에는 농축산물 시장 개방 압력이 높아지면서 농촌은 더욱 어려운 상황을 맞이하였다. 농민들은 지역 농민회를 중심으로 농업을 홀대하는 정부 정책에 맞서 농축산물 제값 받기, 농축산물 수입 개방 반대 운동을 벌였다. 농업 협동 조합이나 축산업 협동 조합을 민주적으로 바꾸는 운동도 힘차게 전개하였다. 이를 디딤돌로 농민들은 전국 단위 농민 단체를 만들어 나갔고 1987년 6월 항쟁에 적극 참여하였다.

1990년 이후 농촌은 쌀 시장 개방과 자유 무역 협정 체결로 벼랑 끝으로 몰렸다. 농민들은 농업 문제가 전체 한국 사회 문제를 해결하지 않고는 풀 수 없다는 것을 인식하고, 1990년 전국 농민회 총연맹^{전농}을 창립하였다. 전농은 강령에서 '경자 유전의 원칙을 지키고 환경을 보전하며 살고 싶은 농촌을 만들겠다'고 선언하였다. 이를 위해 농업 기술 개발과 교육, 농업 경쟁력 강화를 위해 노력하고 있다. 한편 정부의 농업 정책을 바로 잡고 민주화를 위한 운동에도 적극 참여하고 있다.

하지만 농촌 인구 감소와 고령화 문제에 갈수록 늘어나는 농축산물 수입으로 농촌 문제는 풀릴 기미를 보이지 않고 있다. 영농 기계화, 시설 개선 등 정부가 펴는 지원책도 별다른 효과를 거두지 못하고 있다.

노동 운동이 활성화되다

산업화와 함께 노동자 수가 크게 늘어났다. 이들이 흘린 피와 땀으로 고도 성장을 이룰 수 있었다. 하지만 정부는 수출 경쟁력을 확보하기 위해 노동자 권익과 노동 환경 개선에 큰 관심을 두지 않았다. 이는 기업가들도 마찬가지였다.

노동자들은 저임금 정책과 장시간 노동에 시달리고 있었지만 제 목소리를 내지 못하였다. 정부가 노동 운동을 강력히 통제하여 단체 행동권과 교섭권을 제한하였기 때문이다. 그나마 노동자를 대표한다는 한국 노동 조합 총연맹이 있었지만 정부와 기업가에 좌지우지되고 있었다. 한국 노총 산하 기업별 산업별 노동 조합도 대부분 겉만 노조인 어용 노조였다. 이 때문에 노동자들의 권익을 찾기 위한 몸부림은 별다른 성과를 거두지 못하였다.

암울했던 노동 운동은 1970년 한 노동자가 분신 자살하면서 새로운 전기를 마련하였다. 이해 11월 서울 평화 시장 재단사였던 전태일은 "우리는 기계가 아니다", "근로 기준법을 준수하라"라고 외치며 스스로 몸에 불을 붙였다. 이를 계기로 저임금과 장시간 근로, 열악한 작업 환경 등 노동 문제가 사회 문제로 떠올랐다. 대학생과 지식인 등도 노동 운동에 적극적으로 관심을 가지게 되었고 노동 야학을 열었다. 가톨릭 노동 청년회, 도시 산업 선교회 등 종교 단체들도 본격적으로 지원 활동을 하였다. 이후 민주 노동 조합이 속속 결성되면서 노동 운동은 점차 활기를 띠기 시작하였다.

1970년대에는 주로 섬유 산업에 종사하는 여성 노동자들이 앞장섰다. 이들은 이미 만들어져 있던 어용 노조를 민주 노조로 바꾸기도 하고 새로 민주 노조를 만들기도 하였다. 물론 회사는 출근 정지, 부서 이동, 사표 강요, 부당 해고 등을 일삼으며 민주 노조를 무너뜨리려 하였다. 정부와 어용 노조도 사용자 편을 들어 민주 노조 운동을 강력하게 탄압하였다. 이런 가운데 일어난 동일 방직 사건, YH 무역 사건 등은 사회적으로 큰 파장을 일으켰다. 유신 체제가 몰락한 뒤에도 전두환 정부는 노동 운동 정책을 그대로 유지하였다. 1980년 4월 강원도 사북 광산에서 일어난 노동자 항쟁이 이를 상징적으로 보여 준다.

민주 노조 운동은 1987년 6월 민주 항쟁과 노동자 대투쟁을 계기로 활성화되었다. 노동자들은 전국적으로 임금 인상, 노동 환경 개선, 민주 노조 결성 등을 요구하는 투쟁을 벌여 나갔다. 이때 민주 노조 운동을 이끌었던 세력은 대기업 남성 노동자들이었다. 이들은 대규모 기업이나 지역을 중심으로 노동 조합과 노동 운동 단체를 만들어 노동 운동을 크게 일으켰다. 정부 정책도 노사 관계에 간섭을 하지 않는 방향으로 바뀌었다.

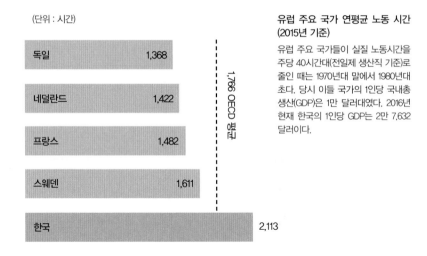

(단위 : 시간)

유럽 주요 국가 연평균 노동 시간
(2015년 기준)

유럽 주요 국가들이 실질 노동시간을 주당 40시간대(전일제 생산직 기준)로 줄인 때는 1970년대 말에서 1980년대 초다. 당시 이들 국가의 1인당 국내총생산(GDP)은 1만 달러대였다. 2016년 현재 한국의 1인당 GDP는 2만 7,632 달러이다.

독일	1,368
네덜란드	1,422
프랑스	1,482
스웨덴	1,611
한국	2,113

1,766 OECD 평균

1987년 말에는 노동 조합과 노동 쟁의에 대한 규제를 대폭 완화하는 법률 개정이 있었고, '남녀 고용 평등법'이 만들어졌다. 민주화와 노동법 개정에 힘입어 노동 조합 조직률도 크게 늘어났다. 금융 기관, 병원, 학교 등 사무직과 전문직 노동자들도 대거 노동 운동에 참여하였다.

1989년에는 전국 교직원 노동 조합이 창립 대회를 열었다. 4·19혁명 뒤 만들어졌다 5·16쿠데타로 불법화된 전국 교원 노조 연맹을 이은 교직원 노조가 출범한 것이다. 1991년 한국은 국제 노동 기구[110]에 가입하였다.

1995년에는 '자주성과 민주성'을 내세운 전국 민주 노동 조합 총연맹이 창립되었다. 한국 노총도 내부 개혁 요구가 높아지면서 어용 노조라는 굴레에서 상당 부분 벗어났다. 하지만 민주 노총에 비해 상대적으로 타협주의적 성향을 가지고 있다. 양대 노총은 서로 경쟁과 협력을 하면서 노동 운동을 이끌고 있다. 2002년에는 전국 공무원 노동 조합도 만들어졌다.

1998년에는 외환 위기를 극복하기 위해 노사정 위원회가 출범하였다. 노동자가 사용자, 정부와 함께 노동 및 경제, 사회 정책을 결정하는 중요

축으로 자리매김한 것이다. 민주 노총과 전교조는 1998년 합법화되었고, 2004년 공무원 노조도 합법화되었다. 하지만 전교조와 공무원 노조는 단체 행동권을 제외한 단결권과 단체 교섭권만 인정받았다. 전교조는 박근혜 정부 때 해직 교사를 조합원으로 인정하는 규약을 고치라는 명령을 이행하지 않았다는 이유로 법외노조 통보를 받았다.[2013. 10]

노동 운동이 활기를 띠면서 임금이 오르고 노동 환경이 점점 좋아졌다. 하지만 1997년 외환 위기를 겪은 뒤 자본 시장 개방, 시장 규제의 철폐, 효율성과 경쟁력을 내세운 기업 구조 조정이 일상화되었다. 이에 따라 비정규직으로 내몰린 노동자들이 많아지고, 청년 실업률이 크게 높아지면서 커다란 사회적 문제가 되었다. 늘어가는 외국인 노동자 문제도 해결해야 할 새로운 과제로 떠올랐다.

경제 상황이 나빠지면서 노동 조합 조직률도 크게 떨어졌다. 노동자 대투쟁으로 한때 20% 가까이 치솟은 조직률은 시간이 흐르면서 2010년에는 10% 아래로 떨어졌다. 이는 현행 노동 조합 관련법이 미미한 점과 함께 노조를 금기시하는 인식이 강하게 남아 있었기 때문이다. 양대 노총이 노동자 전체를 대표하는 단체로서 제 구실을 하지 못한 측면도 적지 않게 작용을 하였다.

법외노조
노동조합으로 실질적 요건을 갖추었지만 법적 지위를 인정받지 못하는 노동단체. 법외노조가 되면 노조 전임자 파견, 단체 교섭권 등 노동조합이 가진 권리를 행사하지 못한다.

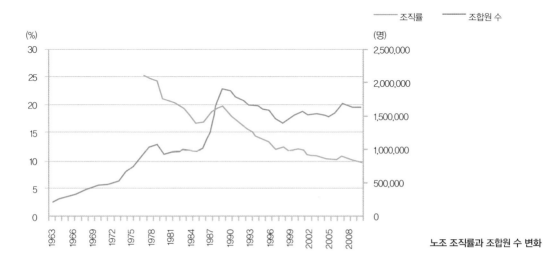

노조 조직률과 조합원 수 변화

내 죽음을 헛되게 하지 말라 – 전태일

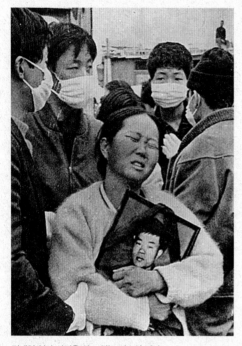

전태일 열사 사진을 안고 있는 이소선 여사

전태일(1948~1970)은 1948년 대구에서 전상수와 이소선 사이에 태어났다. 아버지는 재봉사였지만 집이 가난하여 그는 학교를 제대로 다니지 못하였다. 1964년 동생 전태삼을 데리고 가출하여 서울 평화 시장 의류 제조 회사에서 시다(견습공)로 일하였다. 1966년 재단사가 되었다.

고등학교에 복학하여 대학을 가려는 꿈을 꾸고 있던 1968년 어느 날 우연히 근로 기준법을 알게 되었다. 1969년 6월 평화 시장에서 처음으로 '바보회'라는 노동 운동 조직을 만들었다. 바보회는 지금은 우리가 아무것도 모르는 바보처럼 당하고 살지만 우리도 깨우쳐서 바보로 남지 말자는 뜻을 담고 있었다.

바보회 활동은 쉽지 않았다. 가족 생계를 책임져야 하는 의무감, 주변의 냉소, 노동 운동을 공산주의로 치부하는 사회 분위기 등이 그를 괴롭혔다. 한동안 일용직 노동자로 일하다 1970년 9월 다시 평화 시장 재단사가 되었다. 바보회를 발전시킨 삼동 친목회를 조직한 그는 다시 평화 시장 노동자의 근로 조건 개선을 위한 진정서를 노동청에 냈다. 이 내용이 『경향신문』에 보도되면서 본격적으로 노동 조합 결성을 꾀했지만 번번이 무산되었다.

1970년 10월 7일 마침내 신문에 평화 시장의 참상에 관한 보도가 대대적으로 나왔고, 다음 날 삼동회 대표들과 평화 시장 사용자에게 노동 조건 개선, 노조 결성 지원 등을 요구했지만 거절당하였다. 박정희 대통령 앞으로 탄원서도 보냈지만 소용이 없었다. 11월 13일 그는 평화 시장 앞에서 노동자들의 인권을 보호하지 못하는 근로 기준법 화형식을 열고 노동 환경 개선을 요구하는 시위를 하였다. 그러나 자본가들과 경찰의 방해로 시위가 무산되자 오후 1시 30분 무렵 시장 골목에서 몸에 석유와 휘발유를 붓고 라이터를 켠 뒤 평화 시장 앞길로 뛰쳐나왔다.

그는 "근로기준법을 준수하라", "우리는 기계가 아니다! 일요일은 쉬게 하라!", "노동자를 혹사하지 말라"라고 외치며 시장 앞길을 뛰어다녔다. 불길은 순식간에 전태일의 전신으로 번졌다. 병원에서 그는 "어머니, 내가 못다 이룬 일을 어머니가 대신 이뤄 주세요"라는 유언을 남겼다. 시신은 마석 모란 공원에 안장되었다.

유언대로 어머니 이소선 여사는 '노동자의 어머니'가 되었다. 그녀는 노동자가 고통받고 탄압받는 곳이면 어디라도 달려가 함께 투쟁하고 고통을 나눴다. 헌옷을 팔아 어렵게 돈을 벌어 노동 운동가, 수배자 등을 돌보았다. 자신도 네 차례나 옥고를 치른 그녀는 유신 정권, 신군부 등을 거치며 목숨을 잃는 젊은이들이 늘자 1986년 민족 민주 유가족 협의회(유가협)를 만들었다.

"옥체 안녕하시옵니까? 저는 제품 (의류) 계통에 종사하는 재단사입니다. (…) 저의 직장은 시내 동대문구 평화 시장으로써 의류 전문 계통으로썬 동양 최대를 자랑하는 것으로 종업원은 2만여 명이 됩니다. 큰 맘모스 건물 4동에 분류되어 작업을 합니다. 그러나 기업주가 여러분인 것이 문제입니다만 한 공장에 평균 30여 명은 됩니다. 근로 기준법에 해당이 되는 기업체임을 잘 압니다. 그러나 저희들은 근로 기준법의 혜택을 조금도 못 받으며 더구나 2만여 명을 넘는 종업원의 90% 이상이 평균 연령 18세의 여성입니다. 기준법이 없다고 하더라도 인간으로서 어떻게 여자에게 하루 15시간의 작업을 강요합니까? 미싱사의 노동이라면 모든 노동 중에서 제일 힘든(정신적으로, 육체적으로) 노동으로 여성들은 견뎌내지 못합니다. 또한 2만여 명 중 40%를 차지하는 시다공들은 평균 연령 15세의 어린이들로서 육체적으로 정신적으로 성장기에 있는 이들은 회복할 수 없는 결정적이고 치명적인 타격인 것을 부인할 수 없습니다. 전부가 다 영세민의 자녀들로서 굶주림과 어려운 현실을 이기려고 하루에 90원 내지 100원의 급료를 받으며 하루 16시간의 작업을 합니다. (…)

저는 피끓는 청년으로서 이런 현실에 종사하는 재단사로서 도저히 참혹한 현실을 정신적으로 받아들이지 못합니다. 저의 좁은 생각 끝에 이런 사실을 고치기 위하여 보호기관인 노동청과 시청 내에 있는 근로 감독관을 찾아가 구두로써 감독을 요구했습니다. 노동청에서 실태 조사도 왔었습니다만 아무런 대책이 없습니다. 1개월에 첫 주와 삼 주 2일을 쉽니다. 이런 휴식으로는 아무리 강철 같은 육체라도 곧 쇠퇴해 버립니다. 일반 공무원의 평균 근무 시간 일주 45시간에 비해 15세의 어린 시다공들은 일주 98시간의 고된 작업에 시달립니다. (…) 나라의 경제 발전을 위해서는 어쩔 수 없는 실태입니까? 하루 속히 신체적으로 정신적으로 약한 여공들을 보호하십시오. 최소한 당사자들의 건강에 영향을 끼치지 않는 정도로 만족할 순진한 동심들입니다. 각하께선 국부이십니다. 곧 저희들의 아버님이십니다. 소자된 도리로써 아픈 곳을 알려 드립니다. 소자의 아픈 곳을 고쳐 주십시오. 아픈 곳을 알리지도 않고 아버님을 원망한다면 도리에 틀린 일입니다.

(전태일 열사가 박정희 대통령에게 보낸 탄원서 부분)

18

시민 사회가
성장하다

시민 단체 활동과 역할이 커지다

민주화와 경제 발전과 함께 1990년대 들어 시민 운동이 활발히 일어났다. 시민들은 스스로의 힘으로 경제, 환경, 여성, 소비자 등 여러 부분에서 시민 단체NGO를 만들어 사회적 문제를 해결하려 하였다. 시민 단체는 1989년에 창립한 경제 정의 실천 시민 연합이 사실상 그 시작이라 할 수 있다.

경실련은 '시민의 힘과 지혜를 모아 일한 만큼 대접받고 약자가 보호받는 정의로운 사회 건설을 위해 노력한다'고 선언하였다. 경실련은 토지 공개념, 금융 실명제 등 경제 정의를 실천하는 데 앞장섰다. 한약 분쟁, 강경대 치사 사건 등 사회적 문제에도 목소리를 높였다.

경실련을 이어 1993년 환경 운동 연합, 녹색 연합 등 환경 단체가 만들어졌다. 산업화와 도시화가 빠르게 진행됨에 따라 환경 문제가 심각해졌기 때문이다. 공기는 공장 연기와 자동차 매연으로 더럽혀지고, 강과 하천은 공장 폐수와 농약, 생활 하수 등으로 썩어 갔다. 1991년 페놀이 낙동강을 오염시켜 수돗물 공급이 중단된 사건은 온 국민을 충격에 빠뜨

시민 단체(NGO)
NGO(비정부 기구 Non-Governmental Organization)는 전 세계적으로 활동하고 있다. 인도에서는 초등학교보다 훨씬 많은 300만 개가 넘는 단체가 활동하고 있다.

렸다.

환경 운동은 1992년 브라질 리우데자네이루 유엔 환경 개발 회의를 계기로 활동 폭을 넓혀 갔다. 환경 단체들은 댐 건설 반대, 새만금 갯벌 살리기, 습지 보전, 반핵, 골프장 건설 반대와 같이 환경을 지키기 위해 노력하였다. 정부도 1994년 환경부를 설치하고 환경 오염 방지를 위한 법률을 제정하여 공해에 대한 규제를 강화하였다. 환경에 대한 관심이 높아지면서 새만금 간척 사업과 한국 고속 철도KTX 천성산 터널 공사 등 개발과 환경 보존을 둘러싼 갈등도 늘고 있다.

1994년에는 '참여와 인권이 보장되는 민주 사회 건설'을 목표로 참여 연대가 창립되었다. 참여 연대는 정치, 경제 권력을 견제하고 감시하는 활동과 시민의 권리를 넓히고 참여를 제도화하는 정책을 연구하고 제시하는 데 노력하고 있다. 더불어 시민 주체를 형성하기 위한 시민 교육 활동도 지속적으로 해 오고 있다. 1998년부터 정부에서 주는 지원을 일절 받지 않고 회비와 후원금으로 재정을 마련하고 있다. 대부분 시민 단체들이 정부와 기업의 후원을 받는 현실에서 재정 자립은 큰 의미를 갖는다. 정부와 기업의 영향력에서 자유로울 수 있기 때문이다. 2004년에는 국제 연합 경제 사회 이사회ECOSOC 협의 지위를 얻어 유엔 회의에 참가하고 있다.

다양한 활동으로 호응을 얻어 가던 시민 운동은 1997년 IMF 경제 위기를 맞아 한 단계 더 성장하였다. 한국 전쟁 뒤 최대의 경제적, 사회적 위기를 맞아 단순한 비판이 아니라 원인과 책임 규명, 그리고 극복 대안을 마련하기 위한 노력에 시민들이 많은 지지를 보냈기 때문이다. 점점 영향력을 키워 나간 시민 운동은 2000년 16대 총선에서 '낙천·낙선 운동'을 벌여 커다란 반향을 불러일으켰다. 정치권에 대한 불신과 불만으로 가득 차 있던 시민들이 여기에 큰 호응을 보낸 것이다. 이런 노력을 통해 시민 운동은 다른 사회 운동에 비해 더 빨리 정치·사회적 영향력을 키워 나갔다.

시민 단체는 국경을 넘어 다른 나라 시민 단체와 함께하기도 하였다. 인권, 환경, 국제 분쟁, 긴급 구호 등 여러 나라 시민 단체와 협력할 필요가 있기 때문이었다. 특히 자유 무역 협정이나 WHO 같은 국제 기구의 탄생으로 신자유주의 물결이 크게 일어나면서 협력 필요성이 더욱 커졌다. 이런 시대적 요구에 부응하여 각국 시민 단체들은 정보를 주고받거나 함께 활동하기도 한다. 나아가 국가를 넘어선 연대 단체를 만들어 국제 여론을 일으키고 현장에서 감시나 구호 활동 등을 하고 있다. 그 가운데 '국경 없는 의사회'와 '핵무기 폐기 국제 행동' 등은 노벨 평화상을 받기도 하였다. 이 수상은 힘의 논리와 자국의 이익이 우선되는 국제 사회에서 시민 단체가 큰 역할을 할 수 있음을 보여 주었다.

하지만 시민 운동이 더욱 발전하기 위해서는 보완해야 할 점도 적지 않다. 우선 재정의 독립을 이루어 자율성을 확보할 필요가 있다. 몇몇 엘리트가 아닌 시민들이 자발적이고 적극적으로 참여할 수 있도록 이끌어 내는 것도 중요하다. 운영 및 정책 결정에 투명성을 확보하고 민주적 절차를 강화하는 데 더욱 힘쓸 필요도 있다. 참여와 함께 전문성을 높일 수 있는 다양한 프로그램도 운영하여 시민과 정부의 믿음을 얻어야 한다.

여성 운동이 성장하다

우리나라 헌법은 남녀 평등을 보장하고 있다. 그렇지만 가부장적 문화 속에서 여성들이 사회로 나가 활동하는 것은 쉽지 않았다. 교육과 취업 등 여러 면에서 여성들은 남성에 비해 차별받고 있었기 때문이다.

여성들은 1960년대 경제 개발과 함께 본격적으로 취업을 하기 시작하였다. 2006년에는 여성의 경제 활동 인구가 1천만 명을 넘어섰다. 처음에는 섬유, 전자, 봉제 등 저임금 단순 노동에 종사하였지만 점차 전문직으로 진출하였다. 공무원과 교육계에 진출하는 여성도 해마다 늘어났다.

초등학교 여교사 비율은 2006년 약 72%에서 2016년에는 약 77%로 올라갔다. 고등학교도 계속 늘어 10년 사이에 39%에서 51%로 높아졌다. 행정과 외교, 사법 고시에 합격하는 여성의 비중은 갈수록 커졌다. 2000년 새로 임용되는 판사 가운데 여성은 20%가 되지 않았지만 2006년에는 약 60%를 차지하였다.

하지만 양적 성장이 아니라 질적 성장을 보면 여성들은 여전히 차별받고 있다. 공무원과 교원 가운데 고위직으로 갈수록 여성 비율은 점점 적

유리천장 지수
2015년 영국 주간지 이코노미스트지가 경제개발협력기구(OECD) 28개국을 대상으로 고등교육과 남녀 임금 격차, 기업 임원과 여성 국회의원 비율 등을 종합해 점수로 낸 '유리천장(여성의 사회 참여나 승진을 가로막는 보이지 않는 장벽) 지수'에서 한국은 100점 만점에 25.6점으로 조사 대상국 가운데 최하위인 28위를 기록했다.

• 이태영, 호주제 폐지를 이끌어 내다

호주제는 민법상 가(家)를 규정할 때 '호주'를 중심으로 가족을 구성하는 제도이다. 여기에서 호주 승계 순위를 남성이 모든 여성에 우선하도록 규정하고 있다. 이태영(1914~1998)은 이런 여성 차별 조항을 문제 삼아 가족법을 개정하고 호주제를 폐지하는 데 앞장섰다.

이태영은 평안북도 운산에서 태어났다. 첫돌을 겨우 넘겼을 때 탄광을 운영하던 아버지가 사고로 사망하면서 가세가 기울었다. 어머니는 어려운 집안 살림에도 "아들 딸 가리지 않고, 공부 잘하는 아이만 끝까지 뒷바라지하겠다"면서 이태영을 두 아들과 똑같이 가르쳤다. 덕분에 그는 이화 여전(현재 이화 여자 대학교)을 졸업하였다. 모교인 평양 정의 여자 고등 보통학교를 거쳐 평양 여자 고등 보통학교 교사로 재직하다 정일형과 결혼했다. 결혼 뒤 "당신이 하고 싶어 하는 법률 공부를 하라"는 남편의 격려로 1946년 서울 대학교 법학과에 입학하였다. 서울 대학교 최초의 여대생이자 주부 학생이었다. 1952년에는 여성으로는 처음으로 사법 고시에 합격하였고, 이어 우리나라 최초의 여성 변호사가 되었다. 변호사 개업 후 '법과 인습에 눌려 우는' 여성들을 위해 1956년 여성 법률 상담소(현재 가정 법률 상담소)를 열었다. 이후 30여 년간 "법조계 초년생이 뭘 안다고 법을 고치려 하느냐", "쓸데없이 분란을 일으킨다"는 법조계의 비난과 싸워 가며 가족법 개정 및 호주제 폐지를 위해 힘썼다.

이태영이 1984년 가족법 개정 운동 가두 캠페인에서 함께할 것을 호소하고 있다.

어진다. 회사도 마찬가지다. 2017년 기업 이사 가운데 여성은 단 1%이다. 선진국 가운데 가장 높은 노르웨이의 35%는 물론 아시아 10개국 평균인 6%에도 훨씬 못 미친다.

여성들이 사회에 참여하는 기회가 늘고 비중이 커지면서 정부도 이를 뒷받침하는 법률을 만들었다. 1987년 '남녀 고용 평등법'에 이어 1991년에는 가족법을 개정하였다. 적어도 법적으로는 남녀가 동등하게 재산과 자식에 대한 권리와 의무를 가지게 된 것이다. 2001년에는 여성 문제를 전담할 중앙 행정 부서^{여성부}가 만들어졌다. 2004년에 성매매 금지법을 실시하였고, 2008년에는 호주제를 폐지하기에 이르렀다.

여성 운동도 활발해져 1980년대 이후 한국 성폭력 상담소, 한국 여성의 전화, 한국 정신대 문제 대책 협의회 등이 조직되어 여성의 인권 보장을 위해 노력하고 있다.

언론 자유가 확대되다

해방이 되자 감시와 통제를 벗어난 언론은 크게 발전하였다. 신문과 잡지의 종류와 발행 부수가 점점 늘었고, 라디오와 텔레비전 방송국도 속속 생겨났다. 1948년 정부 수립과 함께 서울 중앙 방송국이 국영 방송으로 탄생하였고 1960년대 초부터 텔레비전 방송을 시작하였다. 1950년대에는 민간 라디오 방송이, 1964년에는 민영 TV가 방송을 시작하였다.

하지만 공중파 TV 방송국이 보내는 전파 출력이 낮고, 산이나 건물에 가려 많은 지역에서 방송을 제대로 볼 수가 없었다. 이 때문에 1970년부터 유선 방송이 본격적으로 보급되기 시작되었다. 안테나가 아니라 선을 깔아서 방송을 볼 수 있게 하는 유선 방송 덕분에 1980년대가 되면 전국 구석구석에서 깨끗한 화질로 방송을 볼 수 있게 되었다. 1995년에는 케이블 방송^{종합 유선 방송}이 탄생하였다. 2005년에는 인터넷 신문이나 방송도 생겨나 급속히 확산되고 있다. 최근에는 SNS^{누리소통망}가 확산되면서 점점 영향력이 커지고 있다. 막강한 영향력을 가진 만큼 언론은 많은 시련을 겪었다. 정치 권력도 언론을 가만두지 않았다. 미군정과 이승만 정부는 신문 발행 허가제를 실시하였다. 박정희 정부와 전두환 정부는 언론을 통폐합하고 비판적 언론인들을 구속하거나 해직시켰다. 보도 내용도 간섭하고 통제하였다. 특히 텔레비전 방송은 공영제라는 이름으로 장악하였다.

언론 자유는 1987년 6월 항쟁으로 어느 때보다 확대되었다. 전국 언론 노동 조합 연맹이 만들어지고 정부 간섭도 크게 줄었다. 그렇지만 입맛에 맞는 보도가 나오기를 바라는 정부의 입김은 사라지지 않았다. 조금씩 줄어들던 간섭은 2008년 이명박 정부가 들어서고 박근혜 정부로 이어지면서 그 정도가 갈수록 심해졌다. 국제 언론 감시 단체인 '국경 없는 기자회'(RSF)가 발표하는 '세계 언론 자유 지수'가 이를 잘 보여 준다. 한국은 2006년 31위로 올라갔다가 2009년 69위로 내려갔다. 2016년에는 70위로 역대 조사에서 최하위를 기록하였다.

언론 자유가 확대되면서 사회적 영향력이 커졌다. 언론이 여론을 좌우하는 정도에 이르자 여러 가지 문제점이 나타났다. 신문들은 기사의 질보다 구독자를 늘리기 위해 힘을 쏟았고, TV 방송국은 시청률을 높이기 위해 상식과 윤리에 어긋나는 프로그램을 기획하거나 편성하는 경우도 적지 않았다. 나아가 언론이 진실을 외면할 뿐 아니라 여론을 조작하는 일도 심심찮게 일어나고 있다. 이해 관계나 입장에 따라 정보를 적당히 취사선택하거나 편집하여 보도하는 것이다. 이에 따라 권력이 되어 버린 언론에 대한 비판의 목소리가 높아지고 청산해야 한다는 요구가 높아지고 있다. 기성 언론이 언론의 사명을 저버리고 권력화하자 일부 인터넷 신문과 방송 등이 그 자리를 메우며 영향력을 키워 나가고 있다.

19

역사 갈등과
영토 분쟁

영토 분쟁

동아시아에는 여러 곳에서 영토 분쟁이 벌어지고 있다. (가)는 러시아와 일본, (나)는 한국과 일본, (다)는 일본과 중국 및 대만, (라)는 중국과 베트남 및 대만, (마)는 중국과 베트남 및 필리핀 등 주변 국가들이 서로 자국 영토라고 주장하고 있는 곳이다. (바)는 한국과 중국 사이에 갈등이 벌어지고 있는 이어도이다. 분쟁이 벌어지고 있는 곳은 역사적 갈등과 민족 감정이 얽혀 있어 문제 해결을 어렵게 하고 있다. 뿐만 아니라 광대한 배타적 경제 수역 안에 엄청난 해양 자원을 가지고 있어 어느 나라도 양보하려고 하지 않고 있다.

하지만 영토 분쟁을 해결한 곳도 있다. 1969년 3월 중국과 구소련은 (A)에서 대규모 전투를 벌였다. 1860년 베이징 조약으로 연해주가 러시아 땅이 되고, 우수리 강이 국경이 되었다. 그러나 우수리 강에 있는 섬 수천 개는 누구 영토인지 확실하게 정하지 않았다. 이 때문에 (A) 지역에서 분쟁이 일어난 것이다. 전투는 전면 전쟁과 핵 전쟁으로 이어질 뻔하였다. 그렇지만 미국이 소련을 견제하면서 더 이상 확전되는 것을 막았다.

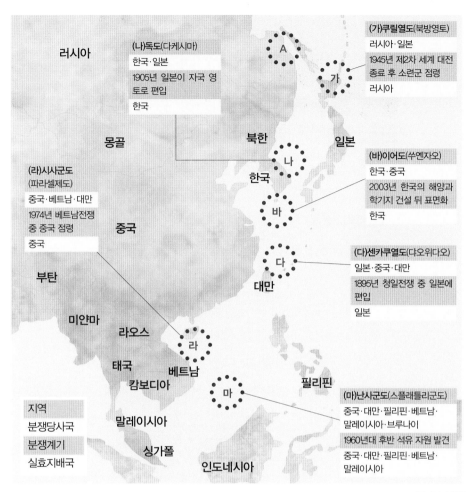

동아시아 주요 영토 분쟁 지역

- **(가)쿠릴열도(북방영토)**
  - 러시아·일본
  - 1945년 제2차 세계 대전 종료 후 소련군 점령
  - 러시아

- **(나)독도(다케시마)**
  - 한국·일본
  - 1905년 일본이 자국 영토로 편입
  - 한국

- **(바)이어도(쑤엔자오)**
  - 한국·중국
  - 2003년 한국의 해양과학기지 건설 뒤 표면화
  - 한국

- **(라)시사군도(파라셀제도)**
  - 중국·베트남·대만
  - 1974년 베트남전쟁 중 중국 점령
  - 중국

- **(다)센카쿠열도(댜오위다오)**
  - 일본·중국·대만
  - 1895년 청일전쟁 중 일본에 편입
  - 일본

- **(마)난사군도(스플래틀리군도)**
  - 중국·대만·필리핀·베트남·말레이시아·브루나이
  - 1960년대 후반 석유 자원 발견
  - 중국·대만·필리핀·베트남·말레이시아

- 지역
- 분쟁당사국
- 분쟁계기
- 실효지배국

그 뒤 두 나라는 끈질기게 협상하여 우수리 강에 있는 섬에 대한 영유권을 확정하였다. 약 1,845개 섬 가운데 소련이 945개, 중국이 896개를 차지하기로 했다. 처음 전투가 일어났던 전바오 섬_{다만스키 섬}은 중국 땅이 되었다. 마지막까지 남았던 아무르 강과 우수리 강이 만나는 헤이샤쯔 삼각주_{볼쇼이우수리스키 섬}는 절반씩 나눠 갖기로 합의하면서 길고 긴 협상이 끝났다. 2004년 두 나라 정상은 최종적으로 중러 국경 협정을 맺으며 '역사적 쾌거, 쌍방의 승리'라고 선언하였다.

왼쪽부터 야스쿠니 신사와 아베 총리의 신사 참배

야스쿠니 신사

신사는 교회나 절처럼 '신도'의 신을 모시는 일본의 전통 종교 시설이다. '신도'의 신은 조상신을 비롯하여 해, 바다, 동물 등 매우 다양하다. 공식 신사는 약 8만 개이지만 동네 작은 신사까지 합치면 30만 개를 훌쩍 넘는다. 대부분 일본인들은 새해를 맞이하거나 아이가 태어나고 결혼을 하면 신사에 가서 참배하고 복을 빈다.

수많은 신사 가운데 야스쿠니 신사는 특별한 곳이다. 순수한 종교 시설이라기보다 국가를 위해 희생된 사람들을 기리는 시설로 보이기 때문이다. 실제 야스쿠니 신사는 존왕파들이 막부파와 투쟁에서 숨진 동지들을 추모하는 쇼콘사招魂社에서 시작되었다. 처음부터 천황에 충성하고 애국심을 기르기 위한 목적으로 만들어진 기관인 것이다.

제2차 세계 대전 전 많은 일본인들은 천황을 위해 싸우다 죽으면 여기에 안치된다고 믿었다. 관리도 국가에서 직접 하였다. 지금은 헌법에 정교 분리가 되어 형식적으로 민간 종교 법인이 운영하고 있다. 하지만 여전히 특별한 시설로 여겨지고 있다.

야스쿠니 신사에 모신 '신'들은 메이지 유신 무렵 막부와 투쟁에서 죽은 존왕파 희생자들을 비롯하여 청일과 러일 전쟁, 아시아 태평양 전쟁에서 숨진 사람들이다. 특히 1978년제2차 세계 대전을 일으킨 A급 전범 14명을 순국 선열이라는 명목으로 합사하였다.

일본 우익은 야스쿠니 신사를 다시 국가 관리로 돌리고 총리가 참배할 것을 계속 요구하고 있다. 반면 한국, 중국 등 주변 국가들은 총리와 각료들의 참배를 강력하게 비판하고 있다. 침략 전쟁에서 죽은 사람과 A급 전범이 합사된 야스쿠니를 참배한다는 것은 아시아 태평양 전쟁을 일으킨 책임을 부정하고 식민 지배를 정당화하려는 의도로 보기 때문이다.

일본 총리의 야스쿠니 참배는 일본 안에서도 많은 비판을 받고 있다. 군국주의 부활을 염려하는 시민들은 총리의 참배에 반대하면서, 참배가 정교 분리를 명시한 일본 헌법에 어긋나는 행위라며 위헌 소송을 제기하였다. 2005년 일본 법원은 총리로서 참배를 하는 것은 위헌이라고 판단하였다. 이 때문인지 아베 총리는 2013년 야스쿠니 신사를 참배하면서 '개인 자격'이라고 하였다.

일본 역대 총리들은 몇 사람을 빼고 야스쿠니를 참배하였다. 여기에는 침략 전쟁의 책임을 인정하지 않고 평화 헌법을 고쳐 '정상 국가'로 가려는 보수 우익의 시도가 깔려 있다. 또한 2백만이 넘는 '신'을 모신 야스쿠니 유족회가 갖고 있는 엄청난 영향력 때문이다. 수천만 명에 달하는 유족들은 야스쿠니에 묻혀 있는 '신'을 일본을 위해 희생한 자랑스러운 조상으로 여긴다. 당연히 총리와 국회의원들이 순국 선열에 참배하지 않은 것을 이상하게 본다. 주변 국가들이 항의한다고 참배를 하지 못하는 총리는 자격이 없다고 생각한다. 바로 이들이 보수 우익의 기반이고 자민당의 핵심 지지층이다. 따라서 국회의원이 되고 총리가 되고 싶으면 참배를 계속해야 하는 것이다.

동북 공정

중국은 2002년부터 동북 지역^{만주}이 당면한 문제를 본격적으로 연구하기 시작하였다. 국가적 지원으로 중국 사회과학원 산하 변강사지연구중심에서 5년 동안 집중적으로 수행한 이 사업을 동북 공정이라 부른다. 그 가운데 고구려사를 비롯한 역사 문제가 들어 있어 큰 파장이 일어났다. '통일적 다민족 국가론'에 따라 동북 지역에서 활동한 고구려와 발해인들은 모두 중국 민족이고, 고구려사와 발해사도 중국사가 되기 때문이다. 그렇게 되면 우리 역사는 영토적으로는 한반도 남부, 시간적으로는 반만 년에서 2000년 정도로 줄어들게 된다.

동북 공정이 알려지면서 한국 언론은 '중국이 고구려사를 빼앗아 가려 한다'는 자극적인 기사를 내보냈다. 당연히 여론은 들끓었고, 많은 사람들이 일본의 역사 왜곡에 못지않은 충격을 받았다. 여기에 반발하여 고구려와 발해에 대한 관심도 높아졌다. 〈주몽〉, 〈태왕사신기〉, 〈연개소문〉, 〈대조영〉이 드라마로 만들어져 인기를 끈 것이 이를 잘 보여 준다. 특히 2006년 방송된 〈주몽〉은 첫 방속부터 연속 25주간 시청률 최고를 기록하였다. 정부와 학계도 재빨리 움직여 2004년 동북 공정에 대응하

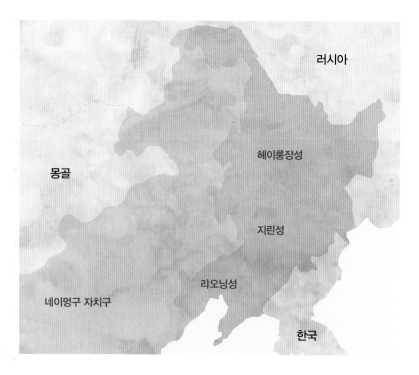

동북 공정 대상 지역

는 학술 연구 기구로서 고구려 연구 재단을 설립하였다. 2006년 이름을 동북아 역사 재단으로 바꿨다. 북한도 "고구려는 조선 민족의 국가였다. 우리나라 인민은 시종일관하게 고구려를 조선 역사 체계 중의 한 부분이라고 본다"며 뜻을 함께하였다.

고구려사를 한국사로 보던 중국의 태도 변화는 일본의 역사 교과서 왜곡과 마찬가지로 단순한 역사 왜곡이 아니다. 미국과 함께 G2로 발돋움한 중국이 추구하고 있는 동아시아 패권 전략과 맞물려 있기 때문이다. 이 점에서 동북 공정과 야스쿠니 참배는 과거가 아닌 미래의 문제이고, 한민족의 생존권과 깊이 연관되어 있다고 볼 수 있다.

어떤 이는 "중국이 이런 무리수를 두는 까닭은 과거가 아니라 미래 때문이다. 남북한이 통일된 뒤 국경 문제, 동북 지역 조선족에 미칠 영향을 막기 위한 것이다"라고 주장한다. 심지어 북한이 무너질 경우 고구려가 지배한 지역 곧 한반도 북부에 대한 중국의 연고권을 주장하기 위한 것이라는 분석도 있다.

	한국사	세계사
1919년	대한독립선언서, 2·8독립선언 발표 3·1운동 전개, 임시정부 수립, 의열단 조직	베르사유 조약 독일, 바이마르 공화국 수립 중국 5·4운동 발발, 국민당 결성
1920년	『조선일보』·『동아일보』 창간 조선교육회 설립, 물산 장려 운동 시작 봉오동·청산리 전투 간도 참변, 제1차 산미 증식 계획 시행	국제연맹 창설 인도네시아 공산당 조직
1921년	자유시 참변, 천도교 소년회 조직	워싱턴 회의
1922년		소련 탄생
1923년	국민대표회의 개최, 형평사 조직, 어린이날 제정, 암태도 소작 쟁의	일본, 간토 대지진 발생 터키 공화국 수립
1924년	조선 노농 총동맹 결성	중국, 제1차 국공합작
1925년	조선공산당 창당	일본, 치안유지법 공포
1926년	제2차 산미 증식 계획 실시 정우회 선언, 6·10만세운동	
1927년	신간회, 근우회 조직	중국, 국민당 정부 수립(난징) 베트남, 인도네시아 국민당 결성
1929년	원산 총파업, 광주 학생 항일 운동	대공황
1930년	한국 독립당 창당	베트남 공산당 창당
1931년	조선어 학회 창립, 브나로드 운동 한인 애국단 조직	일본, 만주 침략(만주사변)
1932년	이봉창, 윤봉길 의거 영릉가, 쌍성보 전투	일본, 만주국 수립
1933년		미국, 뉴딜 정책 실시 독일, 히틀러 집권
1935년	민족 혁명당 창당	
1936년		중국, 시안 사건 에스파냐 내전
1937년	연해주 한인, 중앙아시아 강제 이주 황국 신민 서사 만듬	중일 전쟁 발발 제2차 국공합작 난징 학살
1938년	지원병제 실시, 조선 의용대 창설	일본, 국민 총동원법 실시
1939년	국민 징용령 공포	제2차 세계 대전 발발
1940년	제3차 산미 증식 계획, 미곡 공출제	

한국사	세계사
창씨개명 실시	
『조선일보』·『동아일보』 폐간	
한국 독립당 결성, 한국광복군 창설	
1941년 조선 의용대 화북 지대 결성, 호가장 전투	베트남 독립동맹 결성
대한민국 건국 강령 발표, 대일 선전 포고	태평양 전쟁 발발(진주만 공격)
1942년 조선독립동맹 결성, 조선 의용군 창설,	
조선어 학회 사건	
1943년 광복군, 인도·미얀마 전선 파견	카이로 선언
학도 지원병제 실시	
1944년 징병제 실시, 여자 정신 근로령 공포	
조선건국동맹 결성	
1945년 소련군 한반도 진주	도쿄 대공습
해방, 조선건국준비위원회 결성	히로시마·나가사키에 원폭 투하
조선인민공화국 선언	일본 항복
미군, 인천 상륙(군정 실시)	얄타 회담 개최, 포츠담 선언
대한민국 임시 정부 요인 귀국	국제 연합, 모스크바 3상 회의 개최
	아랍 연맹 결성
	베트남 민주 공화국 수립
	뉘른베르크 전범 재판 실시
1946년 북조선 인민 위원회 조직	중국, 국공 내전 발발
제1차 미소 공동위원	일본, 전범 재판 실시
좌우 합작 위원회 결성	일본 평화 헌법 선포
	파리 강화 회의 개최
	필리핀 독립
1947년 제2차 미소 공동위원회, 여운형 피살	대만 2·28사건
미국, 한국 문제 유엔으로 가져감	미국, 트루먼 독트린, 마셜 플랜 선포
좌우 합작 위원회 해체	
유엔 한반도 총선거 결의	
1948년 유엔 남한만 총선거 결정, 4·3사건, 남북 협상	제1차 아랍 이스라엘 전쟁
남한 5·10총선거 실시, 제헌 헌법 제정	이스라엘 건국
대한민국 정부 수립	베를린 봉쇄
북한 헌법 제정, 정권 수립	유엔, 세계 인권 선언 채택
여수 10·19사건	
반민족 행위 특별 조사 위원회 발족	

	한국사	세계사
1949년	반민특위 해체, 농지 개혁법 제정	중화 인민 공화국 수립
	김구 암살	북대서양 조약 기구 발족
1950년	농지 개혁, 2대 국회의원 선거	스톡홀름 평화호소문 발표
	한국 전쟁 발발, 국민방위군 사건	(원자 병기 사용 금지)
1951년	거창 민간인 학살 사건	샌프란시스코 강화 조약
		미일 안보 조약 체결
1952년	발췌 개헌, 이승만 2대 대통령 당선(직선제)	수소 폭탄 실험 성공(미)
1953년	반공 포로 석방, 한국 전쟁 정전 협정 조인	
1954년	사사오입 개헌	일본 자위대 공식 발족
		베트남, 프랑스군 격파
		제네바 협정, 평화 5원칙 발표
		동남아시아 조약 기구 발족
1955년		제1회 아시아 · 아프리카 회의
1956년	이승만 3대 대통령 당선	일본–소련 국교 회복
	북한, 연안파 숙청 · 천리마 운동	일본, 유엔 가입
	진보당 창당	이집트 수에즈 운하 국유화
		헝가리 혁명
1957년	『조선말 큰사전』 완간	
1958년	진보당 사건(조봉암 체포)	
1959년	조봉암 사형, 『경향신문』 폐간	
1960년	3 · 15부정 선거	베트남 분단
	4 · 19혁명, 제2공화국 출범	베트남 민족 해방 전선 발족
1961년	5 · 16군사 쿠데타	제1차 비동맹 제국 정상회의(유고)
		소련, 인간 최초 우주 비행
1962년	김종필–오히라 협상	쿠바 미사일 위기
	제1차 경제개발 5개년 계획	
1963년	박정희 제5대 대통령 당선	핵 실험 금지 조약 조인
1964년	한일 협정 반대 운동, 베트남 파병	
1965년	한일 국교 정상화	미국, 북베트남 폭격 시작
1966년		중국, 문화 대혁명
1967년	박정희 제6대 대통령 당선	제3차 중동 전쟁 발발
	제2차 경제개발 5개년 계획	유럽공동체 발족
1968년		프라하의 봄(체코), 68혁명(서유럽)
1969년	3선 개헌	미국, 닉슨 독트린 발표

		인간 최초 달 착륙
1970년	경부고속도로 준공, 전태일 분신	
1971년	박정희 제7대 대통령 당선(3선)	중국, 유엔 가입
1972년	제3차 경제개발 5개년 계획,	미 대통령 닉슨, 중국 방문
	7·4남북 공동 선언	중일 국교 정상화
	유신 헌법 선포, 북한 사회주의 헌법 제정	
	박정희, 제8대 대통령 당선	
1973년	6·23 평화 통일 선언	파리 평화 협정(미군 베트남 철수)
	개헌 청원 100만인 서명 운동	제4차 중동 전쟁, 석유 파동
1974년	긴급 조치 1호 발동, 『동아일보』 광고 사태	
	민청학련 사건, 인민혁명당 재건위 사건	
	국사 교과서 검정에서 국정 전환	
1975년	긴급조치 9호 발동	북베트남군, 사이공 함락
1976년	3·1민주구국선언, 함평 고구마 사건	베트남 사회주의 공화국 수립
1977년	제4차 경제개발 5개년 계획, 수출 100억불 달성	중국, 덩샤오핑 복권
1978년	동일 방직 사건, 박정희 제9대 대통령 당선	제2차 석유 파동
1979년	YH사건, 부마 민주 항쟁	미중 수교, 미국-대만 단교
	박정희 피살(10·26 사태),	
	12·12 군사 쿠데타	소련, 아프가니스탄 침공
		이집트·이스라엘 평화조약
		이란, 호메이니 혁명
1980년	서울의 봄, 5·18민주화 운동	폴란드, 자유노조 운동
	전두환 제11대 대통령 당선(유신헌법)	이란 이라크 전쟁
1981년	전두환, 제12대 대통령 당선(선거인단 간선)	
1983년	KAL기 폭파, 아웅산 테러 사건	
	이산가족찾기 생방송	
1984년		영국, 홍콩 반환 협정 조인
1985년	남북 고향 방문단	소련, 고르바초프의 개혁 개방 정책
1986년	부천경찰서 성고문 사건	
	서울 아시아 경기 대회	필리핀 민주 혁명
		베트남 개혁 개방(도이머이)정책
		소련, 체르노빌 원전 사고
1987년	박종철 고문치사 사건, 4·13호헌조치 발표	
	6월 민주 항쟁, 노동자 대투쟁	

연도	한국사	세계사
	노태우, 제13대 대통령 당선	
1988년	서울 올림픽 개최	팔레스타인 독립군 선언
1989년	문익환, 임수경 북한 방문	중국, 톈안먼 사건
		베를린 장벽 붕괴
		루마니아 공산 독재 정권 붕괴
		미소, 냉전 종식 선언(몰타 회담)
1990년	민주 자유당 창당(3당 합당), 소련과 국교 수립	독일 통일
1991년	남북한 유엔 동시 가입	걸프 전쟁, 유고슬라비아 내전
	남북 기본 합의서 채택	소련 해체, 독립국가연합 탄생
1992년	중국 · 베트남 국교 수립	
	김영삼, 제14대 대통령 당선	
1993년	금융실명제 실시	일본, 고노 담화 발표
		유럽 연합(EU) 출범
		우루과이 라운드 타결
		북미 자유무역 협정 타결
1994년	김일성 사망(김정일 승계)	남아공, 넬슨 만델라 대통령 당선
		이스라엘 요르단 평화협정 체결
1995년	전국민주노동조합 총연맹 결성	세계무역기구(WTO) 출범
	지방 자치 단체장 선거	베트남, 미국과 수교
1996년	경제 협력 개발 기구(OECD) 가입	
1997년	외환 위기	중국, 홍콩 환수(1국 2체제)
	김대중, 제15대 대통령 당선	
1998년	노사정 위원회 출범, 금강산 해로 관광	
	정주영, 소떼 방북	
1999년		포르투칼, 마카오 반환
		동티모르 사태
		코소보 전쟁 발발
2000년	남북 정상 회담(6 · 15선언)	도쿄, 여성국제전범법정 열림
		대만, 민진당 집권
		동티모르 독립
2001년	여성부 출범, 국가인권위원회 설립	일본, 역사 왜곡 교과서 검정 통과
		중국, WTO 가입
		미국, 9 · 11테러
2002년	한일 월드컵 개최, 노무현 제16대 대통령 당선	

	한국사 ———————————————————	세계사 ———————————————————
	한국 근현대사 과목 신설(검정)	
2003년		미국, 이라크 침공
2004년	이라크 파병, 한–칠레 FTA 체결	베트남, WTO 가입
	개성 공단 가동	
2005년	부산 APEC 정상 회담	
	진실 · 화해를 위한 과거사 정리 위원회 출범	
2007년	한미 FTA 체결, 서해안 기름 유출 사건	
	제2차 남북 정상 회담(10 · 4남북 공동 선언)	
	이명박, 제17대 대통령 당선	
2008년	호주제 폐지, 금강산 관광 중단	베이징 올림픽 개최
	미국산 쇠고기 수입 반대 촛불 시위	대만 국민당 집권
2009년		일본 민주당 집권
		미국 최초 아프리카계 미국인 대통령 당선
2010년	천안함 침몰, 연평도 포격 사건	재스민 혁명(튀니지)
	서울 G20 정상 회의 개최	
	한국사 교과서 검정 전환	
2011년	북한 김정일 사망(김정은 승계)	동일본 대지진 발생
		후쿠시마 원전 사고
2012년	박근혜, 제18대 대통령 당선	일본 자민당 집권(아베 내각)
		중국, 시진핑 주석 취임
2014년	세월호 사건	
2015년	한국사 교과서 국정화 발표	파리 기후 협정 채택
2016년	촛불 시위	
	박근혜 대통령 탄핵안 국회 통과	
2017년	헌법재판소, 박근혜 대통령 파면 선고	미국, 트럼프 대통령 취임
	문재인, 19대 대통령 당선	
2018년	평창 동계 올림픽 개최	북미 제1차 정상 회담(싱가포르)
	제3차 남북정상회담(판문점),	
	판문각 선언 발표	
	제4차 남북정상회담(판문각)	
	제5차 남북정상회담(평양), 평양공동선언	
2019년		북미 제2차(하노이), 제3차(판문점) 정상 회담

참고 자료

『광주 학생 운동 연구』(김성민, 역사공간, 2013)

『독일 통일의 과정과 교훈』(염돈재, 평화문제연구소, 2011)

『미래를 여는 한국의 역사 5』(역사문제연구소 기획, 강종훈 외 10명 지음, 웅진지식하우스, 2011)

『살아있는 한국사 교과서 2』(전국역사교사모임, 휴머니스트, 2019)

『언론과 한국현대사』(정진석, 커뮤니케이션북스, 2001)

『통계로 본 베트남 전쟁과 한국군』(국방부 군사편찬연구소, 2007)

『한국 경제론』(이종훈, 법문사, 1980)

『광주 학생 운동』(박준채, 『신동아』, 1969. 9)

『일제 강점기 조선인 지원병 제도 연구』(표영수, 숭실대학교 대학원 사학과, 2008)

『임시 정부와 국민 대표 회의』(윤대원, 『한국사(48)』, 국사편찬위원회, 2006)

『1929년 나주역 사건의 재구성』(박찬승, 〈다산연구소〉, 2013. 11. 3)

『21세기의 기적으로 불리는 독일 통일의 과정』(염돈재, 『DAILY NK』, 2014. 7. 3)

국가기록원(www.archives.go.kr)

대통령 기록관(www.pa.go.kr)

이미지 제공처

• 책에 실린 사진은 아래 기관 및 저작권자의 도움으로 사용할 수 있었습니다. 도와주신 분들께 감사드립니다.

• 저작권자를 찾지 못하여 게재 허락을 받지 못한 사진에 대해서는 확인되는 대로 허락을 받고 통상의 기준에 따라 사용 절차를 밟겠습니다.

국가기록원 · 국가보훈처 · 대통령 기록관 · 대통령경호처 경호갤러리 · 문화재청 국가문화유산포털 · 민주화운동기념사업회 오픈아카이브 · 연합포토 · 위키피디아 · 전태일기념관 · 한국학중앙연구원 · alamy stock photo · e−뮤지엄 · Shutterstock